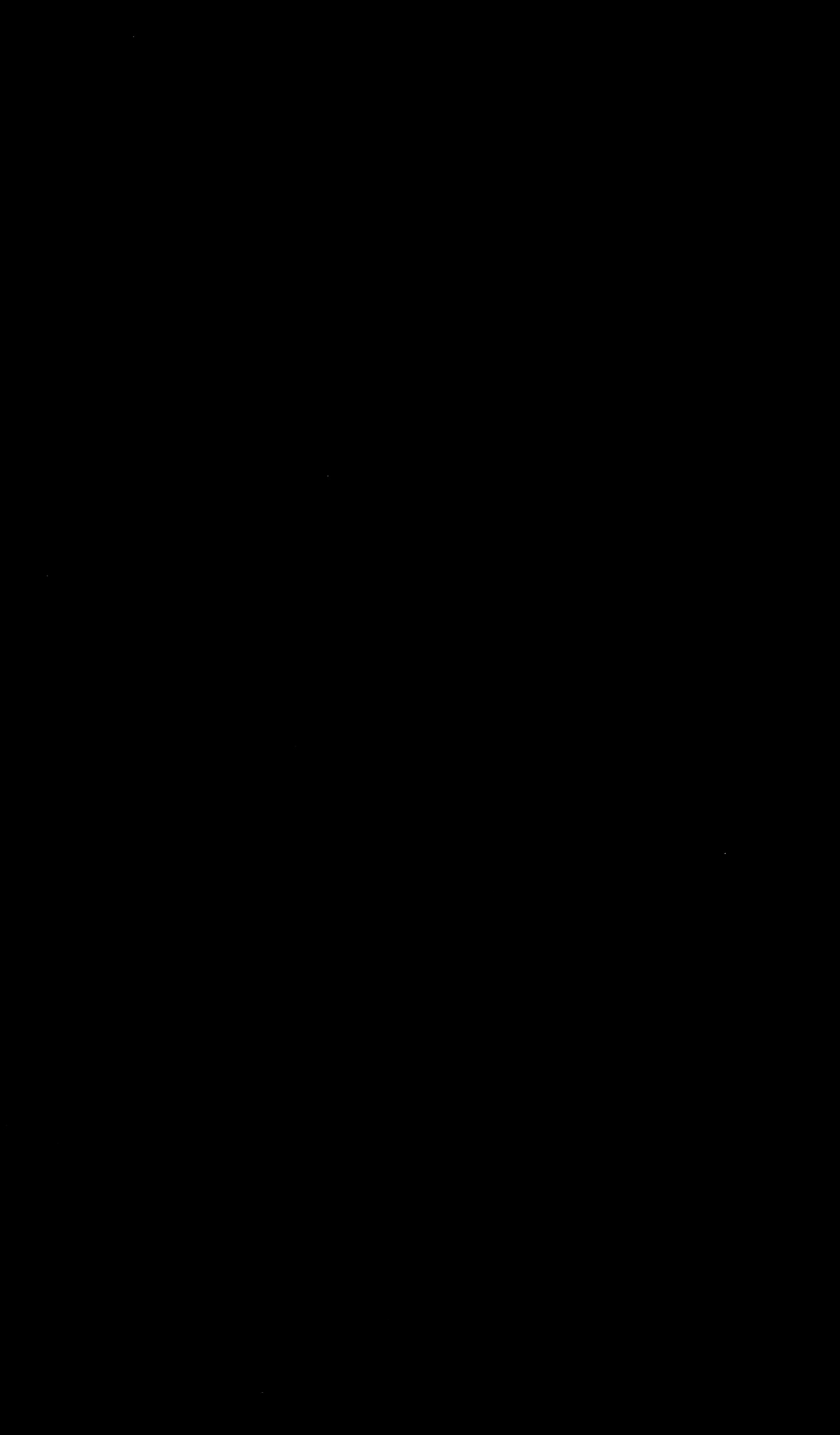

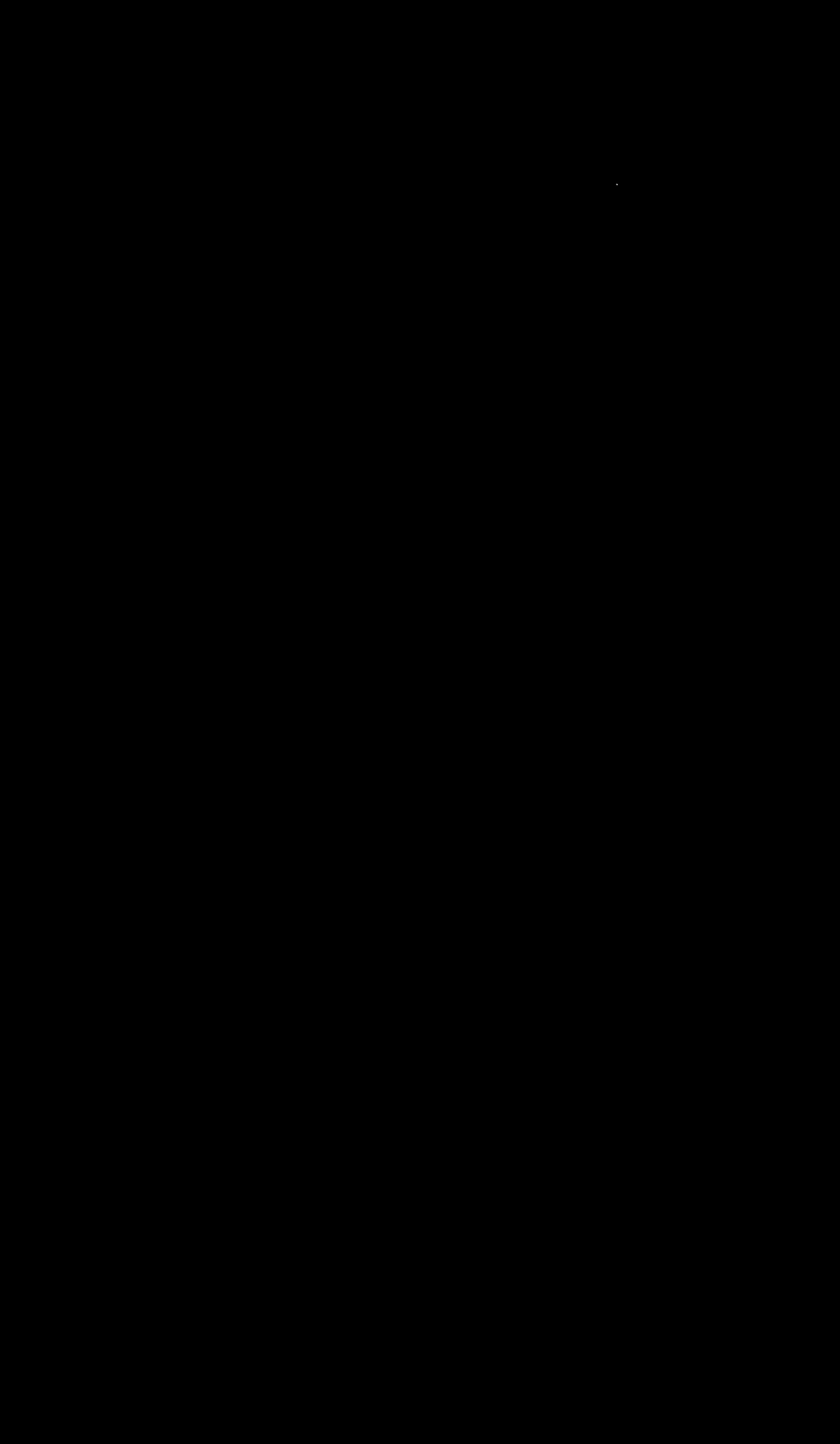

Joseph Conrad y su mundo

Richard, Peter y Philip Korzeniowski

Joseph Conrad y su mundo
Jessie Conrad
Traducción de Gabriela Bustelo

sextopiso

Todos los derechos reservados.
Ninguna parte de esta publicación puede ser reproducida,
transmitida o almacenada de manera alguna sin el permiso previo del editor.

Título original
Joseph Conrad and his Circle

Primera edición: 2011

Traducción
GABRIELA BUSTELO

Fotografía de portada
Joseph Conrad by JAMES CRAIG ANNAN
chlorobromide print, 1923 - NPG P1130
© National Portrait Gallery, London

Copyright © EDITORIAL SEXTO PISO, S.A. DE C.V., 2011
San Miguel # 36
Colonia Barrio San Lucas
Coyoacán, 04030
México D. F., México

SEXTO PISO ESPAÑA, S. L.
c/ Monte Esquinza 13, 4.º Dcha.
28010, Madrid, España.

www.sextopiso.com

Diseño
ESTUDIO JOAQUÍN GALLEGO

Formación
QUINTA DEL AGUA EDICIONES

ISBN: 978-84-96867-84-0
Depósito legal: S.1283-2011

Impreso en España

A Philip, Richard y Peter Conrad, los tres pequeños nietos de Joseph Conrad, les dedica con cariño estas páginas su abuela, Jessie Conrad.

«...*Pero el enanito respondió: "No, porque aprecio la esencia humana más que toda la riqueza del mundo."*» Los cuentos de Grimm.

ÍNDICE

CAPÍTULO PRIMERO	11
CAPÍTULO SEGUNDO	33
CAPÍTULO TERCERO	49
CAPÍTULO CUARTO	71
CAPÍTULO QUINTO	85
CAPÍTULO SEXTO	105
CAPÍTULO SÉPTIMO	129
CAPÍTULO OCTAVO	147
CAPÍTULO NOVENO	171
CAPÍTULO DÉCIMO	189
CAPÍTULO UNDÉCIMO	209
CAPÍTULO DUODÉCIMO	233
CAPÍTULO DECIMOTERCERO	255
CAPÍTULO DECIMOCUARTO	263
CAPÍTULO DECIMOQUINTO	279
CAPÍTULO DECIMOSEXTO	295
CAPÍTULO DECIMOSÉPTIMO	313

CAPÍTULO DECIMOCTAVO 319

CAPÍTULO DECIMONOVENO 339

CAPÍTULO VIGÉSIMO 357

CAPÍTULO VIGÉSIMO PRIMERO 367

CAPÍTULO VIGÉSIMO SEGUNDO 383

CAPÍTULO VIGÉSIMO TERCERO 403

CAPÍTULO VIGÉSIMO CUARTO 421

CAPÍTULO PRIMERO

Mis primeros encuentros con Joseph Conrad, que tuvieron lugar entre sus dos últimos viajes como primer oficial del buque *Torrens*, fueron de lo más casual y estoy segura de que debieron tener poca trascendencia para él, que los consideraría tan sólo un par de ratos agradables. Un amigo suyo nos presentó de manera fortuita, pero para mí conocerle supuso una experiencia memorable. Joseph Conrad era un hombre de una singularidad muy notable, debida a su extravagancia casi oriental, tanto en los gestos como en el habla. Era el primer extranjero al que yo conocía y es probable que, dadas mi juventud y mi ignorancia, él me juzgara una persona tosca y algo simplona. En aquel entonces, los quince años que separaban su nacimiento del mío parecían mucho tiempo.

La ceremoniosa educación y la exagerada cortesía de Joseph Conrad, tan características en él, me dejaron completamente asombrada, porque nunca había visto nada igual. A lo largo de los años le vi producir el mismo efecto, una y otra vez, en numerosas personas, de modo que mi desconcierto inicial parece comprensible. Por un lado, tratarle me suscitaba un injustificado sentimiento de importancia que se entremezclaba, curiosamente, con una perplejidad que me hacía perder mi habitual descaro. De hecho, esa tranquila placidez de mi carácter resultó ser la base sobre la que se cimentaría nuestro futuro entendimiento. Desde el comienzo contemplé con interés el desarrollo de la camaradería entre Joseph Conrad y sus dos amigos más íntimos. De ambos hombres tal vez el alemán tuviera una mayor sensibilidad, pero eran tres amigos incondicionales que suplían el entendimiento que les pudiera faltar con la intensidad de su afecto.

Fue a finales de 1893 cuando se inició mi relación con Joseph Conrad y aquellos dos amigos magníficos que, en compañía de sus esposas y familias, me acogieron con tanta simpatía y comprensión. En 1894 nuestra amistad se reanudó y he de confesar que por parte de aquella desconocida que era yo existía el mismo interés. De vez en cuando algún amigo común me daba noticias de él, pero durante mucho tiempo le consideré un personaje esquivo, un hombre a quien había tratado por casualidad durante unas horas, sin esperanza alguna de volver a verlo en breve.

A decir verdad, después de habernos conocido supe que había hecho dos viajes cortos, de modo que pudo haberme olvidado por completo. Entonces, un buen día, cuando ya daba por hecho que aquello no era más que una amistad pasajera, llegó a casa una preciosa caja de flores a mi nombre. La letra del sobre me era desconocida. Intrigada y nerviosa, saqué la pequeña tarjeta de visita que había debajo del ramo. Konrad Korzeniowski, un nombre completamente desconocido. En el dorso del cartoncillo leí unas líneas, escritas en letra apretada, expresando el deseo del remitente de venir a saludarnos a mi madre y a mí con ocasión de su siguiente visita a Londres.

No tenía la menor idea de quién podía ser, hasta que recordé haber oído decir a la señora Hope que ese capitán Conrad a quien había conocido era un extranjero y de pronto me vino a la cabeza la imagen de las iniciales K. K. grabadas en dorado en la copa de su sombrero.

Aquella curiosa costumbre de firmar sus cartas indistintamente como Konrad Korzeniowski o Joseph Conrad, e incluso con una tercera y cuarta variante, la mantuvo durante toda su vida. Con el tiempo me acostumbraría a ello, obviamente, pero en un principio me tenía francamente intrigada.

Antes de que se produjera su anunciada visita pasaron muchas semanas que se convirtieron en meses. De hecho, pasaría un año entero antes de verlo por segunda vez. Varias personas me contaron que su estancia en Londres se había visto súbitamente interrumpida por el inesperado aviso de que su tío

Thaddeus Bobrowski estaba postrado en su lecho de muerte. Esta visita a su país natal quedaría olvidada, pues cuando fuimos a Polonia en 1914, me aseguró que llevaba cuarenta años sin viajar allí.

Dando por hecho que había olvidado venir a vernos, rogué encarecidamente a los miembros de mi familia que no sacaran a relucir el asunto, ya que su despiste me había ofendido más de lo que parecía. Pero un sábado a primera hora de la tarde estaba yo cosiendo en la sala, mirando con tristeza los entierros que avanzaban en fila hacia el enorme cementerio del fondo de la calle, cuando oí el alegre campanilleo de un cabriolé. Recibir una visita en un coche era poco común a aquella hora en una calle convencional como la nuestra, flanqueada a ambos lados por casas discretas, cuyos inquilinos vivían, e incluso morían, a decir verdad, respetando fielmente las normas establecidas. Dejando caer la costura sobre mi regazo, estiré el cuello para ver mejor el extraño suceso que estaba teniendo lugar.

Con verdadera curiosidad, contemplé el enorme caballo bayo que tiraba del coche, trotando lentamente de un extremo a otro de la calle. Entonces vi levantarse la trampilla del cabriolé, cuyo cliente dio una orden en tono impaciente. El cochero tiró bruscamente de las riendas, haciendo parar al animal justo delante de nuestra casa y casi sin esperar a que el vehículo se detuviera, un personaje impecablemente vestido se apeó de un salto. El movimiento de los hombros me resultó familiar mientras contemplaba absorta al hombre que avanzaba veloz por el largo camino de la entrada, ascendiendo igual de deprisa los empinados escalones de piedra que llevaban a la puerta de casa. Joseph Conrad, al fin. En aquel momento, mientras se aproximaba a toda velocidad, decidí que le iba a llamar capitán Conrad, ya que Konrad Korzeniowski me parecía un nombre imposible de pronunciar.

Recuerdo haber pensado al mirarle que sus rápidos movimientos parecían obedecer a un motivo subyacente, a algo claro y definitivo. Alcancé la puerta sin darle tiempo a llamar al timbre; cuando apareció mi madre ya había recuperado la ecuanimidad que me permitió hacer la ceremonia de la presentación sin mostrar una agitación indebida. Logré disimular mi sorpresa ante su repentina aparición y secundar con entusiasmo la sugerencia de llevarnos a las dos a cenar fuera esa noche. Mi madre me hizo sonreír al hacerse de rogar cuando él prácticamente la obligaba a aceptar su invitación. Fuimos a Overtons, cerca de Victoria Station, un restaurante destinado a presenciar cada etapa de nuestra posterior relación. Pese al tiempo que ha pasado, es un lugar que aún me trae gratos recuerdos.

Aquella primera noche, tras un intervalo tan largo, apenas se me ocurría nada que decir. En cuanto a mi madre, estaba apabullada por lo precipitado que era todo. Yo sospechaba que la cena estaba encargada desde primera hora del día, incluso antes de que Joseph Conrad nos hiciera su prometida visita, pero a mi madre, que no le conocía de nada, la tenía verdaderamente desconcertada. Sin embargo, aseguró haberlo pasado bien, cosa que me costó creer. En todo caso, le agradecí que no delatara su extrañeza con algún comentario, cosa que me habría incomodado.

Aquélla fue la primera de las muchas agradables ocasiones que Joseph Conrad y yo pasamos juntos. Mi hermana menor, dotada de un tacto y una discreción sorprendentes a sus trece años, nos serviría de carabina voluntaria en las posteriores correrías. Su juventud le impedía ser exigente y su generosidad le permitía perdonarnos el poco caso que le prestábamos en algunas ocasiones. El extraño e impetuoso extranjero le tomó un gran cariño a mi hermana pequeña, cuya madura sensatez recordaríamos siempre con agradecimiento. La buena de «Ethelinda», como la llamaba el hombre que se acabaría convirtiendo en su cariñoso cuñado.

Poco después recibiría un ejemplar de *La locura de Almayer* y uno de mis primeros «placeres conradianos» fue leer en voz alta fragmentos del manuscrito del segundo libro, *Un vagabundo de las islas*, a petición del autor.

Nunca olvidaré aquella tarde, por lo mucho que me inquietaba la posibilidad de hacerlo mal. ¡Ay de mí! No había contado con el exigente nerviosismo de mi único oyente que, sentado ante mí, se mordía las puntas de los dedos mientras balanceaba un pie a una velocidad desconcertante. Al cabo de unos minutos me arrebató el taco de papeles con bastante brusquedad y, pasando varias hojas rápidamente, me lo devolvió todo con un gesto desesperado.

—Olvídate de esas correcciones —me dijo—. Ese párrafo hay que quitarlo. Déjalo. Empieza tres líneas más abajo, en la otra página, en la otra página —repetía con tono airado, añadiendo—: Ay, hazme el favor de hablar con claridad. Si estás cansada, dilo. No te comas las palabras. Hay que ver cómo sois los ingleses. Pronunciáis todas las letras como si fueran iguales.

Poco me faltó para echarme a llorar, aunque tuviera razón en regañarme. Pasó varios minutos con la cabeza entre las manos, una postura que con el tiempo me resultaría enormemente familiar.

Al cabo de un rato se levantó, levantó los brazos con aire exasperado y me quitó el manuscrito con la misma aspereza de antes.

—Pobre *chica*—me dijo, usando la palabra española como mote cariñoso—. Mejor será olvidarnos de estas «papelajas» y salir a comer algo.

Pasaron varios meses antes de volvernos a ver y nuestra siguiente cita fue en Victoria Station. Por el modo en que reaccionó al verme, supe que estaba nervioso por algún motivo imperioso. En primer lugar, se quejó de mi sombrero, mi vestido y mi aspecto en general. ¿Por qué no llevaba prendas de colores más alegres? En ese momento me arrepentí de haber aceptado su invitación aquella mañana. Como si me hubiera leído el pensamiento, soltó una risilla y me agarró del brazo para llevarme hacia la acera, donde paró un cabriolé al que me hizo subir apresuradamente, para sentarse a mi lado. Me bastó una mirada para quedarme preocupada ante su gesto de siniestra determinación, pero tras indicarle al cochero que nos llevara a la National Portrait Gallery, no volvió a decir ni una sola palabra. Una vez allí me ayudó a bajar del coche con la puntillosa cortesía de siempre, pagó al cochero y subió las escaleras a mi lado, lentamente, balanceando los hombros como solía hacer.

Una vez arriba farfulló algún comentario desagradable sobre nuestro clima inglés y, tomándome del brazo, me llevó por las salas del museo sin dejarme ver ni un cuadro y, de pronto, me hizo sentar en una silla. Tras asegurarse de que estábamos solos y sin preámbulo alguno, me dijo:

—Mira, querida, más vale que nos casemos y nos quitemos de en medio. Mira qué tiempo hace. Lo mejor es casarnos inmediatamente y marcharnos a Francia. ¿Cuánto tardarías en estar lista? ¿Una semana? ¿Quince días?

Mentiría si dijera que aquello fue totalmente inesperado o que su prisa me resultó molesta. Si iba a casarme con él, cuanto antes mejor. Las primeras dudas me entraron al pensar en mis familiares más cercanos, porque sabía que ni se habían planteado la posibilidad de mi matrimonio. Esa preocupación sí conseguí expresarla, pero ese indicio de cierta oposición por mi parte pareció avivar en mi futuro amo y señor su empeño por solucionar aquel asunto sin contemplaciones y cuanto antes. Enumeró todos los argumentos por los que se imponía la prisa, tales como el clima, su salud y su trabajo. Una de las premisas que llegó a plantear fue que le quedaba poco tiempo de vida. Aquello me dejó verdaderamente atónita. Era lo bastante joven como para horrorizarme ante la perspectiva de una temprana viudez; y aún no lo conocía lo bastante como para desdeñar ese tipo de comentario o catalogarlo como una muestra de su curiosa tendencia a la exageración.

Sus amigos contaban que había estado a punto de morir de una disentería al viajar hacia la costa africana para salir del Congo; y que había pasado varios meses en el hospital alemán de Londres, al borde de la muerte. Sabía también que se había sometido a un tratamiento médico en Champel, Ginebra; y que sufría de gota, aunque ignoraba por completo los datos específicos de aquella enfermedad.

Tras su proposición —sin duda una de las más extrañas del mundo— nos dedicamos a pasear por el museo haciendo que veíamos los cuadros, hasta que a las tres de la tarde nos dimos cuenta de que no habíamos comido. Al caer en la cuenta de esto, él se puso de buen humor; la tensión disminuyó y nos fuimos los dos a una pequeña cafetería donde comimos algo que, fuera lo que fuera, en combinación con nuestra aventura sentimental, o como resultado de nuestra contemplación de tantos retratos, nos sentó fatal. Después de comer fuimos paseando hasta el parque, donde de pronto nos paramos en seco, e intercambiamos miradas compungidas. A los dos nos había entrado un tremendo dolor de estómago y ambos dimos un grito al ver lo pálido que estaba el otro. ¿Qué nos pasaba? Joseph Conrad paró apresuradamente un coche que, al borde del desmayo, nos llevó a los dos a mi casa. Apenas dijimos un par de palabras durante aquel trayecto agónico, que parecía interminable. Agazapados, cada uno en su correspondiente rincón del vehículo, procurábamos mantenernos alejados uno del otro, sufriendo en silencio el dolor propio, hasta que los setenta y cinco minutos acabaron por fin. Tras farfullar una despedida y susurrar que ya me escribiría, Joseph Conrad se subió al coche como pudo y yo me quedé mirándolo hasta verlo desaparecer calle bajo.

Algo de lo que comimos durante el almuerzo nos debió sentar mal. En mi caso, pasé varios días terriblemente enferma. Entre tanto, no supe nada de mi compañero de fatigas. Me llenaba de remordimientos haberlo dejado irse solo en el coche, lo que me despertó el instinto maternal, pero en aquellas circunstancias poco se podía hacer, salvo disimular mi propio dolor y agudo malestar ante el hombre que me había hecho aquella proposición tan extraña. ¿Sería su repentina enfermedad un preludio de la desmesura que podría ser nuestra vida en común?

En casa no dije nada de lo que podría llegar a suceder y como pasaba el tiempo sin recibir la prometida carta, intenté convencerme de que había soñado casi todo lo que pasó aquella tarde. Sin embargo, varios días después llegó un mensaje algo perentorio invitándonos a mi madre y a mí a cenar en Victoria Station esa noche.

Tras un largo rato de reflexión decidí que, pese a todo, no iba a hablar del giro que tal vez fuera a dar mi vida. Podría ser que él no volviera a mencionar el único tema en que había pensado últimamente, obviando prácticamente todo lo demás. A decir verdad, tuve que hacer un enorme esfuerzo para guardar silencio cuando empezó a contarme sus planes para nuestro futuro inmediato. Me pregunté cómo habría reaccionado si de pronto me acercase a ella y le dijera:

—Tengo pensado casarme dentro de una semana o así...

Esa noche estuve pendiente de ella en todo momento, procurando que se sintiera a gusto, y me encargué de vestirla con gran esmero para la cena. En un principio parecía poco dispuesta a aceptar el empeño algo brusco con que Joseph Conrad insistía en que nos acompañara. Aludió a la precipitación, la molestia de tener que vestirse y mil objeciones más, todas ellas rebatidas con un tesón extraordinario por mi parte.

Bajo el gran reloj nos esperaba nuestro anfitrión, que debía de llevar un rato allí. En aquella ocasión empecé a verlo de una manera distinta. Era el mismo hombre, sin duda, pero parecía haber cambiado en todos los detalles. Mientras nos aguardaba, escudriñando con gesto miope a cada persona que le pasaba por delante, me di cuenta de que su disparatada propuesta de casarnos inmediatamente no era una fantasía, sino una realidad firme y sólida. La luz de las enormes farolas de la estación le daba de lleno en el rostro, creando un destello blanco sobre sus dientes perfectos cuando sonrió al vernos. No era un hombre corriente de los que se pudieran hallar en Londres por docenas, eso era obvio. En cuanto nos vio aparecer echó a andar a toda velocidad, casi como si se deslizara sobre el suelo, con su *haverlock* marrón que parecía una larga falda escocesa más que un gabán.

Al aproximarnos mi madre me tomó del brazo y murmuró con cierta agitación:

—Uy, desde luego sería imposible tomarle por un inglés y tampoco parece francés, me parece a mí que…

Permitió que Joseph Conrad tomara su mano enguantada, que se acercó a los labios con uno de sus marciales chasquidos de talones; el saludo que me dedicó a mí fue mucho menos rimbombante, pero me bastó para saber que mi destino estaba sellado. Pese a todo, me hizo gracia el gesto posesivo con que me tomó del brazo al alejarnos del andén donde nos había esperado.

Caminando algo rezagada, caminé en silencio tras mi madre y mi futuro marido, cuyas siluetas se difuminaron mientras yo reflexionaba sobre la importancia de la ocasión. Me era imposible prevenir a mi confiada progenitora, que no tenía la menor idea de lo que le esperaba. Hasta entonces le había confiado toda muestra de interés que me pudiera mostrar algún amigo, pero acabó descartando incluso las más llamativas, debido a mi extraordinaria reticencia.

En aquella ocasión era evidente que el restaurante estaba sobre aviso y que la cena estaba encargada con antelación, salvo el vino. Afortunadamente, las pantallas rojas de las lámparas disimulaban el sofoco que sentí al ocupar mi sitio entre ambos, pues estaba tremendamente nerviosa y cohibida. Pero nos sirvieron la comida sin el menor retraso y charlamos sobre temas generales, ninguno especialmente interesante, hasta llegar al café, cuando me entró la inquietud.

De pronto, con su habitual desprecio por cualquier forma de introducción preliminar, Joseph Conrad comenzó a hablar, soltando un torrente de palabras atropelladas. Mi madre, sorprendida y enormemente desconcertada, se volvió hacia mí, dedicándome una mirada de reproche. Tragando saliva, le di unas palmaditas en la mano que tenía sobre la mesa, porque era incapaz de hablar. Joseph Conrad logró sacar a mi madre una sonrisa de arrepentimiento al explicarle que si tenía prisa era sobre todo porque le quedaba poco tiempo de vida, lo que impedía que tuviéramos descendencia. Su alegato acabó con la sugerencia de que el noviazgo fuese muy breve, pues tenía la intención de llevarme con él al extranjero cuanto antes, e indefinidamente.

Tras soltar su discurso, Joseph Conrad se arrellanó en la silla con aire rotundo, encendió un cigarrillo y me miró con una de esas enormes sonrisas en las que mostraba sus luminosos dientes blancos.

Por lo que a él se refería, el asunto estaba solucionado, pero mi madre, que no se había recuperado del susto, estaba francamente desconcertada. Si no íbamos a formar una familia, ¿para qué íbamos a casarnos? ¿Y cuál era esa enfermedad que iba a acortar la vida de un hombre que parecía tan sano como cualquier otro?

Cuando volvimos a casa, mi madre seguía igual de perpleja. Los dos árbitros de mi destino se habían despedido casi sin palabras. Tras un rápido apretón de manos, una amplia reverencia y un aparatoso ademán con el sombrero, mi futuro marido se apartó del vagón de tren sin volver la vista atrás. Segura de la inminente tormenta de palabras maternas, sentí no tener una mayor confianza, pues vislumbraba interminables dificultades a la hora de explicarme. En cualquier caso, mi madre, pese a estar bastante sofocada, no hizo ninguna alusión a mi noviazgo hasta que llegamos a casa, momento en que se lo anunció dramáticamente al resto de la familia con estas concisas palabras:

—Jessie está comprometida para casarse con el capitán Conrad, un marino extranjero, y la boda es dentro de... seis semanas. Yo me voy a dormir.

Al escucharla, el proyecto me pareció más descabellado que nunca. La sorpresa de los demás miembros de mi familia fue igual de grande que la de mi madre, pero parecían reacios a mostrarme su reacción. Mientras mi hermana mayor acompañaba a mi madre a su habitación, los menores guardaban silencio. En cuanto a mí, huí a recluirme en mi cuarto, demasiado afectada para hablar y ansiosa por estar a solas.

Ante la perspectiva de mi temprana viudez, debida a la inminente muerte de mi marido y su anuncio de que no tenía intención de formar una familia, mi madre tardó varios días en reconciliarse con la noción de mi matrimonio. Por mi parte, tardé en hallar la ocasión de explicarle que la muerte inminente era algo puramente imaginario, basado tan sólo en la circunstancia de que Joseph Conrad hubiera estado a punto de morir cuando lo trasladaron a la costa africana desde el Congo.

Dando la explicación por buena, mi madre pareció tomarse mejor el asunto, pero sus prejuicios le impedían aceptar el hecho de que fuera extranjero. En 1896, su actitud era mucho más común que ahora. Mi noviazgo de seis semanas fue una etapa complicada, una etapa que precisó un tacto y una entereza considerables. La deserción del nido familiar no fue acogida con ninguna comprensión. Muchos fueron los comentarios punzantes, emitidos sin la menor consideración, por lo que acabé deseando fervientemente que acabara el noviazgo para poder seguir el rumbo marcado. Teníamos un maravilloso plan de viajar hacia un remoto destino desconocido. Yo no me arrepentía de mi decisión y las muchas ocasiones en que nos vimos durante aquellas semanas no hicieron más que cimentar mi relación con aquel extranjero displicente. En muy poco tiempo, todo mi instinto maternal se centró en el hombre con quien me iba a casar, que pronto se convirtió para mí en un hijo tanto como en un marido, a partes iguales. Así sería mientras duró nuestro matrimonio.

Para entonces ya conocía a varios buenos amigos que habían tratado a Joseph Conrad durante todo el tiempo que había pasado en Inglaterra, algunos de ellos casi desde el comienzo; era evidente que todos le tenían un enorme cariño. Entre sus amistades más antiguas estaban el señor y la señora Hope, con todos sus hijos, que aún eran pequeños; el señor Edward Garnett, su esposa Constance y su hijo David, que enseguida se hicieron amigos míos. También estaban el señor John Galsworthy y el señor E. L. Sanderson, que habían sido pasajeros a bordo del *Torrens*, el antepenúltimo barco en que navegó Joseph Conrad durante sus años de marino.

Al tratar a todas aquellas personas tan cariñosas, tuve la impresión de conocer mucho mejor a mi marido. Pero no debo olvidar al señor y la señora Krieger, que me aceptaron desde el primer momento, con la mayor naturalidad, ni al amable matrimonio Hope o a los dos pasajeros del *Torrens*, que me contaron interesantes historias de aquel viaje tan notable.

Creo que en el viaje de vuelta a casa aquellos dos jóvenes compartieron un camarote y a menudo producían un revuelo a bordo por su costumbre de dejar abierta la portilla. Cada cierto tiempo se les escapaba por ese ventanuco toda una colección de ropa, libros y demás, que acababa desperdigada sobre la superficie del agua que rodeaba el navío. Pero parecía ser que ninguna pérdida los disuadía de su usanza, por lo que cada cierto tiempo el mar entraba por la portilla abierta y se tomaba libertades con sus pertenencias.

A bordo del barco también ocurrió una tragedia, el suicidio del médico, que padecía un trastorno de la salud y quien, pese al elevado número de inválidos que estaban a su cargo, ingirió una sobredosis de alguna sustancia somnífera. El señor Sanderson permaneció toda la noche sentado junto a su litera, sin sospechar que la atormentada alma del doctor ya lo había abandonado.

Joseph Conrad me contó un incidente bastante entretenido que sucedió durante una de las travesías. En este caso se trataba de dos solteronas ancianas y humildes, que cometieron la imprudencia de colgar una bolsa de ropa sucia junto a la lámpara del camarote, lo que produjo un incendio. Las señoras se enfadaron tremendamente cuando llegaron dos marinos jóvenes a su aposento para apagar el fuego y acudieron al oficial de guardia para quejarse amargamente. De no haber podido acudir él en persona a solucionar el contratiempo, por respeto a su sexo deberían haber enviado a una persona mayor, no a dos jovenzuelos barbilampiños. A mi marido le gustaba mucho contar esta historia para burlarse de la falsa modestia de las mujeres. Siempre lograba arrancarme una carcajada, ya que invariablemente acababa la historia contando otra sobre un fontanero muy diplomático que, al entrar en un aseo donde sorprendió a una señora en pleno baño, tuvo el aplomo de retirarse diciendo «Le ruego que me perdone, *señor*».

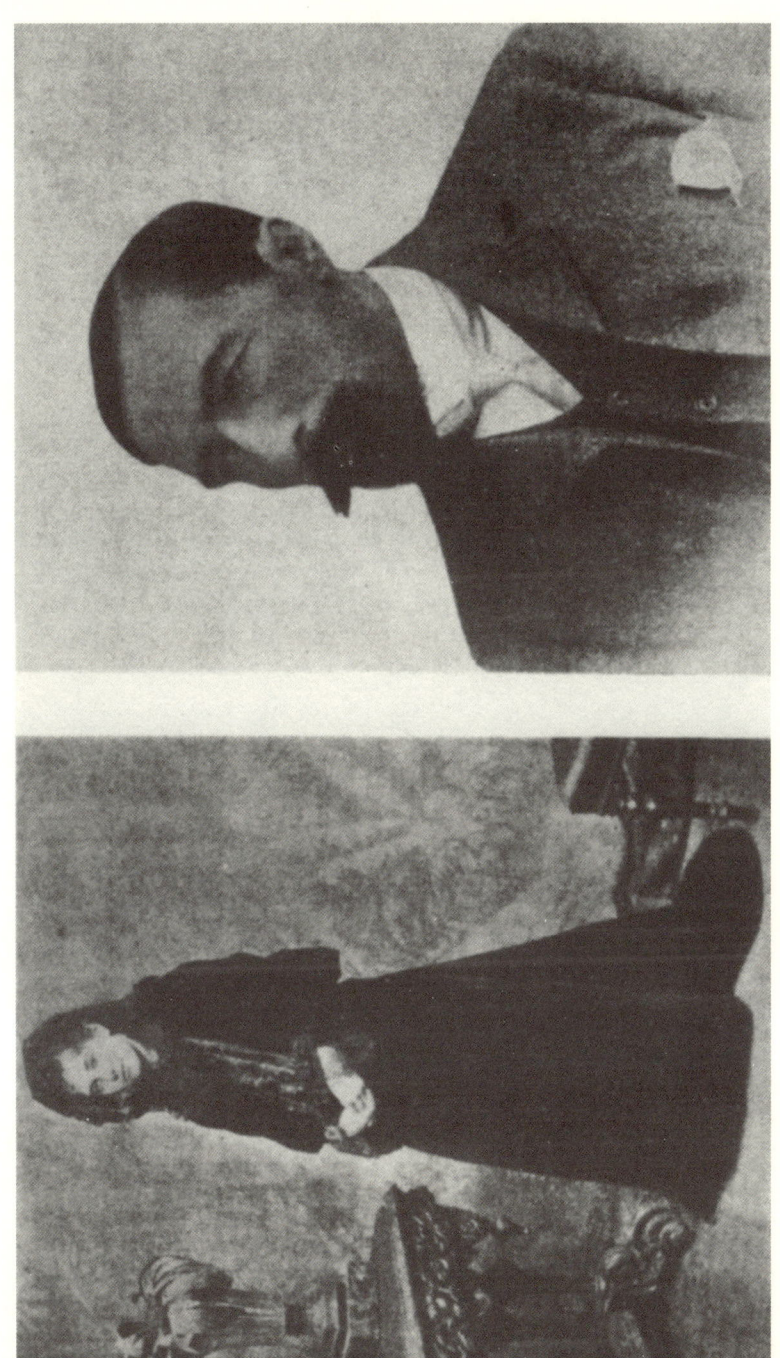

Józef Teodor Konrad Korzeniowski y Jessie, su esposa, en 1896

Lannion, Côtes-du-Nord, Bretaña, en 1896. Lugar de su viaje de bodas

Fue durante la travesía en el *Torrens* cuando Joseph Conrad comenzó el manuscrito de *La locura de Almayer* y fueron los dos pasajeros mencionados, junto a otro que estaba gravemente enfermo, quienes le animaron a mandarlo, una vez terminado, al señor Edward Garnett, que entonces trabajaba como lector para el señor T. Fisher Unwin. De todos los viejos amigos de Joseph Conrad, el señor Garnett fue el único que se planteó la conveniencia del matrimonio para el autor de aquel relato oriental que fue a parar a sus manos.

Sus objeciones, como supe después, no obedecían a que me tuviera antipatía, sino a su sensata y acertada intuición en cuanto al carácter del extraño personaje que quería contraer matrimonio con una mujer de otro país y muchos años más joven. Pero me alegré de saber que no sólo modificó su opinión al irme conociendo, sino que decidió que yo era la única mujer apta para casarme con su ingenioso amigo. En aquel momento no tuve plena conciencia de la grandeza de su elogio, pero al ir pasando el tiempo he descubierto que se trataba de la simple verdad. El propio Joseph Conrad respaldaría en muchas, muchas ocasiones aquel temprano veredicto. Tras once años de viudez, al menos me queda ese consuelo.

He de adjudicarme algo de crédito propio, sin embargo, pues desde el primer momento en que acepté aquel acuerdo tomé la decisión de procurar que mi marido se sintiera tan libre como si entre nosotros no hubiera un compromiso sellado con un anillo. Intuí que aquel hombre se sentiría molesto e irritado ante cualquier intromisión en su libertad, lo que me permitió mantener su interés y su fidelidad hasta el último momento. Su reacción ante aquella norma mía variaba dependiendo de su estado de ánimo. En algunas ocasiones se marchaba de viaje y a las pocas horas me bombardeaba con telegramas tan largos como vehementes; otras veces se refugiaba en su «libertad», negándose a comunicarme dónde estaba ni cuándo pensaba volver.

A los dos años de habernos casado, un día madrugó para ir a despedirse de un amigo que iba a emprender un largo viaje por América. Yo pensaba que despacharía el asunto en un par de horas; cuál no sería mi asombro al llegar la hora de comer sin que hubiera vuelto a casa. A primera hora de la tarde me fui bastante preocupada a la pequeña estación de tren de nuestra región, donde hice algunas preguntas al solitario encargado.

El hombre hizo los típicos gestos lacónicos de quien finge querer recordar algo, echándose la gorra hacia atrás y rascándose la cabeza antes de darme explicaciones sobre la desaparición de mi dueño y señor.

—Ah, pues sí, señora, sí que he visto al señor Conrad esta mañana. Iba con la señora Hope y el señorito. Se han ido «tos» juntos «pal» pueblo.

Ya durante nuestro noviazgo tuvo ocasión de sorprenderme. Cuando no se habían cumplido aún las seis semanas que duró nuestro breve compromiso, a Joseph Conrad le entró nostalgia del mar y su imaginación se disparó al saber que en Grangemouth había un barco de madera, atracado en el puerto a la espera de un comprador. No paró hasta convencerme de que lo acompañara, en compañía de su amigo el señor Hope, a inspeccionar la nave en cuestión.

De nuevo nos anexionaron a nuestra joven carabina y todos juntos emprendimos el viaje por la costa este del país, a bordo del S. S. *Forth*. En cuanto a mí, disfruté enormemente de aquel viaje al norte, el primero que hacía en un buque de vapor; mi hermana pequeña también estaba encantada. Para entonces Joseph Conrad y ella se habían hecho buenos amigos, de manera que los veíamos pasear del brazo por todo el barco. Por lo que a mí respecta, todas las noches completaba el grupo de jugadores de *whist*, un cuarteto que incluía al capitán, al señor Hope y a otro desafortunado capitán que viajaba al Norte para hacer pesquisas sobre la pérdida de su barco.

El viaje aquel fue un agradable interludio que me permitió tomarme una semana de vacaciones, pues la inminencia de la boda me ponía nerviosa, pero estaba empeñada en disimularlo, de modo que, entre unas cosas y otras, estaba agotada.

Llegamos a Grangemouth con la tibia luz de un atardecer de febrero y se nos cayó el alma a los pies. El barco estaba amarrado cerca del muelle, con un buen número de gaviotas posadas en los mástiles. Al acercarnos, los pájaros alzaron el vuelo, haciendo furibundos círculos sobre nuestras cabezas para demostrarnos su hostil sentido de la posesión. Ante aquello el señor Hope sacudió la cabeza, señalando con aire teatral hacia las emplumadas inquilinas.

—Mi querido amigo, esto no me gusta nada. Si las gaviotas están tan seguras de sí mismas, será porque el barco lleva mucho tiempo aquí.

Una vez a bordo vimos un espectáculo desolador. El salón era una estampa de la más cruel y gratuita destrucción. El gran sofá que ocupaba un flanco casi entero estaba destripado, los bancos de madera arrancados y las bisagras descuajadas. A decir verdad, en todo el barco se respiraba un aire de fatalidad, algo malhadado y siniestro que percibimos todos. Aquella impresión pareció confirmarse cuatro años después, cuando supimos que el barco *Windermere* había naufragado en la costa de Dover, con toda su tripulación a bordo.

Tres días después de nuestro regreso llegó el día de la boda. Mi modesto ajuar ya estaba preparado para el viaje en dos baúles marcados con mis nuevas iniciales. (En aquel momento no podía ni imaginar el traicionero episodio del arroz que me sucedería en la aduana.) Al fin llegó el gran día, que amaneció sin una nube en el cielo.

Una vez más, Joseph Conrad afrontó la ocasión con una actitud extremadamente prosaica. En primer lugar, me tuvo media hora esperando, nada menos, e incluso cuando sus dos amigos, el señor Hope y el señor Krieger, le convencieron de que debía ponerse en marcha, perdió algo más de tiempo en una conversación estéril con el cochero. Su retraso me hizo sentir físicamente enferma, por lo que me llenó de alegría que al fin acabara la ceremonia, tras la cual nos encaminamos los cinco a almorzar en un pequeño café próximo a Victoria Station. La única representante de mi numerosa familia fue mi madre, que logró enternecerme con sus lamentables intentos de mantener la calma. Tras la comida Joseph Conrad firmó responsablemente su testamento, con sus dos amigos de testigos, y todos ellos se fueron. El señor Krieger me había regalado un hermoso ramo de rosas rojas y blancas, los colores de la bandera polaca. Pero tuve que abandonar las flores allí, pues mi marido se negó en redondo a que las llevara a mi casa, donde íbamos a tomar la tarta de la boda y a despedirnos de mi familia.

Muchas veces he sonreído al recordar la graciosa desesperación de mi marido el día de nuestra boda, cuando, al ver que ya nos íbamos, todos mis hermanos y hermanas se quejaron amargamente.

—Por Dios, si hubiera sabido que iba a pasar esto… no me habría casado contigo —farfulló, apartándose de mi familia con un gesto de repugnancia.

Esa noche cenamos en Overtons y luego dimos un corto paseo hasta las habitaciones alquiladas donde Joseph Conrad había vivido de soltero, y que había conservado para nuestra última noche en la ciudad. Lo primero que me tocó hacer fue guardar una enorme cantidad de prendas masculinas en mis baúles, que me habían enviado allí la noche anterior. El asunto se me dio bastante bien y los baúles aceptaron hasta el último par de calcetines sin rechistar. Aproveché aquella ocasión para deshacerme de una gran cantidad del molesto arroz que me habían metido las mujeres de mi casa.

Hecho esto, me senté ante un enorme montón de correspondencia que me había sido adjudicado y que, al parecer, debía quedar resuelto antes de marcharnos de Inglaterra. Descubrí que una gran parte del asunto consistía en enviar nuestras dos fotografías, junto a un texto que explicaba los acontecimientos del día con una formalidad y una grandilocuencia algo excesivas. Huelga decir la sorpresa que me produjo aquello, y que mi primera reacción fuera de timidez y desconcierto. Pero mi marido no me dejó reflexionar sobre mis abstrusos sentimientos, pues deslizó hacia mí un taco de sobres mientras me mostraba la lista de direcciones que tenía anotadas en su cuaderno. Pegar todos aquellos sellos me dejó con la boca seca, pero al fin terminé mi tarea, justo cuando apareció una casera de ojos llorosos con una bandeja de té que le agradecí enormemente. A continuación, mi excéntrico marido insistió en que debíamos salir a enviar las cartas esa misma noche. Poco le importó escucharme decir que eran casi las dos de la madrugada y que más valía esperar unas horas. En el momento en que cerraba la puerta de casa, la barra de la cortina cayó al suelo y nuestras bien iluminadas ventanas quedaron expuestas a la calle. Una cruel circunstancia, teniendo en cuenta que faltaban horas hasta el amanecer.

Por la mañana, es decir, unas siete horas después, estábamos listos para emprender la primera etapa de nuestra gran aventura. Mi madre había decidido venir con nosotros a comer y luego ir a despedirnos a la estación de Waterloo. Entre tanto, yo tenía órdenes estrictas de no llorar ni expresar emoción alguna, cosa que me preocupaba, pues sabía que esa contención sería algo que mi madre me reprocharía eternamente. Cuando ella bajó al andén y se puso ante la puerta de nuestro vagón, yo estaba de pie tras mi marido, lo que me permitió llevarme el pañuelo a los ojos ostensiblemente mientras el tren salía humeando de la estación, pero al acercarme a él instantes después estaba sosegada y con los ojos inmaculados. Espero que este pequeño engaño me sea perdonado.

Durante el trayecto a Southampton sucedió algo que me dejó tremendamente preocupada. Estábamos atravesando un largo túnel, sentados uno frente al otro en el oscuro vagón, en actitud circunspecta. Sin el menor aviso se escuchó una tremenda detonación procedente de un lugar muy próximo y el tren se llenó de una luz cegadora. Tal fue mi sorpresa que, por unos segundos, el pánico me impidió hablar. Fue entonces cuando caí en la cuenta de la ligereza con que había emprendido aquella aventura, pues apenas conocía al hombre con quien me había casado. ¿Y si resultaba ser un miembro de una sociedad secreta? El fogonazo y la explosión parecían haber sido en nuestro vagón, pero él no había hecho el menor ruido. Contuve la respiración hasta que el tren salió del túnel y al fin llegó la luz del día. Entonces le vi sonreírme sin mostrar la menor preocupación. Me daba vergüenza contarle que me había asustado, pero pensé que se me debía notar en la cara, así que procuré explicárselo.

—Bobita, ha sido un indicación de los encargados del tren para avisar a unos obreros que estaban trabajando en la vía.

El alivio que me produjo su explicación fue colosal, pero preferí no darle una explicación completa, pues intuía que podía sentarle mal. Quería evitar que llegara a vislumbrar mi desconfianza y, además, lo que sentía era demasiado confuso e irreal como para intentar expresarlo en palabras, y menos a un escritor como él.

Durante el resto del viaje mi marido estuvo relajado y fue el compañero encantador que sabía ser. Recuerdo su sonora carcajada cuando le pedí educadamente que me diera algo de dinero francés. Al dármelo de inmediato, me preguntó en tono jocoso si también quería llevar encima mi propio billete de tren.

Las siguientes horas transcurrieron entre tantas novedades y emociones que apenas pude reflexionar sobre el susto que me había llevado en el tren. Aquella aventura en la que estaba inmersa era algo completamente nuevo para mí. El muelle de Southampton se apareció ante mí por primera vez y disfruté de nuestra copiosa cena en el hotel. Tenía un hambre tremenda, pero me negué a aceptar ningún consejo sobre la conveniencia de elegir unos platos u otros. En todo caso, la cena aquella fue, en el mejor de los casos, poco juiciosa. Mi acompañante, sin embargo, parecía más preocupado por el clima, pues miraba al mar con ansiedad y parecía decidido, por lo que pude colegir, a esperar en Southampton hasta que el tiempo nos permitiera hacer una travesía más tranquila. Creo que fue una broma mía lo que le decidió a mantener nuestros planes, de modo que en torno a la medianoche nos embarcamos.

—Una mala noche, señor —comentó el capitán al avanzar hacia el puente—. En cuanto salgamos, nos encontraremos con la tormenta de frente.

Mi marido me miró con un gracioso gesto de desesperación y seguimos andando hacia nuestro camarote, que daba a cubierta.

Los escasos pasajeros que había a bordo se precipitaron hacia sus respectivos cubículos. Al zarpar hubo un hombre gordo que me hizo reír. Mareado por el movimiento del barco, se abalanzó sobre la barandilla de la cubierta para vomitar y a continuación, desconfiando del uso habitual de las piernas, volvió a su camarote a gatas. La segunda etapa de mi aventura comenzaba de modo poco propicio. Ante la puerta de nuestro camarote me volví para mirar por última vez las costas de mi país, que retrocedían ante mí, envueltas en el oscuro manto de la tempestad.

CAPÍTULO SEGUNDO

Pasarían más de seis meses antes de que volviera a ver aquellas costas. Recuerdo no haber tenido el menor recelo, aunque he de confesar un cierto sobrecogimiento, la noche en que zarpamos, cuando estaba allí de pie junto a Joseph Conrad. El hombre que tenía al lado estaba aún más preocupado. Ya había vivido la mitad de su vida y, como él decía, no tenía ni la menor idea de cómo se cuidaba a una esposa. La primera vez que alguien me llamó «señora Conrad» preguntó con cierta impaciencia:

—¿A quién se refiere usted?

Sin embargo, recuerdo con agradecimiento y ternura lo solícito que estuvo conmigo aquella noche, la segunda de nuestro matrimonio, a bordo de un buque que subía, bajaba, oscilaba y temblaba. La noche era un espantoso rugido de viento y lluvia, aunque el día anterior había hecho un tiempo maravilloso.

Por algún motivo, nuestro camarote privado no contaba con la supervisión de una amable camarera. Al poco tiempo, también yo empecé a sentir los espantosos efectos del mareo y no fue poca mi preocupación al descubrir que mi marido marinero también sucumbiría. Mucho antes de avistar Saint-Malo, donde llegamos apenas doce horas tarde, tomé la decisión de no volver a cruzar el canal jamás, ni por ver a mi familia ni por nada del mundo. Algo tan simple como ponerme en pie para vestirme me resultaba imposible; en camisón y zapatillas, con la melena desparramada sobre la espalda, debía de tener un aspecto lamentable. Como para hacer desconfiar a un muerto, según me diría mi marido poco después. En aquel momento, sin embargo, mi indiferencia era total y la náusea que me produjo al sugerirme comer algo le dejó bastante preocupado.

Dada su costumbre de navegar, él ya había superado el trance. Me estremecí al verle devorar unos enormes bocadillos y tomarse dos enormes tazas de caldo. Pero lo siguiente que hizo me dejó aún más perpleja. Apenas pasamos la aduana, en cuanto logré ponerme alguna prenda medianamente convencional, insistió en que teníamos que ir inmediatamente a unas casuchas con un cartel que las anunciaba como una casa de baños. De hecho, era un lugar de lo más primitivo que consistía en dos tanques cuadrados metidos en dos pequeños cubículos llenos de un vapor verdaderamente desagradable. Mi pudor habría aconsejado una menor proximidad entre ambos, pero la cercanía resultó ser providencial. Como estaba torpona y me encontraba fatal, cometí el descuido de no dejar salir el agua. Al instante me vi tragando aire, escupiendo y pidiendo ayuda a gritos, porque la cabeza se me había quedado bajo el agua dos veces y creía ahogarme.

Ya eran casi las seis cuando, vestidos de manera razonable, nos sentamos junto a las murallas del puerto. Fue entonces cuando expresé la necesidad de ingerir algún alimento, con una voz que me sonó lastimera incluso a mí.

—Ay, que hambre tengo —dije—. No he comido nada desde anoche.

El efecto que produjo mi queja fue cómico, pues mi pobre marido parecía destrozado por los remordimientos. Tal era su angustia que sentí no haber mencionado antes el hambre que tenía. Entonces no conocía, como ya he dicho, su tendencia a exagerar, tanto en palabras como en gestos. Recuerdo que me trajo un puchero de té recién hecho, unas galletas y, lo que para mi mentalidad inglesa era algo chocante, una enorme botella de ron, en vez de leche, en la misma bandeja.

Una hora después cenamos y, tras dar otro corto paseo por la zona de las murallas, nos retiramos y estábamos profundamente dormidos hasta que nos despertó un hombre con un delantal de paño verde, que venía a llevarnos las maletas al autobús, cosa que nos hizo ponernos en marcha a toda velocidad. Cómo sería la cosa, que tuve que terminar de arreglarme en el autobús y mi marido se prestó amablemente a atarme los cordones de las botas durante el corto viaje a la estación.

Tardamos la mayor parte del día en llegar a nuestro destino, Lannion, un pintoresco pueblo francés junto al nacimiento de un río fluvial en la costa de Bretaña. Allí pensábamos quedarnos hasta encontrar una casa de campo amueblada donde poder instalarnos para que Joseph Conrad se dedicara de lleno a escribir un libro.

Unas semanas antes de casarnos nos habíamos dado de alta en el censo inglés y dos días después de llegar al pintoresco hotel francés de Lannion nos incluyeron también en el censo francés. Al recibir Joseph Conrad los papeles pendientes de firma, la cara de exasperación que puso fue cómica; medio negándose a firmarlos, mascullaba cosas incomprensibles cuando se le insistía en el asunto. Entonces esbozó una radiante sonrisa y rompió a hablar en un veloz francés. Sin entender todo lo que decía, comprendí lo suficiente para saber que aquel nuevo marido mío había dicho, por algún motivo, una pequeña mentira. Acababa de declarar que llevábamos casados varios meses. Mi protesta correspondiente la recibió con una sacudida de hombros y la siguiente réplica:

—Bueno, querida, a mi me da la impresión de que llevamos años juntos.

El comentario me dejó desconcertada, haciéndome reflexionar con cierta preocupación. Sonaba poco halagüeño, pero no lo podía haber dicho con ninguna otra intención.

El Hôtel de France de Lannion era el típico establecimiento de su clase y tamaño. En el comedor enarenado había una larga mesa que compartía un variado grupo de comerciantes, electricistas, abogados y algún soltero francés. Al poco tiempo ya nos habíamos hecho amigos de la mayoría de los clientes habituales, entre los que había uno que solía sentarse a mi lado. Una de las cosas que me habían impresionado era su puntillosa cortesía, pero no creía dominar el francés como para atreverme a intervenir en las charlas y discusiones que tenía con mi marido, generalmente situado a mi izquierda. En aquel hotel pasamos una quincena durante la que salíamos en coche a diario, en busca de nuestro modesto El Dorado (es decir, una casita de campo). Al principio los paseos nos resultaban muy placenteros, pero conforme nuestra riqueza iba disminuyendo, el asunto cada vez nos agobiaba más. Joseph Conrad estaba deseando empezar a trabajar cuanto antes. Un día descubrimos una casa diminuta junto a un hotel de lo más primitivo; un perfecto ejemplo de la vida sencilla, sin un lujo y con mil defectos evidentes. Sabiendo lo quisquilloso que era mi compañero, dudé en cuanto a mi capacidad para instalarle allí con todas las comodidades necesarias. Teníamos cuatro habitaciones. En el enorme dormitorio que hacía las veces de sala de estar había dos enormes camas con dosel (sólo una de ellas equipada con lo fundamental en cuanto a sábanas, mantas y demás), una enorme mesa redonda en el centro y un diminuto lavabo con un diminuto juego de artículos de aseo sobre un listón de madera pintada y resquebrajada. Una cómoda desvencijada sobre la que había colgada una alacena con puertas de cristal, que servía tanto para libros como para la vajilla sobrante. Las toscas sábanas de hilo tenían una costura en el centro que se parecía mucho a las cercas de piedra de los huertos de la isla. Junto a la gran cocina de abajo había un cuarto diminuto para la criada, aprovechando el hueco de la escalera. La mesa y las tres sillas de un tercer cuartito minúsculo completaban el mobiliario y el desván, que ocupaba el espacio correspondiente al piso de arriba, me proporcionaría un lugar para escribir a máquina. Los únicos muebles que había allí eran una pequeña cama de hierro, una mesa desvencijada y una silla de mimbre desfondada.

 Pese a todo, no podíamos pedir más. Yo desde luego me daba por satisfecha, por no hablar de lo entretenido que me parecía todo aquello. Desde el ático que había arriba del todo se veía el mar por los cuatro costados. En cuanto llegamos a un acuerdo sobre el alquiler, contratamos a una sobrina de nuestra futura casera como «chica para todo» y regresamos a tierra firme para recuperar nuestras pertenencias, que seguían en el hotel.

Llegamos a la hora de comer, por lo que subí a toda prisa a nuestra habitación para peinarme un poco. Por ese motivo llegué al comedor algo después que mi marido, pero justo a tiempo para verle saludar a mi vecino habitual con lo que en ese momento me pareció una cordialidad excesiva. A continuación me quedé atónita al escuchar una expresión cargada de ira y cuál no sería mi asombro ante el veloz torrente de palabras en francés que Joseph Conrad le soltó al aturdido paisano. Contemplando la escena boquiabierta, al fin logré entender estas furibundas palabras:

—Esta dama, señor, es mi esposa, no mi hija.

Aquél fue el almuerzo más desagradable de mi vida. No entendía lo que había pasado, ni por qué se me obligó a sentarme en una silla concreta, con mi marido situado entre mi vecino habitual y yo. Ninguno de los dos hombres dijo una palabra durante toda la comida y mis benevolentes intentos de iniciar una conversación fueron un rotundo fracaso. Aquello terminó por fin con la profunda reverencia que me dedicó el francés y el altivo gesto de cabeza con que se despidió de mi marido. A continuación el hombre se dio media vuelta, salió del comedor y no volvió al hotel nunca más.

El motivo de la trifulca no lo supe hasta llegar a nuestra habitación, pues había decidido esperar a que escampara la tormenta antes de sacar el tema. Ya teníamos casi toda la ropa metida en los baúles y yo me había sentado a descansar unos minutos cuando, tras soltar la risilla que solía usar para anunciar algo desagradable, mi marido se acercó súbitamente y farfulló:

—¡Habráse visto! ¿Sabes lo que me había dicho ese individuo, Jess? Me estaba pidiendo permiso para poder cortejar a mi hija.

Con una carcajada, me acerqué a él para darle una palmada cariñosa en el brazo, pero se apartó con un gesto impaciente.

—Eso te pasa por tener ese aspecto tan juvenil —dijo con un sonoro suspiro.

Por la tarde acabamos de hacer el equipaje, compramos una gran provisión de té, café, galletas y no pocas «porquerías», como llamaba Joseph Conrad a los caprichos comestibles. Con el equipaje apilado en la trasera del coche y las compras amontonadas sobre el asiento, nos alejamos del amable gentío del hotel, prometiendo volver con frecuencia a comer, o cuando quisiéramos pasar unos días fuera de nuestra diminuta casa isleña.

Al llegar a nuestro nuevo hogar, los preparativos para nuestra primera cena estaban ya avanzados. Al ver un enorme montón de orondas salchichas, me quedé horrorizada y suspiré al darme cuenta de que mi marido y yo no íbamos a ser los únicos comensales. Se esperaba de nosotros que pagáramos una especie de peaje de entrada a la isla con un convite al que asistiría la mayoría de los lugareños. De ahí la pila monumental de salchichas, las largas barras de pan, el montículo de mantequilla y queso. Por no hablar de la bebida que cada uno de ellos esperaba conseguir a nuestra costa en el bar del hotel. Parece ser que al saberlo expresé mi alivio de manera cómica, aunque mi preocupación por el precio de todo aquello fuera comprensible. En cuanto a los isleños, que eran casi todos canteros, pronto nos hicimos todos amigos. Muchos de ellos tenían enormes familias y más de un padre nos pidió que le pagáramos la renta de su patatal. Sus argumentos a favor de nuestra filantropía, no siempre convincentes, eran variados y extensos. Sin embargo, pronto descubrí que mi amigo era excesivamente generoso y que aborrecía el engorro de tener que rechazar una petición, si era capaz de satisfacerla. Por su parte, nuestros vecinos descubrieron que mi misión en la vida era procurar a mi hombre una vida tranquila y aislada, por lo que me disgustaba enormemente encontrarme con un niño pequeño abandonado en la parte superior de una escalera o en algún otro sitio peligroso donde se dedicara a gritar hasta que apareciera yo para apaciguarle con unas galletas o unos caramelos. Pese a todo, nuestra luna de miel es uno de los mejores recuerdos de mi vida y no creo que hubiera ninguna discordia conyugal, aparte de la indisposición marina, que fue algo inevitable.

Uno de los primeros que vino a vernos a la isla fue un querido anciano, el *capitaine* Le Bras, y el día en que apareció nos trajo el pequeño barco que nos iba a alquilar mientras estuviéramos allí y que había dejado atracado. Después de comer fuimos a ver aquel barquichuelo que nos serviría de entretenimiento cuando nos lo hubiéramos ganado.

Fue una verdadera mala suerte que la noche en que volvimos de nuestro primer paseo a vela, habiéndose marchado ya nuestro querido anciano, a mi marido le diera una intensa fiebre. Preocupada, le di un té caliente e hice cuanto pude para quitarle los escalofríos. Aquél fue mi primer contacto con la malaria, aunque sabía que él había sufrido varios accesos de aquella enfermedad antes de casarnos. Al ir avanzando la noche, mi marido empezó a farfullar y a decir incoherencias, mientras los temblores iban en aumento. En un momento dado me asusté tanto que fui a pedir ayuda a nuestra amable casera. No estuve más de un cuarto de hora apartada de él, pero cuando volví con la buena señora a cuestas, mi marido se había metido en la cama, vestido como estaba, con abrigo —el grueso gabán *haverlock*— incluido. En aquel momento ya estaba delirando, hablando solo en su lengua materna y sin la menor noción de quién era yo. Muchas fueron las horas que pasé a su lado, observando el brillo febril de sus ojos, que parecía mirar fijamente algún objeto que a mí me resultaba invisible y escuchando las incomprensibles parrafadas y largos discursos de los que no entendía ni una sola palabra.

Aquello era verdaderamente desesperante. Tras lo que me pareció una espera interminable regresó mi mensajera con un médico, un anciano entrañable que había recorrido catorce kilómetros para acudir en mi ayuda. Las instrucciones que me dio, sin embargo, me daban mucho trabajo, pues no tenía ayuda de nadie. El delirio era algo prácticamente desconocido para mí, por lo que la soledad me angustiaba y, para colmo de males, a mi marido se le desarrolló un caso grave de gota en una muñeca y en un tobillo. Por la mañana estaba al borde del agotamiento, por lo que recibí al buen doctor casi al borde del llanto. Afortunadamente, reaccionó ante mi contrariedad como un buen amigo, ya que insistió en que me fuera a descansar mientras él se ocupaba de mi paciente. Al volver vi que mi marido tenía pulcramente vendadas la muñeca y el tobillo afectados de gota, con el brazo en un cabestrillo improvisado gracias a una vieja funda de almohada. Finalmente, cuando el anciano se disponía a marcharse, alzó los brazos, exclamando que sería magnífico si pudiera calentar la habitación de algún modo.

Joseph Conrad se pasó toda la noche desvariando en polaco, cosa que le vería hacer siempre que estaba enfermo. Al final acabé extrayendo de aquellas insólitas palabras el suficiente sentido como para poder darle agua o colocarle bien la almohada. Pero rechazaba ferozmente todos mis intentos de quitarle los calcetines o el abrigo, por lo que era un espectáculo verlo tumbado en aquella cama francesa de dosel, con su rostro colérico, su barba puntiaguda y sus dientes relucientes.

En la mañana del cuarto día la fiebre pareció remitir y al despertar de una breve siesta me lo encontré apoyado en el hombro de su brazo bueno, mirándome con un gesto de lo más desconcertante. Ante mi amago de ponerme en pie para aproximarme a la cama, se dejó caer sobre la almohada, agitando el brazo para hacerme desistir. A continuación dijo con una claridad meridiana:

—Tengo que contarte lo que opina el médico de ti.

Escuché entonces tal torrente de deslavazadas acusaciones sobre mi naturaleza moral y espiritual, y me eché a llorar. Sin el conocimiento suficiente para adivinar que mi marido seguía delirando, perdí la entereza y salí a toda prisa de la habitación, llorando histéricamente. Mi angustia debió de afectar a su aturdida conciencia, pues me llamó varias veces, pero quería recuperar el aplomo, por lo que tardé más de media hora en atreverme a volver a su lado.

Andando despacio para no hacer ruido, me senté en mi silla junto a la cama. Joseph Conrad estaba dormido, pero no se movía sin parar como había hecho durante los últimos días y noches, sino que reposaba tranquilo. Pasaron dos horas durante las que yo también debí de dormir algo y al desperezarme preparé una bandeja de comida lo más sabrosa posible, dentro de mis limitados recursos. Al poco despertó mi marido, que parecía coherente y comió con hambre. Fue muchos días después cuando por fin le pregunté por qué no me había defendido de aquel cruel ataque del médico, pero él negó saber nada del asunto, alegando que yo lo había soñado. No insistí en ello, pero a partir de entonces el anciano doctor me inspiró una enorme desconfianza.

Tras quince largos días de enfermedad mi marido mejoró algo y entonces se puso a trabajar frenéticamente en algo que había que terminar para mandarlo a Londres, a su editor. Según decía, no podía permitirse el lujo de vaguear de ese modo. Al repasar con cuidado nuestra situación financiera, no descubrimos ningún motivo inmediato de preocupación. Pero lo cierto era que la noche antes de casarnos quebró una mina de oro que hizo perder a Joseph Conrad prácticamente todo su dinero, salvo unas pocas libras. Incluso había llegado a plantearse la conveniencia de nuestro matrimonio, dada su escasez de patrimonio. Nos planteamos el asunto con la mayor seriedad, pero al final decidimos arriesgarnos y dar un paso del que jamás me arrepentí. En cualquier caso, no contamos a nadie nuestros problemas económicos. Al recordar aquellos tiempos creo que mi marido tuvo más valor. Era indudable que él sabía más de la vida, dada nuestra diferencia de edad, mientras que yo, con toda mi bisoñez, me conformaba con sus limitados recursos.

Pero con la llegada de una tibia primavera y la idea del barquito como recompensa por nuestros afanes, nos llevábamos bastante bien. En cuanto a mí, había aprendido a manejar la máquina de escribir, vieja y errática, con la suficiente destreza como para poder seguirle el ritmo. Las primeras páginas de *El rescate* me parecieron una verdadera delicia, aunque mis primeros textos tuvieran imperfecciones, entre otras cosas porque de vez cuando mi máquina se negaba a espaciar y a cambiar de línea. La consecuencia inevitable de cualquier movimiento brusco era el desastre. La barra tenía la mala costumbre de soltarse del carro, haciendo desparramarse todos los tipos por el suelo. Volver a montarlos era una pesadilla. Para empezar, cada letra iba por separado y todas tenían que encajar boca abajo en la ranura de la barra, por lo que en ocasiones tardaba dos días en montarla.

El día en que mandamos la primera tanda del manuscrito desde Ile Grande era festivo y para aprovecharlo habíamos organizado una excursión con varios días de anterioridad. Dio la extraña casualidad de que la noche en que naufragó el *Drummond Castle* en la costa de Ushant, nosotros estuviéramos navegando en nuestro barquito, a sólo treinta kilómetros de distancia. El director de la mina de oro iba a bordo del *Drummond Castle* y nos habría dado alguna noticia sobre la compañía. Esa mañana auguraba un buen día, así que estábamos encantados y dispuestos a disfrutar de nuestro primer paseo largo por la costa. En el barco llevábamos suficientes provisiones secas para una semana, con intención de comprar productos frescos allí donde fondeáramos de noche. A nuestra criada le había dado aquellos días de vacaciones. Acompañados del viejo marinero francés que iba a hacer de tripulante, nos embarcamos esa soleada mañana con buen ánimo. En el plácido cielo azul no había una nube, por lo que no nos abrumó ningún mal augurio. Una vez guardadas las provisiones nos instalamos cómodamente abordo, pues para poder zarpar teníamos que esperar a que subiera la marea. Debo explicar que teníamos el barco sujeto con dos maderas plegables que servían para sostenerlo en marea baja, cuando el mar retrocedía tanto que se quedaba colgando en el aire, por así decirlo. Nuestro amarre estaba muy alejado de la parte costera de los arenales, lo que requería mucha paciencia por nuestra parte, a no ser que usáramos el bote de goma. Normalmente íbamos andando hasta el barco y subíamos a bordo para esperar a que subiera la marea. La mañana aquella no fue una excepción, ya que esperar no nos suponía ningún problema.

Joseph Conrad había estado fumando en silencio, con la mirada puesta en el lejano horizonte. De pronto se volvió hacia mí, tirando por la borda el pitillo, que cayó al agua con un leve silbido. Volviéndome para mirarle, me pregunté en qué habría estado pensando el hombre de los eternos cambios de humor. Al verme sonreírle sacudió la cabeza y dijo:

—Jess, seguro que te acuerdas del viejo Furley, el abogado de la compañía que explota la mina de oro.

Asintiendo con la cabeza, esperé a que ampliara el asunto.

—Bien, pues a finales de esta semana vuelve a Inglaterra el director general de la empresa, según me cuenta el vejete en una carta que he recibido esta mañana. Parece convencido de que, pese al incendio, algo se va a poder salvar. El hombre viene a bordo del *Drummond Castle*. Qué curioso, ¿verdad? Esta noche llega a Finisterre, que está a unos treinta kilómetros de aquí. A juzgar por el buen tiempo que hace, será una travesía sin incidencias. No sabes lo que me alegraría que el anciano Furley tuviera razón y pudiéramos salvar algo de la inversión.

Aquélla era prácticamente la primera vez que hablaba del dinero que creía haber perdido, desde la noche en que decidimos casarnos, pasara lo que pasara. Esa mañana habíamos salido de excursión sin que me dijera que había recibido correo de Inglaterra. Le respondí con todo el optimismo posible, rogándole que procurase no darle más vueltas al asunto por el momento.

—Puede que el domingo, cuando volvamos, recibas alguna noticia. Para entonces daría tiempo a que nos llegara una carta, ¿no?

Como el barco empezó a flotar precisamente en ese momento, mi marido se puso en pie de un salto, sacrificando un cigarrillo casi entero en esta ocasión.

—En marcha —le ordenó al viejo marinero mientras él se ponía al timón.

En cuanto levaron el ancla e izaron la vela me confió el timón a mí, dándome instrucciones de llevar el barco a ras del viento, por poco que hubiera. Tras dejar atrás el último escollo y hacernos a la mar, mi marido sacudió los hombros con impaciencia, respondiendo a mi pregunta con cierta desesperación en la voz:

—Si llega una carta el domingo, será casi un milagro. Pero olvidemos ese maldito asunto por ahora. ¿Estás contenta?

Le aseguré que estaba disfrutando de cada minuto del paseo, señalando hacia el trecho de agua tranquila que teníamos por delante y los dos comentamos que el día se presentaba de lo más sereno y tranquilo. No había el menor presagio de que pudiera suceder alguna catástrofe relacionada con la muerte. Comimos tranquilamente y por la tarde nos entró algo de sueño, algo comprensible teniendo en cuenta lo que habíamos madrugado. Al darnos cuenta de que el viejo marinero estaba cabeceando mientras se fumaba una pipa, decidimos ponernos al pairo, porque no había viento. Joseph Conrad soltó las escotas, amarramos las velas a los palos y nos pusimos cómodos, dispuestos a echar una siesta. Mi marido se había comprometido a estar atento durante la primera hora y el viejo Milo le sustituiría después.

Pero los tres nos debimos de quedar dormidos durante más tiempo, porque eran más de las siete cuando un grito del marinero nos despertó bruscamente. Mi marido soltó una palabrota entre dientes y estuve a punto de regañarle, pero al incorporarme me restregué los ojos y vi que el asunto no estaba para hacerse los elegantes. El barco estaba completamente rodeado de una niebla blanca tan espesa que parecía impenetrable por el sonido y la luz. Al no tener ningún punto de referencia, era imposible saber dónde estábamos, aunque al entornar los ojos no avistábamos la costa, que en aquella zona tenía poco relieve.

Lo primero que hizo Joseph Conrad fue soltar el ancla. En cuanto a mí, le miraba angustiada.

—Vamos a la deriva, Jess —murmuró—. El cabo del ancla no llega al fondo. ¿Qué demonios nos habrá…?

Poniéndose en pie, se llevó una mano al oído, haciendo una especie de trompetilla con ella. Así pasó varios segundos, atento a los sonidos de nuestro alrededor. Al no lograr oír nada, hizo un gesto a nuestro ayudante para que levara el ancla.

—¿Dónde crees que estamos? —le preguntó con voz tensa.

Cuando el viejo marino sacudió la cabeza con desesperación, mi marido asintió nervioso mientras se volvía hacia él precipitadamente—. Toma un remo —le dijo, echando el otro al agua.

Durante unos segundos no se escuchó nada, pues los dos hombres estaban concentrados en su tarea de remar.

—Nada —anunció Joseph Conrad al cabo de un rato—. Lo único que hacemos es girar en redondo. Nos hemos metido en una buena, Jess. En cualquier momento podemos chocar con otro barco o encallar en las malditas rocas esas que no sabemos dónde están. No se ve una puñeta.

En cuanto a mí, estaba en la popa, sentada filosóficamente sobre el techo de la diminuta cabina, procurando no molestar, pero de pronto alcé la cabeza, señalé en la dirección hacia donde flotaba nuestro barco y dije con voz apacible:

—Acabo de oír un cencerro por ahí.

Nos quedamos escuchando los tres, hasta que mi marido sacudió la cabeza con desaliento.

—Yo también lo he oído, monsieur —dijo el viejo Milo—. La costa está allí —añadió, señalando con el dedo.

Los dos hombres recogieron a toda prisa las velas, porque se estaba levantando un viento que las hacía ondear sobre el mástil. Tras un tenso silencio, comprobamos que nuestro barquito avanzaba, lento pero seguro, hacia el lugar del que venía el sonido del cencerro, que ya se escuchaba con regularidad. Al final resultó que habíamos tenido suerte, pues al poco tiempo arribamos a los bajíos de la costa, donde bajamos los dos maderos plegables para sostener el barco. Entonces Milo se ofreció a ir en busca de ayuda, saltó por la borda y desapareció al perderse en la niebla. Oímos un par de saludos en francés y, a lo lejos, un grito de respuesta. Mi marido y yo nos dimos la mano, tan emocionados que no podíamos ni hablar.

Sería una hora después cuando oímos voces y nos pusimos a gritar para orientar a nuestros salvadores, que resultaron ser tres fornidos bretones cuyas grotescas siluetas aparecieron de pronto en la niebla y cuyas amables manos nos ayudaron a bajar del barco, saltando sobre la suave arena en la que habíamos tenido la suerte de varar. Uno de los hombres se quedó con nuestro marinero para ayudarle a fondear el barco, mientras los otros dos lugareños nos guiaban trabajosamente por la angosta playa, hasta que nos vimos de pronto en la arenosa taberna de una casona que resultó ser un hotel.

Nuestra aventura produjo un revuelo tremendo y por lo que decía la gente dedujimos que habíamos tenido una suerte tremenda, porque se había levantado un ventarrón que se oía por toda la playa.

—A barlovento del hotel hay un escollo peligroso, unos tres kilómetros mar adentro —dijo un hombre—. Con este viento vuestro barco se hubiera quedado hecho trizas, porque las rocas están en aguas profundas.

A las diez de la noche decidimos dejar a Milo a cargo del barco, con instrucciones de volver navegando al día siguiente, si hacía buen tiempo. Entonces Joseph Conrad encargó a un joven bretón que nos llevara a casa por tierra, a cambio de una cantidad de dinero que a todos nos pareció razonable. Nos adentramos en la noche los tres, sentados en lo alto de una carreta. Yo iba en medio, lo que me pareció algo imprudente, pero como ya conocía algo mejor a mi marido, no dije nada. El carro no tenía ningún farol, lo que me hizo temer las piedras que pudiéramos encontrarnos de camino. Pero el joven decía conocerse bien el recorrido, por lo que me encomendé a la suerte. Mi marido y yo íbamos callados, pensando que nos habíamos salvado por poco. Nuestro cochero, que chasqueaba la lengua de vez en cuando para animar a su caballo, permanecía tan mudo como nosotros. El viaje por esos arenales parecía interminable, pues sólo podíamos ir al paso. Como a medio camino, el animal se detuvo de manera tan brusca como rotunda. Ni el seco golpe del látigo que le dio el joven bretón, ni su acelerada palabrería —para mí incomprensible— lograron hacerle moverse, así que nuestro cochero, con las riendas en la mano, saltó del lugar que ocupaba a mi lado, llegando al suelo con un ruido sordo. En la penumbra de la noche se acercó a la cabeza del caballo y entonces se oyó un silbido de sorpresa, una voz ebria que protestaba y la breve carcajada de nuestro cochero.

—No es más que un hombre borracho al que casi ha pisoteado el caballo —me dijo mi marido, traduciendo el comentario del muchacho.

Pese al tosco francés que hablaba el bretón, mi esposo había entendido lo esencial. Con una risa áspera, el joven apartó el cuerpo, que se quedó farfullando palabrotas con su voz gutural. El resto del viaje transcurrió sin incidentes, hasta que nos vimos por fin ante nuestra puerta, en plena noche y sin llaves de casa.

Tardamos bastante en despertar a nuestra casera, que no acababa de creerse que fueran sus inquilinos quienes la molestaban en pleno sueño. Pero una vez convencida, manifestó su voluble simpatía, pues no sólo se vistió precipitadamente y bajó a nuestro encuentro, sino que nos preparó un café antes de volverse a la cama.

A la mañana siguiente recibimos la horrible noticia de que durante esa espantosa niebla que podría haber acabado con nuestra luna de miel, el *Drummond Castle* se había ido a pique al encallar en un arrecife, perdiendo a la tripulación entera, con excepción de un hombre. Igual que nos sucedió a nosotros, el desventurado buque se vio repentinamente envuelto en una siniestra mortaja de niebla espesa e impenetrable. Aquélla fue la última noticia que tuvimos sobre un posible cambio en nuestra suerte, pues el director de la compañía minera iba abordo. El mar se tragó las esperanzas de Furley, que también moriría inesperadamente, antes de nuestro regreso a Inglaterra.

Después del incidente del barco pasamos varias semanas entregados a nuestro trabajo, mi marido con una dedicación ferviente, aunque dijera estar poco satisfecho con el ritmo y aún menos con los resultados. Fueron tiempos difíciles en los que temo haber sido poco útil, pues creo que mi falta de experiencia me asustaba, provocándome un exceso de celo.

Una de aquellas tardes vino a vernos nuestro amigo el cantero, con un baúl metalúrgico procedente de la diligencia que hacía el trayecto entre Lannion y nuestra pequeña isla. Era el baúl que había acompañado a Joseph Conrad en su viaje al Congo y dentro habíamos metido unas pilas de papeles, un par de botas de navegar, una aparatosa lámpara de parafina y diversos objetos de pequeño tamaño que mi marido conservaba de sus tiempos de soltero. Al principio blasfemó abiertamente contra la estulticia de aquellas gentes que nos habían guardado el baúl durante nuestra ausencia, pues ahora sólo era un bulto más que nos tocaría acarrear en nuestro viaje de vuelta. Los rollos de papel los tiró a la chimenea vacía, relegando las botas al último rincón de la enorme cocina. Pensé que la lámpara correría la misma suerte, pero en ese momento el cantero le distrajo al elogiar el baúl, que era a prueba de fuego y parecía tenerle enormemente admirado. El breve respiro me permitió poner a salvo la lámpara y el resto de las cosas.

CAPÍTULO TERCERO

Como sucede con frecuencia, lo inesperado a menudo trae ventajas consigo y si la aparición de aquella enorme lámpara desesperó a mi marido, cuando la limpié y la llené de combustible se alegró mucho de tenerla. La luz que daba le permitía trabajar con mayor comodidad y, además, daba un calor que los dos agradecíamos. Como no teníamos ningún fuego, salvo los de la cocina, las noches de mayo y principios de junio eran muy frescas en aquella islita, pues estábamos expuestos a todos los vientos.

En aquel momento tenía yo menos trabajo pendiente de pasar a máquina, por lo que a primera hora de la mañana me parecía recomendable quitarme de en medio, para estorbar lo menos posible. Pero no me atrevía a salir de casa, pues mi marido, aún en la actitud atenta de la luna de miel, se habría visto obligado a acompañarme. Agotada mi pequeña provisión de libros y cumplidas todas las labores pendientes, descarté escribir cartas a la familia, pues pensaba que traslucirían nuestro nerviosismo ante los problemas que Joseph Conrad tenía con la escritura.

Fue entonces cuando recordé los rollos de papel que había rescatado de la chimenea y guardado en mi «cuarto de juegos» del ático. Armada con unos gruesos alfileres y un lápiz, todas las mañanas me retiraba silenciosamente a mi escondite, tras cerciorarme de que no se requerían mis servicios con la vieja máquina de escribir. Allí arriba me dediqué a ordenar pacientemente los manuscritos completos de *La locura de Almayer* y *Un vagabundo de las islas*, clavando las páginas con alfileres sobre el desvencijado colchón de muelles que también me servía de cómodo asiento. En aquel recóndito lugar me podía pasar horas y horas, atenta a cualquier sonido procedente del piso de abajo, pues tenía ciertos remordimientos por estar llevando mi labor en secreto. Sin embargo, me espantaba que me pudieran arrebatar los montoncitos que estaba haciendo al ordenar cada manuscrito, pues era indudable que serían destruidos. Para entonces ya tenía casi completo el de *La locura de Almayer*. En cuanto a *Un vagabundo de las islas*, me iba a resultar mucho más sencillo, pues estaba cuidadosamente numerado. En una ocasión me faltó poco para ser descubierta, porque al estar absorta en mi labor, no había reparado en un ruido procedente de la parte inferior de la casa. Conteniendo la respiración, oí las pisadas de Joseph Conrad al bajar las toscas escaleras de la cocina donde, con tono impaciente, preguntó a nuestra doncella Suzanne dónde estaba yo. Cuando mi marido ya venía hacia mi escondite apareció el cartero por la puerta de atrás, distrayéndole durante el tiempo suficiente como para que yo pudiera presentarme ante él con cierta precipitación. Como estaba distraído mirando el correo, no me preguntó dónde había pasado las tres últimas horas, lo que fue una verdadera suerte.

Dos días después ya tenía terminada la labor que me había impuesto. Satisfecha del resultado, escondí los gruesos manuscritos en el doble fondo de mi baúl. Veinte años después esos manuscritos formarían una parte considerable de la obra que vendimos en Estados Unidos al señor Quinn, que nos la compró por 2.000 dólares y la revendió por 24.000. Sobre este asunto hablaré en su momento.

A continuación me dediqué a los documentos privados, relacionados con su familia y sus negocios, que le habían acompañado en sus diversos viajes. Pese a estar ajados, rotos y manchados de agua marina, logré recomponerlos con cinta adhesiva transparente, de manera que tras ordenarlos volvieron a ser legibles. Por este servicio recibí las más cordiales muestras de agradecimiento y como recompensa se me invitó a pasar una tarde en tierra firme, donde pude disponer de una abundante cantidad de francos para gastarlos en lo que quisiera. Regresé a casa con una pequeña colección de recuerdos para mis familiares, a quienes esperaba volver a ver algún día.

A los pocos días Joseph Conrad había avanzado en su nuevo libro lo suficiente como para poder enviar a Londres un grueso taco de papeles, lo que nos animó a emprender otra aventura náutica, que ambos considerábamos merecida. En aquel caso pretendimos llegar a Roscoff y si no lo conseguimos fue por mi ingenua terquedad. Pasamos la primera noche en el hotel de Lannion que tanto nos gustaba, pero yo me negué a irme antes de que llegara el correo. Aparte de no recibir nada, la espera nos hizo perder la marea. Abochornada, bajé la cabeza y ni siquiera intenté defenderme cuando mi marido expresó su consternación.

—Sabía perfectamente que hoy no íbamos a tener correo, querida —dijo finalmente—. ¡Cómo sois las mujeres! —exclamó, encogiéndose de hombros para expresar su profundo desdén, añadiendo—: Te recuerdo que el domingo casi nunca nos llega nada de correo. Y aquí estamos, achicharrados de calor hasta que suba la marea, cuando ya se habrá hecho tarde para salir, maldita sea.

Apenas habíamos logrado avanzar por el largo río que llevaba al mar desde Lannion. En el estrecho canal del cauce había bastante agua para hacer flotar el barco, pero como la quilla estaba encajada en el barro, no nos movíamos ni un centímetro de nuestro sitio. Hacía un sol tremendo y parecían esperarnos doce horas atascados allí, porque estábamos demasiado lejos de la orilla para hacer el trecho sin mojarnos. Abrumada por unos remordimientos completamente inútiles, guardé silencio. Pero al final tuvimos suerte, pues apareció un barco mucho más pequeño que el nuestro y los tres o cuatro pescadores franceses que iban a bordo se ofrecieron amablemente a llevarnos. Tras darles las gracias, aceptamos su ofrecimiento de remontar el río con ellos hasta el hotel, dejando allí al viejo Milo, que debía esperar a la siguiente marea para regresar con nuestro barco.

En conjunto tengo gratos recuerdos de aquel domingo. Comimos rodeados de franceses, descalzos y con los pantalones remangados hasta las rodillas, que hablaban sin parar. En cuanto acabaron el último bocado, apartaron los platos, cubiertos y vasos sucios y levantando la mitad del mantel sobre la mesa. Entonces cada hombre sacó una cesta marrón, cerrada con una tapa de mimbre y llena de ranas a las que se oía croar. Sacando los animales de uno en uno, les pasaban una navaja por la mitad, arrancándoles la piel desde las patas traseras. Tras esta veloz operación descartaban la piel, que parecía un calzoncillo diminuto. Tengo que reconocer que aquello me dejó atónita y, aunque me propuse no ser ñoña, tuve que refugiarme al fondo del terroso recinto a esperar a que acabaran.

Según me contaron, las ranas sabían a pollo tierno y se consideraban una exquisitez. ¡Uf!

La marea nos trajo al viejo Milo con nuestro barco, al que subimos entre un runrún de *bon soirs*, zarpando de nuevo hacia nuestro verdadero destino, Roscoff. Todavía quedaban unas horas de luz y teníamos la esperanza de que se levantara algo más de viento. Durante las dos primeras horas avanzamos sin incidentes, convencidos de poder llegar a Roscoff antes de anochecer.

Para entonces el viento se había convertido casi en una tormenta, aunque situada mar adentro. Formando una visera con una mano, mi marido miraba hacia delante con ansiedad, pero en las tres horas siguientes apenas avanzamos nada.

—No hay nada que hacer, Jess —dijo, sacudiendo la cabeza—. Más nos vale intentarlo otro día. La cosa tiene mal aspecto. Creo que va a cambiar el tiempo.

Una ráfaga repentina le decidió a virar en redondo hacia las rocas de poca altura que marcaban la costa de nuestra isla por ese lado. Navegábamos con las velas todo lo recogidas que nos podíamos permitir, pero el viento parecía soplar en todas las direcciones, por lo que pronto nos vimos obligados a avanzar muy despacio, con el aparejo casi arriado.

Era la primera vez que navegaba con tan mal tiempo y al ignorar totalmente el riesgo que pudiera correr, estaba disfrutando de la experiencia cuando el viejo marino francés dio un grito de alarma, haciéndonos girar la cabeza. En la estela del barco se bamboleaba un objeto que parecía un faro en miniatura. Cada vez estaba más cerca, como si nos siguiera con un propósito firme, hasta que de pronto alteró su rumbo erráticamente, enfilando un punto de la costa próximo a nuestro destino. Al rebasar el extraño objeto, que había quedado encajado entre dos altas rocas, descubrimos que era una enorme boya vertical, que se había soltado del muelle de Roscoff y parecía estar jugando a seguirnos hasta allí. Al desprenderse, la marea la había arrastrado varios kilómetros mar adentro.

En cuanto a nosotros, tuvimos que vadear hasta la costa, donde llegamos calados hasta los huesos y temblando de frío. Milo tuvo que quedarse a amarrar el barco, que iba a pasar toda la noche allí, y dejar los dos maderos listos para la subida de la marea. Cansados, hambrientos y hartos, recorrimos la costa pedregosa hasta llegar a un lugar por el que pudimos trepar hasta la carretera que nos llevaba a casa. Y todo ello sin haber llegado a Roscoff.

Al día siguiente Joseph Conrad se negó rotundamente a repetir la aventura, por lo que pasamos varias jornadas entregados a nuestro trabajo, sin usar el barco. El viejo Milo, que se nos había incorporado firmemente, daba vueltas por el jardín con gesto alicaído y al caer el sol se apostaba junto a la puerta hasta el anochecer. Desde la ventana del ático, le observaba sin moverme hasta que, en un último gesto de desesperación, escupía un chorro de saliva con tabaco hacia la carretera antes de retirarse a dormir. Convencida de ser culpable del fracaso de nuestra aventura, esperaba a que mi amo y señor tomase la iniciativa, sin dejar traslucir el menor deseo de ir a ese lugar esquivo llamado Roscoff.

Durante los meses que pasamos en la isla, uno de nuestros grandes placeres eran las cartas que recibíamos de nuestros amigos. Edward Garnett escribía largas cartas en las que daba ánimos al escritor principiante, cartas tremendamente útiles en la construcción y el dominio de un idioma que a mi marido le resultaba entonces demasiado ajeno para poder dominarlo. A menudo me he planteado lo maravillosamente tenaz que debía de ser el hombre con quien me había casado, ya que lograba combinar el propósito que se había impuesto con una cierta indolencia que impedía llamarle obcecado.

Las cartas de John Galsworthy y E. L. Sanderson, en cambio, mostraban un amable interés por su trabajo y por nuestro bienestar en general. Dado que a mí me correspondía una parte de su buena voluntad, agradezco con toda sinceridad su comprensión y su aprobación del modo en que procuraba cumplir con mi cometido. Creo que nuestra luna de miel o, mejor dicho, la manera en que decidimos pasar aquellos meses, nos acercó más que el clásico viaje de novios de un mes para iniciar una vida común en unas circunstancias más cotidianas que las nuestras. Cuando nos instalamos en nuestra rutina conyugal ya nos conocíamos lo suficiente como para tener paciencia uno con otro. En cuanto a mí, ya sabía mucho sobre aquel extraño ser que estaría a mi cargo durante lo que nos quedaba de matrimonio. Esa comprensión sería el secreto del éxito de nuestra aventura.

Las cartas que yo escribía a mi familia estaban llenas de cariño, pero no creo que ninguno de ellos lograra entender ni aprobar mi actitud. Mientras ellos creían tener motivos para acusarme de estar demasiado volcada en mi nueva vida, yo sabía que era imposible darles una explicación convincente, y por encima de todo quería lograr que mi matrimonio fuese un éxito.

Fue durante uno de nuestros paseos a tierra firme cuando nos topamos con los idiotas, que se convirtieron en el tema de un cuento escrito a vuelapluma. No era habitual que mi marido incorporase elementos cotidianos a sus escritos y menos sobre la marcha, casi tal como se los había topado. En su relato *Los idiotas*, que tiene la suficiente relación con la verdad como para no requerir explicación alguna por mi parte, Joseph Conrad no da el número exacto de desgraciados que eran en realidad. Al señalarle que había pasado por alto al menos dos de ellos, me quedé atónita ante la violencia con que me respondió:

—Santo Dios, querida, en esa historia he metido todo el horror que mi conciencia me permite. ¡Dos más! En mi opinión, ya hay de sobra.

En efecto, era un espectáculo siniestro el de aquellas criaturas que titubeaban por ese estrecho camino lleno de zanjas o se dejaban caer sobre los prados circundantes con la mirada perdida, esbozando una sonrisa bobalicona con su boca deforme. Sólo uno de ellos, creo que el segundo en edad, un joven de unos diecisiete años, tenía la suficiente inteligencia como para sonreír al verme, pero esa sonrisa ya era una mueca petrificada sobre su figura inmóvil cuando volvía la cabeza para mirarle desde el carro. Muchas veces tuvimos que dar un rodeo, incluso sobre la hierba que había al lado del camino, para evitar tumbar a uno de aquellos pobres seres. En cuanto daba la curva y los veía, el cochero empezaba a restallar el látigo.

—Los idiotas— proclamaba a gritos, señalándoles.

Al final de otra semana, cuando sólo habían pasado seis desde nuestro primer intento, decidimos volver a intentar llegar a Roscoff. El rostro del viejo Milo se surcó de arrugas cuando le mandamos recado de que tuviera el barco listo para zarpar temprano al día siguiente. En cuanto a mí, me puse nerviosa, pero estaba entusiasmada con la idea y resuelta a cumplir con mi cometido sin provocar retraso alguno, hubiera correo o no. Una vez aprovisionados de todo lo necesario, nos dispusimos a embarcar a primera hora, con la pleamar.

En esta ocasión pensábamos hacernos a la mar directamente desde nuestra isla. El cantero bretón, nuestro vecino más pudiente, insistió en llevarnos el equipaje al lugar de partida, un embarcadero improvisado que consistía en un saliente de piedra al que Milo había amarrado el barco. El diminuto bote de goma se balanceaba a popa animosamente, como si supiera que íbamos a emprender una nueva aventura. No había nube alguna en el cielo, que trazaba un arco azul celeste sobre el horizonte. Joseph Conrad estaba eufórico y en plena forma.

—Un día perfecto, Jess. Esta vez llegaremos a Roscoff sin el menor problema. Vamos, no sea que perdamos la marea.

Dicho esto, dio un caluroso apretón de manos al hombre rico, que aun negándose a aceptar cualquier tipo de propina, se habría ofendido enormemente si nos hubiésemos saltado ese detalle formal. Antes de la operación él se restregaba la palma de la mano encallecida por el faldón del blusón azul que llevaba, dándonos luego un estrujón de manos con tal fuerza que a mí siempre me hacía dar un respingo.

El hecho de que nos hubiéramos puesto en marcha me bastaba para pensar que se había roto el maleficio. Nada me gustaba tanto como ponerme al timón del barco y los dos hombres, mi marido y el viejo marinero, se afanaron en hacer una buena estiba por si se levantaba viento más adelante. La diminuta cabina cubierta no tenía ninguna ventana ni portilla, pero apenas la usábamos como refugio, pues preferíamos mojarnos a estar confinados en un lugar tan pequeño. Creo que el único que la usaba era el viejo Milo, que dormía allí de vez en cuando.

Al mediodía el sol pegaba con fuerza sobre nuestro barquito y el viento, en vez de refrescarnos, amainó del todo. La ligera marejada que agitaba el untuoso mar me produjo un incómodo mareo que cada vez me inclinaba más a devolver el almuerzo que tanto había disfrutado hacía más o menos una hora. Consciente de mi malestar, mi marido me lanzaba miradas ansiosas a las que yo sólo lograba responder con una débil sonrisa.

—Te había dicho que tuvieras cuidado con el tinto, querida —me dijo por fin, poniéndome un cojín bajo la cabeza dolorida.

Procurando congraciarme con él, le lancé una mirada suplicante mientras volvía la cabeza hacia la borda. Para entonces el viento nos había abandonado por completo, de manera que era imposible gobernar el barco. Tanto mi marido como el viejo marino tenían la tez de un color amarillento verdoso y oteaban el horizonte con la mano por visera para ver si era posible resguardarse en algún lugar de aquella costa achicharrada por el sol. Hasta donde llegaba la vista, no parecía haber ningún lugar habitado. Al cobrar fuerza la marejada el barco empezó a girar sobre sí mismo, haciendo unas evoluciones tan nauseabundas como imposibles de dominar. Tumbada boca abajo sobre la cubierta, estaba a merced de aquel balanceo que me daba unos escalofríos horripilantes y cuando miraba las verdes aguas sentía morir. Nos habíamos apartado del rumbo y a nuestro alrededor sólo se veía la reluciente masa de agua. Al cabo de un tiempo apareció un ruidoso barco de vapor y en respuesta a la petición de mi marido, uno de los marineros nos lanzó un grueso cabo. En cuanto a mí, había logrado, con un esfuerzo lento y penoso, sentarme sobre el techo de la cabina, donde estaba con la cabeza entre las manos, indiferente a todo. El aro de cuerda pasó volando sobre mi cabeza y cayó sobre el techo de la cabina, como si fuera una res a la que echan el lazo, pero seguí sumida en la miseria hasta que vi el gesto aterrado de mi pobre marido. Tuve la suerte de que el botalón, que tenía sobre las rodillas, se llevara toda la fuerza del golpe, que podría haberme partido las dos piernas. Me apresuré a asegurarles que me encontraba bien y ellos amarraron bien el cabo, tras lo cual nos remolcaron velozmente hacia la escarpada costa, acercándose todo lo que consideraron prudente. Tras soltar la amarra, aceptaron la gratificación que Milo había metido en un trapo atado a la punta del cabo.

En cuanto nos acercamos lo suficiente a la playa, unas amables manos me ayudaron a desembarcar y me arrastré penosamente por la empinada playa hasta que la carretera se allanó lo suficiente para poder ponerme en pie. Agradecida, entré dando tumbos en el hotelito que había en lo alto de la pedregosa playa. Aquella tarde o, mejor dicho, aquel anochecer fue una pesadilla. Me negué a comer y sólo quería dormir, porque me sentía incapaz de levantar la dolorida cabeza de la almohada. El sol castigaba las paredes de madera de aquel barracón dignificado con el nombre de hotel, en cuya diminuta habitación hacía un calor tremendo y sofocante. ¡Qué no hubiera dado yo por una taza de té inglés! Por suerte, se pasó toda la noche lloviendo, así que por la mañana estaba lo bastante descansada y repuesta como para disfrutar del café con bollo del desayuno.

Tras vestirme con tranquilidad, bajé nuevamente por las angostas escaleras hasta la taberna con suelo de tierra que constituía la estancia principal del hotel, descubrí que la buena mujer encargada de aquello nos había preparado un almuerzo francamente sabroso para que lo tomáramos antes de irnos. Escuché con un disimulado alivio la noticia de que ya habían enviado al viejo Milo a nuestra isla con el barco y que Joseph Conrad ya tenía apalabrado un carro para llevarnos a la estación de Morlaix, la más próxima al diminuto pueblo donde estábamos. Tras el obligatorio trámite para conseguir el permiso necesario de transporte de extranjeros, el cochero apareció en el hotel sentado en su cabriolé llevado por una yegua castaña de aspecto malévolo. La desconfianza que me producían tanto el vehículo como el animal se me debieron notar en la cara, pues el buen hombre se apresuró a asegurarnos que la yegua era de lo más pacífica y que sólo se ponía nerviosa con las bicicletas. Era bastante improbable que nos encontráramos con una bicicleta, nos explicó, una posibilidad entre cien, pero todo era posible, pensaba yo.

Una vez instalados en el carro, los tres en fila, iniciamos el abrupto descenso hacia el pueblo; la yegua tenía un trote saltarín, muy incómodo en un coche de dos ruedas, por no hablar de la mala costumbre de acelerar el paso repentinamente.

Por supuesto, a mitad de la cuesta, en la parte más empinada y en plena curva, vimos aparecer a un anciano montado en una bicicleta reluciente que parecía recién comprada.

Cierto que más vale prevenir que curar, y estoy convencida de que al agarrarnos con fuerza al respaldo del cabriolé evitamos el inmediato desastre de caernos de bruces a la carretera. Lo que sucedió fue que la yegua se detuvo de golpe durante un instante, le soltó un desafiante resoplido ante la odiada bicicleta y dio un brusco respingo al ver acercarse la máquina, con lo que nos faltó poco para salir despedidos del asiento.

Con una exclamación de sorpresa el ciclista cayó del sillín, aterrizando ileso sobre un blando montón de tierra que había a un lado de la carretera y luego sonó el traqueteo de los radios de la rueda pisoteados por los cascos del animal, pero entonces mi mente perdió interés por la suerte del pobre hombre de la bicicleta, centrándose en lo que pudiera sucedernos a nosotros. En cuanto dejamos atrás el objeto de su pánico, la yegua se detuvo, jadeante y con los flancos cubiertos de espuma blanca. Sin ninguna tristeza, los dos renunciamos al último tramo de nuestro paseo en carro y tras apearnos precipitadamente, hicimos a pie el corto trayecto hasta la estación.

Fue al día siguiente, cuando volvíamos a casa desde Lannion, cuando volví a ver a la familia de los idiotas, descubriendo con sorpresa que uno de los miembros era una chica. En los primeros instantes su rostro me impresionó por su belleza, pero al ver a nuestro cochero esbozó una mueca diabólica y se puso a gritar improperios hasta que se quedó sin aliento. El hombre se defendió haciendo chasquear el látigo como si quisiera fustigar a la niña delgaducha, que iba vestida exactamente igual que los chicos, con unas grandes prendas oscuras bajo las que asomaban sus huesudas canillas. Calzaban unos zuecos de madera y solían ir con las manos ocultas en las anchas mangas. Los fornidos chicos y la espigada muchacha eran hijos de un pequeño granjero, un patrono de campesinos, un marqués que tenía una finca bastante grande, y los progenitores se dedicaban, según nos contaron, a fabricar el famoso queso Camembert. Al parecer, el Estado les daba una pequeña asignación para que no ingresaran a los niños en una institución para menores.

Los otros desgraciados eran hombres y niños en su mayoría, seres con la mente y el cuerpo deforme, que vivían en aquellos caminos, andando cojitrancos por las zanjas y entre los arbustos, a veces medio ocultos desde la carretera.

Costaba creer las historias que nos contaban sobre el sufrimiento y la injusticia que soportaban estas criaturas debido a la avaricia familiar.

Tras una buena parte de aquella desgracia estaba el alcohol, motivo de diversión para el público esporádico, porque los borrachos tenían una histriónica dignidad y protagonizaban situaciones que solían acabar con una estrepitosa carcajada. Un día vimos a un bretón alto con un pañuelo rojo anudado sobre el huesudo cuello moreno y un sombrero negro calado sobre la frente, agitando los brazos como un grotesco semáforo puesto en mitad del camino, cortándonos el paso mientras nos deseaba un beodo *bonjour*. Cuando Prijean, nuestro cochero, fingió que le iba a dar un latigazo, el hombre asumió una actitud compungida, dio media vuelta y se lanzó de cabeza a un hoyo donde estuvo un rato pataleando hasta que logramos sacarlo. Allí lo dejamos, sentado en un prado, aturdido y casi sobrio del susto.

Aquellas escenas las he recordado con frecuencia, incluso ahora que estoy sola, pues tengo la certeza de que habrá pocas personas que puedan tener recuerdos más felices de su viaje de novios y creo sinceramente que uno de los secretos de aquellos recuerdos felices fue que supimos mezclar juiciosamente el trabajo con la diversión, y que yo siempre he hecho lo posible por resultar útil (indispensable, decía mi bondadoso marido, cosa que acepto sin una excesiva presunción).

Al irse acabando el verano, nos entraron ganas de quedarnos a vivir en la Europa continental. Joseph Conrad me planteó la posibilidad de instalarnos en el País Vasco, cosa a la que no habría puesto pegas, pues estaba dispuesta a vivir a la aventura, fuera donde fuera. Pero el destino se nos cruzó en forma de un turista que apareció en casa atraído por los chismes que le habían contado sobre un extranjero que vivía discretamente en una isla con su esposa inglesa, lo que nos hizo cambiar de planes a la mayor brevedad.

El hombre en cuestión era de mediana edad y podría haber sido maestro de escuela, dada su inteligencia y su cultura. Dado que sabía mucho de medicina, cuando salió el tema mi marido le contó con todo detalle su reciente ataque de gota con fiebre. El desconocido, claramente interesado en el asunto,

Jessie Conrad tres años antes de su boda

Berdyczów, la casa donde nació Joseph Conrad

comentó que en invierno aquella casa, a merced de los cuatro vientos, era el lugar menos adecuado para una persona dada a sufrir enfermedades repentinas. Insistió en el hecho de que un hombre que se ganaba la vida escribiendo debería trabajar en mejores condiciones. Y llegó sin escrúpulos a una descarnada conclusión que mi marido escuchó con una tolerancia sorprendente.

—Verá, señor, le voy a dar mi sincero parecer. Usted es más joven como escritor que como hombre y, por extensa que pueda ser la sustancia de su obra, lo cierto es que tendrá que escribirla. No me parece que tenga una salud como para correr el riesgo de instalarse en lugares demasiado aislados. No le molestará que le haya dado mi opinión, ¿verdad?

Era imposible malinterpretar la amable actitud de aquel hombre, un absoluto desconocido, al darnos consejos con semejante sinceridad. Le dimos las gracias y tras un copioso almuerzo que aceptó en nuestra casa, le acompañamos por los arenales hacia tierra firme. Nos despedimos con cordiales muestras de buena voluntad y la promesa de volver a vernos alguna vez. Pero cuando alzó la mano para darnos su último adiós, caímos en la cuenta de que no sabíamos su nombre ni teníamos su dirección.

En los días siguientes no volvimos a sacar el tema de trasladarnos a los Pirineos, por lo que no me sorprendió nada que mi marido decidiera seguir el consejo del desconocido y volver a Inglaterra para buscarnos una casa. Apenas habían pasado dos breves semanas cuando emprendimos el regreso a Saint-Malo, de camino a mi país natal. Disfruté enormemente de aquella travesía, que fue de lo más agradable, y llegamos a Southampton el domingo por la mañana, a la hora prevista y descansados. Pasamos varios días en la ciudad y a continuación nos dedicamos a buscar una casa. Mi marido quería dar con un sitio pequeño en Essex, cerca de sus amigos los Hope, de modo que nos instalamos en su agradable hogar y empezamos a mirar por los alrededores. Como Joseph Conrad quería instalarse cuanto antes, lo mejor que logramos encontrar fue una casa adosada recién construida al final de la carretera que salía de la estación. Ruego al Altísimo que no me vuelva a someter a una experiencia semejante. Compartíamos la conducción del agua con la casa contigua y una noche vino la señora de al lado a rogarnos que fuera mi marido a desatascarle una tubería, cosa en la que Joseph Conrad no tenía el menor conocimiento ni experiencia, como le hice saber a nuestra vecina con cierta impaciencia.

Aquella casa adosada debía de ser una de las primeras que se hicieron y era tan nueva que el jardín ni siquiera tenía puerta, lo que contribuía a aumentar mi desconfianza hacia todo el proyecto. Pero ¿qué jovencita no estaría encantada ante la idea de tener una casa nueva, un lugar donde su familia pueda ir a visitarla y tal vez hasta envidiarla? Desde el primer momento, el acondicionamiento de aquel pequeño lugar tuvo una vertiente humorística no desprovista zozobra. Para empezar, mi extraño marido me dio una cantidad absolutamente inadecuada para solucionar el asunto de los muebles: cincuenta libras. Al volver la vista atrás me planteo si aquella exigencia de afabilidad e inventiva no fue tal vez la mayor que me hizo en su vida.

Es justo añadir que él se comprometió a adquirir la cubertería y la vajilla, y huelga decir que su presupuesto para ambas cosas excedía en mucho la cantidad que yo debía estirar para obtener todo lo demás. Valga esto como prueba de lo poco razonable que era mi marido. Sin embargo, como aún no le conocía lo bastante bien como para quejarme, me puse a la tarea con un apuro considerable.

Recuerdo bien mis salidas de compras, acompañada de mi abnegada madre, en busca de lo imposible. Al fin logré completar una improvisada colección y cuando me hube gastado el último chelín llegó el día en que nos lo enviaron todo a casa. Con la inestimable ayuda de la querida señora Hope también conseguí una doncella muy buena y trabajadora.

Los dos días siguientes los dedicamos a buscar el mejor sitio donde colocar cada pieza del escaso mobiliario, procurando ignorar los espacios que permanecían vacíos. El problema más acuciante era no haber podido comprar más que un armazón de hierro y un colchón de muelles para la cama doble de nuestro dormitorio. Por desgracia no teníamos una colcha y se nos había acabado la «trencilla de color cereza». Al montar la cama, los muelles del bastidor nos miraban hostilmente, tanto con el sol diurno como con las lámparas nocturnas. No sabía qué hacer, pues parecía haber fracasado penosamente en mi cometido. El resto de los enseres los habíamos dispuesto del modo más favorecedor, pero su aspecto no satisfacía mi sensibilidad estética, cosa que me llevaba al borde del llanto y la desesperación.

Uno de los aspectos más cómicos del asunto, que irritaba sobremanera a mi madre, era el modo en que Joseph Conrad pretendía tomar posesión de su primer hogar inglés. Durante todo ese tiempo nos habíamos quedado en casas de amigos y el día de la llegada sería también el de la primera noche que íbamos a pasar bajo nuestro nuevo techo.

Mi marido me había dado por escrito unas instrucciones de lo más precisas. A los tres días de haber llegado los muebles a casa yo debía vestirme de noche y sentarme tranquilamente en la sala de estar; la doncella recién contratada debía recibir instrucciones de abrirle la puerta y hacerle pasar a la sala; la cena debía estar lista; le acompañaríamos a su despacho, donde estarían todos sus libros y la parafernalia correspondiente, de modo que a la mañana siguiente pudiera comenzar a escribir su siguiente obra maestra. Faltaba un día para que llegara Joseph Conrad, pero sin colcha, el armazón de hierro de nuestro lecho nupcial era de lo menos acogedor, pues el elemento esencial brillaba por su ausencia. ¿Qué podía hacer para solucionarlo?

Cuál no sería mi júbilo aquella última mañana, cuando al llegar a la casa nueva me encontré sobre el felpudo una carta con un billete de cinco libras. Mi marido también me sugería un menú para su primera cena hogareña y al final me mandaba comprarme «un bonito salto de cama para llevar por la mañana». Tardé menos de una hora en comprar una colcha para tapar los muelles del jergón y dejé hecha la cama para pasar allí la noche.

Creo que aquella tarde me puse más nerviosa que en ningún otro momento, anterior o posterior, de nuestro matrimonio. Las librerías olían a pintura; el barniz del suelo estaba peguntoso; las cortinas parecían lo que sin duda eran: espantosamente baratas y feas. Sabía instintivamente que aquello no era lo que él esperaba ver. En vano me decía a mí misma que había aprovechado el dinero de la mejor manera posible. Mientras esperaba, cada minuto parecía descubrir un defecto nuevo, por lo que mi espanto y mi desazón iban en aumento.

Al final resultó ser algo completamente inesperado lo que suscitó las críticas de mi marido. Cuando sonó el timbre de la puerta, fui incapaz de dominarme y salí corriendo a recibirle. Venía seguido de un muchacho cargado de un surtido exquisito de frutas y flores, pero me saludó con frialdad y comenzó a hacerme reproches en un tono de lo más amargo. Parecía ser que yo, con mi impetuosidad infantil, lo había estropeado todo. Poco aliviada por el cariñoso abrazo y los abundantes besos que me dio a continuación, le precedí al entrar en nuestra habitación. Ay, las críticas tan hirientes que me hizo a continuación, aplastantes condenas, a decir verdad, de todo o casi todo cuanto había hecho. Pese a llevar casados casi un año, la timidez e inseguridad propias de mi juventud me impidieron rebatirle sus argumentos, cosa que debería haber hecho de inmediato. Al escuchar la tormenta de invectivas me limité a inclinar la cabeza y agradecer a Dios que mi madre se hubiera marchado ya. Mi marido parecía haber olvidado que hacía apenas un mes, había dado su aprobación al acondicionamiento de la casa. Finalmente supimos que era el edificio en sí, más que mi intento de amueblarlo, lo que más le enervaba. Una hora o así tras su llegada, tras devolver la cena casi intacta a la cocina, me lo encontré clavando la punta de su cortaplumas en un rincón de la habitación donde debía ponerse a escribir. Al verme aparecer se apartó de la pared con aspecto culpable, dejándose caer en su enorme silla mientras exclamaba:

—¡Maldita ratonera de cartón piedra!

Estábamos a finales de octubre y aquella casa desapacible parecía devorar el calor sin llegar a estar nunca a una temperatura agradable. Las paredes pintadas al temple estaban cubiertas de manchas de humedad y las estructuras de madera crujían al irse encogiendo. Incluso con las puertas cerradas, las corrientes de aire ahuecaban las cortinas y tiraban los manuscritos de las mesas. Al intentar encender las chimeneas, el fuego soltaba una humareda sin acabar de prender, por el ventarrón que bajaba por el tiro. La casa era un verdadero desastre.

El primero que vino a vernos allí fue John Galsworthy, que se convirtió en nuestro visitante más frecuente. Mi marido se negaba a admitir la insuficiencia de la cantidad que me había dado para acondicionar nuestro nido; del mismo modo se negaba a recibir a muchas personas alegando que tardarían poco en descubrir la aridez del solar. Tenía una infinita confianza, sin embargo, en la bondad de John Galsworthy y en la de sus otros dos amigos íntimos, E. L. Sanderson y Edward Garnett, además de los Hope, por supuesto.

El comedor apenas llegaba a la categoría de *salle-à-manger* y resultaba incluso más desangelado que la enorme taberna de Ile Grande, o eso parecía, pues en Inglaterra es una de las estancias más importantes de una casa, así que descollaban el mobiliario inadecuado y la flagrante carencia de lo esencial. El despacho era un lugar tan sumamente desprovisto y falto de gracia que, con toda seguridad, no contribuiría a inspirar ni la escritura de un catálogo comercial. Mientras vivimos en aquella casa, hasta el último día, tuvimos sin poner la puerta del jardín, que en realidad no era más que un terruño lleno de maleza, tanto en la parte de delante como en la de detrás.

Todos los días salía de peregrinación para buscar algo más adecuado a nuestras necesidades. Tenía muy restringidas las posibilidades geográficas, pues mi esposo se negaba en redondo a vivir lejos de sus buenos amigos y una de sus condiciones era que la casa de los Hope estuviera a tiro de piedra. Lo que yo quería encontrar era un caserón viejo o una pequeña granja alejada de todo, siendo esta segunda opción la más atractiva, por la libertad que ofrecía. Joseph Conrad aborrecía las restricciones que imponía una verja y pronto descubrí que cuando estaba en tierra firme añoraba los espacios abiertos que disfrutó durante su infancia en la lejana Polonia. Una de sus quejas más típicas era «En este maldito agujero no hay sitio ni para mantear a un gato».

En una de mis expediciones descubrí, dentro del radio marcado, una granja isabelina donde, según la leyenda local, había vivido la mismísima reina Isabel. Se contaba que la soberana se había refugiado bajo sus viejos ladrillos cuando fue a Pitsea a pasar revista a la Armada. Una bonita historia que, por lo que a nosotros respectaba, podía incluso ser cierta.

El hallazgo me subió los ánimos tremendamente, pero durante los primeros días me conformé con hacer todas las indagaciones posibles sobre su conveniencia como morada para la persona que tenía a mi cargo, pues era así como veía a Joseph Conrad en aquellos tiempos. La casa tenía una extraña fachada de una sola planta, flanqueada en el centro por un ala de dos pisos a cada lado. Un estrecho pasillo la cortaba en dos, por así decirlo, y la puerta del jardín quedaba justo delante de la puerta. A la izquierda salía un pasillo en forma de L que daba a una cocina pequeña con despensa y a una habitación grande con una escalera de caracol. La sala de estar salía del vestíbulo cuadrado con otras dos puertas que pertenecían a la otra parte, reservada por el granjero para un aparcero y su mujer. La sala de nuestra parte era una estancia grande de techo bajo, con una chimenea enmarcada por dos ventanucos estrechos como grietas, y al fondo de la casa del cuarto grande había una chimenea enorme, cubierta de hiedra y habitada por una numerosa colonia de gorriones. Según nos contaron, los mozos del tren aparecían una o dos veces al año por allí y atrapaban a los pájaros, que llevaban a Londres diciendo que eran alondras, consideradas una gran exquisitez, al parecer. La fachada de la casa estaba protegida de la vulgar mirada de los paseantes por una espléndida fila de altos olmos. Apenas logré contener mi emoción al descubrir que podíamos alquilar ese lugar tan apacible por poco más de lo que nos costaba la abominable casa adosada: 28 libras al año.

En cuanto tuve bien claros todos los datos pertinentes, procuré convencer a mi marido para que fuera a ver la granja conmigo, pero estaba inmerso en un supuesto ataque de gota e insistió en quedarse donde estaba, disfrutando de su miseria, según me dijo. Sin embargo, esa Navidad teníamos pensado ir a Cardiff y decidí que a la vuelta iba a llevarle a ver mi descubrimiento con los mismos ojos que lo contemplaba yo.

CAPÍTULO CUARTO

Nuestra primera Navidad de casados la íbamos a pasar en Cardiff con una familia encantadora y yo estaba deseando cambiar de aires. Como nos sucedía siempre, teníamos ese elemento imprevisible que se convirtió en la principal característica de todos nuestros viajes al extranjero e incluso de nuestras salidas de casa. Toda fecha elegida para una excursión, si no era improvisada, resultaba ser aciaga. Si en un principio me planteaba cómo mi errático esposo habría sido capaz de cumplir con sus obligaciones cuando navegaba, lo que descubrí con el tiempo era que fijar una fecha resultaba funesto. Tener un día de entrega para una obra parecía convertir la cuestión en una hazaña imposible de lograr. Esta peculiaridad no hizo sino empeorar con el tiempo. Muchísimas fueron las veces en que me tocó hacer guardia para cerciorarme de que se entregaba una remesa de hojas que al final hubo de ser enviada por tren con un mensajero especial, con la acuciante esperanza de que lo prometido llegara a su destino dentro de un plazo razonablemente afín al pactado.

Con esto no pretendo asegurar ni remotamente que mi marido fuese el único escritor incapaz de cumplir los plazos de entrega, pero era una cuestión verdaderamente agobiante y en las raras ocasiones en que me ausentaba de casa, no estaba tranquila si le había dejado con algo pendiente de entrega.

Al tratar con un genio se han de aceptar muchos caprichos, pero a menudo me he planteado cuál es la línea divisoria entre «un poco peculiar» y «digno de ser llamado un genio».

Salimos de nuestra «ratonera de cartón piedra» con tanto retraso que perdimos el tren a Cardiff y tuvimos que quedarnos a dormir en Londres. Me estaba temiendo que la noche en el hotel pudiera ser una dura prueba, porque me temía que a mi marido le pudiera dar un ataque de gota, pero para mi enorme sorpresa y alivio, aquel extraño ser declaró estar encantado de haber perdido el tren y pasamos una noche de lo más amena, pues fuimos a nuestros sitios de siempre, y al día siguiente salimos hacia Cardiff de buen humor.

Los amigos de mi marido con quienes íbamos a pasar esas vacaciones habían conocido al entonces marinero solitario allá por 1885, en unas circunstancias bastante curiosas. Tras conocer a un compatriota suyo, un marinero llamado Komorowski, mi marido había aceptado el encargo de ir a ver al señor Kliszczewski, un personaje conocido en la ciudad, para devolverle el dinero de un pequeño préstamo que le había hecho al señor Komorowski algún tiempo atrás.

Descubrimos que la familia Kliszczewski tenía un nexo con la familia Korzeniowski, pues su escudo de armas era idéntico al nuestro. Ese polaco había llegado a Cardiff exiliado poco después de la insurrección polaca de 1831, estableciéndose como relojero tras casarse con una mujer galesa. Encantado de oír hablar su lengua materna en su tienda, enseguida recibió al marinero polaco —mi marido— con enorme cordialidad. Entre ellos surgió una gran amistad y era precisamente el hijo de aquel hombre, Josef Spiridion Kliszczewski, con quien íbamos a pasar aquella Navidad.

Nuestro anfitrión era un hombre pulcro y atildado que prefería el lado polaco de su familia mucho antes que el galés, cosa que también les sucedía a sus tres hijos. Cuando nos recibió en la estación con la puntillosa cortesía típica de los polacos, le tomé cariño de inmediato, cosa que se afianzó ante la calurosa acogida que me dio toda su familia. Los nueve meses que llevaba como mujer casada no parecían haberme conferido una dignidad permanente; dado que entonces sólo tenía veintitrés años, desde el momento en que conocí a aquellos tres muchachos me volví tan juvenil como el más joven de ellos. Mantener una actitud seria me suponía un enorme esfuerzo, incluso al ver la mueca de desaprobación que a menudo me dedicaba mi amo y señor. Incluso aunque acabara de suceder algún percance serio, me entraban ganas de reírme a carcajadas.

Como acabo de mencionar, nuestro anfitrión fue a buscarnos a la estación, pero al ir a saludarle un pasajero torpón me golpeó con su enorme maleta la rodilla mala y tuve que agarrarme al gabán de nuestro amigo para evitar caerme sobre el andén. Tal fue mi esfuerzo por conservar el equilibrio que a punto estuve de arrancarle el abrigo. Ninguno de los dos hombres que estaban conmigo se dio cuenta del enorme dolor que me produjo el incidente. Para evitar una escena no dije nada hasta que el culpable hubo desaparecido tras la verja de salida, pero aquella torpeza suya me estropeó bastante una ocasión que, de no ser por ello, habría sido una delicia. Hacía años que me había dislocado una rodilla, que desde entonces me producía considerables molestias y no poco dolor.

Pese a los muchos años que han pasado, me sigue gustando recordar cómo iba vestida aquel día. Las abuelas de hoy día no visten con el decoro y la sobriedad que tenía yo a mis veintitrés años. En primer lugar llevaba un sobrio vestido negro, largo de falda y mangas y con cuello alto, cubierto por un sobretodo tres cuartos de color marrón oscuro y, la joya de la corona, un gorro negro atado bajo la barbilla. Las palabras se quedan cortas al describir la grandeza de mi atuendo y fue al conocer a aquellas gentes cuando me di cuenta de lo que era —una señora respetable— y de cuánto me iba a tener que esmerar para estar a la altura de mi atuendo y mi posición social.

Desde ese mismo instante, mi marido empezó a lamentar mi «hipertrofiado sentido del humor», pero ese defecto —en caso de serlo— ha sido mi tabla de salvación. La de los dos, diría yo, aunque él jamás lo admitiera. En todo caso, nada me parecía demasiado frívolo durante esas vacaciones, pues estaba tan contenta que era difícil agriarme el carácter, por mucho que se me regañara.

El primer día los chicos me llevaron a su cuarto, que estaba en el último piso de la casa, y nos pusimos a jugar a las cartas como si yo fuera una amiga más joven que el menor de ellos. Casi había amanecido cuando aparecieron los mayores y nos mandaron a la cama. Aquella Navidad fue una de las más felices que recuerdo desde mi infancia. Todos me trataban con el mismo cariño que si fuera una de sus hermanas preferidas, tal vez con el respeto que otorgarían a la hermana de un amigo, pero sin ninguna sensiblería. Durante la semana que pasé en Cardiff, los tres me fueron confiando sus secretos por turnos.

En aquella casa se recibían pocas visitas, pues se trataba de una familia trabajadora cuyos miembros tenían sus tareas correspondientes, incluso durante las vacaciones. El edificio en sí estaba en Cathedral Road, era muy grande y supuso mi descubrimiento de las ventanas de guillotina. La noche de nuestra llegada me entusiasmó comprobar que desde el pasillo en penumbra se veía el negocio familiar, cerrado a esas horas, al que se accedía por unas pesadas puertas de hierro que había en el suelo y que servían para proteger todos los objetos de valor allí guardados. Pero en aquella ocasión, entre las sombras que había tras las barras vimos dos ojos relucientes que nos miraban sin parpadear.

Resultó ser el gato de la casa, que se había quedado atrapado, pero por unos instantes creímos que quien nos espiaba tras las barras de hierro era un intruso. Esa misma tarde unos hombres de lo más emprendedores (en aquella ocasión sí debían de ser ladrones) llamaron a la puerta principal. Esperarían encontrarse a las criadas solas en casa y se quedaron muy desconcertados al ver aparecer en el vestíbulo, tras la doncella, a los tres hijos, con su padre y el amigo invitado. Farfullaron alguna explicación y luego preguntaron si los inquilinos de las casas vecinas estarían en casa. La criada respondió inocentemente a su pregunta antes de que pudiéramos avisarla y cuando los hombres se alejaron afablemente de la puerta, comentamos que parecía que llevasen zapatos de goma encima de las botas, pues no hacían el menor ruido al andar.

Al día siguiente se presentó la policía en casa a primera hora de la mañana para hacernos unas preguntas al respecto y dos de los hijos tuvieron que ir a la comisaría a identificar a un hombre al que habían detenido esa noche. Según nos dijeron, habían robado en las dos casas contiguas a la nuestra. Sin lograr dormir apenas, me llevé un susto tremendo al despertar a primera hora de la mañana, cuando oí un estornudo que alguien había intentado silenciar en vano. Incorporándome sobre la cama, aguanté la respiración al ver abrirse silenciosamente la enorme puerta del armario. Sentada al borde de la cama, paralizada por el miedo, esperé. Tenía pensado recorrer la corta distancia hasta la puerta y acudir a la habitación de nuestro anfitrión, quien decía dormir con un revólver cargado junto a la cama. Pasaron unos segundos sin que la puerta acabara de abrirse ni apareciera ladrón alguno. Envalentonada, me acerqué de puntillas al enorme mueble y cerré la puerta, girando la llave a toda prisa.

Supongo que grité y luego debí de desmayarme, porque cuando quise darme cuenta alguien me estaba pasando una esponja fría por la cara y había varias personas a mi lado. El armario seguía cerrado y tragué aire con cierto histerismo al ver a nuestro valiente anfitrión abrir la puerta del mueble e invitar a mi ladrón a salir, en tono amenazante y apuntándole con su revólver. No sucedió nada; no había nadie. Pero demostré que mi aventura no era simple imaginación cuando un trocito del encaje de mi camisón cayó al suelo al girar la llave del armario. Parece obvio que no había un hombre en el armario, pero el estornudo disimulado y la fantasmagórica apertura de la puerta continuaron siendo un misterio.

Aquella casa era sólida, no como la nuestra de cartón piedra, donde algo así podía haber sucedido perfectamente. Nuestros amigos me tomaban el pelo sin parar y ninguno de ellos entendía por qué no había pedido ayuda a mi marido. Les expliqué que lo habría hecho si se tratara de un murciélago, pero en el caso de un ladrón me sentía capaz de engañar al intruso yo sola. Todos rieron a carcajadas cuando les expliqué un pequeño episodio de un sueño muy realista que había tenido. A Joseph Conrad se lo había contado por la mañana, en cuanto se despertó.

—Esta noche he tenido un sueño de lo más extraño. Había una mujer muy hermosa, completamente desnuda, subiendo por las escaleras.

Sin dejarme continuar, mi marido me interrumpió.

—¿Por qué no me despertaste? —dijo.

Fue durante nuestra visita navideña cuando el señor Arthur Mee vino a hablar con Joseph Conrad, quien luego publicaría un artículo sobre la entrevista. Por primera vez, en aquella casa, se produjo una gran discusión sobre su renuencia a escribir sobre los sucesos políticos de Polonia. Pero él declaró que eso era imposible; y me temo que su negativa produjo un cierto distanciamiento entre ambos amigos. Aquél también era un punto de fricción con Thaddeus Bobrowski, el amado y respetado tío de mi marido, hasta el día de su muerte. En una de las cartas que le escribió su anciano pariente, el 20 de junio de 1881, ya le decía lo siguiente: «Sería buena cosa que escribieras en el *Wedrowiec* (*El viajero*) de Varsovia. Apenas tenemos viajeros ni corresponsales de ese estilo. Estoy seguro de que lo que escribieras tendría interés para todos y al cabo de un tiempo, te acabarían pagando. Así fortalecerías el nexo con tu país natal y honrarías la memoria de tu padre, que quiso ser útil a su patria, y lo fue, escribiendo. Piénsatelo. Reúne tus reflexiones sobre el viaje a Australia y envíalas en forma de pequeños relatos. Es sencillo averiguar la dirección del *Wedrowiec*, que es bien conocida en Varsovia. Seis cartas al año desde países distintos no te quitarán mucho tiempo. Sería un buen entretenimiento, para ti y para los demás.

Pero pasarían muchos años antes de escribir el primer libro sobre un asunto relacionado con Polonia. Nadie dudaba de la sinceridad de su retraimiento. Según decía, era incapaz de mostrar sus heridas a diestro y siniestro, a personas que sólo sentirían una frívola curiosidad en cuanto a las cicatrices, sin molestarse en intentar comprender el malestar y la ansiedad que había detrás.

Entonces regresamos al lugar que contenía su «cámara de tortura», como llamaba al desangelado cuarto frente a los arbolillos deshojados de la carretera de Southend. En aquellos tiempos el tráfico era muy escaso, alguna carreta, algún vehículo agrícola y algún ciclista, y sobre todo los niños ruidosos que siempre parecían preferir la puerta de nuestra casa como un buen sitio donde ponerse a dar gritos.

Tras nuestra vuelta a casa pasé un mes inquieta hasta que al fin le convencí de empezar a negociar con el granjero que estaba dispuesto a aceptarnos como inquilinos de Ivy Walls, la granja ideal para lo que queríamos. Tardé muy poco en concluir los preparativos y un día en que había ido al pueblo, cosa extraña, aproveché para enseñarle su casa nueva y aprobó mi propuesta de todo corazón. La casa más sólida, tranquila y digna; estaba sólo un poco más lejos del pueblo, al que se podía ir a pie; y desde las ventanas de arriba había unas vistas maravillosas de los atardeceres sobre el Támesis. El jardín tenía senderos por estrenar y hasta se podía dar un buen paseo por el camino que pasaba ante la casa, oculto de la mirada de la gente por la fila de elegantes olmos que resguardaban el jardín de la carretera.

Con nuestro traslado a Ivy Halls, todas las responsabilidades cayeron sobre mí de golpe. Ya no era la chica joven e inmadura que había sido cuando me casé un año atrás. Caí en la cuenta de que aquélla era mi gran posibilidad para demostrar lo que valía como esposa y madre del escritor aquel. Al depender tanto de mí, Joseph Conrad me despertaba el instinto maternal y hasta el fin de sus días me presté a ser el amortiguamiento que lo separaba del mundo externo.

Ese primer año que pasamos en Stanford-le-Hope fue, creo yo, uno de los períodos más difíciles de nuestro matrimonio. Tardé algo de tiempo en plantearme que debía de echar de menos la compañía de personas de su altura intelectual. El único a quien tenía a mano era a nuestro querido señor Hope, que no estaba siempre en casa. Y los continuos ataques de gota le impedían practicar el único entretenimiento del que disfrutaba, como yo sabía bien. Los domingos en que se encontraba bien nos llevábamos la comida preparada y salíamos a navegar con el señor Hope. Ni la niebla ni la lluvia nos detenían. A menudo había una niebla tan baja que sólo veíamos lo que nos rodeaba en un radio de un par de metros y para orientarnos teníamos que usar puntos de referencia como los montones de paja que ponían los granjeros en las riberas de los arroyos y los canales. Pero enseguida descubrí que si mi marido no estaba muy enfermo, aquellos paseos no le sentaban mal, así que durante los primeros meses del año al llegar el domingo nos poníamos un impermeable y unas botas de agua para meternos por los riachuelos que seccionaban los pantanos de Essex, o nos íbamos a curiosear entre las barcazas atracadas en la parte alta del Támesis.

Conforme avanzaba el año, la labor de crear las obras literarias también iba avanzando, pero despacio. Era un alivio cuando convencíamos a alguno de sus íntimos amigos, John Galsworthy, Edward Garnett o E. L. Sanderson, para venir a vernos durante un fin de semana entero. Con su presencia amable y comprensiva conseguían lubricarle la maquinaria mental, por así decirlo, y el avance era considerable.

Fue en esta época cuando dos grandes escritores, Henry James y mi marido, se conocieron, aunque a mí me lo presentarían algo más tarde. Me enterneció ver el placer con que Joseph Conrad recibió la copia de *El fin de Poynton*, así como la emoción con que miraba la cariñosa dedicatoria escrita en la guarda del libro. Cuando algo lograba conmoverlo de verdad, mi marido reaccionaba casi con un exceso de gratitud y obsequiosidad, como le sucedió entonces con ese libro y su afectuosa dedicatoria. Tiempo después, al conocer a su autor, también yo pensé que su amistad era algo más que una simple expresión de cortesía.

El siguiente acontecimiento que se perfilaba en nuestro horizonte era el hecho de que yo iba a ser madre. Si aquello me hacía ser aún más consciente de mis responsabilidades, también tenía claro que mi marido no estaba precisamente entusiasmado con la idea. No pude evitar un regocijo silencioso entremezclado con cierto sobrecogimiento al recordar la seguridad con que le había asegurado a mi madre que no pensaba tener hijos. Temía haberle traicionado, aunque el sentido común me decía que no podía cargar con todas las culpas. En todo caso, me planteaba qué sucedería a partir de entonces. ¿Sería capaz de continuar en el puesto de guardiana general de la paz de mi marido al tiempo que cuidaba del niño? Me parecía evidente que iba a tener que dividir mis intereses, preguntándome con cierta ironía cuál de los dos cometidos sería el divino y cuál el humano.

En este momento viene a cuento un párrafo de una carta que escribió mi marido a E. L. Sanderson hablándole de mi futuro, pues sus propias palabras explican su actitud mucho mejor de lo que lo pueda hacer yo.

«No tengo más noticias, a no ser que la información de que tal vez tengamos un descendiente se pueda considerar relevante. La idea no me entusiasma excesivamente. Johnson (el médico de Londres) dice que un niño puede curar a Jess para siempre o acabar con ella. Esto último no lo dice literalmente, pero se vislumbra tras el muro de sus palabras. El vaticinio me inquieta y ahora, al recordarlo, entiendo que no haya sido capaz de terminar ni un relato corto en tres meses. El viejo médico de aquí, en cambio, se toma el asunto con mucha alegría. En fin, ya veremos. Tengo entendido que será en diciembre.»

Entre tanto, la vida seguía igual que siempre. Como había tantas cosas que dependían de mí, debía seguir adelante. Pero he de decir, con toda sinceridad, que Joseph Conrad era un hombre de lo más exigente, como amante y como marido. Yo siempre le decía que era como una ostra, pues no veía nada que no quisiera ver. Tal vez su maravilloso encanto se debiera a eso precisamente, unido a su talento para plantear símiles tan útiles como interesantes. A menudo estos símiles nos obligaban detenernos a reflexionar sobre la relación que tenían con el tema de la conversación. Siempre había una conexión, por remota que pareciera.

Hace unos días descubrí un documento que voy a emplear para explicar esta cuestión. Se trata de una carta escrita desde

Suiza en 1895, el año antes de casarnos, y está dirigida al señor Fisher Unwin, el editor de su primer libro, *La locura de Almayer*.

> Muchas gracias por los recortes de prensa que me envían desde su oficina. Norman ha sido muy amable, cosa que ya le he dicho por carta. Confío en no haber incumplido la deontología del periodismo.
>
> Desde entonces he recibido muchos más recortes, que me mandan desde la agencia. La prensa local se porta muy bien conmigo, por ahora. El *Realm* me trata así, así, aunque la intención es buena, evidentemente. Pero los pobrecillos del *World* me tratan a patadas (en quince líneas), como un asno dando coces. Es un ataque duro (tal vez merecido), pero no una crítica literaria propiamente dicha, creo yo.
>
> Espero que tú estés bien. En cuanto a mí, vivo en un estado de continua desesperación conmigo mismo y con mi trabajo.
>
> Ayer nevó. Los montes del Jura están completamente blancos.
>
> Atentamente,
>
> J. Conrad

La expresión «como un asno dando coces» es de lo más pintoresca y las últimas frases demuestran lo poco inglesas que eran sus cartas. Es una verdadera lástima que, por un arrebato que le dio, insistiera en quemar hasta la última hoja de papel donde apareciera su firma, en referencia a las cartas que me había mandado antes de casarnos.

En aquel entonces estaba ocupada haciendo ropa al niño, que iba guardando cuidadosamente en mi «cajón de los misterios», como le llamaba mi marido. Con frecuencia le daba un ataque de gota y me tocaba ponerme en mi papel de enfermera. Recuerdo una de aquellas ocasiones con toda claridad. Como ya he mencionado, teníamos un huerto bastante grande y al salir del colegio los niños solían venir a incordiarnos, intentando meterse a robar la fruta. Un día mi marido, con una barba que llevaba dos semanas sin cortarse, el pelo negro desparramado sobre el cuello del abrigo y el brazo en cabestrillo, salió a darse un paseo por el jardín, renqueando con un bastón, cuando se encontró con los jóvenes merodeadores, algunos de ellos subidos a los árboles y con las manos llenas de fruta. Su convincente ferocidad, unida a su extraño aspecto, les hizo salir corriendo de inmediato. Por si fuera poco, les amenazó con pegarles un tiro si volvía a verles. Durante los meses siguientes, cada vez que iba al pueblo me gritaban en tono de burla:

—Hola, señora Conrad. ¿Qué tal está su marido el salvaje?

Uno de aquellos domingos, el señor W. Lutoslawski anunció que iba a venir a comer a casa. Llevábamos toda la semana con invitados en casa, cambiándonos de habitación para acomodar a unos u otros. Al señor y la señora de Sidney Pawling les habíamos metido en nuestra habitación para que tuvieran una cama de matrimonio. Por aquel entonces él era socio de la compañía de William Heinemann y habían pasado un par de noches en casa antes de embarcarnos todos para hacer una travesía en *La Reine*, el barco de nuestro buen amigo el señor Hope. Era uno de los agostos más calurosos que recuerdo y los sucesivos relevos de invitados me tenían agotada. Todavía teníamos la casa hecha un lío cuando llegó el aciago domingo en que aquel compatriota de mi marido decidió hacernos una visita. Era la primera vez que venía un polaco a casa.

Fuimos a recogerle a la diminuta estación de Stanford-le-Hope, que tenía una sola vía, y nos cercioramos de que no había ningún otro tren desde Fenchurch Street hasta última hora de la tarde. Nuestro invitado no apareció a la hora prevista. Con una inconfesa alegría, pues estábamos muy cansados, devoramos la comida que había dejado preparada y pasamos el resto del día haciendo el vago. Cuando dieron las nueve estaba adormilada en el sofá del salón; la criada había salido a dar un paseo. Sumida en una feliz inopia, había dejado que se apagara el fogón de la cocina. De pronto oí la puerta del jardín y un veloz ruido de pasos en el sendero. A continuación hubo un torrente de palabras en un idioma extranjero. El propio Joseph Conrad había ido a abrir la puerta y con esa maravillosa desconsideración que tienen los hombres por todo lo doméstico, le estaba asegurando a nuestro visitante rezagado que su retraso no tenía la menor importancia.

—Ahora se lo digo a mi mujer. ¿La cena? Por supuesto, a estas horas ya estará preparada. Y te ponemos una habitación. No hay el menor problema. Ven, entra.

El señor en cuestión, el hombre de movimientos más rápidos que había visto en mi vida, se plantó ante mí con un chasqueo de talones y una ampulosa reverencia. A medias en su idioma y en un inglés tosco, me explicó que había «llegado al tren de la mañana tarde por un momento. Ya se movía fuera de la estación, ese tren tan demasiado puntual». Los encargados de la estación le habían asegurado que ese domingo no había ningún otro tren antes de las nueve y cuarto. Pero él se quedó en su sitio, para estar listo por si ellos, los encargados, se hubieran equivocado.

—Me quedo y me duermo allí. Pero ahora tengo hambre. ¡Mucho hambre! Nada de comida en todo el día. Lo mejor es comer y meterme en la cama.

Era curioso que con el poco inglés que sabía y estando en un país desconocido, hubiera logrado encontrarnos.

—Pues verá, señora, yo pregunto por *pan* Korzeniowski —me dijo, y yo sabía que era el modo de decir «señor Korzeniowski» en polaco—. La granja Dry Wells —añadió, en referencia a nuestra casa.

De modo que el bonito nombre de Ivy Walls, o «Valladares de hiedra», lo había cambiado por Dry Wells, es decir, «Pozos secos».

Tras mostrarme el encabezamiento de la carta de mi marido, se la guardó en el bolsillo superior de la chaqueta con aire solemne, volviendo a hacer referencia a su necesidad de «comida, mucha y caliente», lo que intentó explicar agitando las manos.

—Mucha, abundante —dijo.

Una vez aceptado mi sino, me retiré a la cocina y al poco le serví una cena individual completa. En cuanto se comió el último bocado insistió en que le acompañáramos a su habitación y precedido de mi marido, que ya estaba claramente enfurruñado, subió las escaleras al trote. Yo me había quedado abajo, esperando sentada, pero al ver aparecer a mi marido, que bajó enseguida, solté una carcajada, pues su expresión era verdaderamente cómica.

—Por Dios, Jess, es uno de los personajes más raros que he visto. Lo primero que ha hecho es pasar la mano por la cama, como si esperase encontrarse algo incómodo escondido en el colchón. Luego ha subido la persiana y, sin prestarme la menor atención, se ha quitado hasta la última prenda, Jess, absolutamente todo, y se ha puesto de pie encima de la cama —me explicó—. Desde la carretera le habrán visto perfectamente. A continuación se ha dejado caer sobre la cama y tras dar un par de botes, se ha tapado hasta el cuello, anunciando su intención de irse a las seis de la mañana. Estoy seguro de que se ha dormido antes de salir yo del cuarto.

—Puede que mañana se levante más tarde de lo que dice —sugerí yo, intentando disimular un bostezo—. Pero creo que por hoy ya hemos tenido bastante...

Subimos las escaleras en silencio y al quedarnos ante la puerta de nuestro invitado, oímos una respiración acompasada. Al día siguiente, cuando no me había desperezado todavía, vi a aquel hombrecillo grotesco pasearse por el camino del jardín, llamando a *pan Korzeniowski* a gritos. Era un personaje absolutamente cómico. Para empezar por el principio, como decía aquél, llevaba unos zapatos negros que parecían ortopédicos, con una franja blanca detrás; unos lacios calcetines de cachemira blanca que le caían sobre los zapatos; un traje de alpaca negra cuyos pantalones le llegaban por la mitad de la huesuda espinilla; una exuberante corbata negra colgada del enorme cuello desbocado.

El atuendo completo era risible, pero también resultaba extrañamente irritante. Cuando bajé al jardín mi marido ya estaba con su invitado, que estaba pidiendo un café a voz en cuello. Una vez pulverizado el desayuno, el hombre salió con paso decidido hacia la estación, que estaba a tres kilómetros, gesticulando sin parar y dejando muy atrás a su anfitrión, cuyo intento de caminar junto al veloz personaje resultó inútil desde el comienzo. Al perderlos de vista entré en casa a preparar otra cafetera mientras esperaba a que volviera mi marido. Pasado un rato apareció en casa el cabriolé de la estación, del que bajó mi pobre hombre, que parecía más muerto que vivo.

—Santo Dios. ¡Menuda visita! —exclamó, y tomándose el café con avidez, añadió al devolverme la taza—: Lo que no entiendo en absoluto es la satisfacción que le ha podido suponer la visita. Comer, dormir… ¡Uf, qué pesadilla! Anda —dijo—. ¿Y ahora qué pasa?

Su exclamación de extrañeza me hizo volverme y vi al chico de la oficina de telégrafos bajarse de la bicicleta y acercarse a nosotros con un sobre de color crema y la típica pregunta:

—¿Hay respuesta?

Leímos el telegrama los dos juntos y mi marido soltó una risita, repitiendo el mensaje con tono desconcertado. El texto, toscamente escrito, nos rogaba mantener en secreto la precipitada visita y, en caso de suscitar curiosidad por parte de alguien, debíamos negar haberle conocido. Mirando el rostro perplejo de Joseph Conrad, despedí al chico con un gesto de cabeza.

Entonces me levanté y me puse a contar las cucharas, hablando metafóricamente. Por un acuerdo mutuo, nos abstuvimos de mencionar a nuestro extraño visitante, de quien no volvimos a saber nada. Creo, sin embargo, que el misterioso sigilo, y todo el incidente en sí, dejaron a mi marido con un resquemor del que le costó librarse.

CAPÍTULO QUINTO

Nuestro siguiente invitado de importancia fue Stephen Crane, el autor de *La insignia roja del valor*. Mi marido le había conocido unos meses antes, en Londres, y a mí me daba la impresión de conocerle bien mucho antes de recibirle en Ivy Walls aquella noche, en octubre o noviembre de 1897. Aquel joven, casi un niño, era el primer escritor estadounidense a quien conocía y me encantó ver el maravilloso compañerismo y el absoluto entendimiento que tenían los dos artistas. Ambos eran hombres de viva imaginación y una asombrosa capacidad de observación. Stephen acababa de terminar su libro *La insignia roja del valor*, que es sin duda un singular ejemplo del poder de su imaginación.

Joseph Conrad le menciona en su introducción al libro del señor Thomas Beer, donde dice que el autor veterano era él, y añade: «Era algo que yo le recordaba con una falsa humildad que siempre le hacía sonreír. Tenía una sonrisa serena tan atractiva como impresionante, porque tenía algo revelador que afectaba a toda su fisonomía, pero no semejante a un rayo de luz, sino a una sombra. A menudo me preguntaba qué podía ser, esa capacidad suya para cambiarnos el humor a los demás, y ahora creo que conozco la respuesta. Era la sonrisa de un hombre que sabe que le queda poco tiempo de permanencia en esta tierra...».

He usado esta cita para ilustrar la calidad de algunas de las amistades de mi marido y a Stephen Crane lo tuvimos en un pequeño santuario donde permaneció hasta el día de su muerte a los treinta años.

Esa primera noche llegó de la estación con Joseph Conrad, su anfitrión, justo a la hora de cenar. A mí su acento americano, con esas vocales tan abiertas, me hacía mucha gracia. Le gustaba contar historias de su perro, al que adoraba. Tenía pasión por los perros y los caballos.

Sin embargo, no volví a verle hasta que nuestro hijo tenía ya cinco años de edad. Al saber que yo estaba embarazada, manifestó un enorme interés por el niño venidero, a quien prometió proporcionar uno de sus queridos perros. Aquellos últimos meses pasaron a toda velocidad, aunque algunos momentos concretos parecieran eternos. Joseph Conrad requería una atención tan constante como esmerada, por lo que yo estaba ocupada a todas horas, pues también estaba pendiente del nacimiento del pequeño.

Cuando al fin nació el niño, el modo en que lo anunció mi marido fue tan propio de él que no puedo por menos de incluirlo aquí.

> Querido señor Cheeson,
> Ayer por la mañana recibí su carta, tan inesperada como deliciosa. Le habría respondido de inmediato, pero la casa estaba en un estado de caos absoluto, debido al nacimiento de una criatura de la categoría masculina. En todo caso, el alboroto se ha apaciguado ya, gracias a Dios…

Puedo asegurar con toda honestidad que la mayor parte del alboroto —aunque no todo, ciertamente— lo produjo el bueno de mi esposo. Era su primera experiencia en algo semejante y al llegar el momento salió animosamente a avisar al médico. Cuando llegó a la casa del doctor, le aseguró que no había ninguna prisa y desayunó allí por segunda vez, con buen apetito. Para conseguir que vinieran a casa, tuvimos que enviarles a dos personas con el recado. Un poco molesto, mi extraño marido me confesó que estaba muy enfadado conmigo por «la conducta tan impropia y desagradable» que había tenido. Efectivamente, nuestra casa era un caos.

Sin embargo, al final todo salió bien y nos ahorramos muchos disgustos gracias a mi decisión de ignorar su impaciencia, que no se debía al desinterés, cosa que yo sabía bien, sino a su temperamento nervioso. Lo que dijo al conocer a su hijo me hizo una gracia tremenda, aunque a mi madre le indignó.

—Vaya, si parece un auténtico ser humano —exclamó.

Al ponerle el dedo índice en la mejilla, soltó una exclamación de júbilo cuando el niño lo agarró con fuerza y quiso metérselo en la boca.

Toda persona que pasara por la granja tenía que ver al recién nacido. Despierto o dormido, el orgulloso padre lo exhibía con un curioso gesto de desdén, como diciendo «No se parece nada a lo que yo considero un hijo». Como un buen padre que se precie, lo primero que hizo fue hacer planes para el futuro lejano, pero cuando el niño tenía apenas cinco semanas, aquel hombre tan singular me dio otra sorpresa más. Nos habían invitado a la casa de Stephen Crane y su esposa en Ravensbrook, Surrey, pidiéndonos que lleváramos a nuestro hijo, Borys. Una de mis hermanas pequeñas, Dora, iba a acompañarnos para ayudarme a atender al recién nacido.

Llegó el día en cuestión y, tal como habíamos quedado, fuimos a Charing Cross Station, donde Joseph Conrad había acudido con antelación. Mi joven hijo llevaba un atuendo de viaje del que yo estaba orgullosa con razón, por lo que esperaba que su padre me diera su aprobación al verlo. Pero Joseph Conrad se nos acercó hasta poder hacerse oír y dictó sus normas sin permitir objeción alguna. Nos había comprado billetes a todos en primera clase y tenía intención de viajar en el mismo vagón, pero en ninguna circunstancia —esto lo remachó con insistencia— debíamos dar la menor indicación de que él formaba parte de nuestro pequeño grupo. Aquello me sentó muy mal, pues entonces no tenía la experiencia que iría adquiriendo con los años. Nos instalamos con discreción en el vagón correspondiente y, en su debido momento, él hizo su aparición y se sentó en el rincón más lejano, escondiéndose aparatosamente tras el periódico e ignorando por completo a su familia. Pese a que me temblaban los labios, no pude reprimirme una sonrisa cuando el niño se puso a lloriquear sin consuelo. Al mirar de reojo hacia el fondo, vi unos ojos que se asomaban tras el periódico con expresión de reproche. Pero todo cuanto hacía para calmar al niño era inútil y sus aullidos reverberaban por nuestro vagón. El periódico cayó bruscamente sobre el asiento y empezaron a oírse murmullos de apoyo ante su infortunio, pues era un desconocido, pero también era el único hombre del vagón. No menos de cuatro personas, todas ellas mujeres, le ofrecieron posibles explicaciones en cuanto a la causa de los gritos. Entonces todas las pasajeras del vagón hicieron un esfuerzo para contenerse la risa, porque mi hermana menor se volvió hacia Joseph Conrad y, olvidando la orden que nos había dado, le pidió que bajara el bolsón donde estaba el biberón del niño, que habíamos puesto en la rejilla que quedaba sobre la cabeza de mi marido.

Al final la visita fue agradable, por lo que tengo un buen recuerdo de ella. Fue en casa de Stephen Crane donde el niño vio por primera vez a Edward Garnett. El buen hombre escudriñó con sus gafillas al pequeño que, al no conocer a aquel ser que se le acercaba tanto, lo recibió con una sucesión de berridos desgarradores que llevaron a su padre a exigir imperiosamente que se lo llevaran de la habitación. El propio Edward Garnett, que también era padre, se apresuró a excusar los lamentables modales de mi joven hijo. También fue en aquella ocasión cuando conocimos a Ford Madox Hueffer (o Ford Madox Ford, como se hace llamar ahora) y a Harold Frederic y al señor Jack Stokes (primo del fallecido duque de Norfolk). A todos nos divirtió la actitud del mayordomo griego, a quien Stephen Crane se había traído de su país natal, que trataba a mi hijo pequeño como una persona de importancia que debía sentarse a la mesa, según él, en una silla alta a mi lado. Fue aquel señor griego quien apareció de pronto, diciendo atropelladamente:

—Señor Conrad, viene el señor Stokes, pero le quiere a usted, señor Crane.

Entre unas cosas y otras, aquello resultó muy entretenido. Aparte de unas molestias estomacales debidas a mi inexperiencia en amamantar al niño, los dos disfrutamos enormemente en aquella visita.

Al regresar a nuestra vieja granja, recuperamos la rutina cotidiana hasta que nuestro hijo cumplió tres meses. Debió de ser ese mismo día cuando Joseph Conrad se marchó al pueblo, donde pensaba pasar el día. Por la mañana recibí un telegrama diciendo que dentro de una semana, en Viernes Santo, iba a venir a comer el señor Cunninghame Graham. En mi caso, lo conocí entonces, aunque mi marido había coincidido con él en varias ocasiones. Nunca olvidaré aquella ocasión. Con su característica bondad, nos trajo un sencillo corazón de oro, adornado con una turquesa, que le regaló al niño para que lo mordiera al irle saliendo los dientes. (Ahora lo tiene uno de mis nietos.) Precisamente ese día fue cuando Borys había dejado de usar su ropa infantil, apareciendo con pantalones cortos. El día en que su padre se fue al pueblo lo aproveché para hacerle un atuendo completo. He de decir que la silueta alta y recia del señor Cunninghame Graham encajaba perfectamente en el entorno algo anticuado de nuestra granja. Sólo le faltaba una gola en el cuello para rematar la escena, contribuyendo a fomentar la leyenda de que la reina Isabel había dormido en aquella casa, a la que habría llegado a caballo desde Pitsea tras pasar revista a la Armada española. Tras aquella primera visita, Cunninghame Graham volvió muchas veces a casa y el afecto entre ambos artistas no menguó ni se enfrió. Tengo un recuerdo tan claro, una estampa tan nítida, que, tratándose de un libro de memorias, tal vez sea éste el mejor lugar para dejar constancia de una amistad que duró hasta el final tal y como había empezado: sana, libre y sólida. Joseph Conrad murió el 3 de agosto de 1924, casi treinta años después de aquella primera visita, y tal vez fuera una ironía del destino lo que hizo coincidir la fecha del entierro con un día de la semana de gala (es decir, el torneo de *cricket*) celebrada en Canterbury. El relato del señor Cunninghame Graham de aquella triste procesión tal vez convenga darlo en sus propias palabras, pues constituyen un homenaje singular, cariñoso y elocuente, de lo que fue su larga camaradería. Al recordarlo destaca ante todo la tristeza de la procesión solemne serpenteando por las atestadas calles de la antigua ciudad, bajo las banderas y los pendones que ondeaban al viento, porque Canterbury estaba de fiesta. Desde la ventana del despacho de nuestra casa de Oswalds veía pasar el cortejo fúnebre por el parque y me anticipaba a cada curva de la carretera, imaginando el lento girar de las ruedas del coche, hasta que se detuviera a las puertas del cementerio.

En el maravilloso prefacio que escribió Cunninghame Graham a *El alma del soldado y otros cuentos de oídas*, hacía una generosa alabanza al talento de su amigo: «El genio no precisa que venga la Preclara Muerte a quitar el liquen de su nombre grabado en la tumba… Por mucho que el musgo cubra la piedra con cariño, es sólo un adorno más, igual que los trazos de la escarcha acumulada en el paño de una ventana embellecen hasta el cristal más limpio».

Y también esta otra: «Lean, admiren y den las gracias a Alá, que sacia a los sedientos y, cada mucho tiempo, nos nutre el alma».

¡Cada muchísimo tiempo! ¡Tanto que en toda una vida apenas si sucede una vez! Pero volvamos a nuestra historia.

Con el final de 1898 llegaron muchos cambios y Borys tendría unos siete meses cuando Edward Garnett le insistió a mi marido en que fuera a verle a su casa, porque se lo tenía prometido hacía tiempo. En los últimos meses Joseph Conrad había hecho uno o dos intentos fallidos de volver a navegar, incluso aunque fuera con nuestro pequeño hijo acompañado de su atenta madre. El mar lo llamaba con insistencia y debería haber imaginado que me dejaría sola para hacer sus últimas travesías antes de instalarse definitivamente. Estoy convencida de que el impedimento esencial al que tuvo que enfrentarse fue su mala salud y la leve apatía que le entró como consecuencia. Durante aquellos meses siempre estuve dispuesta a escuchar su decisión, cualquiera que fuera, y jamás le habría llevado la contraria. Me había hecho a la idea de que tal vez me exigiera su libertad, absoluta y sin restricciones. Por eso me abstuve de darle la menor muestra de satisfacción cuando por fin renunció a la idea de hacerse a la mar y se sentó ante su mesa de escribir.

Aquella visita a The Cearne, donde Edward Garnett vivía por aquel entonces, era un respiro en la rutina diaria y al llegarle la invitación, mi marido esbozó una inconfundible mueca de gran satisfacción. En cuanto a mí, pasé varias semanas más en la granja de Essex, disfrutando de mi hijo, pero muy preocupada por el desmesurado número de londinenses del East End que se había traído nuestro casero el granjero para cosechar sus enormes campos de guisantes, todos ellos instalados en el enorme granero que estaba a muy poca distancia de casa. Un gentío como ése suponía una amenaza continua y tener a ciento ochenta seres humanos metidos en un espacio tan reducido, sacando agua del único pozo disponible, era una situación que requería mucho tacto y un aplomo considerable. Lo peor fue que cuando aquellas gentes terminaron de recoger los guisantes se negaron, haciendo alarde de su feroz rebeldía, a abandonar el granero donde dormían y comían, resistiéndose a todos los intentos de desalojo. Los hombres y los chicos estaban separados de las mujeres y los niños pequeños con unos estrechos tablones de madera y el pasillo o canal que quedaba en el centro estaba lleno de cosas inenarrables. Además, una buena parte de los niños estaban enfermos, cosa que me preocupaba, sobre todo a partir del momento en que a mi hermana le empezó a doler la garganta.

Con mis constantes quejas logré que el granjero, un hombre que parecía creer sólo en la fuerza física, apareciera una noche en casa para hacer lo que en aquel momento me pareció una indagación de lo más amable y solícita, hasta que me explicó que la renuencia de los trabajadores a marcharse del granero se debía a que en una semana o así les iba a tocar recoger el lúpulo. Entonces tuvo una brillante idea para obligarles a irse y procedió a aplicarla de inmediato. La amabilidad con que me había preguntado si tenía bastante agua para pasar la noche era el resultado de esa genialidad que se le había ocurrido. Fue al pozo a sacar unos cuantos cubos de agua que me trajo a casa, sacándose de uno de sus enormes bolsillos una gruesa cadena de hierro y un candado, que usó para cerrar el pozo. Yo le contemplaba en silencio y cuando acabó su labor, se volvió para marcharse. Pero entonces le exigí que me diera la llave, aduciendo que no pensaba quedarme sola en una granja de madera y escayola con ciento ochenta vecinos que se iban a desesperar al ver que no tenían agua y a los que les podía dar por prender fuego a la finca entera. En el pueblo sólo había un policía valiente. ¡Pero estaba a tres kilómetros de distancia! Al granjero le dije sin ambages que tenía la intención de darles la llave en cuanto me la pidieran y que le iba a tocar aceptarlo. Mientras hablaba estaba temblando como una hoja, pero logré disimular mi nerviosismo. Al día siguiente mandé un telegrama a Joseph Conrad pidiéndole que nos buscara acomodo en el barrio donde estaba viviendo él.

Aparte del asco que me daba la parte trasera de Ivy Walls, que se había convertido en un lugar insoportable debido las costumbres indecentes de nuestros vecinos recolectores de guisantes, me repugnaban los gusanos gigantes que se deslizaban como una masa viscosa por el montón de desperdicios que rodeaba al único pozo de la finca. Tenía los nervios hechos trizas. No me atrevía a contarle a mi marido el motivo verdadero de nuestro precipitado viaje, pues imaginaba su angustia marido si lograra hacerle ver —cosa de la que dudaba— lo difíciles que habían sido los últimos días.

Al día siguiente de recibir el telegrama, mi marido me envió un cheque de diez libras para el transporte, dándome la orden algo desabrida de esperar a que él me dijera que nos había encontrado alojamiento.

Inicié mis preparativos, que consistían en mandar a casa a los dos niños pequeños que tenía conmigo, un hermano y una hermana, y en la tarde del día previo al de mi marcha metí a mi hermano pequeño e hijo en el cochecito con la hermana de doce años, y salí hacia el pueblo para cobrar el cheque. A la buena de mi hermana Ethelinda la dejamos en casa.

A nuestro tendero local, el señor Howard, le tocó darme las vueltas del cheque con que tuve que pagarle, porque el banco estaba cerrado, lo que me hizo salir de vuelta a casa más tarde de lo que pensaba. Ya había caído el sol cuando el amable tendero me dio un fardo de billetes y se despidió con una reverencia, diciendo en broma que debería seguirme para intentar robarme.

Tras dejar atrás la última farola del pueblo llegamos a la carretera, caminando entre la doble fila de altos olmos que nos sumían en una penumbra algo lúgubre, tornando en noche las últimas luces del crepúsculo. Pero iba pensando en las cosas que me quedaban pendientes, entre las que estaba acostar a los niños, así que no tenía ningún miedo. Animé a los niños a cantar alguna cancioncilla, para evitar que se durmieran, más que otra cosa. El bolso lo había metido en el fondo del cochecito, que me parecía un lugar seguro. De pronto el hermano pequeño, que aún no hablaba bien del todo, pero que era tan listo que no se le escapaba nada, dijo con una risilla:

—*Dess*, el *senor* de la tienda *ta* en ese *bujero*.

Asustada, me quedé escuchando y, en efecto, oí unos pasos sigilosos en la zanja paralela a la carretera. Procuramos apretar el paso y me dio un escalofrío al comprobar que los ruidos de pasos se oían claramente a ambos lados. Hicimos un trecho corriendo, pero cada vez se oían más los ruidos a nuestro alrededor y yo estaba agotada. Ante nosotros, a varios metros de distancia, de pronto se vieron las luces de nuestra granja. La buena de Ethelinda, que debía de estarse poniendo un poco nerviosa, las había encendido. Jadeando, seguí adelante. No había dicho nada a los niños, pero estaban tan asustados que se pusieron a lloriquear. Empecé a plantearme que quizá fuera aconsejable soltar el bolso en mitad de la carretera, con el dinero y todo. Lo que me hizo contenerme fue la posibilidad de que los hombres que nos seguían no se contentaran con robarnos.

En ese momento las tres figuras salieron de las sombras con la intención evidente de cortarnos el paso hacia la puerta de la granja, que ya se alzaba ante nosotros. Desesperada, me lancé por la carretera con el carrito y en ese instante se oyó el grito ronco de un hombre que iba montado en una bicicleta, a juzgar por el traqueteo. El desconocido se bajó del sillín para evitar caer y fue entonces cuando, con un rapto de entusiasmo, reconocí al policía del pueblo, el único que teníamos. El hombre se puso a explicarme que se había quedado sin luz. ¿Le podía prestar una linterna? Las tres figuras siniestras que nos iban siguiendo desaparecieron de nuestra vista antes de que pudiera explicarle el motivo de mi desesperación.

¡Dejarle una linterna! En ese momento le habría dado mi brazo derecho, si hubiera podido. Al ver aparecer a mi hermana, que había oído el barullo, la dejé con los niños y yo me caí redonda al suelo, desmayada.

Tuvimos que retrasar el viaje un día, pero en el telegrama que mandé a mi marido no le di ninguna explicación. Cuando mi marido me saludó al día siguiente, nada más verle me entró la risa. Como siempre me ha sucedido, por desagradable que fuera la circunstancia, me venció el «hipertrofiado sentido del humor» del que se quejaba Joseph Conrad, cuya tronchante indignación ante lo que él llamaba mi excepcional timidez, me hizo soltar una carcajada al encontrarnos en la estación de tren.

—He hecho cuanto he podido, pero me temo que no vais a estar demasiado cómodos —dijo—. Por el amor de Dios, haz callar a ese niño. No sé ni lo que digo, porque el ruido no me deja pensar.

El regaño iba dirigido a Ethelinda, mi hermana preferida, que se recorrió el andén entero obedientemente, para ver si lograba tranquilizar a su malhumorado sobrino.

En ese momento llegó a la estación un poni lastimero tirando de un cabriolé destartalado en el que nos metimos todos como pudimos. El viaje transcurrió en absoluto silencio. Yo me abstuve de hacer comentario alguno, pues no confiaba en ser capaz de hablar con una voz normal al intentar hacer un relato certero de la vida que llevábamos en la granja. La única vez que lo intenté, recibí por respuesta este comentario incrédulo:

—¡Ay, menudo disparate! Te recuerdo que esto es Inglaterra. Estás exagerando, querida.

Al fin llegamos al viejo molino de Limpsfield Chart. Una vez allí, Joseph Conrad se bajó con un movimiento algo rígido de su asiento en la parte de atrás, donde había ido sujetando nuestro baúl que ayudó a llevar hasta la casa. («Un tamaño completamente desproporcionado, a decir verdad, para una estancia de dos semanas», explicó a los hombres del cabriolé.) Yo guardé silencio.

A continuación se escuchó una breve orden al cochero, que debía esperar, tras lo cual entramos todos atropelladamente en la sala, donde mi marido nos rogó que nos las arregláramos como pudiéramos y se despidió diciendo con impaciencia:

—Buenas noches. Llego tarde a cenar. Ya nos veremos mañana.

Creo que en aquella ocasión me sentí más «mujer» que nunca antes o después. Tomé la silenciosa decisión de que si mi marido volvía al día siguiente, no me iba a encontrar en casa, fuera la hora que fuera. Estaba verdaderamente indignada y sólo el cómico gesto de preocupación de mi hermana y el insistente llanto del niño me hicieron recobrar la disposición práctica.

—En cualquier caso, seguir en la granja era imposible —me dije para mis adentros—. Por incómodos que estemos aquí, al menos se trata de un lugar nuevo.

El arrebato de furia se me pasó enseguida. Un prolongado desacuerdo con alguien como Joseph Conrad no era conveniente ni razonable. Además, ya sabía que era un excéntrico, en el mejor de los casos, por lo que no tenía ningún sentido darle la lata con lo que él consideraba nimiedades.

Entre tanto, mi hermana, haciendo gala de un tacto extraordinario, no había dado su opinión sobre nada ni sobre nadie. La primera semana la pasamos solas en el molino, sin que mi marido decidiera aparecer por aquel lugar. Estando allí conocimos al señor E. V. Lucas, que vivía con su esposa y su hija, una niña preciosa de edad parecida a la de mi hijo, aunque no recuerdo si era algunos meses mayor o menor. También aparecieron por la casa Edward y Constance Garnett, Ford Madox Hueffer, Elsie, su esposa, y Christina, su hija mayor, una niña de casi dos años.

Así empezó la estrecha relación entre Ford Madox Hueffer y Joseph Conrad. F. M. H., en la página 15 de su libro *A Personal Remembrance*, aporta el siguiente retrato fantasioso de aquel primer encuentro. No soy capaz de reconocer a mi marido en esta descripción, pero la incluyo bajo protesta.

«Conrad apareció tras la esquina de la casa con un niño pequeño en brazos [aquí a F. M. H. le falla la memoria; mi marido estaba solo cuando fue a ver a los Hueffer, porque mi hijo era demasiado pequeño para confiárselo a su padre], lo que no afectaba a sus andares algo rígidos ni al movimiento semicircular de su cabeza al observar aquella finca desconocida, las lechugas protegidas de los conejos con una malla y la extraordinaria vista que tenía la casa. Le había llevado allí el señor Edward Garnett. En aquellos tiempos el escritor había sucumbido a uno de esos arrebatos de entusiasmo agrícola que le daban cada poco tiempo, de modo que los autores descriptivos que se han ocupado de él ofrecen su retrato como una sorprendente alternancia entre un hombre urbano con sombrero de copa, chaqué y polainas [hago notar que la omisión del resto de las prendas necesarias es del propio F. M. H.] y un campesino agricultor extremadamente sucio. El señor Garnett vivía a media hectárea de distancia, encima de una cuesta; el señor Conrad y su familia estaban pasando un tiempo en Limpsfield Chart...»

Es evidente que F. M. H. pintaba un contraste de lo más alarmante. En cuanto a vestimenta se refiere —tanto en el caso del hombre urbano como en el del campesino—, los dos escritores eran muy distintos. Mi marido, doy fe de ello, era un hombre que vestía ropa cumplida y en buenas condiciones, lo que le daba un buen aspecto en conjunto. Pero la apariencia física es algo completamente individual y del mismo modo que decimos que los modales «hacen al perro», al ser humano le

Ravensbrook, la casa de Stephen Crane

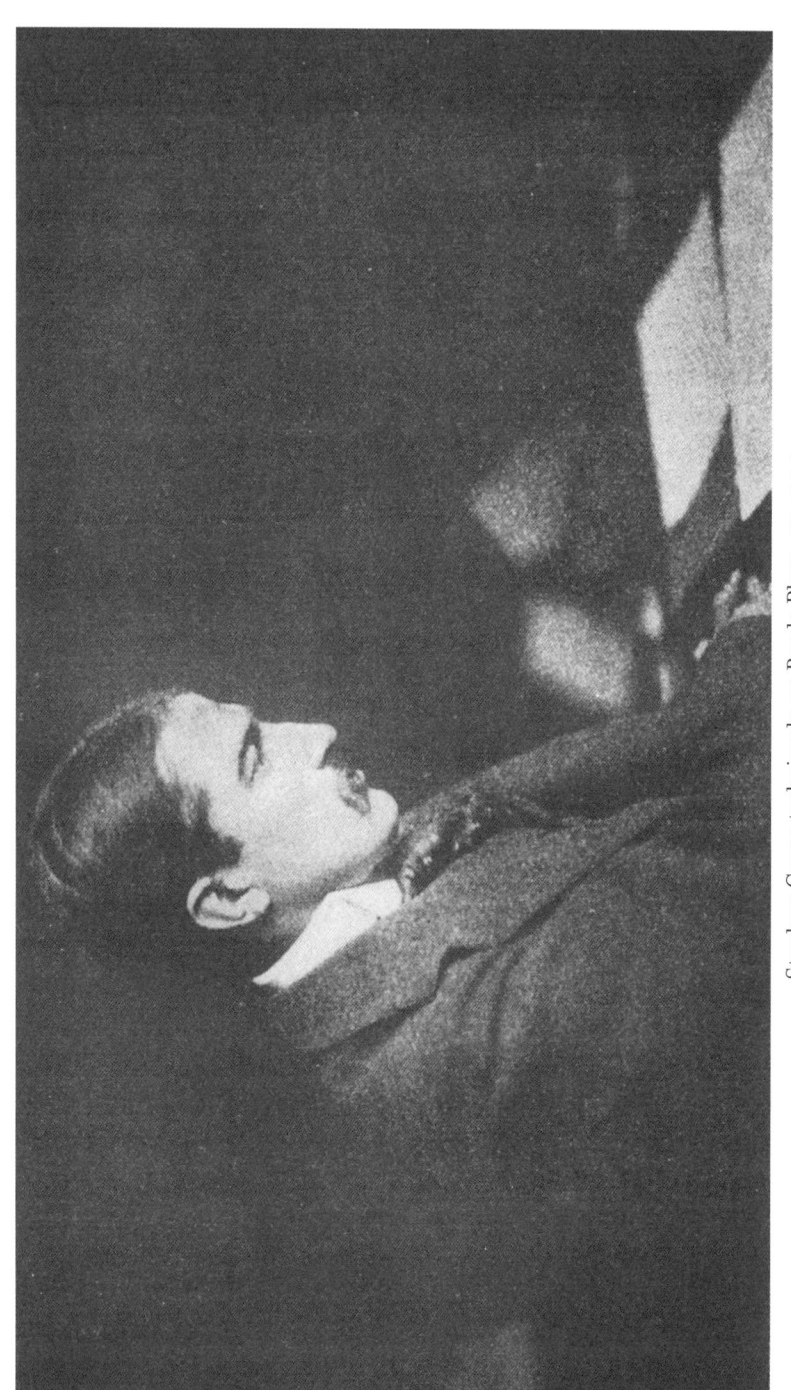

Stephen Crane trabajando en Brede Place, en 1900

sucede lo mismo con la ropa. Sin embargo, a mí todos estos factores externos me preocupaban mucho más que a mi marido. Su costumbre característica de no ver ni admitir nada que no quisiera ver o reconocer me impacientaba bastante al comienzo. Pero con el paso de los años me pude permitir el lujo de ignorar aquella peculiaridad y hoy en día acepto que, una vez descifrada, se trataba de una actitud que ahorraba mucho tiempo habitualmente perdido en discusiones inútiles; pero, en la práctica, a veces resultaba algo verdaderamente molesto.

Recomendaría a muchos maridos que adopten esta actitud, siempre que lo hagan desde el primer momento. Si Joseph Conrad tenía la torpeza de quemar una sábana o un mantel con un cigarrillo, ante cualquier reproche daba la inevitable respuesta:

—Te daré dinero para comprar uno nuevo, pero no quiero volver a hablar del asunto.

Ya he dicho que cuando volvimos a Inglaterra me di cuenta de que a mi marido le resultaba algo solitaria su vida de escritor. A un hombre de talento no le basta con tener una casa cálida y cómoda, con una esposa que le cocine y atienda a sus necesidades vitales. Necesitaba un estímulo mental y en los primeros tiempos fue F. M. H. quien se lo proporcionó. Sin embargo, su afirmación de que fue el padrino literario de Joseph Conrad no es del todo cierta. Mi carta, enviada en diciembre a *The Times Literary Supplement*, era una protesta contra ese alegato y contra las abundantes y fantasiosas declaraciones del hombre que colaboró sólo en la escritura de los libros siguientes: *Los herederos* (que escribió casi entera él), *Romance* y una novela corta, *La naturaleza de un crimen*. En cuanto a los motivos que llevaron a F. M. H. a atribuirse tantas de las obras que mi marido dejó escritas, no logro comprender qué pudo llevarle a asegurar tantas falsedades. Y dado que tendrá afán de lucro, debería haber hecho sus reclamaciones en vida de Joseph Conrad. Tal vez F. M. H. no haya caído en la cuenta de esto. Da la impresión de pasar el tiempo produciendo trocitos de «ficción», pues afirma cosas tan absurdas como ésta:

«Conrad era Conrad porque era sus libros. No era que hiciera literatura, sino que él mismo era la literatura del Aventurero Isabelino... Pensemos en un hombre que sale montado en una vieja silla de mimbre con ruedas arrastrada por lo que parece ser una mula, yendo a convencer a un tendero de Hythe de que le fíe dinero durante tres años... Pensemos en un hombre que sale de Stanford-le-Hope, un puerto seguro donde al menos hay barcos, estuarios, mareas e islas, para irse tierra adentro, a un lugar desconocido y poblado por extraños, a un sitio de páramos yermos, lejos del abrigo del mar para convencer a un profesional de la letra, al mejor estilista de Inglaterra, de que abandone su libertad a cambio de una asociación náutica, que abandone su "elegante tema" por el mundo entero, como si alguien se adentra en un paraje más allá de Palembang para convencer a un recién conocido de que le entregue, para trabajar a medias, el secreto de uno de esos misteriosos riachuelos que contienen oro. Una aventura como la de la propia *Victoria*... Y todo para acabar insultando al dueño del río con bufidos, suspiros, muecas y exclamaciones de "Ay, Dios"... Pues bien, todos los que soportamos a Conrad hasta su victoria final fuimos los personajes secundarios de sus novelas, tolerando sus desorbitadas exigencias de crédito, de paciencia o de temas... Los Stein, los Whalley, el capitán MacWhirr y su esposa... y ahora los Marlowe.»

Habría sido injusto citar sólo la mitad de esta larga cita, que está tomada literalmente de las páginas 25 y 26 de *A Personal Remembrance*. En cuanto a su significado exacto, confieso mi absoluta ignorancia, pues no consigo entender el texto, pero me sucede con todos los libros salidos de la pluma del «gran estilista». ¿Por qué, como ya he dicho, sufrir en silencio a un extranjero avaricioso y sin escrúpulos, durante toda una vida, para acabar injuriándole cuando ya no vive para poder defenderse?

Cuando volvimos a Ivy Walls ya estaba entrado el otoño y casi todos los árboles habían perdido las hojas. Nuestra casera se había enfadado por una trivialidad debida a un error por mi parte, ya que había ido a verla en el momento en que la mujer salía de paseo y, obviamente, se fue enseguida. Yo estaba con mi hermana y llevaba a mi hijo en el cochecito cuando la mujer nos alcanzó por la carretera. Al pasar me dijo algo y yo creí que se estaba ofreciendo a llevarme a casa. La alegre carcajada de mi hermana, que había oído bien el comentario y lo repitió al parar de reírse, me hizo darme cuenta de que había metido la pata. La señora había dicho: «¿Entonces vendrá usted a verme otro día?». Y yo había contestado: «No, déjelo, gracias».

Estas pequeñeces son las que gobiernan las cosas importantes y sin dejarnos dar explicaciones, los caseros nos mandaron recado de que debíamos irnos, cosa que hicimos apresuradamente. Fue entonces cuando F. M. H. sugirió que alquiláramos una granja en Kent, Pent Farm, junto con una buena parte de sus muebles. Algunos eran especímenes notables, como un escritorio que había sido de Christina Rossetti, una gran mesa diseñada por William Morris y un armario decorado que pertenecía, o había pertenecido, a Ford Madox Brown. Encima del sofá del salón también había dos mascarillas, una de Dante G. Rossetti y otra de Oliver Cromwell, dos lúgubres reliquias que me impresionaban mucho, sobre todo al anochecer o iluminadas por la luz de la chimenea. Los muebles aquellos daban empaque a nuestra casa y cuando finalmente fueron reclamados por sus propietarios, intentamos sustituirlos con piezas acordes a nuestros medios, pero no tenían ni punto de comparación. Creo que mi marido siempre los echó de menos. Con el tiempo nos convertimos en los legítimos dueños de la granja, que le compramos a F. M. H.

Walter Crane, que había vivido en aquel entrañable lugar, dejó escrito este pareado sobre la puerta de la entrada: «Jamás nos faltará nada, teniendo Pent por morada».

Christina Hueffer y nuestro pequeño Borys tenían la costumbre de hacer largas expediciones por los recovecos del viejo caserón, cosa que siempre me tenía en vilo. El edificio estaba rodeado por un «corredor», como diría Joseph Conrad, donde había un pozo de un metro de ancho ante cuyo borde de madera me encontré a los dos niños arrodillados en más de una ocasión, mirando al agua del pozo descubierto. Aquello fue durante la época en que la familia Hueffer estaba en Pent con nosotros, porque los dos escritores habían iniciado sus colaboraciones. A veces decidían ponerse a trabajar cuando la señora Hueffer y yo nos estábamos yendo a dormir. Sus voces se oían en el piso de abajo durante horas, mezcladas armónicamente entre carcajadas como si las ideas les fluyeran, o enfrentadas en un amargo torrente de palabras que atravesaba la madera del suelo hasta llegarme a los oídos. Entonces F. M. H., que era un hombre muy alto, se desahogaba dando un golpe en la viga de roble del techo y mi hijo se despertaba y murmuraba medio dormido:

—Ay, mamá, oigo vacas abajo.

En ocasiones la casa estaba tan llena que parecía a punto de desbordarse y había días en que los dos artistas, con sus caprichos, sus arrebatos y sus acaloradas discusiones, creaban un ambiente muy cálido. Aun así, si he de hacer justicia a F. M. H., diré que era el menos fogoso de los dos, tal vez por pertenecer a un país menos exaltado y su voz gangosa contrastaba con las breves y veloces frases de su colaborador extranjero.

Uno de aquellos días se me ha quedado para siempre en la memoria, por ser el presagio de un ataque de gota. Los dos hombres se habían quedado trabajando hasta altas horas de la noche y los dos niños estaban algo ñoños. Aquélla debía de ser la primera ocasión en que presenciaron un inminente embate de la enfermedad, por lo que tanto F. M. H. como su esposa estaban nerviosos y angustiados. Durante el tenso almuerzo Joseph Conrad apenas tocó la comida y cuando todos nos levantamos de la mesa fue un enorme alivio. Resultaba verdaderamente agotador tener que hacer de amortiguamiento entre mis invitados y mi marido inválido.

Aquella tarde Joseph Conrad no se permitió ni una sola cortesía, dando constantes muestras de su mal genio, que era el clásico preámbulo a sus ataques, aunque no solía manifestarlo en público, sino sólo cuando estábamos a solas.

Atravesando el comedor a grandes zancadas, me pidió con voz seca que le preparase al instante una dosis de medicina para la gota. Entonces nos anunció a todos que tenía intención de meterse en el cuarto de al lado para intentar descansar un poco. Además, quería estar solo y, en el tono de una orden tajante, añadió:

—Procura que esos dos niños no hagan ruido y que no anden por aquí, molestándome.

Sin la menor consideración por sus invitados, que sin duda estaban tan incómodos como parecían, Joseph Conrad fue cerrando puertas a su paso, dando portazos con una considerable violencia.

A nuestros amigos se les acababa de desplomar la idea que tenían de su anfitrión como el epítome de la amabilidad y la cortesía. Por eso pasaron unos instantes demudados, hasta que F. M. H. hizo la sugerencia, algo sarcástica, de que mi hermana y yo nos lleváramos a Christina y a mi hijo a dar un paseo. Después se encaminó lentamente hacia el asiento que había bajo el ventanal y se sentó con aire decepcionado, con la pipa de brezo colgando con un ángulo más alicaído que nunca. En cuanto a ella, se dejó caer sobre el sofá del otro extremo de la habitación. Cuando volvimos casi dos horas después, ninguno de los dos había cambiado de postura. F. M. H. seguía sentado ante la ventana, con un libro en la mano y varios más a sus pies, entremezclados con los dos zapatos de su señora esposa.

Justo entonces apareció Joseph Conrad, aparentemente recuperado gracias a la siesta y dispuesto a portarse con amabilidad, tras haber olvidado tanto su ira como la amenaza de un ataque de gota. Aquél era uno de nuestros frecuentes temas de conjetura y discusión, amable, por supuesto, pues no teníamos claro cuál era la causa y cuál el efecto de aquellos episodios. Pero yo aún mantengo que, en nueve casos de cada diez, la irritación precedía a la gota.

Mi marido saludó a F. M. H. con jovial familiaridad y a su esposa con un alarde de ceremonia que parecía ser una disculpa por su anterior carencia de modales. Al ver la miscelánea colección de libros sobre el suelo se volvió hacia mí con gesto apenado y me reprendió severamente por no haber ordenado la habitación, en deferencia a nuestros huéspedes, antes de haberme ido de paseo.

—Estoy muy sorprendido y disgustado —dijo finalmente.

Recuperando su aire pomposo, abrió la puerta e invitó grandiosamente a la pareja invitada a acompañarle a la otra habitación. En cuanto a mí, resoplé y le di la espalda para ocultar una sonrisa. Una vez más, el sentido del humor amenazaba con apoderarse de mí. La falta de comprensión de mi marido me asombraba, pero para entonces había dejado de enfadarme por minucias como aquélla, que tenían un lado claramente gracioso. Por otra parte, F. M. H. y su esposa mantuvieron esa actitud durante todo el tiempo que duró la estrecha amistad entre ambos hombres. A veces me desesperaba la situación, porque siempre había tenido un elevado sentido de la justicia, pero me enorgullecía de mi capacidad de contención, pues nunca perdía la cabeza.

CAPÍTULO SEXTO

En todo el laberinto de afirmaciones inventadas y contradictorias que F. M. H. hace en los libros que ha escrito *desde que murió mi marido*, no he encontrado nada sobre mí, a decir verdad, aunque en varias páginas se refiere a la existencia del hijo de Joseph Conrad, de quien se diría que ha brotado él solo, como la niña Topsy de *La cabaña del tío Tom*. En los primeros tiempos, cuando alguien preguntaba a F. M. H. sobre mi procedencia, decía de mí que era «la hija de un barquero de Folkestone». Nunca he logrado averiguar de dónde se habría sacado semejante patraña, pero al enterarme de aquello mi respuesta fue tal vez algo liviana: «Feliz es quien conoce a su padre, teniendo a una madre guapa, como lo era la mía». No sé si la indulgencia de F. M. H. conmigo se debe al hecho de que aún estoy en el reino de los vivos, pues a Joseph Conrad empezó a despreciarlo a partir de su muerte.

Tan sólo hubo un incidente que me podía haber afligido, de no ser por ese sentido del humor que tanto deploraba mi marido. Para facilitar a los dos escritores su trabajo en colaboración, estábamos todos viviendo en Winchelsea y aquel día nos habían invitado a las dos familias a tomar el té en Rye, en casa del señor Henry James. Teníamos apalabrado un coche grande para trasladarnos a todos juntos, *en masse*, por así decirlo. F. M. H. llevaba toda la mañana trabajando con mi marido, a quien había dicho que me rogara no cambiarme de ropa esa tarde, pues su esposa no tenía nada elegante que ponerse. Pero cuando llegó el coche a casa tras haber recogido a los Hueffer, ambos iban de punta en blanco y estaban resplandecientes. Al verlos Joseph Conrad dudó, volviéndose hacia mí con aire perplejo. Fiel a mis principios, sin embargo, subí al vehículo con una dignidad que espero fuera favorecedora y partimos sin más.

Aquella tarde resultó de lo más entretenida. El querido Henry James en persona hacía de maestro de ceremonias y, en lo que debió de ser un despiste, le sirvió la primera taza a la señora Hueffer. A raíz de esto, ella me hizo esta desagradable pregunta durante el viaje de vuelta:

—¿Me habrá servido el té antes que a ti porque piensa que soy mayor que tú?

Reprimiéndome una carcajada, le respondí en tono serio:

—No lo sé, si me estás diciendo que tenía que haberle regañado y exigir que me lo pusiera a mí la primera por ese motivo, me parece poco adecuado.

De común acuerdo, mi marido y yo no volvimos a sacar este tema, pero le conocía lo bastante bien para saber que a él no le pasó inadvertido. Fue uno de los pequeños sucesos que fortaleció más si cabe la sólida base de nuestra relación. Ahora mi heraldo ha muerto, así que he de aplaudirme a mí misma. Recuerdo una ocasión, muchos años después, en que Joseph Conrad estaba de un humor peor de lo habitual y le molestaban mis benevolentes atenciones. Con aire furibundo, me ordenó marcharme de la habitación en ese instante. Parece ser que le dejé sorprendido al responderle con voz serena:

—Muy bien, pero sabes que si necesitas algo cuando me haya marchado, tendrás que pedirme que vuelva.

Perceval Gibbon estaba pasando una temporada en casa y oí a mi marido contarle nuestro pequeño incidente. Parecía ser que había logrado impresionar a Joseph Conrad, pero Gibbon, que me entendía muy bien, respondió con gesto serio:

—En fin, querido amigo, pues supongo que tendrás que pedirle que vuelva cuando necesites algo.

Según me contó el propio Gibbon, mi marido le miró indignado y con una de sus sarcásticas carcajadas, tiró al fuego el pitillo que se estaba fumando.

Entre unas cosas y otras, me organicé bastante bien durante aquellas visitas a Winchelsea. Descubrí que mi mejor arma era la complacencia, que me permitía defenderme bastante bien. En una de las ocasiones, la casa donde vivíamos estaba frente a la de los Hueffer y el servicio doméstico nos proporcionaba situaciones de lo más amenas. La casera se había deshecho legalmente de su marido mientras vivía en Sudáfrica, pero al regresar a Winchelsea le había contratado como cocinero y hombre para todo, cosa que desconocía su madre, quien aportaba dinero a la manutención de la casa. Un día me entró la risa al oír a su hijo decirle:

—Hoy viene la abuela. ¿A papá le llamo papá o cocinero?

En conjunto, nuestra amistad con F. M. H. y su familia transcurrió durante unos años que no pueden considerarse aburridos, cuyo resultado fue un intercambio considerable que sirvió de ayuda y estímulo a Joseph Conrad. Por ello yo procuraba que mis sentimientos no fuesen un estorbo y estaba tan agradecida por la ayuda y el placer que obtenía mi marido de aquella relación que hacía todo lo posible para no enfadarme.

Cuando nuestro Borys tenía dos años y medio, Christina unos seis meses más y el pequeño de los Hueffer unos cuatro meses, tentamos a la Providencia. Una pariente de mi marido, a la que llamábamos con cariño la tía Marguerite (madame Poradowski), vino a vernos a la granja de Pent. Era, creo yo, la mujer más guapa que había visto jamás. Apenas llegó, Joseph Conrad le hizo reír al decirle que si necesitaba ayuda para vestirse, tan sólo tenía que llamarme. Poniéndome una mano sobre el hombro, aquella querida señora sacudió la cabeza sin quitar ojo a mi marido.

—Me pregunto, querido Conrad, si sabrás la cantidad de cosas que hace esta mujercita tuya. Nos llevamos bien, pero soy incapaz de añadir labor alguna a sus tareas. No tengo costumbres de reina, así que puedo arreglármelas sola.

Disfruté enormemente de aquella visita, pues me permitió conocer y valorar la amistad de aquella auténtica aristócrata francesa que se había casado con Alexander Poradowski. Las cosas que me contó de su marido me ayudaron a entender mejor lo mucho que se parecían, en cuanto a carácter, su esposo fallecido y su querido sobrino Conrad. Decidí que era una cuestión nacional. Ambos debían de ser polacos típicos.

El resultado de su visita fue que nos sugirió ir de vacaciones a Knocke el año siguiente. Puesto que nos hizo una descripción muy atractiva de aquel pueblecito costero belga, me entraron ganas de ir. El entusiasmo decayó considerablemente, sin embargo, al regresar mi marido de casa de F. M. H. diciendo que tenían intención de unirse a nuestro viaje. Poco me faltó para echarme atrás, pues intuía que iban a surgir conflictos que me aguarían por completo las vacaciones. Si acepté ir fue porque me convencieron de que estando juntos podrían adelantar el trabajo una barbaridad.

Finalmente, el grupo de los Hueffer (el matrimonio, sus dos hijos y una doncella belga) salieron un mes antes que nosotros. Quedamos en encontrarnos en Brujas, pero F. M. H. fue a Ostende a recibirnos. Le estoy viendo, con sus andares desgarbados, llevando a mi hijo pequeño en brazos como si fuera el suyo. Esto lo cuenta con grandes dosis de fantasía en uno de sus libros, aduciendo que en los viajes mi marido era un verdadero inútil y que casi no podía pasar la aduana sin su ayuda (*A Personal Remembrance*, página 225).

Aquellas vacaciones que tanto me apetecían fueron un absoluto desastre en el que estuvimos a punto de perder a nuestro hijo. Con su tendencia a contagiarse siempre de la última enfermedad, contrajo la fiebre entérica que abundaba ese año en la costa. Casi todos los niños del hotel la tenían, pero creo que ninguno cayó tan enfermo como nuestro pequeño Borys. Ante aquella crisis, a decir verdad, no puedo sino hablar bien de F. M. H., que se ganó mi gratitud y cariño por el modo tan práctico con que hacía lo posible por ayudar. Siempre estaba a mano para cambiar de sitio a mi pequeño inválido, avisar al médico o colaborar en los cuidados. Aquel agosto que pasamos en Knocke fue una verdadera pesadilla. Por supuesto, los escritores no lograron trabajar nada y todos teníamos los nervios destrozados mucho antes de que el niño estuviera lo bastante sano como para volver a casa.

Como una parte del grupo nos había precedido, también fueron los primeros en marcharse. En cuanto a mí, suspiré aliviada al pensar que al menos íbamos a poder descansar durante una semana o diez días; y creo que mi marido estaba empezando a hartarse del montaje de las dos familias unidas, por lo menos en el extranjero. Al volver a la casa de Pent fue cuando Joseph Conrad escribió el resto de *Salvamento*, libro que logré mantener ajeno a toda colaboración.

A nuestro regreso, uno de los primeros en visitarnos fue Sidney Dark, que pasó un día en casa, aunque el pobre tenía un tremendo dolor de cabeza que le hizo sufrir mucho. Luego apareció W. H. Hudson, que se presentó un buen día en la puerta trasera que daba a la enorme cocina de la granja, donde estaba yo preparando la comida a los dos artistas, F. M. H. y mi marido. Nada más ver a aquel hombre tan alto, lo reconocí por pura intuición. No es frecuente tener tan clara la imagen de un desconocido como para reconocerlo nada más verlo.

En mi opinión, el retrato que hizo sir William Rothenstein de W. H. Hudson es una de sus mejores obras, aunque cuando fue a casa para hacer una semblanza de Joseph Conrad tuve que indicarle que le había dejado sin hombros. Hudson salió mejor parado, aunque parece tener la cabeza flotando en mitad de una neblina. Sir William, o Will, como le llamábamos nosotros, accedió a mi petición sin poner ningún reparo, e incluso le añadió una voluminosa corbata, poco característica del retratado.

No creo exagerar al decir que W. H. Hudson se sentía a gusto en mi compañía, tanto que fui una de las poquísimas personas a quien presentó a su esposa. Ni siquiera R. B. Cunninghame Graham, su amigo más antiguo, tenía la menor noción de que estaba casado.

—¿Cuánto tiempo llevas casado, Hudson? —le preguntaban sus amigos al enterarse.

—Desde que tengo uso de razón —respondía él, con su particular cautela.

Mientras vivimos en ella, la casa de Pent fue testigo de una buena cantidad de libros, muchas alegrías y algunas tristezas.

Al estar mucho más cerca de la casa de Stephen Crane, el matrimonio venía a menudo a vernos desde Brede Place, una casa que les habían prestado junto con un viejo criado que tenían los dueños. Cuando nuestro hijo estaba empezando a andar, pasamos allí un par de semanas muy agradables. A decir verdad, la primera vez que el niño logró estar en una posición vertical durante más de unos segundos fue en la cuesta de Brede Place, cerca de la ventana del despacho de Stephen. Tras un grito de entusiasmo procedente de ese cuarto, Stephen y Joseph Conrad salieron de casa a tiempo de ver al niño dar un par de pasos inseguros por la empinada cuesta del jardín. Nuestro hijo había empezado a andar, un gran avance en el camino hacia la madurez.

Durante el tiempo que los Crane pasaron en Brede Place, sólo tenían amueblada una parte de la casa: varios dormitorios, el salón y el comedor. El despacho sólo tenía cubiertas las mínimas necesidades. Cora Crane tenía un cuerpo algo monumental y vestía con un estilo escultórico, por así decirlo. La casa, incluso la parte sin muebles, estaba siempre ocupada. Harold Frederic, el autor de *Illumination* (entre sus libros, es el que recuerdo en este momento), pasaba mucho tiempo allí, poco antes de morir. También estaba una mujer a la que todos llamábamos la señora Frederic, y tres pequeñuelos, dos niñas y un niño, que vivían con la mayor sencillez metidos en una de las buhardillas y que sólo se dejaban ver a última hora en el salón, donde pasaban un rato. Estos tres inteligentes chiquillos se pasaban el día corriendo descalzos por la casa, pero todas las noches salían con unos trajes de una felpa de color bronce con muchos bordados y unos calcetines cubiertos de toscos remiendos en un color que desentonaba llamativamente con el de aquellas prendas tan lamentables. Hubiera dado algo por poder dedicar unos días a aquellos atuendos tan rudimentarios.

En cuanto a nuestro anfitrión, tras montar uno de sus dos caballos por una estrecha terraza ajardinada que se veía desde las ventanas de casa, Stephen aparecía en el salón con un violín viejo y se ponía a cantar tonadillas con poca voz pero buen oído. Robert Barr, que era otro de los invitados, se puso tremendamente nervioso cuando le tocó la habitación que daba a la galería de retratos, donde había dormido yo, porque había oído contar la historia del fantasma.

Como se contaba que la casa de Brede Place estaba embrujada, los criados del pueblo se negaban a dormir allí y no había manera de convencerlos. Los únicos dispuestos a pasar la noche allí eran el viejo mayordomo, que se tonificaba generosamente con brebajes varios, y una cocinera excelente que hacía lo mismo. Para que cumpliera con sus deberes por la tarde, a menudo había que sobornarla con una botella de coñac. Las probabilidades de que la cena estuviera lista a las ocho eran muy escasas, sobre todo cuando había muchos invitados. La cocinera tenía la costumbre de aparecer y anunciar en tono truculento que pensaba marcharse en ese mismo instante. Cora Crane, sin saber qué hacer y al borde de la desesperación, juntaba las manos a modo de plegaria y pedía ayuda a Stephen. Su marido la miraba durante unos segundos y tocaba solemnemente el timbre de la habitación. Como un reloj, aparecía el mayordomo y le daba una botella de coñac a la sedienta mujer, que se retiraba a la cocina sin decir una sola palabra más. Al cabo de una hora, más o menos, nos servían una cena perfecta, cuidada hasta el último detalle. Una de aquellas noches el viejo mayordomo, que había comenzado la ingesta algo pronto, tiró una lámpara y prendió fuego a la mesa.

Estando en la casa de Pent volvió a aparecer en nuestra vida John Galsworthy, que de nuevo iba a vernos con frecuencia. De pronto aparecía andando por los campos, recién llegado de la estación de tren, con Chriss, su perro de lanas negro, pisándole los talones. Al contrario que F. M. H., siempre fue el invitado más llevadero, y Chriss, en su estilo perruno, era tan educado como un caballero. Recuerdo un domingo en que cuando acabé de preparar la comida, todavía faltaba una media hora para que llegara nuestro invitado y convencí a mi marido para que me acompañara a dar un paseo por el campo, para salir al encuentro de Galsworthy. El pequeño Borys venía con nosotros.

Pasado un rato vimos, a unos dos prados de distancia, una silueta familiar que se encaminaba resueltamente hacia nosotros, con un perrillo brincando a su alrededor. Sin embargo, al irse acercando se nos reveló el rostro de un absoluto desconocido. Los tres tragamos aire, mirándonos asombrados. En pie ante nosotros, el hombre dejó de sonreír, claramente desconcertado. De pronto Borys se le echó a los brazos.

—Si es el señor Jack, que se ha pelado el bigote —dijo.

Nuestro hijo tenía la costumbre de usar palabras propias de la gente del campo, porque las oía en aquella granja donde vivía medio asilvestrado. Jamás hubiera pensado que alguien pudiera cambiar tanto. En otra ocasión, el niño me regañó por referirme al viejo perro de lanas en femenino.

—Mamá, querida, no es una perra, es un perro-oveja.

En cuanto a John Galsworthy, su inherente decoro me anima a contar la siguiente anécdota sin temor a que se pueda malinterpretar. Fue durante uno de aquellos fines de semana en que venía a vernos, estando todavía soltero, cuando a John Galsworthy le entró uno de sus extraños dolores de cabeza y se retiró a echar una siesta después de comer. Tenía previsto marcharse en el último tren de la tarde. En aquel entonces yo acababa de contratar a una doncella verdaderamente guapa, que llevaba toda la tarde del domingo en el piso de arriba. Cuando al fin apareció le pregunté dónde había estado. Con una desesperante exhibición de timidez, bajó la cabeza y retorciendo el delantal entre los dedos como abrumada por el bochorno, murmuró sin levantar los ojos:

—El señor Galsworthy me ha pedido que le ayude a hacer la maleta.

En la casa de Pent pasamos lo que tal vez fueron los días más felices de nuestro matrimonio. Años después, intenté recuperarla tras unos arreglos que le hicieron, pero por algún motivo mi marido no quería volver a vivir bajo sus vetustas tejas.

Entre nuestros conocidos había dos hermanos, a quienes llamábamos con cariño Claus el Grande y Claus el Pequeño (aunque su apellido era Dawson), que pasaban muchos fines de semana con nosotros. A mi hijo le divertía mucho ver la diferencia de tamaño entre ambos hombres. Otro que venía mucho a vernos a aquella casa era Stephen Crane, con quien siempre tuve una curiosa telepatía. Recuerdo una ocasión en que llevábamos varios meses sin tener noticias suyas, por lo que no sabíamos que estaba tremendamente enfermo, y una noche tuve un sueño muy nítido que le conté a mi marido por la mañana. Stephen Crane yacía en una camilla que estaban metiendo en una ambulancia donde, en compañía de dos enfermeras y de Cora Crane, le iban a trasladar a la costa con toda urgencia. El sueño era curioso porque llevábamos meses sin hablar con los Crane ni ver a nadie relacionado con ellos. Cuando llegó el correo, una hora después, había una carta que narraba el contenido exacto de mi sueño y nos rogaba ir esa mañana al hotel Lord Warden de Dover, donde el pobre hombre aguardaba a que se calmara el mar para embarcar hacia la Selva Negra con la esperanza de mejorar su salud. Cora lo pasó mal en aquel trance, pues no tenía dinero para pagar las comidas del Lord Warden. Las enfermeras comían fuera de allí, pero sé que ella a menudo se quedaba en ayunas.

El pequeño barco que compartíamos con Stephen llevaba meses en Rye. A decir verdad, era un acuerdo que nos resultaba bastante incómodo, por lo que mi marido se quedó atónito ante la ilógica petición que le hizo Cora Crane. El barco, *La Reine*, se lo habíamos comprado al señor Hope para compartirlo entre Stephen y mi marido, los dos copropietarios, de modo que la mitad del tiempo lo tendríamos nosotros en Folkestone y la otra mitad lo tendría Stephen en Rye. Pero él no llegó a pagar su parte y su esposa nos proponía ahora darle su mitad al maderero de su pueblo para saldar la cuenta de leña que tenían con él.

Varios días después llegó este telegrama, dirigido a su administrador, que no sabía que se habían llevado a Alemania al perro favorito de la casa: «Dios se ha llevado a Stephen a las 11.15. Haz las gestiones necesarias para poder llevarme el perro a casa».

En cuanto a las exequias, a mí me daba mucha pena que el pobre cadáver tuviera que pasarse horas en un depósito, pendiente del traslado a Estados Unidos. En la tapa del ataúd había un ventanuco de cristal por el que la gente podía ver al pobre Stephen por última vez y dejarle su tarjeta de visita en el tanatorio.

Fue a la casa de Pent donde vino H. G. Wells, acompañado de Bernard Shaw, George Gissing y varios hombres más, con un buen grupo de mujeres jóvenes. Siempre recordaré un almuerzo en el que H. G. Wells desesperó enormemente a mi marido. Nuestro invitado llegó con un tremendo dolor de cabeza y sólo quiso tomar una rebanada de pan seco, acompañada de un vaso de agua con quinina. Bernard Shaw, por su parte, tomó una taza de cacao Van Houten's y una galleta. Qué poca comida para un hombre tan grande, pensaba yo.

H. G. Wells me parecía un hombre verdaderamente entretenido. En Spade House, su casa de Sandgate, pasamos muchos días de lo más felices. Supimos que una de sus pasiones era romper objetos de loza, cosa que exasperaba a su esposa, una mujer adepta al orden que tenía guardadas una serie de piezas baratas, jarrones y demás, para cuando surgiera la ocasión. El cajón de los pañuelos de H. G. Wells era un modelo de orden. Metidos en el borde del cajón había unos pulcros pedacitos de papel con las siguientes explicaciones: «Pañuelos para prestar, pañuelos para uso diario, pañuelos de noche». La única ausencia, creo recordar, eran los pañuelos ribeteados en negro. En una ocasión conocí allí a una anciana adorable, su madre. La pintoresca señora llevaba un terso traje de seda negra, un delantal negro, un gorro de encaje con una cinta negra entrelazada en la parte delantera y largas tiras de encaje colgadas a los lados de la cara. Este retrato se completaba viéndola sentada en una silla junto al fuego con sus excéntricos botines de cachemira negra apoyados en un pequeño taburete. Con toda seriedad, se afanaba por hacer entender a sus diminutos nietos los secretos de la contabilidad de una tienda.

Entre los buenos amigos que aparecieron por la casa de Pent también estaban el Sr. Hugh Clifford y su esposa, que le acompañó en numerosas ocasiones al viejo caserón. Llegaban en bicicleta, se quedaban a pasar el día y se marchaban, dejándonos a los dos encantados de haberlos visto. Luego supimos la trágica noticia de que la señora Clifford había muerto en un accidente de tráfico en el extranjero.

El señor Hugh Clifford (que ya era sir Hugh) estaba absolutamente inconsolable. En todas sus visitas se traía una bellísima miniatura de su esposa, que ponía sobre la repisa de la chimenea. Hasta un día me di cuenta de que se había dejado la miniatura en la estantería del salón al irse a dormir. Poco después de esa visita vimos en el periódico el anuncio de su segunda boda y más adelante nos hicimos amigos de la segunda esposa. Lady Clifford era de lo más amable conmigo y recuerdo con agrado las agradables visitas que nos hizo, la última en el primer año de la guerra.

En aquella ocasión llegaron a casa haciendo un alto en el camino desde una casa de campo a la otra y a sir Hugh se le ocurrió dejar a su esposa de charla con Joseph Conrad mientras me llevaba a mí a dar un paseo en coche por el pantano. Al pasar por las casas del pueblo me desconcertó ver las miradas sorprendidas de los lugareños, que me conocían muy bien de vista. Entonces caí en la cuenta de que nuestro amigo aún no había bajado del coche las maletas, que se veían desde fuera. Corrió la voz de que nos habíamos fugado juntos.

Sir Hugh me contó una divertida anécdota que le sucedió cuando era gobernador de la Costa de Oro. Los nativos, que se habían quedado sobrecogidos al ver por primera vez unos aviones en el cielo, le preguntaron con mucho interés: «¿Y cómo les van a subir la comida tan alto?».

Antes de conocer a sir Hugh recuerdo que mi marido fue un día a comer con él en Londres y en esa ocasión conoció a sir

Maurice Cameron, y unos veinte años después nos lo encontramos en Córcega con lady Cameron.

Este párrafo del artículo de sir Hugh me impresionó profundamente y éste me parece el lugar más adecuado para incluirlo.

«Sin embargo, tengo la triste impresión de estar perdiéndome mucho de aquello que otros lectores captan en este libro (*La locura de Almayer*); porque el conocimiento técnico de los hombres y las mujeres de una raza poco conocida, que las circunstancias de la vida me han permitido conocer, conocimiento del que Conrad, vaya por delante, jamás hizo alarde, pero cuya falta me impide disfrutar de un placer que podría haber sido también mío. No obstante, me gusta recordar que fue gracias a una reseña de éste, y algún otro de los primeros libros de Conrad, escrita con mucha más franqueza que nada que me haya propuesto escribir después, y también gracias a una reseña firmada por Conrad en la Academia de mis *Studies in Brown Humanity*, que él y yo nos conocimos por vez primera en 1899. Su queja era que yo, teniendo unos conocimientos extraordinarios, no supiera emplearlos; mi queja era que a él, teniendo un estilo que podía considerarse un milagro, le faltaran conocimientos; pero sobre esta base poco alentadora se cimentó una amistad que duró un cuarto de siglo sin tacha alguna y que acabó aquel triste día de agosto de 1924 cuando me hallé llorando la muerte de mi amigo, ante su tumba en el tranquilo cementerio de Kent donde ya descansa en paz.»

Esta crítica madura habría complacido a mi marido enormemente de haberla podido leer, aunque hasta sus últimos días juzgó sus primeros manuscritos con algo de impaciencia. Con frecuencia decía: «Si hubiera querido conservar el manuscrito, siempre vería algo que querría cambiar o mejorar». Sólo recuerdo una historia acabada antes de que yo la viera, pasada a máquina, enviada al editor y olvidada al instante, por así decirlo. Se llamaba *El copartícipe secreto*. Recuerdo que le reproché amargamente a mi marido que no me hubiera hablado nunca de este episodio antes de escribir el cuento. Al oírme dio un grito de alegría y en cuanto se recuperó de su insólito arrebato de alegría me dio un enorme abrazo y dijo, a modo de explicación:

—Querida, el relato es pura ficción. No sé bien cómo se me ocurrió la idea, pero me alegro de haberte logrado interesar tantísimo. ¡Hurra!

Otras personas que iban a la casa de Pent por aquel entonces eran la hermana preferida de John Galsworthy, la señora Sauter, con su marido y el joven hijo de ambos, el señor Robert McClure, que llegó una noche muy tarde y se marchó muy pronto por la mañana. F. M. H. y su familia estaban en casa y fue entonces cuando me di el mayor susto de mi vida al encontrarme con Christina Hueffer, con su largo pelo rubio y sus ojos celestes, sentada al borde del pozo con nuestro hijo Borys. Los dos niños creaban una bonita estampa de la que podía haber disfrutado si hubiera tenido el aplomo de quedarme mirando, pero con el corazón en un puño agarré a un niño con cada mano y me los llevé a un lugar más seguro.

Tras una temporada de trabajo bastante larga, los dos artistas estaban bastante nerviosos. Me reí cuando desapareció el perro Cromwell y recibimos una furibunda llamada desde la casa de Aldington, donde vivía F. M. H. entonces, exigiendo que vigilaran mejor al animal. El pobre se habría asustado con una tormenta o algo así, pensaba yo.

Como tenía por costumbre en aquellos casos, Joseph Conrad se refugió en el piso de arriba y se metió en la cama para cuidarse los primeros síntomas de un posible ataque de gota. Por mi parte, decidí que le convenía descansar todo lo posible, por lo que me alegré de estar los dos solos en casa. Descubrí que *mi posesión* (el mote cariñoso que le había puesto a mi marido) se mostraba verdaderamente difícil y requería mucha atención. Por desgracia era domingo, de modo que no tenía nada interesante que leer. El libro que yo le había traído el día anterior de la librería del pueblo no logró interesarle lo más mínimo. Nadie con quien hablar y nada digno de leer, una auténtica calamidad. Al carecer de vecinos cercanos, no había un arsenal de libros que poder asaltar, por lo que estaba al borde de la desesperación. Entonces, como último recurso, recordé que había un montón de revistas viejas, ejemplares del *Edinburgh Review,* guardadas en un armario polvoriento. Tras quitarles el polvo, me acerqué de puntillas a la cama donde Joseph Conrad se había quedado dormido, se las puse cerca, donde pudiera alcanzarlas, encendí la lámpara y salí al pasillo.

Al cabo de media hora oí una risilla procedente de la habitación y la cuidada bandeja de té que le llevé fue recibida con exclamaciones de júbilo. Lo siguiente que recibí fue un ruego de proporcionarle algo decente para cenar. Esa ansiedad por saber qué era lo siguiente que iba a comer dejaba perplejas a muchas personas. Podría parecer glotonería, pero era algo tan típico suyo que yo acabé por acostumbrarme.

En una ocasión me enviaron un recorte de prensa tras el que se adivinaba una mente maliciosa. Salía un hombre que acababa de desayunar en el salón de un trasatlántico. El camarero ya había terminado de recoger y el hombre le preguntaba: «¿A qué hora es el almuerzo?». El camarero le contestaba: «Si quiere, puede comer ahora mismo, señor». Y entonces había un paréntesis: («No sabemos si esto es exactamente así, pero se lo vamos a preguntar al señor Joseph Conrad»). Por supuesto, me apresuré a tirarlo al fuego.

Aquella noche mi marido se quejó mucho de tener que tomar fiambre, que es lo que se suele cenar el domingo en la mayoría de las casas. En un arrebato de lo más petulante, se puso a dar golpes en la almohada con la mano vendada. Entonces se le iluminó la cara y me pidió un pequeño plato de queso con coliflor.

—Decías que tenías algo de coliflor en el jardín —añadió.

Dispuesta a complacerle y aliviada de que su sugerencia fuese tan práctica como factible, asentí y me encaminé hacia el huerto, en busca de la verdura solicitada.

Ahora he de explicar que el huerto de nuestra cocina era una ancha franja de tierra al borde de la carretera, pero a bastante distancia de casa. La tenue luz del crepúsculo no me bastaba, así que encendí el candil del establo y, armada con un cuchillo afilado, eché a andar con mi bastón. Al adentrarme en la oscuridad de la arboleda volví la cabeza sobre el hombro y las luces de la casa me dieron ánimos. La granja donde vivíamos estaba muy aislada, a un kilómetro o así de la vivienda más próxima, y en casa sólo estaban mi marido enfermo en el piso de arriba y la doncella con el niño en el piso de abajo.

Estaba ya a un par de pasos de la puerta del jardín, cuya llave oxidada giré para abrirla. Avanzando despacio sobre la tierra desigual, pues estaba pendiente de mi rodilla mala, llegué por fin a la fila de coliflores jóvenes que había descubierto hacía unos días. Al levantar el candil para verlas mejor, iluminé el rostro del vagabundo más repugnante que había visto nunca. Mostrándome sus pocos colmillos amarillentos, soltó un gruñido furioso y se levantó despacio del suelo. Lo primero que pensé fue que mi reacción femenina de dar un grito sería inútil. ¿Quién iba a oírme? Tragando aire, señalé el montón de coliflores que había a los pies del hombre y le dije con una voz que casi no reconocía:

—Si ya tienes todo lo que quieres, vete.

Estaba temblando violentamente, pues llevaba un par de sortijas, no podía pedir ayuda a nadie y el intruso tenía un aspecto horripilante.

—Dame luz —bramó mientras se metía los bienes ilícitos en los enormes bolsillos de su abrigo.

Permanecí inmóvil mientras pasaba a mi lado y, agachando la cabeza, apagaba de un soplido mi candil antes de encaminarse a la puerta por la que yo había entrado. Sin prisa alguna, salió y cerró la puerta con fuerza, giró la llave y subió la cuesta hacia la carretera cercana al huerto.

Adiviné por intuición que me había dejado encerrada y se había llevado la llave incluso antes de oír su risilla mientras se escabullía entre los arbustos. Mientras procuraba recuperar el aplomo, la luna salió de pronto tras la nube que la cubría, mostrándome que aún quedaban un par de tiernas coliflores sin cortar. Me apoderé de dos de ellas y pensé, algo arrepentida de mi magnanimidad con el vagabundo, en lo difícil que iba a ser salir del huerto. El hombre debía de haber entrado desde la carretera, por un hueco en el seto, pero desde donde estaba yo tenía que cruzar un riachuelo y vérmelas con dos zanjas, todo ello sin cerillas para encender el farol apagado. Justo entonces sonó desde la carretera la misma risilla ronca y un pequeño objeto atado a una piedra me cayó a los pies con un tintineo metálico. Agachándome, recogí la llave y deshice el camino andado. Tengo a gala haberme acordado de cerrar la puerta del huerto al salir. Cuando llegué con el plato de coliflor al piso de arriba, no dije ni palabra de mi desagradable aventura. Ni siquiera cuando se me reprochó «la desmesurada cantidad de tiempo que había tardado hacer una minucia». Disfrutó de la coliflor, sin embargo, y alabó con su habitual entusiasmo mis afanes culinarios.

Días después de aquella ocasión, me desperté una noche al oír voces a la puerta de mi dormitorio. Al salir me encontré con nuestra fiel criada del pueblo sentada en camisón en el último peldaño de la escalera, llorando amargamente porque había alguien dando golpes con un palo en la ventana de su cuarto. Joseph Conrad estaba varios escalones más abajo, en el tramo que llevaba al cuarto de los invitados donde había estado durmiendo durante los últimos días, debido a su enfermedad. Mi marido insistió en que la chica estaba equivocada y con bastante brusquedad la mandó volver a la cama y olvidar todas aquellas bobadas.

La angustia de la criada, que era completamente auténtica, me impresionó tanto que la invité a venirse a mi habitación, donde pasó un rato recostada en mi cama, temblando y llorando, hasta que se quedó dormida.

Una media hora después oí abrirse con estrépito la ventana del cuarto de invitados y mi marido gritó:

—Maldita sea, hay alguien ahí.

En pijama y descalzo, Joseph Conrad bajó corriendo por las escaleras y salió de casa. En camisón, con el pelo enmarañado sobre la espalda y también descalza, le seguí. Al llegar ante la puerta abierta dudé, preguntándome en qué dirección habría ido. Esa noche había luna llena y no pude evitar preguntarme qué aspecto tendríamos, dando vueltas y vueltas en torno a aquel viejo caserón, uno detrás del otro. Poco después oí una voz familiar, que farfullaba unas amenazas espantosas. Era el viejo Hunt, el jardinero, un veterano del Motín Indio. Rodeamos la casa una vez más y entonces, haciendo uso de todas mis fuerzas, obligué a mi marido a regresar al vestíbulo, diciéndole sin resuello:

—Vete a la cama, querido. Es Hunt, que ha vuelto a beber.

Por la mañana vimos al anciano sentado en un árbol cortado ante la puerta del huerto, con una guadaña (con el mango roto) apoyada en la rodilla y los ojos fijos en la casa. Ante aquello concluí que el arma que llevaba la noche anterior era esa misma guadaña, verdaderamente formidable, sobre todo teniendo voluntad de usarla. Sin abrir la boca Joseph Conrad se acercó al hombre y, tomándolo por los hombros, le sacudió con fuerza, gritando furibundo:

—Tienes que dejarlo, so puerco, puerco, puerco.

A los pocos días hallaron al anciano tendido en el huerto, tan enfermo que tuvieron que llevárselo al hospital, donde murió.

Para entonces el pequeño Borys era ya un niño con ideas propias y dado a hacer el mismo ruido que los demás niños de su edad. El relato *Falk*, recién acabado, había hecho mella en el pobre Joseph Conrad, que llevaba los tres últimos días postrado con uno de los ataques de gota más graves que había tenido desde nuestro viaje de novios. Cualquier incidente inesperado parecía tener un doloroso ataque como resultado inmediato. A veces me exasperaba haber hecho un plan cuyo cumplimiento dependía enteramente de si el «duende de la gota» aparecía o no. Tal sucedió un fin de semana en que mi marido había invitado a un hombre casi desconocido a pasar unos días en casa y, apenas llegó el hombre, le tomó una antipatía inmediata. Antes de acabar el primer almuerzo, tuve que hacerme cargo de la situación.

—Mantén a ese hombre alejado de mí, porque podemos tener un disgusto.

Esa frase tenía un significado literal, cuya amenaza implícita había aprendido a respetar con el tiempo.

En la ocasión concreta a que me refiero, el ataque, pese a parecer algo provocado de manera voluntaria, se convirtió en muy poco tiempo, como ya he dicho, en algo muy real. No recuerdo ahora cuál fue el disgusto que hubo detrás de aquel achaque, pues mi marido y yo seguíamos discutiendo sobre cuál era la causa y cuál el efecto, si la gota o la irritación; pero como el propio afectado decía, una vez que ya se había producido el ataque, poco importaba ya. En todo caso, él prefería considerar la gota como la causa y el enojo como el efecto.

Aquel día yo había recibido el encargo de mantener la casa en absoluto silencio y sacar al niño de casa. Gracias a Dios, estábamos en verano, lo que me permitió llevarme a Borys lo más lejos posible del dormitorio de mi marido, a la entrada del enorme jardín, donde me puse a jugar a los trenes con él. La carretera pasaba por lo alto de la explanada aquella que era, por así decirlo, donde empezaba la propiedad. Dando un rodeo, se podía acceder a esa parte del jardín desde el campo, sin perder de vista la casa.

Estando allí oí el tintineo de una campana y al volverme vi a un extranjero corpulento entrar en el jardín montado en una bicicleta. Apeándose al llegar a la valla, dejó la bicicleta apoyada en ella y se encaminó hacia mí con aire decidido. El hombre aquel no me gustó lo más mínimo y estaba poco dispuesta a ser amable con él cuando le oí decir sin ningún preámbulo y con acento alemán:

—Vengo aquí *parrra* conocer al señor Conrad.

Respondí algo bruscamente que eso era imposible, ya que mi marido se hallaba en la cama muy enfermo y tenía prohibido recibir visitas. El desconocido tartamudeó nervioso y proclamó con voz gutural:

—*Volverrrré*, *volverrré* muchas veces.

Entonces me miró con aire virulento y cuando le di la espalda se llevó la mano al bolsillo de la cadera con cierto dramatismo. Aquello me produjo una momentánea satisfacción y pensé: «Ay, amiguito, ya veo que tienes reúma».

Sin decir más, el extraño hombre dio la vuelta a su bicicleta, se subió a ella y salió del jardín.

Al volver a casa le conté a mi marido lo del visitante empeñado en conocerle.

—Era extranjero y tenía mal carácter, la verdad —añadí—. De modo que yo tampoco he estado muy amable con él.

Los dos olvidamos el asunto, sin volver a dedicarle la menor atención. Mi querido inválido había dormido una buena siesta y estaba deseando tomar el té. Tras darle su medicina y cambiarle el vendaje del brazo malo, fui a la cocina a poner en marcha el engranaje doméstico, metí al niño en la cama y por fin pude dedicarme a coser tranquilamente.

La mañana siguiente apenas observé mejoría alguna en la condición de mi inválido, lo que me preocupó e inquietó, pese a haberlo visto así de mal en varias ocasiones previas. Acabadas mis tareas matutinas, saqué al niño al jardín, como había hecho el día anterior. Una vez allí, nuestro joven mozo de cuadra vino a decirme que el desconocido de ayer parecía estar cumpliendo con su palabra de volver muchas veces para conocer al señor Conrad.

—Anoche vino a última hora y esta mañana temprano andaba por los prados —dijo el chico, dándose importancia—. Ahí está. ¿Quién será y para qué querrá ver al señor Conrad?

El joven estaba intrigado por la terquedad del desconocido aquel. En cuanto a mí, le quité importancia al asunto, aduciendo que era improbable que el señor Conrad le recibiera en breve, dado que apenas podía tenerse en pie. Procuré no pensar en aquel desconocido al acecho de mi marido, pues vivíamos en una casa perdida en mitad del campo. Casi hubiera querido que aquel hombre me diera algún motivo para echarlo de la finca, pero los campos tenían una servidumbre de paso y me pareció que iba a hacer el ridículo si le contaba el asunto a nuestro casero, el dueño de la granja.

Los días iban pasando, las semanas iban pasando, y mi inválido seguía postrado en su habitación. En aquel momento nuestro servicio doméstico consistía en una chica joven que venía a diario, mi criada de siempre y el mozo al que he mencionado. Todas las mañanas, el chico nos informaba de que había visto al misterioso desconocido sentado en el campo, vigilando la casa o paseando de un lado a otro, pero sin volver a intentar hablar con ninguno de nosotros.

Entonces llegó el día en que agradecí que el ataque de gota hubiera durado más de lo normal, obligando a mi marido a seguir confinado en casa. Llegó un mensajero a la puerta de atrás, dejó una carta a mi nombre y se marchó antes de que pudiera preguntarle quién era. Dando vueltas y vueltas al pliego, tenía una curiosa reticencia a romper el sello de lacre. En todo caso, mi consternación era comprensible. El papel llevaba la firma de un granjero conocido nuestro, que vivía a unos tres kilómetros de distancia. En la carta me contaba que el desconocido, un alemán que decía llamarse Meen, llevaba tres semanas viviendo en su casa y que esa misma mañana había descubierto que el hombre tenía varias armas cargadas. Además, durante una acalorada discusión el inquilino le había anunciado su cruel intención de disparar un tiro al señor Conrad nada más verlo. Tenía un ejemplar del libro que incluía el relato *Falk* y había decidido que el personaje de Hermann era él. Es decir, que aquel lunático peligroso consideraba fundada su animadversión hacia una persona completamente inocente.

Arrugué la nota entre los dedos. Ahora ya se entendía la obstinada vigilancia de nuestra casa y aquel siniestro movimiento del primer día, cuando se acercó la mano a la cadera y yo pensé que era una punzada de dolor debida al reumatismo. Me había quedado absolutamente perpleja. ¿Qué podía hacer para proteger a mi marido de aquel loco? Mientras reflexionaba, caí en la cuenta de que la carta tenía una posdata. El granjero añadía que al descubrir que el hombre tenía un revólver cargado lo mandó marcharse de su casa, negándose a tenerlo alojado bajo su techo. Esto había sucedido hacía tres horas y el pobre hombre estaba desesperado, porque no tenía la menor idea de dónde podía estar el individuo aquel. Lo que sí sabía era que el sujeto tenía malas intenciones y me advertía de que tuviera cuidado.

De pronto vi aquella historia en toda su horripilante dimensión y me quedé sin fuerzas, incapaz de pensar. No sabía qué podía hacer para impedir que aquel hombre entrara en casa a la fuerza, usando el arma que había llevado encima, con tanta perseverancia, durante casi un mes.

Puesto que sólo podía confiar en mí misma, me puse a hacer inventario de mis recursos. No contaba con la ayuda de ninguna de las criadas ni del mozo, pues estaba convencida de que a todos ellos les faltaría el valor llegado el momento. Tenía la remota esperanza de que la Providencia me enviara a casa algún conocido a quien poder contarle mi apuro. Entre tanto, decidí mantener el asunto en secreto. Pero cada vez que salía por la parte trasera de la casa cerraba con llave la gran puerta de roble de la cocina; y si salía por delante, cerraba con llave la puerta principal. Puesto que a las chicas no les di explicación alguna de mi conducta, vi una cierta sorpresa en sus miradas.

La única excusa creíble que se me ocurrió fue que no quería que el niño saliera de casa esa mañana y, dado mi buen conocimiento de la mentalidad campesina, les dije que iba a llegar al pueblo una feria ambulante cuyos miembros podían tener los dedos algo ligeros y dados a llevarse cosas ajenas. Además, les prometí que si ese día trabajaban el doble de lo normal, los invitaría a la feria cuando la abrieran dentro de dos días. Pese a que la treta me salió bien, no sirvió para aliviar mi tremenda angustia y preocupación. Desde la ventana de casa incluso vimos pasar los elefantes por la carretera, aunque en ese momento no me pareció necesario explicarles que se dirigían a una ciudad que quedaba a seis o siete kilómetros de distancia.

Al niño no lo perdí de vista en ningún momento, pero sí procuré mantenerme alejada de mi querido inválido todo lo posible, pues temía que la expresión de mi rostro pudiera delatarme. El momento culminante fue cuando, después de acostar al niño, me quedé sola, esperando oír las ruedas del carro entrar en el patio de casa. Había mandado al mozo al pueblo a comprar una medicina y libros y revistas para mi marido. ¡Menudo día! En cualquier otro momento del año había más movimiento en la granja, pero nuestros vecinos se habían marchado todos a un pueblo lejano donde en esa época había un mercado importante. Por no aparecer, ese día no apareció ni el cartero.

Ya eran las nueve pasadas cuando escuché el sonido de las ruedas y abrí la puerta al chico, cuya palidez y apocamiento me llamaron la atención nada más verlo. Tras dejar los paquetes sobre la mesa de la cocina, volvió hacia mí su rostro lívido y me dijo aire solemne:

—¿Recuerda usted al alemán ese, señora?

Asentí a modo de respuesta.

—Pues esta mañana ha matado a un soldado enfermo que iba andando por Folkestone Leas, porque se ha reído al verlo pasar. El hombre ese, el alemán, me refiero, se ha vuelto y lo ha matado de un tiro.

Todo aquello resultó ser cierto, pues lo leímos en el periódico a la mañana siguiente. El hombre era, efectivamente, un alemán, y tenía en su poder una copia del relato *Falk*, donde había marcado en rojo el párrafo del que se creía protagonista. Lo último que supimos del asunto fue que el lunático acabó detenido y puesto a disposición del Estado. Llevaba años viviendo al oeste de Inglaterra, a cargo de una hermana mayor.

Tardé varios días en atreverme a contar a mi marido lo cerca que había estado de la muerte. En esta ocasión, una vez más, la comedia se entremezcla con la tragedia. Por aquel entonces me encontré a mi hijo dando golpetazos a dos tablillas de madera con su martillo de juguete. Las puntas de los clavos que había usado asomaban en la superficie de la obra maestra que había fabricado el niño. Era una suela de madera para mantener seco el pie malo (afectado por la gota) de su padre cuando saliera a pasear con su hijo por el jardín. Mi colaboración consistió en aportar unas largas cintas adhesivas para poder atar la pieza al pie. Aquel invento lo guardó con cariño Joseph Conrad años después de que el niño hubiera empezado a ir al colegio; y para mi hijo, su propia creación era una fuente inagotable de apocado placer. La simple mención de un ataque de gota hacía esbozar al niño una curiosa mueca, a medio camino entre la pena y la enorme satisfacción que le producía el hecho de que su suela nos resultara útil.

CAPÍTULO SÉPTIMO

Muchas serán las mujeres que, como yo, se hayan visto obligadas a desempeñar la doble función de madre y esposa. Me refiero a tener que hacer de madre del hombre con quien se han casado, para acabar descubriendo, después, lo exigente que puede llegar a ser ese niño grandullón. Esto no lo digo con antipatía, ni pretendo en modo alguno quejarme de mi suerte. No creo haber sentido mayor felicidad que cuando se me ha agradecido alguna de mis labores conyugales. Pero —y se trata de un gran *pero*— la labor de esposa ha de cumplirse de un modo concreto, sin que la mujer pueda ser sospechosa de buscar su satisfacción propia, pues debe contentarse con reflejar la gloria de su marido, sobre todo si se trata un hombre famoso. Es frecuente que la sombra —o el reflejo— sea mayor que el objeto, al menos por un tiempo. Pero creo que una esposa o madre ha de acudir cuando se la precise y ha de ser capaz de desaparecer cuando el primer, segundo o tercer acto se hayan completado sin ella.

La imaginación de mi esposo, maravillosamente fértil, tenía momentos en que habría sido conveniente ponerla en barbecho, por así decirlo. Desde el punto de vista práctico, sin embargo, no cabía regodearse en la desgracia de que el artista hubiera perdido momentáneamente la inspiración necesaria para acabar con la labor iniciada. Lo malo era que Joseph Conrad no tuviera un pasatiempo que le distrajera, dado que sus preciadas travesías marítimas ya eran cosa del pasado. Pero no le gustaba hacer ningún deporte al aire libre, el *cricket* y el fútbol le aburrían y las carreras no le interesaban lo más mínimo.

En ocasiones le daba por enseñar al niño a trenzar cuerdas o hacer nudos marinos con ellas. El llamado nudo llano le producía un enorme desprecio, pues mi marido tenía unos dedos muy ágiles con los que hacía nudos de lo más complicados. Tras tantos años navegando por los mares y caminando descalzo por las selvas de África, era sorprendente la suavidad de sus manos y sus pies, cuyas palmas parecían de terciopelo. Cuando me encontraba al padre y al hijo haciendo nudos, en el jardín o en el cuarto del niño, me alejaba de puntillas, dejándolos solos. Pero su provisión de paciencia de Joseph Conrad era tan escasa que aquellas ocasiones siempre acababan en un estallido de furia completamente desproporcionado con la situación.

Una mañana se había producido una escena semejante a primera hora y, al pasar ante una ventana abierta, oí a mi hijo regañar al mozo de cuadra por algo que el otro había o no había hecho.

—Se lo voy a decir a mi *parde*.

—¿Y qué me importa tu *parde*?

Borys, que iba vestido de niño mayor con su traje de algodón blanco, replicó:

—Para que te enteres, mi *parde* es un señor muy enfadado.

Lo dijo con tal seriedad que el niño campesino se marchó con aire de cierta preocupación.

A decir verdad, yo sufría enormemente cuando un determinado estado de ánimo impedía a mi marido acabar algún trabajo emprendido con toda seriedad, como se puede comprobar en el siguiente extracto de una carta que escribió a E. L. Sanderson (el director del colegio Elstree):

> ...Aquí todo va bien, cosa que siempre se agradece. Estoy dedicado a mi trabajo, pero me molesta no ser capaz de trabajar más. Al fin y al cabo, mi trabajo consiste tan sólo en arrojar palabras a un pozo sin fondo. Parece sencillo, pero resulta verdaderamente agotador.
>
> Por eso he comenzado a escribir en la prensa. Más palabras... otro agujero. Sin embargo, me he librado de la degradación del periodismo diario, porque va a salir una nueva publicación semanal. El nombre: *The Outlook*; el precio: tres

peniques; el contenido: literario; la tendencia política: el imperialismo, atenuado por la conveniencia; el objetivo: hacer ganar dinero a su dueño judío. El director es Percy Herd (de quien no he oído hablar jamás) y uno de los colaboradores es Joseph Conrad, bajo el epígrafe «Visiones y revisiones».

El sábado que viene sale el primer número, donde habrá algo mío sobre un francés ya fallecido y, por lo tanto, inofensivo. Acabo de mandar mi segunda colaboración, un parloteo sobre Kipling, a cuento de una bobada de crítica. Se llama «Sobre ciertas críticas». Ya te mandaré el número en el que sale, probablemente el número 2.

En los primeros tiempos le gustaba mandar cartas como ésta, cuyo estilo, que él llamaría jocoso, casi me hizo llorar al leerla, aunque no sé bien por qué. En todo caso, el siguiente texto ilustra su capacidad de exageración incluso cuando se trata de la simple comunicación de un hecho. Es una carta dirigida a su amigo J. B. Pinker, aunque tal vez debiera apostillar que entonces sólo era un conocido, pues sería luego cuando se llegaría a ser un gran amigo suyo.

...El editor estadounidense no tiene por qué avergonzarse, aunque lo cierto es que toda mi prosa se ha publicado en Estados Unidos. Los editores, en teoría, no tienen por qué saber leer. Yo sé escribir algo, pero nada más lejos de mi intención, por Dios, que malograr la bendita ignorancia de un extranjero alejado de su país natal.

Mi forma de escribir es tan poco comercial que no creo que hallaras interés alguno en una persona tan inconveniente. Suelo vender cada obra antes de empezar a escribirla, la cobro cuando llevo la mitad y no acabo la otra mitad hasta que el ánimo es propicio. Debo añadir que no tengo control alguno sobre ese ánimo, como tampoco lo tiene el hombre que me ha pagado el dinero.

Lo antedicho tal vez te parezca fantasioso, pero es la simple verdad. Vivo con la esperanza de poder reformarme y cuando eso suceda tú, y sólo tú, recibirás las obras del nuevo Conrad. Entre tanto, me habré de contentar con tolerar mis absurdas debilidades y seguir a trompicones el camino más fácil...

Dado que en aquella época acababa de superar una de aquellas debilidades, nos fuimos a Londres y alquilamos varias habitaciones en Gordon Road, cerca de Church Street, en Kensington. Aquello era con vistas a aportarme a mí un cambio de aires, y a mi marido una oportunidad única para lograr escribir *El espejo del mar*. F. M. H. y su familia tenían una casa muy cerca, en el número 13 de Airlie Gardens, que era propiedad de su hermano, Oliver Hueffer.

Podrá considerarse algo absurdo, teniendo en cuenta mis experiencias anteriores, que fuéramos a compartir gastos con los Hueffer, al menos en lo referente a las comidas. Qué aventura tan extraña fue aquélla, tan nítida hoy en mi mente como si hubiese sucedido ayer. En todo caso, jamás estuve a gusto ni me sentí debidamente apreciada en aquella situación. Pero hay un hecho curioso que merece la pena constatar. F. M. H. ha dicho cosas verdaderamente asombrosas en cuanto a los argumentos de las obras de mi marido, pero es cierto que *El espejo del mar* debe mucho a su solícita y paciente ayuda, no tanto en lo referente a la escritura como al conjunto de la obra, pues el libro no existiría si Joseph Conrad no hubiera tenido a su lado a una persona inteligente con quien poder hablar de aquellos recuerdos tan íntimos. El libro está enteramente basado en experiencias personales.

En aquel momento F. M. H. le dio mucho ánimo y apoyo, cosa que le agradezco. La situación era algo complicada, porque John Galsworthy, aquel gran amigo en quien mi marido confiaba plenamente, tenía un pequeño piso muy cerca, donde era Joseph Conrad quien tenía el privilegio de sentarse a una mesa para escribir, mientras que su amigo debía contentarse con estar de pie ante una mesa que había a varios metros de distancia. La actitud de simple tolerancia y cortesía distante que tenía John Galsworthy en todo lo relacionado con F. M. H. era comprensible. Sin embargo, ningún otro de los hombres que conozco conseguía mantener una actitud similar durante más de una semana. Pero así era John Galsworthy, que en ningún momento se dejó engañar por el estilo ni la afectación del otro. Nunca le negó la gloria ni la distinción que F. M. H. se adjudicaba, pero tampoco hizo ningún reconocimiento de aquellos méritos. En mi opinión, el asunto tenía su lado cómico, que a veces incluso me hacía gracia, pero tuve la sensatez de no sacarle el tema a mi marido, que en aquellos tiempos siempre estaba dispuesto a salir en defensa de su colaborador.

Precisamente durante aquella época en que vivíamos en Gordon Road, volví a encontrarme con W. H. Hudson. Creo que aquélla fue la primera y única vez que viajé en metro y mi pequeño hijo Borys iba conmigo. El célebre naturalista llevaba encima el manuscrito de su libro *Mansiones verdes*, del que nos pusimos a hablar. Tan absortos estábamos que completamos el trayecto circular tres veces antes de que el niño me señalara un colorido anuncio que decía haber visto tres veces. Disfruté mucho de aquella charla y cuando al fin nos despedimos le prometí ir a verle en un par de días para saludar de nuevo a la señora Hudson, a quien había visto en una sola ocasión.

El matrimonio vivía en un gran edificio de pisos y la tarde en que fui a su casa hacía un desagradable frío húmedo. Me costó encontrar el edificio y más aún dar con el piso donde vivían. La señora Hudson, que era dueña del edificio entero, tenía la manía de cambiarse de piso según se iban quedando vacíos, de modo que el pobre Hudson era el elemento portátil del contenido de cada piso.

Creo que conservaré en la memoria el aspecto de aquella casa, si es que se la podía llamar casa, hasta el fin de mis días. Subí las escaleras hasta la última planta del edificio, donde me hicieron pasar a una enorme habitación dominada por el caos. El mueble principal era un asiento tapizado en felpa o, mejor dicho, varias butacas unidas, como las que se ven en los vestíbulos de los hoteles. El respaldo tapizado de verde circundaba una enorme palmera en cuyo tronco había apoyados varios cuadros con los cordeles colgando. El suelo, sin enmoquetar, estaba cubierto de pilas de libros, adornos variados y parejas de sillas con una invertida sobre la otra, mientras que una colección miscelánea de alfombras y otros objetos pequeños cubría el sofá pegado a las ventanas. No había, literalmente, un sitio donde sentarse. W. H. Hudson apareció con varios pedazos de leña en la mano y el abrigo echado sobre los hombros a modo de capa. Con un brazo tiró al suelo varias de las cosas que había sobre el sofá y se dispuso a encender un fuego en la gélida chimenea vacía. Pero cuando le aseguré que no tenía ningún frío se instaló a mi lado en el hueco del sofá y retomó la conversación que habíamos iniciado en el metro hacía unos días.

La señora Hudson no apareció hasta el último momento, cuando ya me iba. Con una rodilla apoyada en el artefacto tapizado, soltó un torrente de quejas sobre la escasa colaboración de su marido a la hora de tener las cosas en orden. El pobre escritor me dio mucha pena y no pude evitar pensar que aquella situación quizá hubiera mejorado con una educación como la que yo había tenido el privilegio de recibir. Al volver le hablé de aquella tremenda incomodidad a mi marido, preguntándole ladinamente cuánto sería capaz de aguantar él viviendo en unas condiciones semejantes. Su respuesta fue un fuerte abrazo.

Lo cierto es que yo estaba muy orgullosa de mi amistad con Hudson, de quien se decía en broma que para interesarle bastaba con ser un pájaro. Tras mi visita sólo le vi en otra ocasión, en 1918, cuando yo estaba en la clínica. La hora de la visita era algo desconcertante: las siete de la mañana. En aquella clínica me había hecho bastante impopular por la hora tan temprana en que venían a verme, pero lo cierto es que, salvo Hudson, todos mis visitantes matutinos eran amigos médicos. El doctor Scot Skirving solía aparecer en mi habitación de camino al hospital de Mill Hill. (Era un cirujano australiano.)

John y su madre en 1923

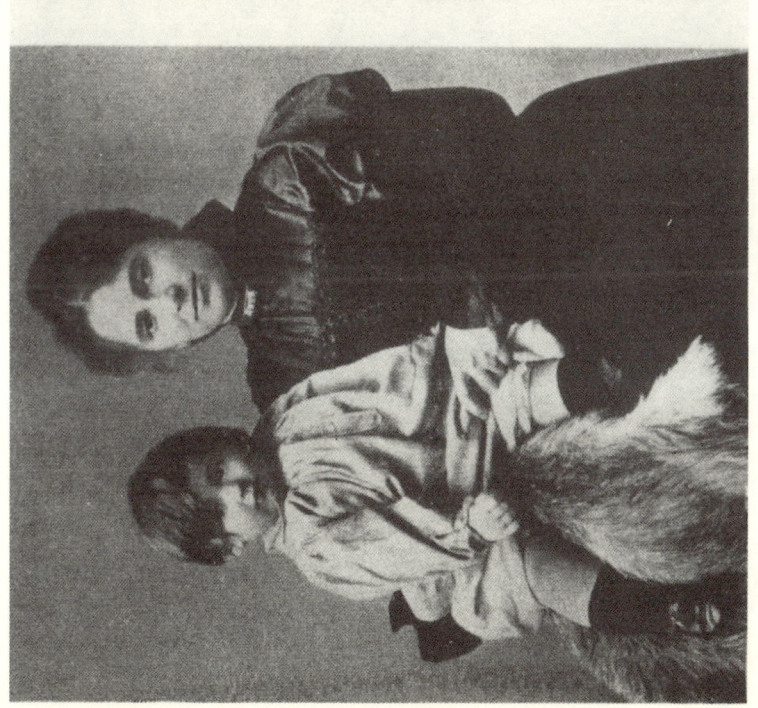

Borys y su madre en 1899

Joseph Conrad, Jessie, Borys y John en 1908. Someries, Luton, Bedfordshire

Otro buen amigo, el comandante Kenneth Campbell, siempre pasaba a verme en el trayecto entre su casa y Salisbury Plain, donde estaba acuartelado.

La mañana en que apareció Hudson fue especialmente incómoda, porque mi habitación estaba alborotada y el personal estaba ocupado con un caso, o varios, de gran importancia, de modo que me quedé atónita cuando apareció mi querida enfermera escocesa y me dijo:

—Abajo hay un señor muy alto, vestido de civil, que insiste en verla de inmediato. Con lo temprano que es para recibir visitas, no me quiere dar su nombre.

La joven no pudo seguir quejándose, porque el visitante había entrado tras ella en la habitación, sin hacer el menor ruido. Por supuesto, lo reconocí al instante y me apresuré a asegurar a mi enfermera que era un buen amigo.

Por el modo tan cariñoso en que me saludó se diría que apenas habían pasado años desde la última vez que le vi, pero no tenía la menor idea de cómo había logrado encontrarme en aquella clínica. Las primeras palabras de Hudson fueron una malhumorada queja sobre el hecho de que Joseph Conrad no le hubiera contestado a una carta escrita hacía varios años. Tras repetidas disculpas, logré calmarle al aseverar que era un descuido sin mala intención y que sabía que mi marido le respondería en cuanto yo se lo recordara.

En ese momento apareció la bandeja de mi desayuno y tras insistir en que lo compartiera conmigo, logré convencer al buen hombre de que tomara un café y algo de fruta.

Joseph Conrad se alegró mucho al saber de aquella visita y al día siguiente los dos amigos almorzaron juntos, lo que les permitió esclarecer el malentendido.

Pero volvamos a los tiempos en que F. M. H. colaboró tanto en la consecución de *El espejo del mar*. Una mañana, andando por Church Street, cometí la torpeza de dislocarme las dos rótulas. Aquel desafortunado incidente me tuvo metida en casa durante varios días hasta que, finalmente, volví a la granja de Pent antes que mi marido. Aquéllos fueron unos días de tremendo dolor, lo que tal vez me haga recordar mal el resto de los sucesos. El sufrimiento y la mala suerte me habían sumido en mi pequeño mundo.

El siguiente noviembre regresamos a Londres y tras consultar a varios médicos, decidimos someterme a una operación. La estancia en la clínica me pareció una pesadilla y recuerdo con horror aquella primera vez en que me hallé ante el bisturí de un cirujano.

Dada la inherente extravagancia de Joseph Conrad, era típico que se le hubiera ocurrido invitar a treinta personas a una cena improvisada precisamente la noche anterior al día en que tenía que irme de Addison Road para ingresar en la clínica. De los presentes recuerdo al señor E. V. Lucas y su esposa, a A. J. Dawson —que volvió a las tantas de la madrugada, tras una ausencia de varias horas, para contarnos que se había «vendido al criterio oficial»—, a Henry Tonks y a Augustus John, entre otros muchos.

Tras pasar varias horas intentando descansar sin conseguirlo, me fui a la clínica con mi marido y mi hijo pequeño. Como era prácticamente la primera vez que me separaba del niño, me costó mucho contener el llanto. Pero el chico, con una sabiduría mayor a la que le correspondía por edad, pasó sólo unos minutos conmigo después de que me hubieran metido en la cama; y, tras asumir el mando con un sensato «Vamos, papá», sacó a su padre de la habitación y se lo llevó a casa.

Aquella semana —dolorida tras un examen de la pierna mala, a la espera de que el cirujano decidiera sobre la necesidad de la operación— fue, sinceramente, la más larga que había pasado nunca. Tal era el dolor generalizado que me importaba poco lo que me pudiera pasar. Y al llegar la mañana de mi primera aventura con el bisturí, mi hipertrofiado sentido del humor me resultó de lo más útil. Cuando el señor Bruce Clarke apareció vestido para el combate quirúrgico, recuerdo haberle dicho algo que había leído en el obituario del *Times*: «A la memoria de mi querido padre, cuyo final fue la paz, pues con Dios todo es posible». Los dos doctores soltaron una carcajada, pues aquella liviandad relajó la tensión más que cualquier esfuerzo por su parte.

Entre tanto, el pobre Joseph Conrad paseaba por la acera, envuelto en la fría neblina de aquella mañana de noviembre. Tres horas suponían toda una vida de espanto para aquel hombre hipersensible. No miento si digo que me daba mucha más pena él que yo. Al fin y al cabo, la ansiedad es el peor sufrimiento de todos. Como siempre le sucedía en esos casos, sufría tanto que era incapaz de valorar adecuadamente lo que iba a suceder.

Tengo la vaga idea de que la clínica estaba al fondo de una calle sin salida. En cualquier caso, el interminable paseo de Joseph Conrad de un lado a otro parecía acotado por la falta de asfalto. Cuando todo pasó y le dejaron entrar a verme, me contó que, mientras esperaba, creía haber actuado inconscientemente durante una parte del tiempo, porque al recuperar la noción de la realidad se vio en pie ante un viejo caballo percherón, abrazado al cuello del animal. El carretero le miraba perplejo, incapaz de decidir si el ricachón aquel estaba loco de atar o sólo borracho. Pasó un buen rato sacudiendo la cabeza con aire sentencioso, pero aceptó la media corona que se le ofreció con el requerimiento de dar al viejo caballo una ración adicional de maíz. El hombre se guardó el dinero, guiñó un ojo y siguió refunfuñando.

—El caballo tiene gases, le pasa hace tiempo y por eso no puede comer —dijo mientras subía al carro con las riendas en la mano, tocándose la gorra y murmurando—: Más comida, ¿eh?, eso está por ver.

En cuanto a mí, pasé unas semanas de dolor y malestar en las que hallaba pocas cosas capaces de arrancarme una sonrisa. Pero al poco tiempo mi habitación se convirtió en el cuarto de juegos de todos los pobres niños con la desgracia de tenerse que operar. Me consuela pensar que las criaturas pasaron una espera más agradable gracias al enorme afecto que me inspiran los niños. Lo demostraba como podía, tanto si era una niña adorable que quería un vestido nuevo, unos zapatos o un gorro, como si se trabara de un juguete mecánico necesitado de aceite o algún pequeño arreglo sencillo de hacer. Los pacientes adultos, por su parte, me consideraban una mezcla entre William Whiteley, el dueño de los célebres grandes almacenes, y una oficina de correos. Mi gran surtido de periódicos, sellos e incluso cigarrillos —que tenía sólo para ofrecer a las visitas— era todo un éxito. Mientras estuve allí recibí muchas peticiones y notas de agradecimiento. Al marcharse, los pacientes se detenían ante mi puerta para decirme unas palabras de despedida o desearme suerte.

Una de mis visitantes más entrañables fue la señora Galsworthy, madre del fallecido John Galsworthy. La cariñosa dama ascendía los largos tramos de escaleras cargada de caramelos de goma, frutas y flores. Durante mi convalecencia también vi mucho a su hijo y a la esposa de éste. Mi hijo pequeño venía todos los días, con su tía, con su padre o con nuestra fiel criada.

Al cumplirse la quinta semana mi cirujano decidió que la recuperación sería más rápida fuera de la clínica, por lo que hicimos todos los preparativos pertinentes para trasladarme de nuevo a Addison Road. La mañana de mi partida apareció Bruce Clarke, que intentó darme la primera lección en el uso de las muletas. Me temo que di un espectáculo lamentable por mi incapacidad de mantener el equilibrio.

Aquel día pasé un total de tres horas sentada en una silla durísima, aguardando al coche, que llegó con más de una hora de retraso.

Apenas recuerdo la llegada al piso ni los dos o tres días siguientes, pues el dolor de la herida, aún sin cicatrizar, me impedía interesarme en nada. Habíamos decidido que, en cuanto la salud me lo permitiera, nos iríamos a Capri. En lo relativo al motivo por el que elegimos un lugar lleno de cuestas, continúa siendo un enigma inexplicable. La enfermera quirúrgica que me iba a acompañar tuvo la desgracia de enemistarse con Joseph Conrad mucho antes de nuestra fecha de salida. Ante las dificultades, sugerí que tal vez fuera mejor abandonar la idea y quedarnos en Inglaterra, pero cuando a mi marido se le metía algo en la cabeza, era difícil hacerle desistir. Por otra parte, abandonar el plan habría supuesto una considerable pérdida. Mi estado nos obligaba, una vez tomada la decisión, a viajar del modo más caro y con todos los lujos. Teníamos encargadas varias sillas portátiles y reservadas las correspondientes habitaciones de hotel para cada etapa del trayecto. En consecuencia, salimos el día señalado. Las reservas de tren estaban hechas desde Victoria Station y si perdíamos el tren, nos sería imposible hacer todos los transbordos necesarios.

Pero esa mañana, la suerte se nos volvió en contra casi desde el primer momento, lo que me sumió en la desesperación. Joseph Conrad tenía un par de gafas preferidas, pero no aparecían por ningún sitio. De haber podido participar en la búsqueda, estoy segura de que las habría encontrado, pero no podía moverme. Lo que hice fue intentar convencerle de las gafas desaparecidas tenían los cristales rotos y la montura oxidada. Todo fue inútil. Salimos en el último momento y mi marido se fue quejando durante todo el camino a la estación, mirándome con un gesto de reproche. En medio del desorden había olvidado una parte de mi propia dentadura, pero de ese tema no me atrevía ni a hablar.

Mi incapacidad de hallar esas gafas pareció sumirnos a todos en la tristeza durante el primer día del viaje y a mí, sin duda, consiguió ponerme nerviosa. Entonces no tenía la sabiduría que me han dado los años, de modo que no se me ocurrió pensar que mi marido pudiera estarse refugiando inconscientemente en el primer motivo de queja tangible que logró hallar, para ocultar así su nerviosismo. Al volver la vista atrás me resulta evidente la carga que le supuso aquel viaje. A las dificultades que planteaba mi condición física había que sumar la certeza de que mi herida seguía abierta, la nula confianza de mi esposo en la enfermera y el hecho de que el médico que me iba a atender en Capri estuviera a muchos kilómetros de distancia y también fuera un desconocido. Era célebre en su medio profesional, no obstante, pero eso nos aportaba un escaso consuelo.

El barco zarpaba del puerto de Dover y nuestra subida a bordo casi acabó en una tragedia cuyo recuerdo me hace estremecer. ¡Ay de mí! No soy, ni fui jamás, una sílfide. Joseph Conrad se burlaba de mí diciendo que «al casarse sabía que había acertado en cuanto a la calidad, pero que había tenido una suerte enorme, pues con los años también había ganado en cantidad». A esto yo le respondía llamándole «un necio súbdito británico y un escuálido bufón con calzas y chapines».

Los hombres que llevaban mi silla en Dover eran unos precipitados o unos aprendices, pues por desgracia a uno de ellos se le quedó la mano encajada entre la silla y la pasarela del barco. Es indudable que aquello le dolería una barbaridad, pero a mí me dejaron abandonada en lo alto de la pasarela, sobre una silla liviana que no tenía ni brazos siquiera, viendo el mar arremolinado entre el barco y el muelle, mientras oía los gritos nerviosos de la gente que nos miraba, pensando que me iba a precipitar al agua en cualquier momento.

Al final el hombre tuvo un gesto heroico, pues cuando logró sacar la mano ayudó a llevarme en silla hasta el mismísimo camarote. El esfuerzo le procuró una propina de lo más generosa, pero la discreción parecía constituir la mejor parte de su valía, pues no compareció el día en que hubo que desembarcarme en Calais.

En un repentino arrebato de frugalidad, mi marido eligió un hotel alejado de la estación. En vano le recordé que dada la circunstancia de mi inmovilidad, que obligaba a llevarme y traerme, un hotel cercano le habría ahorrado al menos el dinero del coche de ida y el de vuelta, con lo que habría eliminado gastos. Sin embargo, se haría su voluntad, en eso y en todo, pues yo recibí orden de dejarle en paz y confiarle enteramente todos los trámites.

Apenas llegamos al hotel, mi único deseo fue meterme en la cama de inmediato, pero una vez más tuve que hacer acopio de fuerzas y de sentido del humor. Estaba acostándome, habiendo pedido una cena ligera en la habitación, cuando apareció mi marido y me dijo en tono solemne:

—Me niego a sentarme a cenar a solas con esa enfermera. Te ruego que lo comprendas.

Pobre hombre, pues además de estar nervioso con los detalles del viaje, tenía una tremenda antipatía a mi ayudante. Si el contratiempo me hubiera sucedido varios años después, simplemente le habría sugerido que nos sirvieran la cena en la habitación, para que pudiera comer solo, pero en mi compañía. Pero en aquellos tiempos tenía mucho menos seguridad en mí misma, de modo que me sometí sumisa a sus deseos e hice el doloroso trayecto al comedor andando con las muletas. Al día siguiente subimos al *train de luxe* y comenzamos la siguiente etapa de nuestro viaje a Nápoles. Los funcionarios italianos nos regañaron indignados cuando mi marido insistió en que yo podía llegar perfectamente con las muletas al vagón-comedor. En todo caso, mi torpeza con las muletas era memorable y para recorrer la plataforma móvil que había entre un vagón y otro se requería la pericia de una persona experta. Logré llegar hasta allí, pero me descubrieron cuatro o cinco encargados que, entre quejas y gritos, me llevaron en volandas a mi litera. Para apaciguarlos hubo que untarles a todos, pues protestaban a voces, pero al final se portaron de acuerdo a su nacionalidad y aceptaron nuestra disculpa, tanto verbal como material.

Aquel tramo del viaje me resultó agradable, sobre todo al saber que no se me exigía ningún esfuerzo agotador, pues me había producido una aprensión considerable el intento de transitar por aquel tren en movimiento. Mi litera inferior daba a la ventana del pasillo y el país que recorríamos tenía todo el atractivo de un lugar rozagante y desconocido. El niño y su padre hallaron multitud de cosas con las que entretenerse y Joseph Conrad parecía haber aliviado considerablemente la tensión, al menos de momento. El grito emocionado del niño, que decía haber «descubierto los Alpes», nos divirtió mucho a los dos.

Teníamos dos departamentos con literas, separados por un vestidor. El niño y su padre ocupaban uno y mi enfermera y yo el otro. Desde el inicio del trayecto, aquella buena mujer hizo todo lo posible para molestar e irritar a Joseph Conrad. Tuve que emplear todo mi tacto e ingenio para mantener una paz forzada, para impedir que mi marido la tratara con una antipatía feroz y para evitar que se produjeran las llantinas de ella, tan desconcertantes como el odio de él. Por ejemplo, podía suceder que ambos quisieran usar el vestidor a la vez. Ella tenía un concepto de lo más exagerado en cuanto a sus derechos como mujer, por no hablar de la exaltada noción de sus privilegios como enfermera al cargo de la situación. Sin embargo, no cesaba de proclamar su aborrecimiento del sexo opuesto. Tardé poco en darme cuenta de que aquello era una simple farsa, pero creo que a mi marido, con su célebre intuición, le ofendió desde el primer momento. Sólo conocí a otra persona decidida a irritar a Joseph Conrad, pero aquello sucedió muchos años después, cuando ya tenía más experiencia y pude amortiguar el enfrentamiento entre ambos.

Durante aquel viaje el asunto me angustió mucho, pues me sentía indefensa, pero como la naturaleza humana tiene sus contradicciones, el incidente que voy a narrar me pareció muy gracioso.

Ya he dicho que yo compartía un departamento con mi enfermera, ella en la litera superior y yo en la inferior. La primera noche estábamos atravesando los Alpes y al niño se le había permitido quedarse despierto hasta que dejáramos atrás las montañas. Por el mismo motivo, yo había dejado abierta la puerta de nuestro departamento. Mi enfermera salió del vestidor, ya ataviada para acostarse, y desde abajo vi a la buena mujer subir las escaleras de su litera. Recordaré la escena mientras viva. Me había quedado adormilada cuando del vestidor salió una aparición fantasmagórica que atravesó la habitación y puso sobre la escalera un pie cubierto por una tupida media. En ese momento se oyeron risillas procedentes del grupo de gente congregada en el pasillo y al mirar me faltó poco para soltar una carcajada. En efecto, la estampa era francamente divertida. La delgada silueta, enfundada en una ceñida enagua de color rojo, llevaba por arriba un abriguillo de piel que dejaba ver la mitad superior de una prenda interior adornada con encajes. Una parte de su larga melena estaba en su sitio, es decir, en la cabeza, pero el resto del pelo lo llevaba en la mano, junto con un pequeño bolso. La mujer iba subiendo las escaleras con parsimonia, más para impresionar, pensé yo, que por una cuestión de prudencia; y permaneció durante unos instantes en el último peldaño, exhibiendo una pierna enfundada en una media negra, hasta que se aupó torpemente sobre el borde de la litera y desapareció.

El resto del viaje tuvo poca variedad, exceptuando que, por una mera cuestión formal, el tren se detuvo una vez o dos, durante las que se realizó una innecesaria limpieza de metales. Había olvidado mencionar que en ese momento había, al parecer, una huelga de empleados del ferrocarril.

Cambiamos de tren en Roma, donde casi me partieron en dos los benevolentes esfuerzos de los porteros y las tergiversaciones de mi eficiente enfermera. De pronto me vi colgada de la puerta del vagón, aferrada con los brazos al borde o, mejor dicho, al saliente superior, mientras los hombres se llevaban la silla. Resultaba extremadamente difícil hacerme oír con el barullo que había y, además, no hablaba italiano. Pero justo cuando me estaba quedando sin fuerzas para seguir agarrada, intervino un pasajero, que me salvó de mi infeliz situación justo a tiempo.

CAPÍTULO OCTAVO

Cuando llegamos a Nápoles nos instalaron con todas las comodidades, por lo que estuvimos tranquilos y contentos durante la semana o los diez días que tuvimos que esperar a que el viento fuese favorable para hacer la travesía a Capri, aunque yo siguiera confinada como una prisionera.

Al fin llegó el día del viaje. De nuevo me tocó ir como un fardo, sentada en una silla de madera corriente que nos había prestado el dueño del hotel, con una cinta negra como cabestrillo para sostenerme la pierna, tendida sobre una larga tabla de madera. Como no me habían «desempaquetado» la pierna desde que salí de Londres, me daba la impresión de que estaba pegajosa e inflamada. Sin embargo, el buen doctor estaba pendiente de nuestra llegada y tenía mis esperanzas puestas en que pudiera aliviarme las molestias.

Nuestro pequeño grupo, con la excepción de mi enfermera, disfrutó enormemente del viaje. En cuanto a ella, era desesperante. Alzaba la voz a todas horas para quejarse de no estar en Londres, donde debíamos mandarla de vuelta cuanto antes. Y tenía que haber algo que pudiera comer, un vaso de jerez o un bote de salsa Bovril. Pero cuando mi sufrido esposo le conseguía cualquiera de las dos cosas, la enfermera apartaba la cabeza. ¿Cómo se le había pasado por la cabeza que ella fuera capaz de comer, de beber o siquiera pensar en comida? Pero el mal momento pasó y, al fin, anegada en la radiante luz de la luna, vimos la isla de Capri, en medio del calmo mar, moteada de luces titilantes.

Mi desembarco se llevó a cabo de un modo verdaderamente extraordinario. Precedidos de una cháchara ruidosa tan ruidosa como ininteligible, aparecieron una serie de marineros italianos y me vi alzada sobre la borda y transportada por varias manos dispuestas, que me llevaron desde la pasarela de la nave hasta un barquito contiguo. Cerrando los ojos, me dejé llevar. Sentada aún en la silla de madera, fui depositada sobre la «Granda Marina» sin pausa alguna, o eso me pareció a mí. Una vez acabada la operación, el pobre Joseph Conrad hizo profusas alabanzas de la hazaña lograda por los marineros.

—Una labor que requería la pericia de un hombre de mar —sentenció.

El buen hombre parecía haber olvidado el nerviosismo que había manifestado durante toda la maniobra.

Ya en tierra, me puse en pie con ayuda de las muletas, mientras todas las mujeres del lugar —o eso parecía, al menos— acariciaban el abrigo de piel que yo llevaba, intercambiando opiniones sobre el particular. Tanta atención por parte de unas absolutas desconocidas me dejó algo apabullada, pero pronto sabría que aquello obedecía a una comprensible curiosidad por su parte. De hecho, tardé pocos días en llevarme bien con todos los habitantes de aquella isla.

El lugar donde íbamos a vivir era un caserón alquilado a un anciano campesino, uno de cuyos hijos era cura. Aquel joven encantador, el padre Rafael, había ido al muelle a recibirnos en compañía de su superior, el *canonico* Di Farra, y ambos nos dieron una bienvenida de lo más cordial. Los dos, acompañados de mi enfermera, nos precedieron en el primer carro que salió por la empinada calle hacia la *piazza*, donde me trasladaron a otra silla transportada por dos fragantes lugareños. ¡Uf! Aquélla fue la primera vez que olí una cantidad de ajo tan concentrada. La silla donde me llevaban tenía una superficie tan resbaladiza que iba con los brazos en alto, agarrada al cuello de mis porteadores para no caerme. Entre tanto, iba pensando en la divertida escena de los dos curas subidos al mismo carro que la enfermera, que justo antes de salir del hotel de Nápoles había envuelto su ropa interior en un periódico, para ocultarla de las miradas indiscretas. Al salir del puerto el *canonico* llevaba ese paquete sobre las rodillas y antes de que el vehículo desapareciera de mi vista atisbé su regordeta mano blanca revoloteando sobre la errática lencería con la que el fuerte ventarrón se estaba tomando ciertas libertades. La incongruencia de la escena era graciosa: dos curas que se veían súbitamente relacionados con los caprichos de la voladiza lencería de una señora.

Aquel pequeño episodio, unido a mi incapacidad de convencer al buen *canonico* de que podía ponerme en pie sin ayuda de nadie, supuso un interludio verdaderamente entretenido en nuestra llegada, ya de por sí algo insólita. Cuando mis porteadores llegaron al último escalón de la larga escalera de piedra y me depositaron satisfechos a las puertas de la estancia principal de la casa, mi nuevo amigo, el cura de más edad, decidió que le correspondía a él agarrarme por la cintura, desde atrás, para impedir todo intento que yo pudiera hacer de soltarme. Cuanto más protestaba yo, con más fuerza me agarraba él. Creo que fue la mirada que le dirigió Joseph Conrad, más que cualquier otra cosa, lo que le hizo soltarme, y mi marido me arrebató con cierta rudeza de las manos del buen hombre.

Al día siguiente por la mañana, mientras esperábamos la primera visita del doctor Cherio, mi enfermera, que estaba sentada a mi lado, se desplomó desmayada. Aquello nos dejó perplejos, pues no la habíamos oído quejarse de nada durante los últimos días, si bien es cierto que hacíamos poco caso de sus frecuentes lamentaciones. Recuperó la conciencia enseguida, pero era evidente que estaba enferma, por lo que la convencí de meterse en la cama cuanto antes.

Así se inició una convalecencia de tres semanas, sin posibilidad de conseguir otra enfermera que la cuidara a ella. Yo hice cuanto estaba en mi mano, siguiendo las instrucciones del doctor Cherio lo mejor que pude, pese a las muletas. Entre tanto, no me atrevía a pensar lo que pudiera estar sucediendo bajo mis vendajes, pero al cabo de tres semanas no pude soportarlo más y el propio médico se expresó con toda claridad, diciendo que si mi enfermera seguían siendo incapaz de atender a su paciente, se vería obligado a procurarse otra ayudante.

Debo añadir que Capri es uno de los sitios más difíciles que existen para una persona con algún impedimento en sus miembros inferiores. En toda la isla sólo había un kilómetro de terreno liso por el que se podía intentar caminar algo. La mayoría de los días, cuando mi marido le quedaba algo de tiempo libre de su trabajo, me sacaba en la silla al alcázar, por usar un término marítimo, y con ayuda de las muletas deambulaba penosamente de un lado a otro, hasta que fui moviendo mejor la pierna y recuperé algo de mi libertad.

Tengo algunos gratos recuerdos de aquella estancia en Capri y, como sucedía con todos nuestros viajes al extranjero, disfruté del país y de los buenos amigos con quienes nos vimos allí. Norman Douglas, el autor de *Siren Land*, fue uno de nuestros primeros visitantes. Tenía en la isla una casa magnífica, donde estaba acompañado de sus dos hijos jóvenes. Lo sigo considerando un personaje único, un hombre de enorme encanto en sus modales y conversación. A Joseph Conrad le atraía de él su extraordinaria erudición. Toda reunión se beneficiaba con su singular presencia y, con las personas de mi sexo, tenía el éxito asegurado. Un día vino a casa con Frank Harris y Austin Harrison.

Esta visita la menciono porque fue una ocasión en que Joseph Conrad perdió completamente los estribos, como dirían los niños, y sin ningún motivo aparente se produjo un momento de tensión. Los tres hombres llegaron a casa un domingo a primera hora de la tarde y les servimos el café casi de inmediato. Llevaría una media hora en el salón con ellos cuando Frank Harris nos dejó a todos atónitos al levantarse y, sin decir ni media palabra, llamar tranquilamente al timbre para pedir más café. La impertinencia, que me dejó boquiabierta, produjo unos momentos de tensión. A continuación aquel hombre extraordinario, que parecía haber olvidado que estaba en una casa británica, hizo levantarse a Norman Douglas de un salto. Pero como siempre fue un perfecto caballero con las damas, se limitó a ofrecerme el brazo y acompañarme a la puerta. Ni siquiera sé si mi marido llegó a oír el comentario. En cuanto a mí, nunca me refería al incidente cuando se me pedía que diera mi opinión sobre aquel invitado.

Pero regresemos a la isla de Capri, donde conocimos a un paisano de mi marido, uno de los hombres más encantadores que he conocido en mi vida, el conde Szembek, que ocupaba una parte de la casa del *canonico*, bastante próxima a la Villa di Maria, donde vivíamos nosotros.

El matrimonio de la casa donde teníamos nuestras habitaciones contaba con una cama y un armario por todo mobiliario. Cuando estuvimos nosotros allí, la familia tenía unos ocho o nueve hijos, de los que el padre Rafael era, según creo, el mayor. La segunda hija era nuestra criada y luego venían sucesivos niños de los cuales el menor tenía ocho o nueve años.

Los hijos pequeños dormían en el suelo de una de las habitaciones inferiores, sobre un montoncillo de paja. En cuanto al cura, tenía dos habitaciones debajo de las nuestras, de manera que su terraza era la inmediatamente inferior a la nuestra. No diré que me escandalicé y desde luego no me sorprendí al saber que por su conducta claramente impropia, el joven había sido castigado a pasar un trimestre en un seminario en la Italia continental. No pude evitar comparar la resignación filosófica con que el padre italiano aceptaba los defectos de su hijo con la actitud de un padre británico. Casi se diría que el Papa di Maria mostraba su indulgencia precisamente con ese defecto, relacionado con el aumento de la población joven de la isla, al que él mismo había contribuido. El hombre alzó los brazos hacia el cielo, haciendo el conocido gesto que sirve para evitar el mal de ojo. Al verle me arrepentí un poco de haberle preguntado dónde estaba el joven a quien no había visto ese día en ninguno de sus sitios preferidos de la casa.

En cuanto pude llegar a la *piazza* y pude salir de las estrechas callejuelas que rodeaban los altos muros de la villa, hicimos varios viajes por la isla. Uno de los viajes por mar lo recuerdo bien porque cuando puse el pie sobre la borda para subirme, el barco se inclinó tanto que uno de los hijos pequeños de Norman Douglas, sin esperar a ver si mi peso lo haría volcar, saltó al muelle y echó a correr calle arriba, desapareciendo de nuestra vista.

En los demás viajes por mar siempre íbamos solos los tres, mi marido, el niño y yo. A mi enfermera era imposible convencerla de subirse a un barquichuelo y a mi marido también era imposible convencerle, creo yo, de incluir a su «A. P.» (Abominación Preferida) en aquellas excursiones nuestras. A lo más que llegaba, cuando hacía un esfuerzo por ser educado, era a comprar un bizcocho de frutas en alguna tienda o alguna que otra botella de jerez.

El señor Galsworthy y su esposa estaban en el hotel principal de Capri, desde donde se fueron a Amalfi, donde les fuimos a ver en un barco que alquilamos con cuatro remeros que nos llevaron por la costa. Aquélla fue una travesía muy agradable y habíamos pensado volver del mismo modo. Pero como suele suceder, «el hombre propone y Dios dispone». Mientras estábamos comiendo con los Galsworthy se levantó un viento, que decidió a los entendidos a tachar de impracticable el regreso por barco.

Sin manifestar mi opinión, aunque siempre he sido reacia a no cumplir cualquier objetivo propuesto, acaté la sabiduría superior de mi marido; y al final resultó que la tripulación de nuestro barco no pudo regresar a Capri hasta altas horas de la madrugada siguiente.

Aquella noche la recuerdo a la perfección. Nuestros amigos no tuvieron problema alguno en prestarnos ropa de dormir a Joseph Conrad y a mí, pero nuestro hijo pequeño planteó alguna dificultad. Al final consintió en irse a dormir con una de las camisas de nuestro anfitrión. El niño tenía un exagerado sentido del ridículo, por lo que procuré no sonreír ante el curioso aspecto de su cuerpecillo con aquel atuendo. Al final logró dormirse en su pequeña cama improvisada, pero se despertó al ver abrirse lentamente, con la luz tenue que entraba del pasillo, una pequeña puerta que nos había parecido la puerta de un armario. Antes ya le habían despertado unas voces que se quedó oyendo amodorrado, pero al ver abrirse la puerta huyó aterrado de la habitación.

Nosotros estábamos sentados en el enorme salón de la casa cuando el objeto volador entró precipitadamente, con los faldones de la camisa ondeando a sus espaldas, y tiró una mesa llena de vasos que se topó por el camino. El niño estaba tan aterrorizado que tardamos un buen rato en lograr que nos contara una historia coherente.

Al día siguiente tardamos casi un día entero en volver a Capri, es decir, en hacer por tierra el mismo recorrido que tan corto había sido por mar, pero el pequeño interludio había sido muy agradable y sonreí al recordar a la señora Galsworthy jugando a la pelota con nuestro hijo en la terraza, usando unas naranjas que habían recogido de los árboles.

En aquella isla encontramos un extraño surtido de misterios humanos, pues Capri, en aquel entonces distinto de Córcega, parece un refugio, o tal vez debería decir un lugar de retiro para las personas que desean vivir entre las sombras del olvido. Desde el punto de vista social había que tener una cierta cautela, pues pocas personas eran lo que parecían ser. Lo cierto es que, pasado un tiempo, siempre se puede cribar a los conocidos con la tranquilidad que da la ausencia.

Una de las personas que conocimos allí, a través de mi enfermera, que nos la presentó, me llenó de aprensión a la semana de conocerla. No era simplemente «un poco rara». Vivía sola en una casa diminuta en Anacapri con su hijo, un niño de unos siete u ocho años. No llegué a saber toda su historia, pero creo que era la viuda de un coronel y que el resto de sus hijos no vivían con ella en Italia. La primera vez que fui a verla a su casa tenía el propósito de convencerla que permitiera a su hijo y al mío conocerse para que pudieran jugar juntos. Me recibió con una ceremonia propia de una dama de sangre azul, cosa que me desconcertó bastante. Pero mi recatada cortesía le gustó tanto que consintió en soltarse lo suficiente como para darme explicaciones. Declaró solemnemente que su hijo pertenecía por derecho al Espíritu Santo y que ella debía devolverlo a la deidad, una vez fallecido. Al llegar a este punto di un respingo y salí en busca de mi marido. Sentí una enorme alegría al salir de aquella casa y alejarme del barrio. Después supimos que la mujer tenía la costumbre de dormir en la azotea de su casa, donde se la oía rezar pidiendo que se le comunicara el mejor modo de sacrificar a su hijo.

Al verla besar a mi hijo me dio un escalofrío, pero aquello debió de ser pura intuición, porque entonces no sabía que fuese una persona desequilibrada. Algún tiempo después aterrorizó a las buenas gentes de su barrio al aparecer en lo alto de las escaleras que bajaban de Anacapri al propio Capri luciendo un camisón blanco, con el pelo alborotado y una vela encendida en la mano. La escalera aquella se alzaba sobre el suelo casi en perpendicular y la aparición de aquella figura blanca que descendía hacia ellos debió de llenarlos de espanto. En aquella ocasión lograron meterla en el hotel y dejarla al cuidado de una monja hasta que llegara un médico. Al discutir con la monja le arrancó de un mordisco el lóbulo de la oreja, con aquellos dientes tan rectos, tan crueles, de un blanco cegador. Recordé el horror que me dio verla besar a mi hijo.

Los mejores amigos que hicimos en Capri fueron Norman Douglas y sus hijos, además del conde Szembek, por supuesto. Douglas era todo un anfitrión. Recuerdo algo que dijo su hijo menor, que acabaría viniendo a casa a pasar las vacaciones. El comentario era típico de su padre y lo dijo con un tono absolutamente idéntico. Yo le había regañado por sentarse con los pies metidos hacia dentro.

—Ay, mamá —replicó, fiel a su costumbre de llamarme así—. ¿No sabes que casi todos los perros de raza y todas las sillas de Chippendale tuercen los pies?

Cuando al fin pude andar sin muletas, pudimos disfrutar de las dos o tres últimas semanas que nos quedaban en Capri. Una vez más, aquel primer paseo fue fantástico. Fuimos a Pompeya, donde me negué a ir en una silla portátil, porque el niño no se encontraba demasiado bien y quería tenerlo cerca. Al final resultó que debía de tener una infección de garganta, pues cuando llegamos a Nápoles, donde íbamos a pasar la noche, le subió la temperatura y contrajo la fiebre local.

Desde la isla no debimos de ir a Nápoles más de tres o cuatro veces, pero Joseph Conrad hizo un viaje memorable cuando fue al dentista. Cuál no sería mi espanto al encontrármelo de vuelta, aún con el molesto diente en su sitio y casi loco de dolor.

Aquella noche decidió compartir conmigo mi angosto lecho. Teníamos dos camas muy pequeñas, una junto a la otra, pero esa noche quería mimos maternales y pensó que mi hombro era el mejor lugar donde reclinar su dolorida cabeza. No hacía más que llenarse la boca con agua fría de un vaso que yo tenía que sostenerle cada vez, mientras él retenía el líquido en la boca con las mejillas abombadas. Si se tragaba el agua todo iba bien, pero más de una vez se quedó dormido con la boca llena, de modo que el agua le acababa chorreando desde las comisuras. Como resultado de aquello, yo me estaba mojando a toda velocidad. Pero lo soporté con resignación, como una buena esposa, y él logró dormir algo, a trechos. Al despertarse por la mañana, mi marido se levantó a toda prisa y declaró con gesto asqueado que la cama estaba húmeda.

Éste es sólo un ejemplo de su absoluto desapego hacia los sucesos cotidianos de este mundo. Lo más entretenido del asunto era la firmeza con que impedía toda discusión posterior que pudiera surgir sobre el asunto, sobre el que seguía dando su versión, por absurda que pudiera sonar.

Las últimas semanas que pasamos en Capri fueron las más agradables para los dos. A mi enfermera la habíamos despachado en un coche para adelantar así su viaje de regreso y cuando se marchó todos soltamos un cómico suspiro de alivio. Digo que fue cómico porque tenía su gracia que una persona fuera capaz de estropear y fastidiar todos y cada uno de los pequeños placeres que mi marido se tomaba tantas molestias en organizar. Este pequeño extracto de una de sus cartas demuestra que el modo en que se produjo nuestro viaje de vuelta no fue tan improvisado como yo había creído.

…«The Stage Society» quiere representar mi obra *Mañana* en junio. Me lo dice Colvin por carta. Una serie de hombres (cuyos nombres no recuerdo en este momento), entre los que está G. B. S.* dicen estar muy impresionados por el relato. Pero se me piden varias alteraciones y no sé si lograré regresar a tiempo de hacerlas. He enviado un mensaje a Londres pidiendo que nos envíen las libras suficientes para poder volver a casa, pero no sé… Confieso que me gustaría confirmar la posibilidad de llevar esa obra a escena, por lo que sigo teniendo la esperanza de poder salir de aquí el 12, en vez de la fecha prevista.

Iremos por mar a Marsella, donde quiero pasar un día con monsieur d'Humières, que me está traduciendo mi buen *Negro*.** Imagino que pasar dos días navegando me harán bien. Iríamos en uno de los barcos pequeños de la compañía Adria o la Florio. Tengo muchas ganas de asomarme al puente de mando. Y fue en Marsella donde desperté a la vida hace treinta y un años; es el lugar donde «el perrillo abrió los ojos». Además, ahora está allí Margaret Poradowski, que parece tenernos verdadera adoración.

Qué bien recuerdo nuestra salida de Capri. En aquel entonces el correo nos llegaba a Nápoles en un buque de guerra, porque había una huelga de correos. Esto afectó a «las libras» que mencionaba Joseph Conrad para pagar nuestro viaje de vuelta, pues no habían llegado en la fecha prevista como inicio de la primera etapa de nuestro viaje a Nápoles. Fue entonces cuando Norman Douglas se reveló como el amigo que profesaba ser. Sin dudarlo se ofreció a prestarnos 100 libras, aceptando con cierta reticencia un pagaré por la susodicha cantidad. El día de nuestra partida llegó el dinero con el correo de la mañana y lo primero que hizo Joseph Conrad fue enviar a nuestro buen amigo su dinero, pero sin dar instrucciones al mensajero de esperar a recibir un recibo ni pedir la devolución del pagaré.

---

*   George Bernard Shaw. (N. de la T.)
** Su libro *El negro del* Narcissus. (N. de la T.)

Todos nuestros amigos campesinos fueron al muelle a despedirnos, a rogarnos un pronto regreso y a darnos cestas llenas de flores silvestres, limones y naranjas de sus árboles. La actitud precipitada de Joseph Conrad quedó patente cuando nuestros amigos se alejaban del buque en sus barquichuelos tras decirnos adiós y, sin darles tiempo de llegar a puerto, mi marido tiró todo el contenido de las cestas por la borda. Mientras las naranjas y los limones se bamboleaban sobre las aguas circundantes, a bordo de nuestra nave se oyeron quejas por el desperdicio que suponía aquello. En cuando a mí, la descortesía del gesto me produjo un bochorno considerable. El autor, por supuesto, pensaba sólo en lo incómodo que habría sido acarrear todos «esos trastos» por las calles de Nápoles.

—Imposible. No nos lo podemos ni plantear, querida —me dijo.

Pasamos dos noches en Nápoles, donde mi extraño marido se enfadó, en vez de alegrarse, cuando Norman Douglas apareció al poco de nuestra llegada, con el pagaré. Su enfado era consigo mismo, por supuesto, por no haber sido más eficaz. Sin embargo, nuestro visitante se valió de su habitual encanto y delicadeza para distraer a Joseph Conrad, con lo que al final pasamos los tres una noche de lo más agradable. Al día siguiente tomamos el vapor volandero en la bahía de Nápoles.

Me quedé algo desconcertada cuando pegado al barco grande se detuvo un barquito pequeño, cuyo capitán asomó su rostro bonachón sobre la barandilla. Entonces supe que tenía que subir desde el barco pequeño por una escalera de cuerda, columpiándome sobre las olas. Sin embargo, al no poder fiarme de mis piernas, tendría que valerme de mis brazos, así que tras encomendarme a la suerte, logré ascender por aquella escalera y, con ayuda de la amable mano que me encontré arriba, pude encaramarme sobre la borda. Entonces bajé la mirada hacia el barco y vi subir a mi hijo pequeño, que llegó abordo seguido de su padre.

De esa travesía no tengo más que buenos recuerdos en cuanto a la calidad de la comida y la amabilidad de los tripulantes. Al ser los únicos pasajeros con camarotes, teníamos todos los privilegios. Puesto que pasaba muchas horas en el alcázar del barco, veía las ratas que correteaban tranquilamente entre nuestros desafortunados pasajeros de tercera clase. Las pobres gentes hacían lo que podían para aprovisionarse y, desde mi ventajosa posición, era poco lo que sucedía abajo que yo no pudiera ver.

Siempre recordaré el pan tan maravilloso que nos daban en ese barco, cuyos cocineros eran muy buenos en todos los aspectos de su oficio. El dueño del hotel de Nápoles me había regalado un enorme ramo de claveles rosas que había logrado conservar al meterlo en una caja de cartón. Durante el trayecto desde el hotel al barco Joseph Conrad había mirado la caja con curiosidad varias veces, pero yo guardé silencio, lo que me permitió obsequiar a nuestro querido capitán con las flores, que acabaron adornando orgullosamente su mesa del comedor.

Tuvo gracia la respuesta pintoresca que nos dio el capitán al preguntarle por su familia, que a partir de entonces mencionaba sin descanso. Dado el interés que mostraba por mi niño, le pregunté si él tenía hijos.

—Casado cinco años y ningún niño. Después, cinco niños —dijo en un inglés macarrónico.

Perpleja, me pregunté cómo habría sucedido exactamente aquella producción en masa. A los dos días de salir de Nápoles noté que mi marido parecía preocupado por algo y en varias ocasiones le vi vaciarse los bolsillos, cuando pensaba que no le veía nadie. Finalmente, le pregunté si le sucedía algo. Con uno de sus típicos gestos extravagantes, tiró su cigarrillo recién encendido y se puso en pie, paseando hasta el otro extremo del camarote antes de decir con brusquedad:

—El otro día me dejé la maldita cartera en la mesa del café ese. Hasta la última moneda. En fin, que a lo hecho, pecho. Tendremos que esperar que nos envíen dinero a Marsella y punto. No pongas esa cara. Te digo que lo doy por perdido y quejarse no sirve de nada.

Después de oírle, reflexioné mucho sobre el asunto. Aquella noche, cuando ya se había dormido, entré de puntillas en su camarote, recogí su ropa y me la llevé conmigo. Pese a tener pocas esperanzas de que así fuera, en el bolsillo de cuero impermeable que le había cosido en el chaleco estaba la cartera, sana y salva, junto a las dos cartas que le había pedido que echara al correo, ambas con la dirección de mis parientes en Inglaterra, pero sin sellos.

Tomé una veloz decisión. Tras dejar las cartas y el dinero en su sitio me acosté, pero por la mañana fui a hablar con él a primera hora, reprochándole amargamente que no hubiera enviado mis cartas, que eran tremendamente importantes, según le hice saber. Por supuesto, obvié el pequeño detalle de comentarle que la cartera estaba a salvo. Aquella pequeña treta me salió tan bien que me avergoncé un poco de haberle engañado. Mi marido, por su parte, me prometió que mandaría un telegrama con noticias sobre nuestro paradero apenas tomáramos tierra. No le insistí más. Las cartas carecían de importancia, pero me habían servido para distraer su atención de mi asalto a su bolsillo.

Conviene recordar que él decía, en la carta referida algo más arriba, que había solicitado por escrito una cantidad suficiente de libras para poder llegar a Londres a tiempo de alterar o corregir su pequeña obra *Mañana*. Esta afirmación permite a mis lectores apreciar la excentricidad de mi marido. La noche anterior a nuestra llegada a Marsella, vino a mi camarote y anunció:

—Al llegar tendremos que esperar, finalmente, a recibir más dinero. Lo que tenía en la cartera lo he usado para dar una propina a la tripulación, para agradecerles que la hayan encontrado, tú ya me entiendes.

Dicho esto, salió por la puerta tan campante, silbando sus típicos tres acordes de la ópera *Carmen*, mientras yo soltaba una risilla algo afligida, pues mi pequeña «comedieta» no me había sido un verdadero desperdicio.

Después, cuando me puse a pensar sobre el asunto, caí en la cuenta de que nos habíamos ahorrado las propinas, pero nada más. Los dos o tres días que pasamos esperando a recibir el dinero los dedicamos a ver a la señora Poradowski y también pude ver algo de la ciudad donde «mi perrillo» había abierto los ojos, como él decía. Durante el resto del viaje no sucedió nada digno de mención, salvo la noticia que nos dieron al llegar a Folkstone de que mi hermana preferida —a quien mi marido llamaba «Ethelinda»— se había casado.

Volvimos a instalarnos en la granja de Pent, donde retomamos nuestra vida anterior. Fue en aquella época cuando otro de los antiguos amigos de mi marido volvió a aparecer en su vida.

Sir Roger Casement, un exaltado protestante de nacionalidad irlandesa, vino a vernos y se quedó dos días en casa. Era un hombre muy guapo, con una tupida barba negra y unos ojos inquietos de mirada penetrante. En aquel entonces le interesaba sacar a la luz ciertas atrocidades que se estaban cometiendo en el Congo Belga. Teniéndole ante nosotros en el salón de casa, denunciando apasionadamente las crueldades que había visto en África, poco imaginábamos el espantoso destino que le aguardaba en la guerra.

Pero la vida continúa; si unos desaparecen, otros parecen siempre dispuestos a ocupar el hueco que dejan vacante. Sólo algunos conservan hasta el final los tiernos recuerdos y la verdadera pena por los fallecidos. En cuanto a mí, ahora que han transcurrido diez años me resulta mucho más fácil dejar constancia de los hechos que constituyeron nuestra vida en común. Estoy ansiosa por acabar mi relato, pero echaré mucho de menos estas páginas cuando logre llegar al final.

Fue a la vuelta de nuestras vacaciones en Italia cuando el niño emprendió seriamente la angosta senda del saber. No le resultaba fácil aprender a leer. Joseph Conrad, que no estaba dispuesto a reconocer las diferencias entre su primera juventud y la de su hijo, manifestaba un profundo desdén por el asunto.

—¡Es vergonzoso! A su edad, yo leía en dos idiomas. ¿Acaso soy el padre de un necio?

Tras esperar a que mi marido se tranquilizara un poco, acudí a «la guarida del león». Tenía la impresión de que, tras su último arrebato de furia, era necesario hacerle razonar un poco. Lo encontré en un estado mucho más sosegado y, por una vez, dispuesto a escuchar mis argumentos. En primer lugar le recordé que las condiciones en que él se había educado fueron enormemente favorables, porque de niño estaba siempre con personas mayores que, además, eran cultas. Nuestro hijo, en cambio, había crecido asilvestrado en una granja, por expreso deseo de su padre. Además, mientras mi marido tuvo sus libros por toda compañía, su hijo era mucho más acorde con las realidades de la vida. Al ir tomando fuerzas le dije que el niño no tenía un pelo de tonto y al final le rogué tener algo más de paciencia con mi hijo, que aún era pequeño.

En cuanto a la inteligencia, el niño no tenía el menor problema. Antes de cumplir un año nos lo encontramos haciendo una parodia de un gato relamiéndose. Al verlo admití con toda mi ingenuidad que hasta entonces no me había fijado, pero que era cierto que un gato al relamerse sólo mueve la cabeza, mientras que la pata la deja quieta.

Poco después de esto cometimos la temeridad de intentar contratar a una persona con la doble función de tutor y secretario, un joven serio y formal que no cumplía ninguno de los dos requisitos y conseguía agotar mi paciencia a diario. Su primer propósito fue aprender a escribir a máquina y todos los días llenaba la papelera de hojas arrugadas donde se repetía una y otra vez esta alegre frase: «Y la mujer halló una muerte tan santa como edificante». De tanto ver aquellas palabras, empecé a plantearme si se referiría a un suceso de su historia reciente o si tan sólo se estaría anticipando a la muerte prematura de otra persona. El joven era un hombre simplón, un buen católico que siempre daba un amplio rodeo al atravesar el prado de casa cuando venía de misa. Aquello me tuvo perpleja durante varios domingos, hasta que un día a la hora de comer le pregunté por qué hacía eso. Me explicó que le ponía un poco nervioso lo que el llamaba «el potro», que de hecho era un viejo caballo de caza que teníamos suelto en el prado para que acabara allí sus días tranquilamente. Al parecer, el muchacho no conocía el campo ni las cosas del campo. Me preguntaba con frecuencia si era posible que entrara un zorro en su habitación por la ventana; y las avispas le daban santo pavor.

El momento crucial sucedió cuando el joven estaba intentando tomar unas cartas al dictado. Lo cierto es que el hombre me dio pena cuando lo vi aparecer con un cuaderno y un lápiz, que dejó caer al suelo, sucesivamente, mientras se paseaba por la habitación con aire distraído.

—¿Dónde quiere que me siente, señor Conrad? —preguntó finalmente.

En aquel cuarto teníamos una silla de respaldo alto, revestido con un tapiz de dos búhos posados sobre un tronco.

Joseph Conrad, profundamente irritado por la torpeza de aquel pobre hombre, se volvió hacia él y sin siquiera mirarle dijo en tono furibundo:

—Anda, siéntate en la silla de los búhos.

En efecto, el joven parecía un búho, pensé, aunque hasta ese momento no había dado con un nombre adecuado para describir el aspecto de su rostro. Hecho este descubrimiento, salí apresuradamente de la habitación.

Durante los meses siguientes, mientras el secretario-tutor se afanaba en perfeccionar su mecanografía, yo me encargaba de hacer la primera copia de la gran remesa de trabajo acabado. Pronto resultó evidente que había otros asuntos para los que nuestro tutor debía de estar más capacitado y ambos sentimos un gran alivio cuando él mismo pareció caer en la cuenta y decidió marcharse.

Joseph Conrad recordó su promesa de tener paciencia con la dificultad del niño para aprender a leer y yo, por mi parte, hice todo lo posible para que el chico fuera avanzando poco a poco. Al final, Borys consiguió leer bastante bien. Su padre, entusiasmado, le mandó hacer un coche de pedales y, por si esto fuera poco, esperaba pacientemente a que el niño subiera con el torpe vehículo por la cuesta que había detrás de casa, quedándose allí para verle emprender su descenso no falto de peligro. Aquello implicaba que uno de sus devotos progenitores debía hacer guardia en una curva de la cuesta, para avisarle si venía algún vehículo. Pero en aquellos tiempos, hace treinta años, había muy poco tráfico, y lo que pudiera haber, algún carro lento o algún tractor, hacía el suficiente ruido para anunciar su llegada.

En aquellos días un coche de pedales, por tosco que fuera, interesaba enormemente a los niños de las aldeas vecinas, aportando sobradas excusas al orgulloso dueño para poder exhibir su tesoro. El resultado fue trágico, pues algunos de los niños que se paseaban por nuestro jardín debían de tener escarlatina, aunque yo entonces no tuviera la menor noción de lo que era aquello. Pero ya hablaré de ello más adelante.

Tras varios meses de esforzado trabajo recibí como recompensa una semana en la ciudad, para poder lucir mis «alegres trapos», como decía mi marido, y, de paso, para poder ver a una serie de personas. Tomamos unas habitaciones en una excelente casa de huéspedes de Bayswater, donde nos acabaríamos instalando.

Pero el destino nos trató con crueldad. Joseph Conrad fue con su hijo a ver a los Rothenstein (no recuerdo dónde estaba yo ese día), pero cuando volvieron en coche a nuestra casa de huéspedes y sacaron al niño, supe nada más verlo que estaba enfermo. Pasé dos días enteros sentada ante su cama, sin saber cuál era el motivo de mi temor, hasta que un día entró el médico y declaró que era escarlatina. Nuestra vieja criada me había mandado una carta hablando de un brote de escarlatina en un pueblo cercano, por lo que resultó sencillo relacionar la infección con aquellos niños tan entusiastas del coche de pedales.

En la vida olvidaré la pesadilla que fue el día siguiente en aquella casa de huéspedes. Cada vez que mi marido o yo salíamos de nuestro cuarto, el resto de los huéspedes se apartaban de nuestro camino como unos conejillos asustados. Por fin logramos meter al niño en un hospital de Kennington junto al que conseguimos otra habitación en una pensión.

Fue una curiosa coincidencia que todo aquello nos sucediera precisamente en la parte del país donde yo vine al mundo. De hecho, nací en Shepherd's Place y mi primer novio, llamado Shepherd, era director de un periódico, por lo que parecía predestinada a relacionarme con el mundo de las letras.

Por la noche cuidaba del niño una enfermera muy agradable y por el día se me permitía atenderle a mí, cosa que hoy en día se consideraría más bien negligente, ya que nadie me preguntó si yo también tenía la fiebre o no.

La tremenda cojera que sufría yo entonces me obligaba a tomar un coche para ir al hospital, todas las mañanas y todas las noches. Intenté que me permitieran comer allí mismo, pero fue imposible. Aquellas seis semanas estuvieron cargadas de ansiedad, dolor e incomodidad. Mi marido, como siempre le sucedía cuando estaba nervioso, sufrió un agudo ataque de gota que le duró, con leves intermitencias, la mayor parte de nuestra estancia en aquella pensión de Kennington.

Si mi marido hubiese ido a ver al niño mientras estaba enfermo, estoy segura de que me habría tocado cuidar a dos pacientes con escarlatina. Dadas las circunstancias, a menudo me veía obligada a pasar la noche en un sofá o tumbada en un par de sillas. La gota es la dolencia más disparatada del mundo, o en todo caso la que más hace disparatar a quien la padece. Lo primero que me pedía mi marido cuando volvía del hospital era que le diera noticias de nuestro hijo. Pero antes de tener ocasión de responder, mi paciente adulto reclamaba mi atención, recordándome que le tocaba a él recibir mis cuidados. Además, solía haber una pila de cartas que responder, un pie o un tobillo necesitados de un cambio de vendaje o algún exquisito plato cuya preparación me correspondía a mí.

Pero incluso en aquellas circunstancias lograba hallar motivos de alegría y podría asegurar que era mi sentido del humor lo que me salvaba. La casera tenía un hijo a quien encomendaba tal cúmulo de tareas distintas que asombraba verle cumplirlas. El joven era muy atento y servicial con mi marido y trabajaba bien bajo las órdenes y la vigilancia de su madre. Al cabo de unos días supe que uno de sus amoríos había desagradado a su madre, lo que llevó al joven a alistarse en el ejército. Durante una refriega en el extranjero, le habían herido y pese a tratarse de un incidente leve, produjo la inmediata reconciliación con su madre y la baja del ejército a la mayor brevedad. Con la constante mención de sus supuestos ahorros, la madre lograba conservar a su lado a aquel hijo que parecía ya poco dispuesto a casarse. Yo sabía que el chico se veía a menudo con la mujer aquella, una joven ceñuda de aire taciturno que trabajaba de cocinera en alguna casa del barrio, pero aunque su madre debía de estar al tanto de sus frecuentes encuentros, jamás hacía la menor alusión al tema. Sin embargo, la buena señora insistía en que su hijo le hiciera un prolijo recuento de cada minuto que pasaba fuera de casa, lo que obligaba al jovenzuelo a fantasear porfiadamente.

En una ocasión, cuando me estaba hablando largo y tendido sobre su herida, le pregunté dónde le lesionaron.

—En el talón, señora —fue su pronta respuesta.

—Entonces, sería que estabas huyendo —dije con una carcajada.

Al recuperar el resuello, contuve la respiración. Creo que el joven jamás me perdonó aquella ligereza. En aquellos tiempos un soldado herido debía considerarse una persona digna de mérito, aunque la lesión fuese en el talón.

La pensión aquella era un sitio insoportable. La manutención corría a cargo de cada huésped, lo que implicaba una severa restricción económica, pues no se planteaba la posibilidad de recibir invitados, al menos a la hora de las comidas, por lo que decidí tener las «provisiones del barco» al mínimo. Pero al cabo de un tiempo, F. M. H. volvió a frecuentar a Joseph Conrad con asiduidad. Me alegraba que mi marido tuviera alguien con quien hablar, pese al inconveniente de no saber nunca si iba a venir a comer o no. Cuando le preparaba la comida no aparecía, pero si optaba por preparar menos comida, me lo encontraba esperándome cuando volvía de ver al niño en el hospital. No me atrevía a entrar en nuestra habitación sin haberme bañado y arreglado, por miedo a presentarme con mal aspecto ante los dos hombres, pero aquella formalidad me quitaba el tiempo y la energía necesarios para tener la comida hecha a tiempo. En aquellas circunstancias, me convertí en una vegetariana provisional.

Por si todo esto fuera poco, la casera tenía la costumbre de llevarse la comida que pudiera sobrar, cuando se me ocurría incurrir en alguna extravagancia. Una vez compré un par de faisanes que guisé para la cena. Como sólo nos comimos uno de ellos, cuando volví del hospital al día siguiente no me preocupó lo más mínimo oír por la puerta entreabierta la voz lánguida del amigo de mi marido. Pero me llevé el susto de mi vida cuando el hijo de la casera, que me había seguido por el pasillo, me preguntó qué íbamos a comer.

—Pues el otro faisán, por supuesto —respondí sin dudarlo, al detenerme ante la puerta de mi habitación.

—Ah, es que mamá decía que se iba a poner malo, así que se lo ha dado a la señora de la limpieza.

Entonces hubo que organizar una apresurada excursión a una tienda cercana donde tenían guisos de carne, de modo que el gran estilista tuvo que pasarse una hora esperando, hasta que llegó el joven con los víveres. Pero no hice el menor intento de defenderme del torrente de reproches con que fui recibida al entrar en el comedor. Joseph Conrad estaba de un evidente mal humor y su invitado tenía un aire más altanero de lo habitual. Tenía tantas ganas de llorar que casi me parecía notar la sal de las lágrimas, pero logré contenerme.

Cuando pude dar las correspondientes explicaciones sobre el retraso de la cena, a mi marido le pareció mal mi sugerencia de que F. M. H. se tomara la molestia de avisarme cuando pensara venir a cenar.

—Por supuesto que no —me dijo—. ¿A qué cuento viene toda esta maldita formalidad? Si siempre has sido capaz de organizar una cena grande de un día para otro, ¿por qué te agobias con un simple almuerzo? El asunto parece estar bastante claro. En lo que a mí respecta, todo esto me tiene muy harto y será un alivio volver a casa. Pero deberías tener en cuenta las horas que me toca pasar solo y aburrido cuando tú no estás aquí.

Protestar, evidentemente, no servía de nada, así que me marché a toda prisa, mordiéndome la lengua para contenerme las lágrimas.

Por suerte, aquellos días tan espantosos terminaron por fin. Yo me marché dos días antes que mis inválidos, para tener la casa lista para recibirlos. Cuando aparecieron, acompañados de su amable enfermera, no se acabaron mis problemas. Con toda su buena intención, la pobre mujer había puesto demasiado antiséptico en el baño que le dio al niño antes de salir, lo que le había producido una reacción al fenol. Mi hijo no hacía más que quejarse y angustiarse. Como lo teníamos todo perfectamente limpio, yo no acababa de entender qué le sucedía. A las cuatro de la madrugada, justo cuando estaba amaneciendo, fui a hacerle una visita maternal y al entrar en su cuartito me quedé horrorizada al ver que tenía la cara tan hinchada que estaba casi irreconocible. Los labios, inflados como cojines; los dedos, rígidos; el corazón, latiendo como un martinete. Afortunadamente, tras una semana de reposo el niño mejoró lo suficiente para poder salir al jardín y el aire puro le sentó bien. Según nos dijo el médico, tenía la piel muy sensible y bastó un poco de antiséptico para producirle la reacción.

Para no abandonar la educación del chico durante los meses que quedaban de verano, llegamos a un acuerdo muy razonable con una maestra del pueblo más cercano, una mujer inteligente que se comprometió a darle clase por las tardes, después del colegio. Como queríamos irnos al sur de Francia pasadas las Navidades, no teníamos prisa por contratar una institutriz fija. Lo que nos interesaba era dar con alguien que también cubriera el puesto de secretaria.

Sería por aquel entonces cuando descubrí que iba a ser madre de nuevo. Creo que en aquella ocasión mi marido recibió la noticia con más ilusión que la primera vez. Declaró estar más confiado, porque ya sabía lo que se podía esperar de mí, pero como ya he dicho previamente, era dado a jugar al avestruz. Por eso decidió que al volver de nuestro viaje tendríamos tiempo de sobra para dedicarlo a ese asunto.

Fue mientras vivíamos en la granja de Pent cuando tuve una extraña experiencia, tal vez la más curiosa de mi vida en lo referente a la imaginación de mi marido, un incidente que me dio mucho que pensar. Teníamos en casa a un joven, un muchacho de lo más honrado, que llevaba unos cuatro años con nosotros y que, como se suele decir, estaba «interno». Una de sus tareas era la de hacerse cargo de la yegua. Un día de finales de noviembre, a última hora de la tarde, el chico había cambiado la paja de la cuadra y dejó la luz del establo encendida mientras iba a la cocina en busca de agua caliente para preparar el afrecho del animal. Al verlo entrar crucé unas palabras con él y una media hora más tarde, al oír relinchar a la yegua, miré por la ventana y vi que el farol del establo seguía encendido. Acompañada de mi fiel criada me di una vuelta por los cobertizos y los pajares, pero no vi ni rastro de Walter. A las ocho la luz aquella seguía encendida, pero seguíamos sin saber nada del chico. Preocupada, acudí al santuario, que era como llamaba al despacho de mi marido. Cuando le expliqué por qué me había atrevido a invadir su privacidad me miró con aire tristón durante varios segundos y entonces, con un profundo suspiro, se levantó de la silla y me puso una mano en el hombro. Echamos a andar los dos juntos hacia la cocina, donde hizo una serie de minuciosas preguntas a la criada sobre la última ocasión en que habíamos visto a Walter, el aspecto qué tenía y lo que había dicho. Entonces, alzando los brazos dramáticamente, giró en redondo y sin decir una palabra se fue a las cuadras, dio de comer a la yegua, cerró la puerta del establo y volvió a casa con el farol en la mano.

Tras entrar con ademán taciturno en la cocina, me hizo un gesto para que lo siguiera a su habitación, donde empezó a pasear de un lado a otro, hasta que se detuvo abruptamente para decirme lo siguiente, que me dio un susto de muerte:

—Ese muchacho se ha suicidado, querida. Una vez, estando embarcado, me contaron un caso igual que éste —me aseguró, dándome una palmadita algo brusca en el brazo para acallar mi indignada protesta—. Tú no sabes cómo son estos jóvenes. El hecho de que vaya por ahí silbando y que parezca feliz no significa absolutamente nada.

—Pero si tienes razón en eso que piensas, tendremos que hacer algo —logré decir por fin—. Lo he buscado por todas partes.

—Ni se te ocurra salir de casa —exclamó—. Menudo espectáculo tan espantoso. Ya me encargo yo de mandar a alguien para avisar a su padre.

Desde la puerta llamó a la criada para pedirle que le trajera un par de botas. Sin decir nada, fui a buscar un mantón abrigado e insistí en acompañarlo al pueblo.

Por algún motivo no le sugerí que sacáramos el carro, aunque aquella caminata nos resultaba muy dolorosa a los dos. Cuando llegamos al pueblo ya eran las nueve de la noche y tuvo que despertar a uno de los peones de una granja para enviarlo al siguiente pueblo con la triste noticia. Podría jurar que todas las personas del pueblo estaban asomadas a sus ventanas oyendo la historia y casi la mitad de los hombres bajaron a la calle a medio vestir, varios de ellos casi dispuestos a ir a Lyminge, para dar a la historia su debida trascendencia. Pero nuestro ciclista se les adelantó a todos y salió de allí tras embolsarse una generosa propina y con aires de importancia. Sus últimas palabras fueron:

—Será mejor que me venga con uno de los policías de allí.

En cuanto a nosotros, nos dispusimos a desandar lo andado. Nerviosa como estaba, la idea del suicidio me parecía un disparate, pese a que el bueno de mi marido la daba por absolutamente cierta. ¡Qué empeño! En el camino de vuelta me tomó del brazo para ayudarme a andar, hablando de cosas sin importancia para distraerme, o eso creía él, del trágico motivo de nuestra insólita excursión. A medio camino oímos un silbido de lo más familiar y ante nosotros vimos, iluminada por la brillante luz de la luna, la silueta del «suicida», andando tranquilamente sobre el terraplén que se elevaba sobre la carretera. En ese momento, el tintineo de una campanilla de bicicleta nos hizo saber que el emisario también había divisado al muchacho y regresaba a su casa a toda velocidad. A lo lejos oímos una sonora carcajada que acabó en un resoplido sordo, como si alguien intentara contener la risa. Los hombres parecían haberse dado cuenta de que a la distancia que estábamos, podíamos oírles.

Joseph Conrad masculló un breve «maldita sea» con el que pareció querer expresar alivio o irritación en cuanto a su precipitada elección del suicidio como causa de la desaparición del chico, pero no dijo nada más hasta que llegamos a casa. Una vez allí me soltó del brazo y se encaminó hacia la puerta de delante mientras yo entraba por la cocina, volviendo la cabeza para decirme por encima del hombro:

—Dile a ese joven que quiero hablar con él mañana temprano.

La explicación resultó ser de lo más simple, pero fue una buena cosa que mi marido tuviera tiempo de aplacarse antes de oírla. Cuando la supo, soltó una sonora carcajada que a mí me produjo un enorme alivio. La cuestión era la siguiente. La tarde anterior habían aparecido en nuestra granja tres cazadores que buscaban unos perros y ofrecieron al joven una buena propina si les ayudaba a encontrarlos.

CAPÍTULO NOVENO

A comienzos de febrero de 1906, cuando Borys estuvo lo bastante recuperado, emprendimos nuestro viaje al Sur, tal como habíamos pensado. En el trayecto no tuvimos apenas sobresaltos, así que parecíamos haber acabado con nuestra racha de mala suerte, al menos de momento. Tras instalarnos en el hotel Riche et Continental de Monpelier (Place de la Comédie), nos dispusimos a disfrutar del buen tiempo. Nuestras habitaciones daban sobre la plaza principal de aquella bonita ciudad francesa. Cuando a Joseph Conrad le daba el sol se convertía en una criatura distinta y en aquella ocasión parecía estar mejor de lo que había estado en mucho tiempo. Tardó poco en ponerse a trabajar, mientras yo lo iba pasando a máquina como siempre, aprovechando los ratos perdidos para coser diligentemente, preparando una colección de pequeñas prendas destinadas al pequeño desconocido cuya llegada era inminente. La mayor parte de mi labor la hacía en los parques públicos, mientras Borys y su padre hacían flotar unos veleros de juguete en un riachuelo donde construían puentes y embarcaderos. Tuvimos la suerte de dar con una simpática mujer francesa que aceptó con entusiasmo dar clases de francés a nuestro hijo. Le pusimos el mote de madame Barba Azul, en honor al famoso asesino de sus siete esposas, pues cada vez que salía de la ciudad por motivos de trabajo, alardeaba de que iba a ver a un marido, ficticio por supuesto. A esta buena señora le teníamos un gran cariño y muchas fueron las horas que pasó con nosotros, tanto si nos acompañaba en alguna de nuestras excursiones como si me hacía compañía mientras yo trabajaba en casa.

En el hotel no teníamos un cuarto de baño y como me daba cierto reparo ir a una de las casas de baño, procuraba asearme como podía en mi propia habitación. Debería explicar que a ambos lados del hotel pasaban tranvías, ya que el edificio ocupaba una esquina entre dos calles. Un día estaba yo dedicada a hacer mis abluciones, es decir, encerrada en mi cuarto aseándome ante el fuego. Al pasar un tranvía por la calle, el temblor hizo caer una enorme placa metálica del reloj de caja que había sobre la chimenea. La pieza estaba suelta, evidentemente, pues me dio en el dorso de la mano derecha con una fuerza tremenda. La situación era grave, pues si antes estaba casi coja, ahora tenía incapacitada la mano derecha y —desnuda como me hallaba— tuve que hacer un verdadero esfuerzo para no desmayarme. De algún modo logré cubrirme para tener un aspecto decente y salí a pedir ayuda. Joseph Conrad se puso hecho una furia ante la negligencia de la gente, pero hizo poco más. Tardé un par de semanas en volver a usar la mano con normalidad.

Antes del accidente salía de paseo a diario en un coche con dos briosos caballos, cosa que quedó descartada para los días restantes.

A juzgar por el siguiente extracto de una carta escrita a John Galsworthy, mi marido no parecía estar muy satisfecho con su obra en conjunto.

> …En cuanto a mí, querido Jack, siempre tengo la impresión de holgazanear en mi trabajo, como si me hallara impotente ante un agotamiento de ideas y carente de voluntad. Nunca es bastante. Nunca es bastante. Pero tal vez esos días que pasan sin dejar una sola línea, mejor dicho, una sola palabra… esos días tremendos, atroces, angustiosos, tal vez formen parte de mi «método de trabajo» y constituyan una necesidad perentoria de mi rendimiento. ¡Tal vez! En caso de serlo, sin embargo, nada puede compensarme de tan sombrío destino, ni siquiera la satisfacción de Pinker ante el papelamen que le envío, pues sólo he sido capaz de producir 14.000 palabras. Un verdadero desastre, pues es un texto tan corriente que un plumilla lo podía haber escrito en dos tardes y media. No sólo dudo de mi talento (cosa de la que nunca estuve seguro),

Ellen Glasgow y Joseph Conrad en el jardín de Capel House en 1910

Warrington Dawson en 1909

Theodore Roosevelt y Warrington Dawson en una cacería, 1907-08

sino de mi temperamento. ¿Será por pura indolencia —que en mi caso equivaldría a la más vil bajeza— o qué? Un hombre no tiene derecho a hacer lo que yo hago sin escribir obras manifiestamente maestras. Creo no tener excusa alguna, ni en el cielo ni en la tierra. Pero basta ya.

Dentro de una semana volvemos a casa y al llegar lo primero que haré será ir a verte. Tengo ganas de veros a los dos y sé que vuestro afecto y amistad me darán fuerzas. Y también debo leer la obra de teatro, sin falta.

En cuanto a mí se refiere, logré acabar casi toda la ropa de mi hijo pequeño antes de volver a reanudar nuestra vida en la granja de Pent. Mi hijo Borys, que ya dominaba el arte de la lectura, era un acompañante atento y fiel. Aquellos días permanecerían en mi memoria como luces en la oscuridad, aunque sólo fuera por el consuelo y la felicidad que me aportaba mi hijo, siempre leal en su afecto. Sea cual fuere el futuro que nos depara el destino, cada uno de nosotros tiene su propio pasado, con sus momentos de ternura y cariño, que podemos recordar siempre que queramos, en cualquier momento del día o de la noche. En la mayoría de los casos, el pasado puede contrarrestar los infortunios del presente.

Supongo que el inminente acontecimiento tenía mucho que ver con el desasosiego de mi marido en aquellos tiempos. Parecía incapaz de sentarse a trabajar durante el tiempo suficiente como para llegar a escribir algo que le resultara medianamente satisfactorio. Fue entonces cuando F. M. H., que había estado dedicado a resolver una serie de cuestiones domésticas que no eran de su agrado, nos propuso pasar una semana en su casa de Winchelsea, para ver si nos apetecía instalarnos en ese pueblo durante una temporada. En un primer momento, la idea me pareció un disparate. Joseph Conrad, sin embargo, lo consideró una sugerencia de lo más cariñosa. Ojalá hubiera podido compartir su opinión. Sin embargo, dado que mi marido necesitaba un cambio de escenario, pensé que la experiencia le haría ver la conveniencia, por así decirlo, de mantener las distancias. F. M. H. había obtenido, por cortesía de la Railway Company, un abono de ida y vuelta en primera, para viajar donde quisiera desde Winchelsea, por su libro *The Heart of the Country*. Aceptamos su sugerencia de encontrarnos con él en Ashford, donde debíamos cambiar de tren para ir juntos a Winchelsea. Mis lectores comprenderán, sin duda, que por aquel entonces yo estaba muy pendiente de mi abultado aspecto y más aún en un día tan caluroso como aquél. Sólo quería instalarme en el vagón del tren y quitarme de en medio lo antes posible.

Con esa obsesión de ponerme prontamente a buen recaudo, me aproximé al vagón de primera más cercano. En ese momento apareció F. M. H., como por arte de magia, y plantado ante la puerta como si quisiera impedirme subir, dijo con su lánguido inglés de siempre:

—Veamos, ¿en qué clase viaja usted?

En un primer momento me quedé sin habla, pero al instante me salió esta atropellada respuesta:

—He venido hasta aquí en un camión de ganado, pero a partir de ahora viajo en primera.

Sin decir una palabra, F. M. H. se apartó y pude sentarme en mi asiento. Estaba absolutamente indignada con él, pero no dije ni una sola palabra.

Creo que durante esos quince días sucedió todo lo humanamente concebible para que me arrepintiera de haber ido a Winchelsea. Los dos fines de semana que F. M. H. decidió pasar allí fueron los más largos de mi vida y un buen castigo para cualquier pecado que pueda haber cometido, o incluso pensado cometer.

En primer lugar, dio una contraorden al coche que yo había pedido en Winchelsea, de modo que a la hora de la cena aún no teníamos nuestro equipaje. La cubertería de los Hueffer estaba guardada y la llave no aparecía por ningún lado. Por suerte, un mozo que intuyó la posibilidad de ganarse una buena propina nos trajo los baúles el sábado a última hora.

Al día siguiente mientras yo estaba preparando la comida, apareció F. M. H. con un sombrero de panamá que acababa de lavar y, para mi gran asombro, abrió la puerta del horno y puso el sombrero encima de mi carne asada. El sombrero era un panamá auténtico, pero F. M. H. lo había lavado sólo por fuera, de modo que el forro estaba demasiado grasiento para mi gusto, incluso sin tener la carne del almuerzo debajo. Lo que me habría encantado sería echarlo al fuego. Tras sacarlo del horno, lo dejé encima de una silla, lo más cerca del fuego que pude y cerré resueltamente la puerta del horno, expresando mi desagrado en la menor cantidad de palabras posible.

La siguiente sorpresa me la llevé al oír a mi marido pedirme un domingo por la mañana, sin venir a cuento, por así decirlo, que consiguiera una cinta negra para ponerle al susodicho sombrero. La excéntrica petición fue posible, pues resultó que me había llevado varios metros de cinta negra que le daba a la criada para que se atara el cuello de la blusa. Obedientemente, cosí un trozo de cinta en el sombrero.

Al día siguiente, antes de salir hacia la estación, F. M. H. casi me hizo perder el respeto debido a cualquier persona acogida bajo mi techo, si bien, dadas las circunstancias, resultaba difícil saber quién era el anfitrión y quién el invitado. F. M. H. entró en el comedor cuando Joseph Conrad acababa de irse. Lo primero que le llamó la atención fue un pequeño roto en el mantel.

—Mira —dijo, señalándolo—. Elsie se va enfadar cuando lo vea.

En ese momento le estaba poniendo un café y me detuve para decirle en tono displicente:

—No creo que llegue a verlo jamás.

F. M. H. se levantó de un salto, con una energía sorprendente y dijo, casi olvidándose de su forzada languidez:

—¿Cómo que no lo va a ver? Pero qué dices, si es lo primero que verá cuando llegue. La verdad es que cuando os presté la casa esperaba un mayor cuidado por vuestra parte...

Poniéndome en pie, levanté una esquina del mantel para que pudiera verla, respondiendo en voz clara y serena:

—Te decía que no creo que Elsie llegue a verlo. Como verás, este mantel lleva mi nombre, porque me he traído la ropa blanca, que me llevaré a casa cuando nos vayamos. ¿Ya estás más tranquilo?

Con una risilla amarga, F. M. H. dio un par de zancadas la puerta, pero le hice volverse al hacer el siguiente comentario:

—Por cierto, te ruego que mires la fecha del cuaderno que me diste anoche, donde figuran las fechas en que se ha lavado la ropa de casa. Verás que la última entrada es de tres semanas antes de mi llegada y que está firmada por una persona llamada Hyde. Además, el primer día guardé toda la ropa blanca que había, sin usarla, porque todo lo que estamos usando es nuestro.

En ese momento entró mi marido, al que me habría comido a mordiscos alegremente, pues al escuchar el final de la conversación, dijo:

—Faltaría más, yo te pago la cuenta de la lavandería, querido amigo.

Lanzándome una mirada desdeñosa, F. M. H. se volvió hacia la puerta

—Buenos días —me dijo con aire condescendiente.

Al día siguiente me encargué de pagar la cuenta pendiente, que desde luego no era mía.

El fin de semana siguiente fue ya el colmo, tanto que mi querido marido abandonó su costumbre de hacer el avestruz y abrió los ojos ante la cruda realidad. Con su habitual falta de respeto hacia mí y su altanería de siempre, F. M. H. anunció el domingo por la mañana que esa tarde había invitado a varios amigos a tomar el té. Mi marido lo dejó caer de improviso, tal como tenía por costumbre, a la hora de comer. Desconcertada por la actitud de ambos, lo cierto es que tenía pocas ganas de moverme, pero también estaba segura de que nuestro encantador anfitrión-invitado quería ponerme en un aprieto. Ese día tenía una actitud más señorial que nunca, cosa que me costaba entender. Cuando estaba en la cocina preparando los sándwiches y demás, Joseph Conrad vino a darme un beso y me comentó que uno de los que venían era Henry James.

—¿Seguro que puedes encargarte de todo? —me preguntó—. ¿No te cansarás mucho?

Le respondí con una sacudida de cabeza. Tenía decidido que iba a afrontar el asunto, pese al calor que hacía en la diminuta cocina, donde sólo contaba con la ayuda de una criada tan joven como ineficaz. Dije a mi marido que me las arreglaría perfectamente si ataba la puerta con un cordel para dejarla abierta de modo que corriera algo de aire. Al entrar en casa se veía la cocina, que teníamos limpia y ordenada. Pero F. M. H. salió furibundo del salón y quitó el cordel para cerrar la puerta.

—No puedo permitir que mis invitados vean la cocina nada más entrar —dijo.

Ante ese comentario, me quité el delantal a la velocidad del rayo, encaminándome hacia las escaleras con la lentitud propia de mi estado.

—Muy bien. Pues tendréis que preparar el té vosotros, porque yo no soporto este calor —dije.

F. M. H. me lanzó una mirada furibunda, pero no intentó quitar la silla que había colocado la chica ante la puerta para evitar que se cerrara.

El té que preparé fue un éxito, tanto que hasta Joseph Conrad se mostró satisfecho, pese a lo puntilloso y crítico que era con el menú de esa comida en concreto. De hecho, cuando comíamos tarde yo solía poner un té muy sencillo, consistente en pan con mantequilla y poco más. Pues bien, aquello desesperaba por completo a mi amo y señor, que cada vez que se acercaba a mí masculaba entre dientes:

—Un té verdaderamente asqueroso, la verdad, querida, un té verdaderamente asqueroso.

Aquel domingo quise hacer de maestra de ceremonias con la mayor serenidad posible, pero no miento si digo que me sentía casi incapaz de moverme. Mi querido Henry James se acercó después a mostrarme su cariño y su preocupación por el esfuerzo que había hecho dadas las circunstancias y a pedirme disculpas por su presencia. Siempre tuve mucho afecto a aquel hombre tan bueno, que era un caballero en el más puro sentido de la palabra. También disfrutaba enormemente de su literatura, pese al estilo tan prolijo que tenía, a menudo de lo más farragoso. La siguiente anécdota, que sucedió cerca de su casa de Rye, ilustra bien aquella costumbre suya. Al ver a cuatro o cinco niñas que andaban por allí, se detuvo a hablar con ellas, haciendo alarde de su típica amabilidad. Tras regalar a cada una de ella unos peniques, empezó a soltarles una arenga que les debía resultar completamente imposible de entender. Al final las chiquillas soltaron las monedas, se echaron a llorar y salieron corriendo.

Estoy convencida de que a mi querido amigo le dieron un buen disgusto las niñas aquellas. Pero regresemos a mi afirmación de que mi marido se vio al fin obligado a abrir los ojos en cuanto a F. M. H.

La mañana siguiente al día en que dimos el té aquel fue el último de aquella visita algo desagradable, como también fue nuestra última estancia en la casa de Winchelsea. El anfitrión-invitado se había marchado de casa hacía apenas una hora cuando la joven criada apareció en la puerta de la cocina con un hatajo de ropa en los brazos, una colección de prendas masculinas tan arrugadas que resultaban irreconocibles. La chica me preguntó qué debía hacer con esa ropa, que había hallado tirada encima de la cama donde dormía F. M. H., aunque también había una parte debajo de la cama. Al mirar aquello con atención descubrimos que una de las prendas era el traje de vestir de mi marido: una levita y unos pantalones grises con rayas. El hallazgo me dejó atónita, pues me enorgullecía de tener la ropa de mi marido siempre lista para que se la pudiera poner en cualquier momento. Los pantalones los había planchado yo misma el día en que nos aposentamos temporalmente en aquella casa, tomándome la molestia de marcar bien la raya, tras lo cual los había extendido dentro de un cajón para que no se arrugaran.

Subí trabajosamente las escaleras, pues estaba tan indignada que no pude por menos de ir a hablar con Joseph Conrad, haciéndole ver el modo en que habían quedado su traje de vestir y sus otras prendas. Lo que había sucedido era evidente.

A F. M. H. no le habían bastado las cortinas de la habitación para impedir la entrada de la luz por la mañana y había colgado una manta en la ventana. Entonces, al entrarle frío en la cama, había sacado los trajes del cajón para echárselos por encima. Aquello por fin sacó de la inopia al dueño de los trajes. Por primera vez no pudo culparme a mí de aquel impasible adueñamiento y desprecio por su ropa, debido a la escasez de mantas en la cama del invitado. Dado que F. M. H. estaba en su propia casa, el responsable de la ropa blanca era él, no yo.

Una de las particularidades de F. M. H. era su extraordinaria capacidad para saber elegir a las personas que le interesaban por algo y cuando daba con alguien que reunía los requisitos necesarios, lo conservaba con una extraordinaria tenacidad. También dejaba caer la promesa, por así decirlo, de una ventaja material o intelectual, lo que contribuía a cimentar la relación. Pocas amistades le duraban demasiado, eso es cierto, pero el hombre parecía ejercer una especie de fascinación sobre la gente, una fascinación que yo nunca logré entender. Todas las imperfecciones me resultaban demasiado aparentes, como si llevara gafas de aumento. Pero la siguiente persona que aquel hombre insólito presentó a Joseph Conrad supo usurpar un lugar primordial en el cariño y el aprecio de mi marido. Conviene recordar que toda influencia en la mente y la obra de mi marido procedía en gran parte de sus relaciones personales. Tras nuestra visita a Winchelsea y también, creo yo, por el efecto del tiempo sobre la mente y el temperamento de ambos artistas, su reciprocidad intelectual empezó a irritarles a ambos, en vez de estimularlos. Mi marido, que era mucho mayor, empezó a hartarse del insufrible aire de superioridad del joven autor.

La primera vez que recibimos a Arthur Marwood bajo nuestro techo fue apenas un mes antes de nacer mi segundo hijo. Joseph Conrad había expresado su deseo de no recibir a ningún desconocido durante algún tiempo, cosa que F. M. H. contravino abiertamente. Pero me enorgullezco de ser capaz de detectar las inteligencias excepcionales y aquel hombre estaba, indudablemente, por encima de muchos de sus compañeros. De no haber sido así Joseph Conrad habría perdido todo interés en Arthur Marwood, cuya salud fue verdaderamente mala durante todos los años que duró su larga amistad. Mi marido, por mucha simpatía que pudiera tomar a alguien, tenía una mórbida aversión a las personas con mala salud. En todas estas páginas he intentado demostrar, con la inclusión de textos escritos de su propia mano, hasta qué punto esto era cierto. Resulta evidente, me parece a mí, en este breve extracto de la única carta que se conserva de las que escribió a Arthur Marwood. Está fechada en abril de 1915.

> Mi querido Marwood:
> Me ha aliviado mucho tu carta en lo que a *Victoria* se refiere, pero me aflige lo que dices sobre esa tremenda lasitud que padeces. Obviamente, en esta estación del año se suele experimentar extrañas sensaciones, por lo que tal vez no sea nada, sólo una cuestión de un día o dos. Quizá te animes a escribirme unas líneas. Una serie de cosas me impiden fijar una fecha para hacerte una visita esta semana, pero quiero saber cómo estás.
> Tú, mi querido amigo, eres el auténtico Sabio de Nuestros Tiempos. Estoy tan convencido de que tienes razón que habría enviado un telegrama a Estados Unidos con la corrección que me sugieres, si no fuese demasiado tarde... En el mismo envío he recibido hoy un recorte del *Boston Transcript*, ¡con una reseña de *Victoria*! A estas alturas lo único que puedo hacer es eliminar las líneas que me indicas, para la edición británica. No sabes lo afortunado que me considero de contar con tu amistad, que tan patente me resulta en tus cartas llenas de indulgencia, y tan atentas a mi fama y mi buen nombre...

Incluyo este extracto, como decía en el párrafo precedente, para demostrar que este amigo tuvo un efecto notable y poderoso en toda la concepción que mi marido tenía de su propia obra, y que la intimidad entre ambos hombres, tan distintos de carácter y mentalidad, fue estimulante en conjunto. Por otra parte, la enorme erudición de Marwood hacía de él un firme puntal cuya solidez era muy necesaria en aquel momento. Pese a su mala salud, era un hombre que siempre estaba al día en cuestiones de política y diplomacia. De no sufrir sus problemas físicos, habría llegado a ser un gran estratega. Tan tranquilo y considerado era su modo de razonar, tan lúcido su análisis, que su compañía no podía por menos de beneficiar a un artista como Joseph Conrad. Además, mi marido siempre aceptaba sus críticas, tal vez con algún desacuerdo, pero siempre razonado y prudente. Me resulta fácil detectar la influencia de Arthur Marwood en la mayoría de los libros escritos durante el período de su estrecha amistad. Curiosamente, en esos años mi marido pasó más tiempo al aire libre y se interesó más por las cosas mundanas que en ninguna etapa anterior, desde que dejó de navegar.

Pocos días después de nuestro primer encuentro con Arthur Marwood, tuvimos que viajar a Londres, donde yo iba a tener a nuestro segundo hijo. El nacimiento de ese niño fue mucho más prometedor que el de su hermano, ya que vino al mundo en casa de los Galsworthy. Con su innata cortesía y amabilidad, John Galsworthy se ofreció a prestarnos su casa, con el servicio incluido, que consistía en tres mujeres casadas de aspecto anodino cuyos maridos habían resultado ser insatisfactorios como compañeros y en cuya subsiguiente llegada al país había intervenido nuestro filantrópico anfitrión. Como sirvientas no resultaban del todo satisfactorias, pues eran ineficientes y renegaban de su trabajo. En mi viaje a la ciudad cometí el error de importar del campo, por así decirlo, a una chica extremadamente guapa que no hizo sino empeorar las cosas. Los proveedores del barrio tomaron la costumbre de aparcar el camión delante de casa y reunirse en la cocina con mi guapa criada. Lo habitual era que ella se sentara en las rodillas de uno de ellos mientras otros dos la acariciaban y otro le daba friegas en los pies, con las criadas de más edad contemplando la escena. Al investigar el asunto descubrí que en aquellas ocasiones abundaban los refrigerios líquidos, que las tres sirvientas de la casa consumían con soltura. No quedó más remedio que enviar a la chica de vuelta al campo, a esperar mi regreso a casa.

Como era habitual, lo sublime se unió a lo ridículo durante mi viaje a la ciudad, que iba a hacer con toda holgura y comodidad en un coche que me iba a trasladar de la granja de Pent a la casa de Addison Road. Estaba previsto que mi enfermera se «embarcara» a finales de la siguiente semana. Joseph Conrad estaba más tranquilo de lo que le había visto en bastante tiempo y nuestro anfitrión tenía un despacho en el jardín que era un lugar magnífico para escribir.

—Me voy a poner a trabajar de inmediato, así que debes procurar entretenerte de algún modo —me dijo mi marido.

Llegamos un jueves, pero pronto se vio que la calma precedía a la tempestad. El domingo mi marido tuvo que meterse en la cama, aquejado de un fuerte ataque de gota que le hacía estar quisquilloso y de muy mal humor. Además, se había dejado en Pent uno de sus libros preferidos y con la tozudez de un niño mimado, insistió en que quería tener ese libro a la mayor brevedad.

En vano me esforcé por dar a la criada una detallada descripción del aspecto, el tamaño, la forma, el color y el título del libro, aunque Joseph Conrad no recordaba el lugar exacto donde lo había puesto. Aquel día me encontraba razonablemente bien y, como me solía pasar, todo síntoma de malestar o propensión a la pereza me abandonaron ante una urgencia que requería mi intervención. Acepté de buena gana la sugerencia de tomar el siguiente tren a Westenhanger, la estación más próxima a Pent, para recuperar el tesoro literario yo misma. En aquel momento ninguno de nosotros recordó que el domingo no había tantos trenes como entre semana, ni que en aquel entonces en Pent no teníamos ningún vecino con teléfono. Según me contaron cuando volví a Addison Road, cosa que hice con cuatro o cinco horas de retraso, estaban todos preocupados por mí. Mi buen doctor Tebb parecía estar en lo cierto al señalar una cierta incongruencia en mi comportamiento: «Haces el viaje a la ciudad rodeada de comodidades y a los tres días vengo a verte y me entero de que te has ido sola en tren, siendo domingo, además. Como no te metas en la cama ahora mismo, no pienso asumir la responsabilidad de nada de lo que pueda suceder. Hazme caso, y no te muevas hasta que yo venga mañana». Dicho esto, el buen hombre se marchó a toda prisa, más enfadado de lo que le había visto nunca. En cuanto a mí, me alegré de poder meterme en la cama, pues hacía calor el viaje me había dejado agotada, aunque orgullosa de haber logrado mi objetivo. No mencioné lo mucho que había tardado en encontrar el libro, ni el lugar tan improbable donde lo había encontrado. Estaba en el sitio menos imaginable del mundo, abierto boca abajo en el cuarto de baño, bajo una toalla tirada en el suelo. El pobre Joseph Conrad, por supuesto, se mostró lo más compungido, al menos en un primer momento, ya que pasado un rato me dijo lo siguiente:

—Es evidente que Tebb no te conoce, querida. No eres una de esas mujeres frágiles e histéricas que se desmoronan ante la simple idea de un pequeño esfuerzo físico. ¡Que Dios te bendiga!

El siguiente incidente fue dos días antes de nacer el niño, cuando una de las desastrosas sirvientas decidió quedarse en la cama con un tremendo dolor de cabeza, precisamente el día en que había invitados a comer. Esa mañana no me encontraba nada bien, pero supe estar a la altura de las circunstancias, pues me encerré en la cocina a preparar el almuerzo. Como siempre, mi querido esposo disfrutó de mis afanes culinarios y mostró su agradecimiento con una ternura conmovedora. Los siguientes días fueron algo tensos, hasta que nació el jovencito, cuyo padre declaró al verle por vez primera:

—Este muchacho es italiano.

La preocupación de su voz era tan cómica que me hizo soltar una carcajada.

En cuanto a su hermano Borys, su reacción fue igual de graciosa.

—En fin, tendré que darle la mitad del gato y la mitad del perro —dijo con un enorme suspiro—. Y le dejaré dormir en la cama de mamá.

Esto último tenía relación con un incidente sucedido hacía unos años, cuando se le explicó que ya era muy mayor para dormir en la cama de su madre.

—Me parece indignante, mamá —dijo—. Mi padre es mayor y duerme contigo.

Aquellas semanas tuvimos otro motivo de inquietud, porque John Galsworthy había dejado en su lugar habitual todos los trofeos, las copas de plata y demás. Mis intentos de poner todo aquello a buen recaudo en un armario habían sido en vano.

—Ni hablar —dijo mi marido—. Si viene a su casa mientras estamos nosotros y no ve sus cosas, se preguntará qué ha sido de ellas.

Pero a mí el asunto me tenía tan preocupada que no me lo podía quitar de la cabeza. Mi marido estaba acostumbrado a vivir en mitad del campo, sin electricidad, en una granja donde no había ningún trofeo valioso. Pero en Londres muchas noches se acostaba con todas las luces encendidas y todas las ventanas abiertas. La parte trasera de la casa daba a Holland Park, por lo que era perfectamente posible que entrara un ladrón y se llevara todos aquellos tesoros sin demasiado esfuerzo. De ser así, entonces podríamos perdonar al pobre John Galsworthy si se preguntaba dónde habríamos metido sus trofeos. Muchas fueron las noches en que nos despertaba un diligente policía para avisarnos de que las ventanas estaban abiertas de par en par, con todas las luces encendidas. Entonces mi enfermera empezó a quejarse de esa costumbre de mi marido, hasta el punto de que ambos discutieron acaloradamente en más de una ocasión. Ella llegó a decir que jamás habría aceptado trabajar para nosotros de haber sabido cómo era mi marido. Así estaban las cosas cuando un día me trajeron recado de que una joven venía a entrevistarse conmigo para cubrir el puesto de doncella. Aquello me sorprendió mucho, pues no tenía la menor intención de contratar a ninguna sirvienta.

Al apresurarme al vestíbulo para aclarar la situación me encontré con una joven que estaba examinando detenidamente la cerradura Yale de la puerta principal. Sin amilanarse ante mi sigilosa aparición, me reiteró el motivo de su visita, como si lo que yo acababa de ver fuese el preámbulo normal a una entrevista de trabajo. Dado que la intrusa tampoco mostraba la menor prisa por marcharse, empecé a ponerme nerviosa, porque estaba sola en casa, a excepción de una criada joven. Al final se marchó de un modo tan abrupto que contuve la respiración cuando al fin se cerró la puerta a sus espaldas. Toda la operación me pareció tan sospechosa que decidí quedarme en el vestíbulo hasta que alguno de los ausentes volviera por fin a casa. No había pasado ni una hora cuando llegó un policía con la noticia de que habían detenido a una mujer en un autobús, la turbia joven a la que la habían visto salir de casa de John Galsworthy una hora antes. El policía me aconsejó mandar cambiar la cerradura cuanto antes, pues la mujer formaba parte de una banda de ladrones y, a juzgar por lo que le había contado, parecía evidente que estaba haciendo un molde de la cerradura cuando yo la sorprendí.

Agradecí mucho que nos dejaran aquella casa, pero también sentí un enorme alivio de que no hubiera sucedido nada mientras estuvimos en ella. Lo pasé verdaderamente mal al pensar que mi marido pudiera quemar algún objeto valioso con un pitillo o que nos pudieran robar algo debido a su dejadez. Resulta curioso que el verdadero intento de robo se produjera al poco de habernos marchado, cuando ya estaban los Galsworthy. El pequeño episodio es otra prueba de la plácida generosidad de nuestro amigo.

Una noche John Galsworthy oyó el inconfundible sonido de alguien deambulando por el piso de abajo y al entrar en el salón se encontró con un genuino ladrón metiendo cuidadosamente sus pertenencias en un enorme saco. Con la mayor tranquilidad, se puso a hablar con aquel hombre calvo al que acabó llevando al comedor para darle una buena cena y un par de buenos consejos, tras lo que le acompañó a la puerta. A menudo me he preguntado si su clemencia tendría como resultado el cumplimiento de las promesas que le hizo el malhechor. Al día siguiente nuestro amigo mandó poner unos barrotes de hierro en la ventana por la que había entrado el ladrón contingente.

Al regresar a Pent no se nos recibió con un redoble de tambores, pero sí se produjo un revuelo considerable, ya que hubo muchas personas que vinieron desde lejos para ver al niño. Una de ellas era una aldeana, una buena mujer descendiente de una antigua familia de hugonotes, la señora Hoddinott. Esta anciana señora, una protegida mía desde hacía años, quería bendecir al niño según un antiguo rito gitano, haciéndole la señal de la cruz sobre una mano con una moneda de plata. La buena señora se podía pasar hora hablando en un falsete donde abundaban las haches aspiradas, con un curioso aire entre digno y respetuoso.

El mozo de cuadra que teníamos en aquel entonces, tras pasarse un buen rato mirando al niño, proclamó su intención de cercar la finca entera cuanto antes, sin la menor dilación. Ni que el niño fuera a ponerse a andar en ese mismo instante. Pero mi segundo hijo tuvo el honor de que le paseara en su cochecito un personaje de la talla de sir Sidney Colvin, que incluso se comió un pedazo de tarta extremadamente húmeda que le dio el niño, como si fuese algo maravilloso. Mi marido y yo siempre tuvimos un enorme cariño a sir Sidney y a su esposa. John, nuestro segundo hijo, tenía sólo cuatro meses cuando volvimos todos al sur de Francia, aunque aquel viaje resultó francamente llevadero. Un niño pequeño es como un fardo y en un viaje da muy pocos problemas siempre que se sienta cómodo y a la temperatura adecuada. Todo iba bien, pero la mala suerte nos visitó de nuevo a los dos meses de haber salido de Inglaterra.

CAPÍTULO DÉCIMO

Ya he dicho a lo largo de estas memorias que en mi vida a menudo me tocó adoptar una actitud filosófica ante las situaciones que se me planteaban. Conforme pasaba el tiempo, cada vez me hacía más filósofa. El viaje a Francia no fue, en absoluto difícil ni tenso. Salvo un incidente sucedido ya en los últimos kilómetros, me había parecido verdaderamente agradable.

El vagón de tren lo teníamos entero para nosotros, los seis que éramos, incluyendo a una niñera joven y a una prima mía que iba a ser una especie de secretaria-institutriz. Como faltaba poco para bajarnos del tren, yo había estado dedicada a cambiar de ropa a mi hijo menor. Recién acabada la tarea, nuestra pequeña criada hizo un paquete con la ropa sucia, para guardarlo en una de las maletas. Por desgracia, la chica dejó el fardo en mitad del pasillo del vagón y cuando mi marido subió al tren después de la última parada, tropezó con el bulto. Con una agilidad sorprendente, se agachó y antes de que nadie pudiera adivinar su intención, lanzó la ropa por la ventana. Al ver la ropa tirada en el andén, me quedé desconcertada. Sobre el asfalto de la estación, a una distancia cada vez mayor, reposaban meses de ardua labor, porque era un juego completo de ropa infantil. La expresión del rostro de mi marido era tan cómica, sin embargo, que acabé soltando una carcajada.

—¿Y ahora qué te pasa? —me preguntó.

Me mordí el labio de la rabia, pero respondí con voz ecuánime:

—Pues que estoy segura de que la persona que se encuentre ese fardo dará la alarma para que busquen el cadáver de un niño pequeño.

—¿Se puede saber qué estás diciendo? —exclamó.

Volviéndose hacia mí, me miró como si pensara que me había vuelto loca.

—Nada, no digo nada. Pero ¿sabes que acabas de tirar por la ventana la mitad de la ropa de tu hijo?

A modo de respuesta se encogió de hombros y me prometió darme dinero para comprar más ropa. Con eso tuve que darme por satisfecha.

Los dos primeros meses fueron de lo más agradables: buen tiempo, ningún achaque de gota y un enorme interés por todo. Luego tuvimos la desgracia de que Borys se contagiara de sarampión en nuestro hotel francés. Pero también tuvimos la suerte de que el menor se librara, cosa que agradecimos infinitamente, pero nuestra vida se convirtió en una verdadera pesadilla. Mis horas se dividían entre alimentar al pequeño y cuidar del enfermo y el pobre Joseph Conrad se pasó seis semanas preocupado, es decir, preocupado a su manera. Cuando mi marido lograba dormir toda una noche entera, daba por hecho que el niño había dormido lo mismo que él, aunque sus propios ronquidos le impidieran oír llorar al niño. En cuanto a mi hijo enfermo, por fin se curó del sarampión, pero entonces a él y a su hermano menor les dio la tos ferina, cosa que el médico francés se negaba a diagnosticar como tal. Sin embargo, al final resultó que yo tenía razón. Pero antes de aquel trágico acontecimiento disfrutamos de quince días de tiempo razonablemente bueno, es decir, en lo referente a la salud. A la salud de los niños, claro está.

Joseph Conrad, fiel a sus costumbres, tuvo un achaque de gota y mal humor. Un día, tras vendarle las manos hinchadas y darle la medicina, lo dejé solo para que descansara durante una hora. Cual no sería mi espanto cuando al volver dos horas más tarde vimos a un criado saliendo de su cuarto con un fardo de sábanas chamuscadas. Era evidente que se había quedado dormido con un pitillo encendido en la boca y también debía haberse restregado las vendas hasta dejar el algodón al descubierto. El resto de la historia es sencillo. La escena era tremenda, porque como el estrecho pasillo no tenía ventanas, había una humareda tremenda. Tras cerciorarme de que se encontraba bien, reconozco que le regañé y, por una vez, en aquel incidente no logré encontrar nada que me resultara gracioso.

Al irse desarrollando la tos de los niños, el médico nos recomendó casi a voces que nos los lleváramos de allí, porque les convenía un cambio de aires. Atendiendo a su consejo, nos trasladamos a Suiza. Para entonces la institutriz y la doncella habían regresado a Inglaterra mientras nuestra vieja criada, Nellie Lyons, atravesaba Francia para acudir a ayudarme con los niños.

En aquella ocasión, al irse sucediendo las sucesivas etapas llegué a pensar que no iba a ser capaz de soportar la coyuntura, pero en cuanto veía que el pobre Joseph Conrad parecía al borde del colapso, recuperaba la calma y la eficacia. Cuando mejoró un poco, mi marido se prestó a acompañar a la institutriz y a la doncella a Calais, de donde iba a volver con nuestra criada de siempre, dejándome sola en Montpelier con los dos niños. Durante ese intervalo todos fueron de lo más amables con nosotros, hasta el punto de servirnos siempre las comidas en nuestra habitación. La situación era de lo más curiosa, porque yo estaba tan coja que no podía llevar a mi hijo en brazos por la habitación. Entonces se me ocurrió la solución de pedir que nos subieran el cochecito siempre que estuviéramos arriba y a Borys le divertía mucho usar el vehículo como una especie de remolque que yo le dejaba acercar al lugar donde estuviera, es decir, la cama o el sofá. Lo cierto es que no me había dado cuenta de lo difícil que iba a ser hacerme cargo del niño yo sola. En las dos ocasiones en que salimos a dar un paseo tuve que pedir a uno de los camareros que me lo llevara al ascensor.

En nuestro hotel había una señora con su nieto. La anciana dama estaba pasando unos días allí con su hijo, que estaba paralítico, la esposa de él y el hijo de ambos. Nuestra relación se inició una mañana en el jardín. Ella estaba paseando a su hijo en una silla de ruedas y yo le ofrecí al pobre muchacho una revista que llevaba. Varios días después me encontré con la abuela sola y me quedé apenada al saber que tanto el niño como su padre estaban en la cama con sarampión. Pero el nieto de la señora ya se había recuperado cuando mi marido se fue a acompañar a la institutriz y la criada al barco, así que el día en que salí a dar una vuelta en coche sugerí a la abuela que se viniera con el chico. En la vida había dado un paseo tan incómodo. El chico se habría portado bien si le hubiéramos dejado en paz. A mí no me conocía, lo que le imponía el suficiente respeto como para que no se atreviera a moverse, pero su querida abuela decidió que eso era raro y le dijo:

—¿No prefieres ir de pie, cariño?

Entonces «cariño» se levantó, me pisó, gateó por el asiento, despertó al niño y acabó pillándose la mano con el freno del coche. Incluyo este pequeño episodio porque resultaba que aquel niño tan pequeño había sido acusado de disparar a su madre en Draguigan. La defensa alegó que su madre había rogado al niño que le pegara un tiro, pues padecía una enfermedad incurable. Este incidente demuestra lo pequeño que es el mundo, pero también demuestra la memoria tan buena que tengo para los detalles.

Los dos días y las dos noches que pasé sola con los niños fueron bastante angustiosos, por lo que me alegré de que volviera mi marido por fin. Aquellos primeros días tras su vuelta fueron, tal vez, los más tranquilos que habíamos pasado hasta entonces, entre otras cosas porque mi marido tenía trabajo y porque aún no habíamos coronado nuestra racha de mala suerte. Pero el momento de calma fue breve y cuando el niño pequeño tenía sólo siete meses nos fue imposible seguir negando el hecho de que nuestros dos hijos tenían tos ferina.

El médico, como ya he dicho, nos aconsejó irnos de allí a Suiza. La noche anterior a nuestra marcha fue una de las peores de mi vida. Joseph Conrad seguía impedido, porque tenía la mano derecha vendada y la muñeca torcida, débil y dolorida por el efecto de la gota. El niño pequeño estaba inquieto, como todo niño enfermo, y su hermano mayor, debilucho y dado a lloriquear por cualquier cosa. Nuestra vieja criada parecía sobrepasada por los acontecimientos. No pude por menos de alegrarme cuando mi marido se fue a leer a otra habitación, pues al quedarme sola por fin pude terminar de hacer las maletas. Pero pasé toda la noche despierta, pues estaba a cargo de todo y de todos, lo que no era una tarea menor. Mi subsistencia consistió en unas galletas y un vaso de champán.

Por la mañana logramos salir a tiempo, con intención de dormir en Lyon. Al llegar a la estación de tren nos pusimos a buscar un lugar donde pasar la noche, pero la suerte se nos opuso claramente. Cada vez que llegábamos a un hotel con habitaciones disponibles, uno de los niños se ponía a toser y entonces nos comunicaban educadamente que no les quedaban vacantes. Nuestra desesperación era casi total, pero al fin los niños lograron contener la tos durante el tiempo suficiente para que nos aceptaran en un hotel.

Las dos habitaciones que nos dieron estaban separadas por un pasillo largo y estrecho. Tras dar el pecho al pobre niño y cerciorarme de que se quedaba adormilado, lo dejé con la criada y recorrí el trecho que nos separaba del otro cuarto, que mi marido iba a compartir con Borys. Mi hijo mayor parecía muy cansado y me costó mucho que comiera algo antes de caer rendido, aunque con un sueño intranquilo del que podía despertar en cualquier momento.

A mi marido le había convencido de que bajara a cenar solo mientras yo le dejaba preparado todo lo que pudiera necesitar durante la noche. Tardó poco en regresar con un libro que había logrado comprar en algún lugar próximo al hotel. Poco después llegó un camarero con una bandeja en la que traía una cena ligera para la criada y para mí.

Ya me iba de su habitación a la mía cuando mi marido me pidió algo que estaba en el baúl y al volverme para sacarlo vi de reojo que estaba metiendo bajo la almohada la cartera con todo nuestro dinero. En ese preciso momento se abrió la puerta, sin llamada previa, y apareció un hombre que parecía estar mostrando la habitación a otro huésped. Ante la irrupción Joseph Conrad soltó un indignado «¡Maldita sea!» y al instante el intruso farfulló una disculpa y se marchó. Tras desearle buenas noches salí hacia mi habitación, seguida del camarero con la bandeja.

Aquella noche fue un espanto. La criada y yo no pudimos ni siquiera desvestirnos, pues el niño tosía y se ahogaba, sin que nada de lo que hacíamos lograra aliviarlo. Eran casi las siete cuando mi marido entró en mi habitación con un aspecto tan agitado que por un momento temí que le pasara algo al otro niño. Sin decir nada, le miré asustada.

—Anda, no pongas esa cara de susto, que el niño ha pasado muy bien la noche. Pero voy a avisar al director del hotel, porque nos han robado. ¿Te acuerdas de que anoche entró un hombre en mi habitación justo cuando estaba poniendo la cartera debajo de la almohada? Pues debe ser un ladrón con los dedos muy ágiles, porque ha vuelto y me ha quitado la cartera sin que me entere. Por eso voy a... Oye, ¿dónde vas? Te digo que la he buscado por todas partes. Ni que fuera imbécil. Me indigna que te creas capaz de encontrar una cosa cuando te estoy diciendo que...

Sin dejar de protestar, me siguió por el pasillo.

—¡Mira cómo tienes el pelo! —exclamó—. Pareces un hombre. Y ya te he dicho que la cartera no la vas a encontrar.

Cuando entramos los dos en su habitación, cerró la puerta y me agarró del brazo.

—Te aseguro que la cartera no está por ningún lado. Y si aparece, la pienso tirar por la ventana. Me niego a que me tomes por imbécil.

En cuestión de minutos mi marido pareció cambiar de opinión, pues agarró todas las almohadas y las tiró al suelo. Mantuve la calma hasta que se le pasó la furia y entonces le di una palmadita en el brazo.

—Escucha, querido, anoche te vi poner la cartera bajo el cabezal, así que... —guardé silencio mientras metía la mano en el lugar adecuado—. Aquí la tienes —dije al encontrarla.

Mi marido soltó una risilla furiosa y me abrazó como un oso. Tras un beso veloz, me dedicó una de sus citas preferidas, de los *Cuentos de los mares del Sur*, de Louis Beck:

—La maravillosa mujercita de Charlie el Largo —recitó.

La paz regresó a nuestras vidas, pero mi marido insistió en que nos fuéramos a Ginebra lo antes posible.

—Tenemos que marcharnos de este lugar infernal donde entran a robar por la noche —dijo.

En esta ocasión me abstuve de corregirle y me marché de la habitación. Un par de horas más tarde estábamos en el tren, donde Joseph Conrad volvió a indignarse al descubrir que se había dejado el libro en el hotel.

El traqueteo pareció tranquilizar a mi hijo pequeño, a quien llevaba en brazos, y al cabo de un tiempo yo también cerré los ojos. Tuve que poner una pierna sobre el asiento para evitar que el niño se me cayera al suelo mientras dormitaba, pues ya llevaba dos noches sin pegar ojo. Borys se entretenía contando los postes de telégrafos mientras Joseph Conrad, que se había instalado en una esquina, se quedaba profundamente dormido.

Cuando llegamos a Ginebra fuimos al hotel donde teníamos hecha la reserva y pese a que había un barullo tremendo no pusieron objeción alguna a darnos las habitaciones. Tardamos poco en mandar llamar a un médico, que sacudió la cabeza con pesimismo al ver a nuestro pequeño sufridor. Tras declarar que era poco lo que se podía hacer, me dejó una especie de tónico en el que debía empapar unas telas de algodón y colgarlas sobre la cama, en torno a la cabeza de mi hijo. El buen hombre olvidó advertirme de que allí donde cayera una gota de aquel brebaje se haría un enorme agujero. Es probable que le hubiera podido perdonar si el remedio hubiera servido de algo, pero el niño cada vez estaba peor.

Al día siguiente tomamos posesión de nuestras habitaciones en la pensión La Roserie Champel, el mismísimo lugar donde mi marido ya había estado dos veces, para recuperarse del tremendo achaque que tuvo al volver del Congo y luego durante aproximadamente un mes antes de casarnos. Por la enfermedad de los niños tuvimos que contentarnos con una serie de habitaciones en el último piso del edificio. Las largas escaleras me convirtieron en una auténtica prisionera, pues me veía obligada a quedarme arriba del todo o abajo del todo.

El pobre Joseph Conrad quiso buscar allí algún rincón donde intentar concentrarse para trabajar, pero fueron unos meses de tanta angustia que era incapaz de escribir nada. Los dos niños estaban gravemente enfermos. John se había quedado en los huesos y a los pocos días de llegar a la pensión nuestro hijo mayor aumentó su felicidad y la nuestra al contraer una fiebre reumática. Esto, sumado a la tos que apenas le dejaba vivir, fue el colmo de los males.

Este extracto de una carta que escribió mi marido a John Galsworthy nos da un buen relato de la situación, con ese idioma pintoresco tan típico suyo.

> Hoy el niño pequeño ha sonreído claramente por primera vez en los últimos treinta días o así, y con una mano patéticamente delgada me ha intentado quitar los quevedos de la nariz. Añado algún detalle propicio para que esta carta no te parezca excesivamente pesimista.
>
> Por el sonido que llega del cuarto contiguo (tenemos tres habitaciones) sé que el dolor acaba de despertar a Borys de su sueño febril. Pero no iré a verle, pues de nada serviría. Dentro de un rato le daré su salicilato, le tomaré la temperatura y me iré a trabajar algo más la conversación del señor Verloe con su esposa. Es muy importante que la conversación entre el señor Verloe y su esposa esté trabajada —para que resulte más eficaz, más fiel a la situación y al carácter de estas gentes.
>
> Por Dios, tengo que taparme la boca con ambas manos para no soltar una carcajada que asustaría a mi mujer, mi hijo pequeño y al otro enfermo, por no hablar de una señora que tiene su habitación al otro lado del pasillo. Hoy se cumplen doce años desde que terminé de escribir *La locura de Almayer*.

Tras seis semanas de vivir sumidos en una pesadilla de continua angustia y preocupación, la suerte volvió a sonreír a nuestra pequeña familia y pude volver a pasarme el día con los niños en el jardín. El niño pequeño se recuperó más deprisa que Borys, que pasó una temporada en la que parecía llevar ropa de una persona mayor y más gorda. Los calcetines se le arremolinaban en torno a las canillas de un modo lamentable. Tuve que anudarle las gomas de la mayor parte los calzoncillos. Pero salió del trance y pudo reanudar las actividades náuticas con su padre. En los jardines había un estanque con una fuente y ribeteado de piedras que el padre y el hijo usaban para hacer embarcaderos y puentes que iban de un lado al otro. Joseph Conrad era capaz de pasarse horas jugando a esas cosas, con una enorme paciencia. Edward Garnett alude a este pasatiempo de mi marido en su introducción las cartas de Joseph Conrad que ha publicado.

> ...Cuando Joseph Conrad quería rendirse a alguien lo hacía de todo corazón y con una originalidad irresistible. Recuerdo un día de 1898 en que él y Jessie Conrad vinieron de visita a la finca de Cearne y me lo encontré con mi hijo David, que tenía seis años, navegando los dos por el prado metidos en una enorme cesta ataviada con una escoba, un mantel y una cuerda de tender la ropa. La fantasía de un barco auténtico estaba singularmente lograda por la mera presencia de Joseph Conrad, que cambiaba la «vela» de lado al cambiar el viento, buscaba el ángulo para cada viraje y daba órdenes cortantes al chico usando el lenguaje marinero que tan bien conocía. Este espíritu alegre y juguetón, tal vez más evidente en su juventud, contrastaba curiosamente con la antitética disposición mental del Conrad meditabundo, sardónico y desilusionado con la vida.

Al fin llegó el día en que teníamos que salir de Champel para ir en coche a Ginebra y los meticulosos planes de mi marido incluían un estudiado acuerdo con Borys en cuanto a las diferencias horarias de Europa central, que cada uno de los dos llevaba fijadas en su reloj, con una hora de diferencia entre ambos. Pero —y se trataba de un gran *pero*— Joseph Conrad se negaba a dejar al niño que le recordara el susodicho acuerdo. Su estrategia consistía en declarar que uno de los relojes iba con retraso, mientras que el suyo, que marcaba la misma hora que el del hotel, era el que iba bien. Cuando acabábamos de empezar a cenar, nos tuvimos que marchar sin poder terminar de comer. La única concesión que logré fue ésta:

—Si tenemos tiempo, pediré que nos hagan unos sándwiches para que podáis tomarlos en el tren —dijo mi marido.

Sin embargo, aunque nos quedaba una hora de espera antes de que saliera el tren de la estación, Joseph Conrad desapareció —camino de un quiosco de libros, no de un bufet— y mis sándwiches quedaron olvidados.

A continuación hubo otra pérdida de la cartera, cuya desaparición fue silenciada durante una media hora o así. Entonces, en respuesta a mi pregunta algo angustiada sobre el paradero de los billetes, admitió que no tenía la menor idea de dónde estaba la cartera. Una vez más, el subconsciente me resultó de lo más útil.

—¿La cartera? Mi querido amigo, se la has dado al revisor cuando te ha pedido los pasaportes —le dije.

Mis palabras le produjeron tal cólera que parecía estar a punto de tirarse del vagón en marcha.

—Desde luego, pareces empeñada en tomarme por un idiota rematado... —dijo, atragantándose de la indignación.

En ese instante, sin embargo, apareció el revisor, que le dio la cartera sin hacer comentario alguno. La aparente negligencia de Joseph Conrad con relación a su cartera se debía, sin duda alguna, a la constante preocupación con asuntos inasibles para un ser mortal tan común como su propia esposa, pero estoy convencida de que la presencia de un cónyuge normal y corriente es absolutamente necesaria para hacer posible la existencia en el mundo común.

Al ir avanzando la noche, mi marido parecía decidido a no proferir una sola palabra, excepto un furibundo «Maldita sea» o dos. Iba sentado en la esquina del vagón, con una pequeña luz eléctrica sujeta en la esquina del marco de la ventana para poder leer, pero llevaba ya dos horas profundamente dormido.

En cuanto a mí, estaba algo mareada por la inanición, por lo que veía algo borroso el rostro de mi amado, que me pareció más delgado de lo habitual. Los dos niños, no obstante, estaban muy recuperados, cosa evidente en sus dos rostros dormidos, que contemplé orgullosa. John, con su año apenas cumplido, era un personajillo despierto y alegre, que en aquel momento estaba de lo más entretenido con un negro que asomaba en cada parada su enorme cara oscura coronada por un penacho de pelo canoso. A mí me había sorprendido lo insólito de su fisonomía, pero el niño hacía gorgoritos cada vez que lo veía aparecer. Incluso cuando el hombre le acercó su mano enorme para que pudiera tocarle, mi hijo reaccionó con gran entusiasmo.

En conjunto, el viaje de Ginebra a París transcurrió sin incidencias, pero no llegué a la capital parisina en condiciones para disfrutar del temprano paseo por la ciudad. Mi leche materna seguía siendo el único medio de subsistencia de mi hijo, pero yo llevaba ya unas catorce horas sin haber tomado ni siquiera un vaso de agua. Nuestro conductor iba a una velocidad vertiginosa que acrecentaba mi mareo y me obligaba a agarrarme a los costados del coche. Su propio desenfreno le hizo caer varias veces sobre la acera y en una ocasión dio con el fuste a un gendarme en el pie, dejándole marcado el cuero del zapato.

La llegada a la estación fue una alegría, sobre todo al oír la amable voz del empleado de la agencia Cook.

—Tómese su tiempo, señora Conrad, no se agobie —me dijo—. Ahora mismo hago que le lleven un café a su vagón.

Nuestra querida granja de Pent me pareció un lugar de lo más acogedor cuando llegamos unas cuatro o cinco horas después. Borys, entusiasmado, salió corriendo en busca de Escamillo, su perro, a quien llevaba casi un año sin ver. Una prueba de lo bien que se llevaban mis dos hijos fue la indignación de Borys cuando le expliqué, con la mejor intención, que su hermano menor jamás le iba a impedir jugar con su querido coche de pedales, pues ya se habría roto cuando John tuviera edad de saber usarlo.

—No quiero que John tenga mil años para poder jugar conmigo —masculló Borys, alejándose hecho una furia.

En la granja de Pent sólo estuvimos unos meses más. Nuestra intención de hallar un lugar bien acondicionado a las afueras de una ciudad era tan ilusa que resultaba risible. En una ocasión, cuando el pequeño tenía sólo dieciocho meses, fuimos a ver una finca en Aldington. El coche que habíamos alquilado era algo alto, con un caballo más bien «parado», por así decirlo. John, que iba sentado en mis rodillas, se quedó preocupado cuando el conductor cogió el látigo por la correa para dar al caballo «con lo duro», como decía él, para hacerlo reaccionar. Con un gesto de enorme madurez mi hijo menor se inclinó hacia delante y dijo:

—Señor, no pegues al caballito.

En todo caso, nuestro empeño fracasó, así que volvimos a Pent de nuevo. Entonces Joseph Conrad se fue a Bedfordshire, donde había visto anunciada una granja. Aquélla sería la única vez en que mi marido lo intentó por su cuenta y con una sola vez bastó, a mi modo de ver. Lo que no había visto era el lugar en cuestión, hasta que llegué con los niños y los muebles. Pero aquella aventura casi me hizo perder la filosofía del buen carácter. Marcharnos de la vieja granja de Pent nos había resultado doloroso a todos, pero la salida fue más dificultosa de lo normal debido a la obstinación de los hombres encargados de la mudanza. La granja estaba al pie de una colina, metida en un repecho bajo la carretera, y tenía acceso por dos empinadas cuestas, una más pronunciada que la otra. Tras subir los muebles a los carros, los hombres decidieron sacar el enorme cargamento por la cuesta de mayor pendiente, para ahorrarse tres kilómetros yendo por Westenhanger, en vez de por Sandling Junction. Usaron los tres caballos de tiro de la granja y rompieron la mayoría de los arneses del granjero, pero fue inútil. Era desolador ver salir el carro una vez tras otra, pues al subir la cuesta su peso arrastraba a los animales hacia atrás, haciéndoles sangrar la boca.

Aquella tarde mi amigo el granjero me dio la alegría de mi vida al aparecer en la granja. Nos sacó del apuro en cuestión de segundos cuando envió al carro por el camino largo. Entonces, al sacar el cheque que me había dado mi marido para pagar los últimos gastos y lo que costara mi viaje, descubrí que no lo había endosado. De nuevo me rescató mi amigo el granjero, pero el asunto hizo que me retrasara varias horas y mi hijo John era muy pequeño.

Joseph Conrad estaba en casa de John Galsworthy, donde acudí yo a pasar las dos noches que iba a durar el traslado de nuestros muebles. La señora Galsworthy estaba fuera, lo que permitió a su marido poder alojar a toda la familia Conrad.

Tras hacer una serie de compras necesarias, como alguna alfombra y demás, me marché al cabo de dos días, con los dos niños y nuestra vieja criada. Al salir de la estación de Luton llamé al tendero más importante del pueblo para hacerle un pedido, y ya pertrechada de mis provisiones llegué a la finca de Someries sobre las tres de la tarde.

Mi marido me había asegurado que en la granja había una buena cantidad de vacas. Cuál no sería mi disgusto al llegar y encontrarme con el carro de los muebles a medio descargar, la casa llena de objetos desperdigados por todas partes, varios cerdos metidos en la cocina, el pozo en pleno proceso de limpieza —lo que implicaba que no había agua— y la «buena cantidad de vacas» convertida en una buena cantidad de toros. Es decir, que no había ni una sola vaca en toda la finca. Entre mis provisiones había media botella de champán y alguna lata de leche en polvo. Debí de intuir, supongo, que las vacas no eran vacas. Pensaba dejar de dar el pecho al niño apenas nos hubiéramos instalado, pero tuve que llegar a un acuerdo de lo más insatisfactorio con el viejo jardinero para que me trajera leche a diario desde Luton, que estaba a cuatro kilómetros de distancia. El muy desgraciado la aguaba religiosamente.

Es posible que tuviera prejuicios indebidos contra aquella casa, pero lo cierto es que no fui demasiado feliz allí. Iban a dar las seis del día de mi llegada cuando entró mi marido en el patio, hecho un manojo de nervios y dispuesto a ponerse a trabajar de inmediato. Lo primero que pidió fue lo que consideraba la petición más razonable del mundo: la cena. Ya eran casi las siete, una hora a la que cualquier hombre decente debería haber cenado.

Sonrío ahora al recordarlo, pues le di la cena que reclamaba y, pese a las circunstancias, incluso logré ponerle un plato de comida caliente.

—No me la has servido con el esmero habitual, querida —me dijo—. Debes poner más cuidado. Tienes que hacerte con la situación cuanto antes.

Dado que Joseph Conrad no sabía lo absurdas que eran sus exigencias, resultaba más sencillo no decir nada. A las doce de la mañana siguiente pudo tomar posesión de un cuarto donde se puso a escribir de inmediato.

Aquella casa era otra «ratonera de cartón piedra», aunque mucho más grande que la primera. La finca era ruidosa y la entrada consistía en un enorme lodazal que los carros tenían que atravesar para acercarse a la puerta. En la parte de atrás había una huerta que daba a una fila de casitas de campesinos. Las gentes que vivían allí tenían pocos miramientos, pero es cierto que les bastaba con salir de la cocina para toparse con todo un festín de verduras y frutas, oportunidad de la que sacaban todo el partido posible. En cuanto a mí, siempre he sabido llevarme bien con la gente del campo, pero en este caso estaba desconcertada. En realidad, no eran campesinos en el sentido tradicional de la palabra. Al fin pude llegar a un entendimiento con ellos, pero tardé varios meses en hacerme valer.

Fue en la finca de Someries donde John tuvo el privilegio de que nuestro buen amigo sir Sidney Colvin le sacara de paseo en su cochecito. Sir Sidney pasó muchos fines de semana en casa, pero nunca logramos convencer a su esposa de que lo acompañara. Allí fue donde vio la luz el primer número de la revista *English Review*, un acontecimiento emocionante que supuso un ajetreo y un agotamiento considerables. La casa tenía seis dormitorios, pero a F. M. H. no le parecían suficientes para acoger a todas las personas implicadas en la publicación de aquel primer número.

Desde ese día me he preguntado muchas veces dónde podía F. M. H. haber encontrado alguien tan indulgente —por no decir tonto— como Joseph Conrad en aquella ocasión, cuando le permitió apropiarse por completo de su casa. En las habitaciones de la planta baja estaban encendidas las luces a todas horas, sin reparar en gastos. Tener que a instalar en casa a cuatro o cinco desconocidos, que aparecieron a la hora de haber anunciado su llegada, no era exactamente agradable. Esa noche sólo lograron dormir el niño y las criadas. De habitación en habitación se oía un griterío de órdenes, instrucciones o sugerencias. No hubo un momento de calma en toda la noche y al día siguiente la casa era un caos. Por si fuera poco, entre todos acabaron con mi provisión de comida para ese mes. Pero lo peor era tener que usar quinqués y velas. Afortunadamente, la pesadilla acabó por fin y, según mi marido, nos dio una enorme distinción haber editado el primer número de la revista bajo nuestro techo.

Sin embargo, F. M. H. había vuelto a aparecer en nuestra vida y, para mi enorme desgracia, también recuperó su costumbre de tratar nuestra casa como si fuera suya. De vez en cuando se dignaba a mandar un telegrama anunciando la hora de su llegada, pero parecía tenerlo calculado para que el mensaje llegara por la puerta de atrás mientras él entraba por la puerta de delante y nos sorprendía a medio comer, cosa que sucedía con enorme frecuencia.

Recuerdo una ocasión en que mi marido había pedido un cabriolé para ir a la estación a recogerle y como Borys estaba aprendiendo a montar le dejó ir detrás en su poni. Ese día F. M. H. estaba especialmente bromista y socarrón, con lo que logró sacar de quicio a Joseph Conrad. En aquel entonces Borys era un jinete novato y le habíamos dicho que se mantuviera pegado al cabriolé. Pues bien, F. M. H. decidió entretenerse jugando a agarrar las bridas del animal y fingiendo darle golpes en el hocico. Parecía empeñado en conseguir que el chico se cayera o se echara a llorar. Nuestro hijo era obediente por lo general, pero no tuvo el suficiente temple para resistir aquella situación. En un arrebato de desesperación dio al poni con el látigo y desobedeció la orden de su padre de «ir pegado al coche», pues se alejó al trote y no paró hasta llegar a casa, donde se echó en mis brazos.

—No quiero montar más en poni. Díselo a papá, por favor —me pidió.

Al rato quise saber cómo estaba y me lo encontré llorando desconsoladamente.

Sin embargo, reconozco que fue Hueffer quien nos trajo a Conal O'Riordan a casa. Si le perdoné aquella visita inesperada fue por lo maravillosamente bien que me llevé desde el primer momento con el hombre que lo acompañaba en aquella ocasión. Nuestra amistad esporádica ha durado hasta el día de hoy, sin haber perdido un ápice de sinceridad. Muchas son las ocasiones felices en que reunido a mi viejo amigo Josef Kliszczewski con Conal, a quien espero ver pronto para poder contarnos todo lo que nos ha pasado desde la última vez en que nos vimos.

En la finca de Someries también tuvo lugar la primera reunión con Stephen Reynolds, cuyo libro *La montaña sagrada* es ya todo un puntal del mundo de las letras. Su amistad es una de tantas iniciadas en aquella casa, pero tal vez la más importante para Joseph Conrad, y la más cercana para mí, fue la de Perceval Gibbon, un personaje de enorme atractivo. Todo aquél que lo conocía quedaba cautivado por aquella mente fascinante. Gentes de todas las procedencias, mentalidades y nacionalidades se deslumbraban ante aquel ser viril, con su cabeza de pelo negro azulado y su boca de rasgos delicados. La educada lady Colvin percibió su encanto al instante, pues era una de esas personas cuya presencia se hace notar.

En resumen, Perceval Gibbon era una fuerza de la naturaleza y un amigo fiel con quien se podía contar. Si estuviera vivo hoy, sé que las cosas importantes de la vida me parecerían más importantes, más creíbles, más eternas.

Gibbon era un maestro del relato, pues guardaba en la imaginación un arsenal de episodios auténticos que su pluma sagaz narraba con el lenguaje más sugerente. El afecto que tenía a mi marido era profundo y sincero, y a mí me quería con auténtico compañerismo. En este extracto de una de sus cartas escritas durante la guerra se puede comprobar el entendimiento y el cariño que compartía aquel espíritu sensible con mi marido.

Uficio Stampo
Comando Supremo
Italia
27 de febrero, 1917

Querido amigo mío:

Si pudieras llegar a imaginar, es decir, si yo supiera transmitirte el placer que me ha supuesto recibir una carta tuya, me escribirías otra. ¡Como hoy en día no recibo cartas de nadie, ya ni siquiera espero recibirlas! Vivo encerrado en un cubículo que nunca crece de tamaño, que me acompaña allí donde voy, por lo que tu carta es el casi primer contacto con el mundo exterior que he tenido en meses. Y si me hubieran obligado a elegir una persona de la que quisiera tener noticias, una persona cuya elegante letra quisiera ver al entrar en el cuartel general para ir al cuarto del censor, habría respondido: «¡Conrad!».

Tienes toda la razón, mi buen amigo, al menos en lo que a mí se refiere, no hay palabras ni silencios que puedan afectar a nuestra amistad ni al cariño que os tengo a ti y a los tuyos. Eso es algo que queda claramente *au dessus de la mêlée*, es decir, por encima del bien y del mal. En cuanto a Borys, ¡qué tontería! No tiene por qué estarme agradecido, en absoluto. Yo, en cambio, sí tengo que agradecerle ese respeto alegre y juvenil con el que me trata, pues es tan espontáneo que siempre me resulta tonificante. A ese chico le tengo un cariño enorme y he depositado todas mis esperanzas en él. ¡Por Dios, si con este horror ya se ha hecho un hombre! Tendrías que verle metido en una zanja llena de barro, con sus carros y su sargento, con esa serena eficacia y esa garra que tiene, con esos improperios tan infantiles que dice, con esos andares medio chulescos que gasta al invitar a su tío a tomar una copa. Me lo llevé a cenar al comedor de los corresponsales de guerra, donde primero los dejó a todos impresionados con su alcurnia familiar y luego se los metió a todos en el bolsillo. En fin, que los muy condenados lo trataron mucho mejor de lo que nunca me han tratado a mí, porque, hablando en plata, eran una pandilla de... piezas de orfebrería fina.

He sabido que estabas en el mar del Norte, al mando de un buque de guerra o un mercante; nunca llegué a saber de cuál se trataba. Pero me puse enfermo de envidia. Te imaginaba a bordo, tú, el mismísimo Conrad, dejando dicho que te avisaran si cambiaba el tiempo y bajando a tu camarote, donde abrirías un cajón (cerrado con llave) bajo la litera, sacarías un vaso y tomarías un trago antes de dormir. Entre tanto yo, en fin... estaría haciendo el idiota por algún campo de batalla que otro, como un vagabundo que sólo vive en pensiones de mala muerte. Llegados a este punto, se impone la correspondiente sarta de palabrotas.

Tuve un telegrama de mi amable jefe, Donald, sobre el relato que escribí como testigo ocular de la batalla de Gorizia. En todo caso fui un testigo acústico, a decir verdad, pues todo sucedió a oscuras y te juro por lo más sagrado que el agujero que tengo en mis famosos pantalones de pana de Bedford me lo hicieron con algo más grande que una bala y más pequeño que un obús. Pero en algún momento tendrán que ponerse a luchar en serio, digo yo. Si Donald me deja seguir aquí durante el tiempo suficiente, acabaré dando con una buena historia para un artículo.

Siento saber eso que me cuentas de que el vino escasea en Inglaterra. Aquí son otras cosas las que nos faltan. Por ejemplo, no he tomado mantequilla desde que salí de Suiza, aunque no me ha faltado vino en cantidades respetables. También he recibido una amable carta de la buena de Jess, para quien te mando un cariñoso saludo. Siento mucho que no esté bien de salud. ¿Cuándo demonios lograremos vernos los tres otra vez?

Discúlpame por usar una máquina de escribir. Es que ya casi no sé escribir. Os mando mi cariño a todos. Procurad no olvidarme del todo.

Atentamente,

Perceval Gibbon»

Esta carta había que incluirla aquí, aunque se escribió mucho después que los sucesos que se narran en esta parte.

En la casa de Someries sólo pasamos unos catorce meses, entre otras cosas porque estaba en una parte del país que nos resultaba ajena. John tenía tres años recién cumplidos cuando nos marchamos de Bedfordshire y regresamos a Kent a buscar una casa más adecuada. Cuando decidimos marcharnos Borys llevaba unos seis meses interno en un pequeño colegio de Luton, aunque los fines de semana los pasaba en casa. La mudanza la hicimos con nuestra acostumbrada técnica de poner el carro antes que el caballo. Joseph Conrad llevaba días con un leve ataque de gota, así que fue un alivio cuando nuestro querido amigo el doctor Mackintosh vino con Perceval Gibbon y su esposa para llevárselo a su casa durante unos días, mientras yo me encargaba de traslado.

Mi dueño y señor me había encargado que estuviera dispuesta a abandonarlo todo, incluso a dejar los muebles tirados en mitad de la carretera, si su ataque de gota empeorara. El modo en que se marchó de Someries fue el contrapunto adecuado al modo en que había llegado. En primer lugar, no permitió que levantaran las alfombras ni descolgaran los cuadros antes de que él se hubiera marchado con nuestros amigos. De nada me sirvió repetirle que los hombres de la mudanza ya estaban en el jardín de atrás con los furgones. A decir verdad, habían logrado sacar del salón los muebles más grandes sin que mi marido se diera cuenta, pero les obligó a volver a ponerlos en su sitio. Esto indignó a los transportistas, que se negaron a ceñirse al presupuesto si no se les dejaba trabajar. Al final se retrasaron tanto en cargar los muebles que se les hizo tarde para emprender el viaje, por lo que esa noche me tocó alimentar y acoger en casa a los ocho hombres.

Cuando al fin me pude tumbar en la cama a dormir en aquella casa por última vez, pensé que los catorce meses pasados allí me habían resultado bastante difíciles de soportar. En primer lugar porque aquella casa era la primera de nuestra vida matrimonial que tenía un cuarto de baño, pero ése era precisamente el lugar en que se instalaba mi marido, en los momentos más inconvenientes, a escribir. Creo que el motivo que alegaba era que la habitación daba al sur, por lo que se mantenía en calor sin necesidad de tener un fuego encendido.

En otra ocasión se empeñó en el que el viejo jardinero se llevara todas las plantas del invernadero de cristal que estaba al fondo del salón. Entonces le dio por aparecer en la puerta ataviado con un albornoz de rayas amarillas y azules, la cabeza envuelta en una toalla de colorines mojada y calzado con un par de enormes babuchas arabescas. De esta guisa se subía a la tarima del invernadero, justo debajo del techo de cristal y, pertrechado de un libro y una remesa de pitillos, se tumbaba a tomar el sol. Aquello implicaba tener que hacer guardia en la puerta para entretener a cualquier visitante inesperado mientras el extraño personaje se escabullía, normalmente quejándose en voz alta y soltando denuestos sobre las personas en cuestión. Si él se negaba a salir del invernadero, había que decir que yo estaba fuera de casa o indispuesta, por lo que en ese momento no podía recibir a nadie.

CAPÍTULO UNDÉCIMO

La tranquilidad de aquella noche se quebró con una serie de ruidos extraños. Mi dormitorio estaba encima de un enorme almacén y me despertó varias veces el estrépito metálico de unos hombres moviendo una carretilla llena de carbón que colocaban con una pala. A ninguno de mis hijos pareció molestarles demasiado el ruido y yo estaba tan cansada que apenas me afectaba nada. La casa aquella estaba llena de ruidos. Los cimientos parecían haberse desplazado, pues si alguien caminada por el piso de arriba afectaba al dintel de la puerta de la cocina, cuyo pasador se soltaba de un modo fantasmagórico, haciendo abrirse la puerta con tal naturalidad que, de no haber una explicación humana, sería imposible no creer en un fantasma dado a los paseos nocturnos.

Por la mañana mis impresiones quedaron demostradas de manera palpable. Algunos de los vecinos habían decidido aprovechar bien la noche y se habían llevado hasta el último pedazo de carbón o leña que había en el almacén. Sin poder desayunar nada caliente, esperamos hasta que acabaron de embalar los muebles y entonces llegó el cabriolé que nos mandaban de la pensión para llevarnos a la estación.

Recuerdo bien lo amable y hospitalario que fue el patrón del Bell Inn de Luton, donde al llegar nos encontramos con un pequeño festín que no esperábamos en absoluto.

Al llegar la hora de salir no había recibido ningún S.O.S. de Joseph Conrad, por lo que decidí guardar silencio sobre la última faena de nuestros vecinos, que nos habían robado absolutamente todo el combustible que había en la casa. Tuve suerte de que el capataz de la empresa que nos hacía la mudanza fuese un hombre tan decente. Me vi obligada a llamarle cuando el guarda de la granja se puso de lo más grosero, dándome la espalda al hablar y negándose a apartarse de la puerta. Cuando pedí ayuda casi se produjo una pelea entre los dos hombres. Entre unas cosas y otras, aquella mudanza no fue precisamente una experiencia agradable.

Por la tarde dejé a Borys en el colegio, tal como habíamos acordado. De nuestro gato se encargó uno de los transportistas, que aceptó llevarlo en la cesta hasta Smeeth, donde estaba la estación más cercana a nuestra nueva casa de Kent. El grupo formado por John, que ya era un hombrecillo de tres años, nuestra vieja y fiel criada, el perro Escamillo, y yo, emprendimos el viaje a nuestra región preferida del país. Eran las nueve pasadas cuando nos apeamos del tren en Smeeth y subimos al coche abierto que había ido a la estación a recogernos. Aquella noche era difícil tener altos los ánimos, pero tomé a mi hijo pequeño en brazos para darle calor y logré que se durmiera durante el corto trayecto. Esa noche llegamos a la casa donde íbamos a guardar los muebles y en la otra casa que había enfrente, al otro lado de la carretera, era donde pensábamos atrincherarnos, como decía Joseph Conrad, hasta poder encontrar un sitio más adecuado.

Nos apiñamos como pudimos en aquel espacio mínimo y fue casi milagroso lograr meter tantos muebles grandes en unas habitaciones tan pequeñas. A decir verdad, no me había dado ni cuenta de la cantidad de cosas que teníamos hasta que emprendimos la mudanza. Hasta el capataz de los transportistas se rió de mí, pues en los cálculos nos habíamos quedado cortos en un furgón entero.

Lo que más me preocupó mientras vivimos en Aldington fue que el niño pequeño no tuviera un sitio donde jugar. El jardín consistía en un campito triangular entre la casa y la carretera, por lo que me pasaba el día aterrada con la idea de que mi hijo se escapara a la calle. Mientras vivimos allí sucedieron varios episodios graciosos. El jovenzuelo, con sus tirabuzones que le llegaban por la cintura, invitaba a casa a todos los que veía pasar, tanto si les conocía como si no.

—¿Quieres venir a casa? Tenemos un fuego que da mucho calor.

En cuanto al pobre Joseph Conrad, aquel sitio tan pequeño le debió agobiar bastante. La única habitación que pude ofrecerle para escribir era el dormitorio grande de delante, convertido en sala de estar que hacía las veces de despacho. En el cuartito contiguo, del tamaño de un armario grande, logré poner unas estanterías. A modo de estufa había una especie de infiernillo y la vieja puerta de roble dejaba ver la escalera y, por supuesto, dejaba entrar el aire frío. No teníamos allí la menor comodidad ni seguridad. Cuando nuestra vieja criada tuvo sus acostumbrados problemas gástricos, hubo que llevarla al hospital de Folkestone.

Pero incluso allí iba gente a vernos, aunque tuvieran que dormir fuera de casa, en algún lugar próximo. Norman Douglas pasó varios días con nosotros en aquel lugar. Sir Hugh Clifford vino con una de sus amigas y también nos visitaron varios que vivían por los alrededores, como el señor Michael Holland, que había viajado mucho por África pero que en aquel entonces vivía en Smeeth y era miembro de la asociación nacional de cazadores.

Fue allí donde el capitán Marris, un marino australiano, nos hizo una visita inolvidable. Tras su pérdida de memoria había una historia tremebunda, cargada de tristeza y desamparo. El pobre nos enseñó fotos de su esposa, que era una princesa malaya y de su hija pequeña. La parálisis parcial que le enturbiaba los recuerdos era la consecuencia de una colisión sufrida en un río de Oriente. El capitán tenía familia en Inglaterra y los suyos se lo habían traído de vuelta con la esperanza de que en casa recuperase, tal vez, el uso de sus facultades.

En aquel entonces Arthur Marwood venía mucho a vernos y Joseph Conrad iba con frecuencia a su casa, que estaba a pocos kilómetros de distancia. Una de las veces que le invitamos a tomar el té coincidió con un joven de Charlestown que venía de una cacería con el presidente Theodore Roosevelt y su hijo.

La primera vez que vino a casa mi marido le indicó que tomara el tren a la estación de Smeeth, pero nuestro papel de escribir era confuso, pues la dirección ponía «Cerca de Hythe». Como el muchacho no se conocía la región, alquiló un cabriolé viejo cuyo conductor le desvió casi doce kilómetros de su destino. En Hythe le indicaron cuál era el camino correcto, por supuesto, pero acabó llegando a casa cuatro horas más tarde de lo previsto. Un auténtico fiasco.

En esa ocasión Joseph Conrad me dio instrucciones muy precisas sobre la comida, que debía ser tan refinada como abundante y que debía estar lista para tomarla apenas el invitado entrara por la puerta. Sin embargo, nosotros comimos unas tres horas antes de que él llegara. Me parece estar oyendo la voz de mi marido, que se había puesto nervioso al ver por fin, desde la ventana de arriba, el esperado cabriolé bajando la empinada cuesta de casa.

—Ahí viene, Jess. Habrá que sacar la comida otra vez, y no podemos hacerle esperar.

Por suerte, el almuerzo era de los que se pueden preparar en poco tiempo, por lo que cuando Arthur Marwood apareció a las cinco a tomar el té; tal como había quedado, la mesa estaba lista. Bastó con cambiar la vajilla e introducir alguna variante en la nutrida bandeja del té, es decir, se trataba de una simple transición. Pero al final resultó todo bastante agotador y complicado también, pues sólo contaba con la ayuda de una criada campesina algo rústica. A la chica se le saltaron las lágrimas y tuve que levantarme en plena comida para ir a tranquilizarla y prometerle que le daría libre el día siguiente.

Warrington Dawson, nuestro visitante tardío, nos cautivó a los dos con su espontaneidad. Mi marido se quedó encantado cuando le dio cariñosos recuerdos de parte del presidente Roosevelt y después del té los tres hombres disfrutaron de una larga charla. Arthur Marwood era un hombre interesante en cualquier circunstancia, pero además resultó tener muchas cosas en común con nuestro joven invitado. A día de hoy sigo teniendo el mismo cariño de entonces a aquel hombre

Reginald Perceval Gibbon en 1909

El escritor y crítico francés M. Jean Aubry, 1911

cosmopolita que entonces era nuestro vecino, pero me estoy anticipando un tanto. Entre aquella ocasión y el posterior inicio de las hostilidades nos vimos muchas veces, aunque la vida nos ha mantenido alejados desde entonces.

F. M. H. vivía en Aldington, bastante cerca de nosotros, en lo alto de una cuesta sobre el pantano de Romney. Mi marido y él ya no eran tan amigos y estoy segura de que tendría algo de celos del enorme afecto que le tenía Joseph Conrad al otro vecino, Arthur Marwood. Ahora me da cierta risa recordar el episodio que voy a narrar, pero en su momento sentí tal ira que me quedé demudada.

En aquellos tiempos F. M. H. no venía mucho a casa, pero aquel sábado apareció de pronto y, con su grandilocuencia habitual, nos impartió la siguiente información:

—Ah, por cierto, querido amigo, Mackintosh va a pasar este fin de semana en casa con una serie de personas. Las comidas las vamos a hacer aquí, porque mi mujer no puede atender a tanta gente.

Joseph Conrad se quedó boquiabierto, tal vez pensando en lo entretenido que parecía el plan. En cuanto a mí, tardé unos instantes en reaccionar, pero cuando recuperé el aplomo dije:

—Ah, pues te ruego que no te precipites, porque el doctor Mackintosh también es amigo nuestro. Por eso yo creo que lo correcto es que si mañana va a tu casa te encargues tú de atenderle. Cuando los Mackintosh vengan a casa nosotros haremos lo mismo, sin involucraros en absoluto a ti ni a tu esposa. De modo que me niego en redondo a aceptar tu sugerencia.

Aquella fue la primera vez que soltaba un discurso tan largo o me rebelaba contra cualquier plan que pudiera suponerle algún placer a mi marido, que demostró su enfado y contrariedad marchándose de la habitación con un portazo, por que F. M. H., viéndose ignorado, se sintió incómodo y acabó por marcharse. Lo gracioso fue que al día siguiente no había ni rastro de los invitados en su casa.

Este pequeño incidente es cierto hasta el último detalle y sirve para demostrar la frialdad que había entre ambas familias.

Poco después la tensión pareció aumentar, pues a F. M. H. cada vez lo veíamos menos. A decir verdad, yo ponía poco de mi parte. Tras un par de encuentros desagradables entre los Marwood y los Hueffer, hice todo lo posible para que no se encontraran en nuestra casa.

Un día en que mi marido estaba muy reacio a recibir cualquier tipo de molestia del mundo exterior, nos trajeron un recado, escrito en un tono de lo más imperioso, exigiendo que Joseph Conrad fuese a casa de los Hueffer inmediatamente. Tras decidir acompañarle, salimos los dos en nuestro cabriolé. Recuerdo el salón de la casa como si lo tuviera delante, pues era de lo más llamativo, con una enorme chimenea en la que ardían unos troncos enormes. El suelo casi entero lo cubría una alfombra turca de colores desvaídos y los libros parecían llenar la habitación entera, amontonados sobre las mesas. Al fondo del todo había un diván tapado con una tela antigua y unas sillas de bambú. Ante la chimenea, un fuelle enorme. En las paredes ahumadas, varias reproducciones de Ford Maddox Brown, colgadas de cualquier manera, formando ángulos extraños. El centro del techo, que era bajo, parecía sujeto por dos altísimos postes que procedían, evidentemente, de una cama antigua. La luz se filtraba por los cristales emplomados de las ventanas alargadas, iluminando casi como un foco la espigada silueta femenina de Elsie Hueffer, que fue quien nos recibió, entrando con aire teatral en aquella habitación donde encajaba a la perfección, completando con su presencia la estampa del viejo mundo.

La señora Hueffer, que tenía una leve cojera, llevaba un traje largo de líneas rectas y un color indeterminado, una banda ancha en la cintura y un collar de grandes cuentas de madera. Tras saludar a mi marido con cierta solemnidad, a mí me ignoró por completo. Desde el diván donde estaba sentada hice un leve movimiento de cabeza, pero la traté con la misma indiferencia que ella a mí. La actitud de Elsie Hueffer no me desconcertó lo más mínimo, pues era evidente que no esperaba verme aparecer con mi marido. Una vez establecido eso, guardé silencio y permanecí atenta a lo que pudieran decir.

Pronto quedó claro que el motivo por el que la esposa de F. M. H. había decidido molestar a Joseph Conrad era para soltarle una charla sobre las costumbres y las manías de todas las gentes literarias. Al avanzar en su diatriba se fue exaltando cada vez más, hasta acabar amenazando con desnudar a todo el mundo literario. En cuanto a nosotros, ninguno de los dos entendía por qué Elsie Hueffer infligía semejante castigo a mi marido. Para distraerme me dediqué a mirar los objetos de la habitación, hasta que oí el nombre de John Galsworthy. Al instante mi marido se puso en pie, absolutamente fuera de sí, agitando el dedo índice a pocos centímetros del rostro de la dicharachera señora.

—No *dijas* eso —repitió dos o tres veces.

El inglés que tan bien hablaba parecía haberle abandonado por completo. Tras recuperar el sombrero, me agarró del brazo, empujándome bruscamente hacia la puerta.

—No *dijas* eso en tu vida —repitió por última vez.

En un abrir y cerrar de ojos habíamos salido de casa de los Hueffer y estábamos en nuestro cabriolé. No habíamos dicho ni una palabra de despedida, pero supongo que nuestra abrupta salida contribuyó a que la furibunda dama recuperase la serenidad más que cualquier posible reproche por nuestra parte.

Ese incidente tuvo algo que ver con el tremendo nerviosismo que le entró a mi marido cuando hubo de ir a la ciudad varios días después. Una vez más, acerté en mi diagnóstico, pues los síntomas de desesperación que me pareció ver resultaron ser ciertos.

El manuscrito de *Bajo la mirada de Occidente* ya estaba listo para entregárselo al señor Pinker, por lo que me sorprendió bastante cuando Joseph Conrad no quiso llevárselo a Londres ese día. Además, estaba de muy mal humor, lo que me hizo sospechar que aquello pudiera ser el preludio de un ataque de gota. Para empezar, decidió llevarse a la estación mi cabriolé, uno de esos incómodos coches para señoras. Como mi marido estaba preocupado y más distraído de lo habitual, se metió en un bache que hizo saltar un muelle del carro. Por suerte, estaba casi a las puertas de la estación, así que pasó las riendas a nuestro buen Slingsby, que tenía el encargo de traerse el coche de vuelta a casa y sin decir ni adiós, se apresuró a sacarse el billete. Dolido ante la brusca marcha de su jefe, el anciano mozo de cuadra azuzó al poni para emprender el regreso.

Al llegar a la editorial se produjo algún otro incidente que terminó de desquiciarle. Cuando se enfadaba Joseph Conrad tenía una fuerza arrolladora, de la que a menudo no era consciente. Durante aquella acalorada discusión apoyó los codos en los brazos del sillón con tal ímpetu que lo rompió. No sé bien lo que sucedió después, pero si la exhibición de fuerza física inclinó la balanza a su favor o si salió victorioso de la trifulca, de poco sirvió, pues su irritación renació al llegar al despacho del señor Pinker.

Una vez allí mi irascible marido profirió alguna quijotada a su viejo y leal amigo, empleando para ello un modismo extranjero, cosa que enervó al inglés, que le dijo en tono cortante que le hablara en su idioma, si no le importaba mucho.

Tras aquel percance Joseph Conrad buscó refugio en casa de su amigo John Galsworthy, donde pasó la noche. Por increíble que pueda parecer, estaba tan nervioso que atravesó el colchón con un pie mientras dormía. Su anfitrión, temeroso de un ataque de gota, me puso un telegrama para aconsejarme que fuera a recibir a mi marido, que regresaba a casa en tren.

La tormenta no había amainado cuando fui a buscarle a la estación, por lo que no le dije que sabía en qué tren volvía y se quedó convencido de que yo había aparecido allí por pura casualidad.

De camino a casa mi marido apenas habló y le agradecí que me dejara llevar el coche sin poner objeciones. Iba sentado con la cabeza hundida entre los hombros, postura que adoptaba cuando tenía algún motivo de inquietud, por lo que me alegró que el trayecto fuese tan corto.

Al llegar a casa Joseph Conrad se dedicó a pasar las páginas del manuscrito con actitud abstraída, como si no supiera lo que tenía entre las manos. Al cabo de un rato se sentó ante su mesa y escribió a toda velocidad la siguiente nota, algo críptica, a su agente, J. B. Pinker: «¿Tienes una copia completa de *Bajo la mirada de Occidente*?». El telegrama lo pagó por adelantado y se quedó esperando la respuesta con un nerviosismo que me acabó contagiando. Al final llegó la contestación, que consistía en una sola palabra: «No». A partir de entonces mi desconcierto no hizo sino aumentar, pues mi marido parecía incomprensiblemente entusiasmado ante la noticia de que no existiera ninguna otra copia. Mirando de reojo la pila de hojas que tenía encima de la mesa, temí que se estuviera planteando destruir el manuscrito del libro. A día de hoy no sabría explicar por qué desconfiaba de sus intenciones, pero intuía que algún oscuro desastre se cernía sobre aquel montón de hojas que representaban tantas horas de angustioso trabajo para él y también para mí, que lo había pasado a máquina. La lección que saqué de aquello fue la de no conformarme con una sola copia, cosa que puse en práctica desde entonces.

No obstante, la delicada situación requería todo el tacto y la diplomacia posibles. Con el pretexto de que tenía que ordenar la mesa, aproveché un momento en que Joseph Conrad parecía estar dedicado a sus cavilaciones para llevarme el paquete sigilosamente. Instantes después tuve el placer de girar la llave del cajón donde lo había metido. Pero cuál no sería mi sorpresa al oír la voz de mi marido, que me hablaba en tono mesurado desde el sofá bajo la ventana:

—Cuidado con esa llave —me dijo—. No vayas a perderla.

—Tendré muchísimo cuidado —le dije con toda naturalidad, procurando que no se me notara el asombro.

A continuación intenté distraer a mi marido con una anécdota sobre algo que había pasado en el pueblo. Tenía intención de enfrascarle en una discusión, pero era evidente que no me estaba escuchando, pues estaba dedicado a restregarse una mano como si le molestara y así pasó un buen rato, en un extraño estado entre la preocupación y el nerviosismo, pero sin dejarse cuidar ni ayudar. No me sorprendió nada cuando al día siguiente se quejó de tener dolores aquí, allá y en todo el cuerpo. Pero al mismo tiempo estaba excepcionalmente callado y ajeno a todo. Nada más despertarse, siendo aún muy temprano, salió de mi habitación y se tumbó hecho un ovillo en un enorme sofá que había en un cuartito encima de la cocina, que más que una habitación era un pasillo. Toda su actitud me resultaba de lo más extraña. Al cabo de un rato fui en su busca con una taza de café caliente y le sugerí mandar venir al médico en ese mismo momento. Se opuso de un modo tan tajante que lo achaqué a su resentimiento por haberle guardado bajo llave el manuscrito. Decidí dejarle solo y volví a mi cuarto a acabar de vestirme.

Debió ser una hora más tarde cuando volví de nuevo al cuarto de arriba, pasando de puntillas ante el sofá donde seguía tumbado. Como no dijo nada, pensé que estaría dormido. Por eso me asusté al oír un extraño susurro ronco.

—Creo que quizá deberías pedir al doctor Hackney que venga —dijo—. Pero que sea cuanto antes.

Al volver la cabeza para mirarle, no dije nada para no asustarle. Estaba muy enfermo, evidentemente, y me espantó ver que tenía la garganta tan hinchada que se le juntaba con la barbilla. Pasados unos instantes empezó a delirar, mezclando el inglés con su propio idioma al farfullar su resentimiento contra el señor Pinker.

—Que le hable inglés si no me importa... ¿Y en qué idioma se creerá que está todo lo que he escrito...? Voy a quemarlo todo, maldita sea... Ayúdame a levantarme... Dame un espejo... Debo estar hecho un adefesio, con esta barba tan larga...

La parrafada acabó en un sollozo ahogado que me hizo ponerme al instante en mi papel de enfermera. Había que evitar a toda costa que pudiera verse en el espejo. Respiraba y hablaba con bastante facilidad, lo que me convenció de que la infección era, en gran parte, externa. Le prometí traerle todo lo que me pidiera si se quedaba quieto mientras yo iba a buscar las cosas. Aprovechando la excusa salí corriendo a mandar aviso al médico para que viniera. Entonces, al ver que se había quedado adormilado, me enfrasqué en los preparativos necesarios, procurando darme prisa y no hacer ruido.

Era obvio que no se le podía dejar donde estaba, en un pasillo donde había corriente, así que convertí la sala de estar en un dormitorio donde encendí un buen fuego justo antes de que llegara el médico. Es asombroso el modo en que los pequeños detalles se quedan grabados en el conocimiento subconsciente, pues en aquel momento mi gran preocupación era el ataque de gota de mi marido, el más grave que había tenido en mucho tiempo, con diferencia. Sin embargo, pese a tener el cerebro totalmente dedicado a la enfermedad, caí en la cuenta de que los maderos verticales de la chimenea estaban tan cerca del fuego que constituían un claro peligro.

Nuestro casero tenía varias planchas de piedra en el jardín y bajé a hablar con él para convencerle de que me prestara dos de ellas, cosa que el buen hombre hizo, junto con un buen trozo de alambre grueso que me sirvió para sujetarlas a los lados de la chimenea. Recién acabada mi labor, llegó el médico.

Me llevé un disgusto al ver que no era nuestro doctor habitual, sino su ayudante, un hombre que se quedó tremendamente impresionado con el estado de mi marido, pero apenas nos sirvió de nada. En primer lugar, se negó rotundamente a quedarse para supervisar el traslado de una habitación a otra.

—Tiene una fiebre de 40 grados —dijo—. Si le cambia de cuarto, la única responsable es usted.

De nada me sirvió indicarle que el paciente estaba expuesto a una corriente de aire frío que no se podía evitar, pues procedía en gran parte de los maderos del suelo, que estaban sueltos. Cada vez que alguien abría la puerta de la cocina del piso de abajo, la alfombra de la habitación se inflaba al llenarse de aire.

Sin embargo, el médico se obstinó en su actitud, repitiendo lo de «la única responsable es usted» al salir por la puerta.

Me di una vuelta por la casa, buscando algún modo de solucionar el peligro del que el doctor me hacía responsable, pero no se me ocurría nada y pensé que mi marido se podía poner peor mientras yo dudaba entre hacer esto o aquello. Al ver que Joseph Conrad estaba tiritando y le castañeteaban los dientes, decidí que había que trasladarle inmediatamente.

Pedí ayuda a tres peones de la granja, que llevaron a mi marido envuelto en una manta, con todo cuidado, hasta la cama que le había preparado a pocos metros de donde estaba. En cuanto a él, mostraba una indiferencia absoluta ante lo que pudiera sucederle. Dejó que los hombres lo movieran sin ofrecer la menor resistencia, con los ojos cerrados y los brazos cruzados, soltando órdenes inconexas en un idioma de la Europa oriental. Parecía haber retrocedido al pasado y como debía ser consciente de que le estaban trasladando de lugar, su mente lo relacionaba con aquel espantoso viaje que hizo a la costa de África cuando se puso enfermo en el río Congo.

Mis porteadores suplían con entusiasmo y buena voluntad la maña que les pudiera faltar. Ninguno de ellos quiso aceptar el dinero que les ofrecí y tras darme la mano solemnemente, se ofrecieron a ayudarme si volvía a necesitar su colaboración. Creo que quien más sufrió con aquel traslado fui yo, pues me consideraba totalmente responsable de lo que pudiera suceder, pero también estaba furiosa con el médico que me había dejado en la estacada. Mi paciente, en cambio, recuperó el sentido durante el tiempo suficiente para sonreírme por haberle puesto más cómodo, pero al instante volvió a su agitado estado anterior, murmurando incongruencias sin parar.

Todo lo que decía era en polaco, menos alguna que otra ferocidad dirigida contra el pobre J. B. Pinker. Ese día se me hizo interminable. Me fue imposible conseguir ninguna ayuda, salvo la de mi vieja y fiel criada. Apenas podía separarme de su lado, pues me llamaba constantemente para que me sentara en la cama a colocarle mejor los cojines que tenía tras la espalda. En esa incómoda postura me pasaba horas y horas, vigilándole de día y de noche, aterrada de que pudiera escaparse si me despistaba. De vez en cuando me echaba a dormir en el sofá que había puesto delante de la única puerta que tenía la habitación. En más de una ocasión abrí los ojos y me lo encontré tambaleándose hacia mí, en busca de algo con lo que había soñado en su delirio. De no haber sido por Perceval Gibbon que venía mucho a casa y siempre —o eso me parecía a mí— en el momento preciso, lo cierto es que no sé si yo habría sido capaz de soportarlo.

Nuestra pequeña casa estaba en mitad de una cuesta sobre la que se alzaba la antigua iglesia, el edificio más grandioso del pueblo. Durante la enfermedad de mi marido decidí que jamás volvería a vivir cerca de una iglesia. Despertaba de mis breves momentos de sueño sobresaltada por la extraña voz de mi inválido recitando una misa fúnebre con su ronquera entrecortada mientras la iglesia cercana daba las campanadas por un pobre difunto. Pero hubo una noche en que me llevé un sobresalto tremendo. El médico, que seguía siendo el ayudante de nuestro doctor, me había avisado de que Joseph Conrad estaba verdaderamente enfermo. Había que tener en cuenta que era la primera vez que ese hombre atendía a mi marido, pero era evidente que estaba muy impresionado. Al final le pedí la tarjeta para poder hacérsela llegar al médico local, que era conocido por su impavidez, en caso de una urgencia nocturna. Tras repasarse los bolsillos apresuradamente me dijo:

—No llevo ninguna tarjeta encima, pero este médico la atenderá si le manda llamar. Nosotros también aceptamos a sus pacientes, porque tenemos un acuerdo.

Debió ser algo parecido a una premonición lo que me hizo plantearme la posibilidad de llamar al médico local, pues esa noche me vi en un gran apuro. Como no soy enfermera, debí pasar por alto ciertos síntomas que serían obvios para una auténtica profesional. Sólo sé que a las dos de la madrugada decidí que mi marido estaba gravemente enfermo y que su ataque había llegado a un momento crítico. En el tiempo que yo respiraba doce veces él respiraba una sola, tenía sudores fríos y estaba tumbado boca arriba sin moverse, recitando con voz débil la letanía de la misa fúnebre. Embargada por un sentimiento de absoluto desamparo fui a despertar al viejo jardinero y le pedí que fuera en su bicicleta a avisar al médico del pueblo, rogándole que viniera cuanto antes.

Me quedé en la ventana para ver al hombre subir andando la cuesta con su bicicleta y luego esperé sentada junto a la cama, hecha un manojo de nervios, hasta que el jardinero volvió con la buena noticia de que había conseguido hablar con el médico y le había dado mi recado. Pasó la primera hora, luego la segunda y la tercera. Vi palidecer la luna y salir el sol. Pero el médico seguía sin aparecer. Bajo mi tensa mirada el hombre tumbado en la cama parecía cada vez más rígido, con una respiración penosamente lenta y difícil. Salvo eso no se oía nada, ni dentro ni fuera de la casa, salvo el aullido ocasional de un búho o el lejano cacareo de un gallo. Al final no pude soportar más aquella situación de apatía. Procurando darme prisa, fui a buscar una botella de whisky y calenté una buena cantidad de agua. Alzando la cabeza de mi marido sobre mi antebrazo, le hice beber el alcohol a sorbos y luego, con mucha dificultad, le cambié de postura, poniéndole de lado. Sin poder dejar de temblar, esperé a que su respiración se hiciera más fuerte y regular. Se había quedado dormido, pero noté que sus dedos inertes recuperaban el calor. Le puse dos o tres bolsas de agua caliente pegadas al cuerpo, con cuidado de que no estuvieran tan calientes como para que se quemara al moverse, y entonces, tras apagar la lámpara y avivar el fuego, salí silenciosamente de la habitación.

En mi angustia, quería salir de la casa, aunque sólo fuera durante unos segundos. Arrastré una silla por el sendero del jardín y la coloqué bajo la ventana de su habitación. Sentada en ella me di el lujo femenino de pasarme un buen rato llorando. Al poco apareció la criada con una taza de café y la noticia de que mi paciente seguía durmiendo tranquilamente.

Cinco horas después de volver mi mensajero diciendo que había dado mi recado al médico él mismo en persona, y una hora después de mandar otro aviso urgente al doctor Hackney de Hythe, vi al médico local bajando la cuesta en su coche, a una velocidad que no indicaba el menor apuro. Sin apresurarse ni parecer preocupado en absoluto, se encaminó hacia mí. Pese a estar hecha una furia, esperé a que se acercara sin decir nada.

—Le ruego que me lleve de inmediato donde está el paciente —dijo.

Mantuve mi actitud pasiva, mirándole en silencio.

—Me ha mandado llamar —dijo el hombre en tono impaciente.

—Así es —dije—. Mi recado se lo dieron en persona, pidiéndole que viniera urgentemente... hace cinco horas.

—Tendrían que haberme avisado de que podrían necesitarme por la noche —respondió—. Pero lléveme donde está el paciente.

Pasándome la lengua por los labios resecos, mantuve su mirada sin pestañear.

—Mi marido está mejor, gracias. Está durmiendo tranquilamente y ya no requiere sus servicios.

—¿No me va a dejar verle? —preguntó con tono de verdadero asombro.

—Es precisamente lo que le digo, que ya no le necesito.

Furioso, el doctor dio un golpe con el pie en el suelo.

—¿Sabe que si no me deja verle la responsable de lo que le pueda pasar es usted? —me preguntó.

—No voy a permitirle ver a mi marido bajo ninguna circunstancia —le dije—. He mandado llamar a mi propio médico, al que veo bajando la cuesta hacia casa, por cierto —añadí.

Nunca en la vida, ni antes ni después, me he alegrado tanto de ver a un médico. Además, era el nuestro de siempre.

Los dos vehículos se cruzaron por el camino. El doctor Hackney llegó furioso, alabó mi valentía y tras ver al paciente me aseguró con toda seriedad que la dosis de whisky caliente que había dado a mi marido no sólo había sido acertada, sino que le había salvado la vida. De no haber tomado esa decisión, lo más probable era que Joseph Conrad no hubiera sobrevivido a aquella noche.

Poco después de aquello, mi obstinado inválido empezó a portarse de un modo verdaderamente reprochable, tanto que empecé a plantearme la conveniencia del tratamiento seguido hasta entonces. Nuestro buen amigo el doctor Hackney había estado muy pendiente de él, pero le desconcertaba mucho que nuestro paciente no presentara mejoría alguna. Tras explicarme el efecto que le debían haber producido ciertos medicamentos me dijo que no estaba nada satisfecho con el resultado, por lo que iba a consultar con otro experto. Ante esto no me quedó más remedio que hacer el papel de la acusica, como habrían dicho mis hijos.

Sentada junto a la cama de mi marido, me entró la incertidumbre, pero al final decidí dar mi opinión sobre el asunto. Sin embargo, no podía ser delante de mi marido, que presentaba toda una serie de síntomas nuevos para los que nos rogaba en tono lastimero que le diéramos un remedio eficaz. Por eso salí de la habitación y bajé al salón a esperar al doctor.

La historia que iba a contarle era ciertamente extraña y tras escucharla era posible que el doctor Hackney no quisiera seguirnos atendiendo, así que debía procurar convencerle. Cuando al fin bajó le recibí con una bandeja de café y unos cigarrillos. Con la mayor naturalidad posible, inicié mi relato explicándole que todas las semanas venían de Londres dos médicos amigos nuestros, totalmente ajenos uno al otro. Este método nos permitía encomendar a mi marido a tres especialistas distintos, que no estaban al tanto de nuestra estrategia. Joseph Conrad había demostrado tener una astucia que yo jamás hubiera sospechado, tal vez debida tanto a su enfermedad como lo poco que le gustaba tomar medicinas. Todo lo que le recetaban acababa en el desagüe de la pila de la cocina, donde se vertía solemnemente el contenido de cada frasco que le recetaban. La mano responsable era la de nuestra vieja criada, que seguía al pie de la letra las instrucciones de mi marido. Cuando regañé al enfermo por su actitud, el día antes de confesarme con el doctor Hackney, me replicó que su capacidad de tragarse mejunjes asquerosos tenía un límite.

—Yo sé lo que me pasa —me aseguró—. Pero no pienso contárselo a los médicos. Lo que faltaba era que el trabajo se lo hiciera yo.

Al final se decidió que yo escribiera a los otros dos doctores y los convocara para que los tres se reunieran a deliberar.

Mi marido nunca llegó a saber que todos ellos estaban al tanto de su descortesía con la profesión médica. Días después supe que durante aquella larga noche en que me angustié pensando que, como enfermera aficionada que era, debía haber obviado algún síntoma grave, resultaba que la criada le estaba alimentando de aspirinas, siguiendo sus instrucciones. Aquello fue, precisamente, lo que le produjo el colapso, por lo débil que estaba.

En cuanto mi marido recuperó algo las fuerzas contraté un cabriolé y lo llevé a ver una vieja casona que había descubierto, una probable solución a nuestro problema de alojamiento, con un alquiler poco mayor que el de aquella casa pequeña donde tan incómodos estábamos. Pero íbamos a tener tres casas alquiladas a la vez, nada menos. El contrato de la finca de Someries, que no había visto hasta entonces, estipulaba que aún teníamos tres cuartas partes del pago pendiente. Además, nos quedaba casi un año de estancia en la casa siguiente, a lo que había que sumar el alquiler del sitio que se me había antojado.

—Es imposible, querida mía —me dijo mi marido—. Tendría que ser millonario y no lo soy. Siempre hay una nube en el cielo y un pelo en la sopa.

Joseph Conrad tenía un refrán para cada ocasión. En cuanto a mí, tras dos días de desconcierto escribí una amable carta a un comerciante de Luton por el que me enteré de que en Someries ya había un inquilino nuevo. Como nos tocaba uno de los pagos, me arriesgué a escribir una carta circunspecta a nuestro casero para preguntarle a cuál de sus dos arrendatarios prefería, puesto que no podía tener dos a la vez. De ese modo solucioné uno de los impedimentos. Luego convencí a nuestro casero de entonces para que aceptara a otro inquilino, que yo misma me encargué de proporcionarle. Hecho esto, procuré animar a mi marido para que no se asustara al plantearle la firma de otro contrato de arrendamiento.

Nuestro casero, el dueño de Capel House, era el hombre más cortés del mundo y el amigo más generoso que habíamos tenido nunca. No sólo renunció a ocupar su propia casa para cedérnosla, sino que reparaba de inmediato cualquier desperfecto que le planteaba. Él mismo se llevó los muebles que tenía en Capel House y los metió en la pequeña cabaña del guarda bosque que había en la misma finca, perdida en mitad de un bosque de veinticuatro hectáreas. De este modo se convirtió en nuestro vecino más próximo. Además de permitirnos pasear por el bosque, acabó siendo un buen amigo en quien teníamos plena confianza. Ahora en Capel House vive su hijo, el señor Roland Oliver, que es abogado del Estado. En los años del racionamiento nos pasaron varias cosas curiosas con nuestro buen casero. Como siempre venía a casa a comer, un día me envió gran parte de lo que había cazado durante la jornada. Su buen gesto me animó a pedirle, para mayor seguridad, que me diera sus vales de racionamiento.

Todo lo sucedido en Capel House ocupará otro capítulo entero, o dos, de este libro. Allí vivimos nuestros tiempos de mayor ansiedad, tristeza y sufrimiento, tanto mental como físico, que fueron los cuatro años de la guerra. Pero la recta final de aquel tremendo ataque de gota, en la pequeña casa de Aldington donde cuidar de Joseph Conrad era una tarea verdaderamente difícil, transcurrió durante varias semanas que se me hicieron interminables.

Fue una convalecencia larga, pero también complicada, debido al mal carácter y el nerviosismo de mi excéntrico marido. En ocasiones se ponía de lo más infantil, pero también era muy tenaz cuando se le metía una cosa en la cabeza, aferrándose a la idea aunque existieran motivos más que evidentes para descartarla.

Por si esto fuera poco, era dado a guardar secretos, lo que hacía muy difícil entender su comportamiento, en el que creo que influía poderosamente la exagerada sensibilidad propia de su país. Tuvieron que pasar muchos meses para que me atreviera a mencionarle su imprudencia en el abuso de la aspirina. La ventaja fue que, una vez comprobado el su efecto negativo, se curó por completo de su afición a tomarla. Sin embargo, había ciertos medicamentos en los que mi marido tenía una fe incurable. Su remedio favorito para la gota era una receta del doctor Mackintosh que yo también conocía y cuyos ingredientes tenía siempre a mano, junto con una pequeña romana para poder mezclarlos en la dosis adecuada. Digo que siempre los tenía a mano, pero hubo una o dos ocasiones en que no llevaba encima mi botiquín de primeros auxilios para la gota. Recuerdo una ocasión en que tuve que ir a la farmacia principal de la ciudad más cercana a pedirles que me preparasen un frasco con cuatro dosis. El boticario, un buen hombre, se negó a satisfacer mi petición sin la correspondiente receta. Tenía toda la razón, por supuesto, pero yo quería conseguir el medicamento como fuera. Le di las gracias y sin detenerme a tomar aire le dije: «Póngame esta cantidad de esto y de lo otro y de lo de más allá», pues mi intención era comprar otra romana para mezclar los ingredientes por mi cuenta, ya que la receta me la sabía de memoria. El boticario se bajó de la escalera y, con una media sonrisa, me dio sin queja alguna el preparado cuyos componentes le estaba pidiendo por separado.

En otra ocasión se me acabó la reserva de medicamento y conseguirlo me costó un esfuerzo considerable. Sucedió en 1914, cuando queríamos volver a Inglaterra desde Polonia. Estábamos en Viena, la noche anterior al trágico descubrimiento de que me había quedado sin existencias. Acompañada de mis dos hijos, recorrí las calles vienesas en busca de una farmacia con el alentador cartel de «Se habla inglés», pero los habían quitado todos. Al entrar valientemente en un par de establecimientos, me negaron el remedio con una breve sacudida de cabeza. Finalmente entré en una farmacia donde vi el gesto de interés de uno de los hombres que estaban tras el mostrador, cuando uno de mis hijos se dirigió a su hermano con un susurro teatral, pese a tener terminantemente prohibido abrir la boca. Desesperada, me dirigí al hombre, que era muy joven.

—Seamos sinceros —le dije, procurando mantener la calma—. Sé que entiende usted perfectamente lo que le pido. Su país y el mío están en guerra, pero apelo a su bondad al rogarle que me dé lo que le pido.

Tras una apresurada conferencia en voz baja, los dos hombres mayores murmuraron algo incomprensible. Cuando los tres clientes anteriores se marcharon, el farmacéutico de más edad se plantó ante la puerta, con la excusa de cambiar de sitio uno de los carteles. En un abrir y cerrar de ojos, los tres preciados ingredientes se aparecieron ante mí, envueltos en un cuidadoso paquete. Al recibir las dos barras de jabón y la pasta de dientes que había pedido también, saqué un billete y recibí el cambio sin decir ni una sola palabra. Con una pequeña reverencia y un rostro solemne me apoderé de los paquetes, que Borys se metió en el bolsillo y salimos los tres a la calle.

Habíamos tardado exactamente una hora y media en conseguir el preparado, pero el alivio que sentía yo era inconmensurable. Los pulmones me silbaban al respirar, tal vez debido al susto de haber comprobado en carne propia que, efectivamente, estábamos en guerra con los habitantes de aquella maravillosa cuidad.

En un relato como el mío es muy difícil saber en qué lugar conviene situar cuestiones tan estrechamente relacionadas entre sí como estos dos últimos episodios, separados por un lapso de casi siete años. Esta dificultad no es sólo mía, sin embargo, pues recuerdo la constante preocupación de mi marido por este mismo asunto, cuando estaba escribiendo su *Crónica personal*. Hubo algún crítico que se quejó de que el libro no respetara la secuencia temporal de los hechos, pero no me parece que el libro se resintiera en absoluto por ese motivo. En todo caso, Joseph Conrad se negaba a volver sobre sus obras una vez escritas.

Ya que hablamos de recuerdos, nos divirtió mucho cuando John, que entonces tendría cinco o seis años, me preguntó muy seriamente:

—¿Crees que ya tengo edad suficiente para escribir mis memorias, mamá?

El niño me lo preguntó con un gesto tan serio que tuve que contenerme la risa y aconsejarle que esperase a tener algo más que contar. Ahora, pasados los años, me pregunto: ¿las llegará a escribir alguna vez?

CAPÍTULO DUODÉCIMO

La mudanza desde la casita de Aldington a Capel House la hicimos después de poner a mi marido en manos de Perceval Gibbon para que le cuidase entre tanto. Desde entonces he dicho muchas veces a Joseph Conrad que es más difícil trasladarle a él que a todos los demás enseres de una casa juntos. Como en la ocasión anterior, los furgones se quedaron a la puerta, vacíos, mientras él bajaba del coche una y otra vez para buscar el libro imprescindible de turno, aunque sabía que a los dos días iba a tener todas sus cosas en nuestra casa nueva. Me había dado instrucciones precisas sobre el modo en que tenía que colocar cada mueble, cada cuadro, cada libro. Tenía dos días para ponerlo todo en su sitio. Y lo logré, incluidas las cortinas, las alfombras y las lámparas en perfecto funcionamiento. Lo único que estaba sin colocar cuando llegó el amo de la casa eran sus libros, que seguían metidos en cajas.

Una vez más, el traslado fue latoso en gran parte debido a su tardanza en salir de casa. Cuando ya estábamos todos listos y con el carro de la mudanza literalmente hasta los topes, nuestro querido perro, Escamillo, no aparecía por ninguna parte. El pobre John, que entonces tenía cinco años, esta desconsolado. Tras perder dos horas buscándolo logré convencer a mi hijo de que nuestro buen amigo el señor Slingsby nos llevaría el perro a la casa nueva cuando fuera a llevar al poni. Precisamente en ese instante, Escamillo asomó el hocico bajo uno de los paquetes del furgón. El precavido animalillo se había asegurado de no quedarse olvidado en casa.

Al final llegamos a Capel House cuatro horas después de lo que yo pretendía, con una dramática reducción del tiempo que tenía previsto para organizarlo todo. Pero al final logré hacerlo todo, menos colocar los libros.

Tardé poco en trabar amistad con el anciano granjero dueño del terreno contiguo al nuestro, que era un campesino a la vieja usanza. Su vestimenta consistía en unas anticuadas polainas de cuero sin curtir y dos o tres chaquetones, dependiendo del tiempo que hiciera. Como estaba muy calvo, se cubría la cabeza con un vetusto gorro negro bajo el que le asomaban los pelillos grises de la nuca. Era un hombre bonachón cuya primera esposa había muerto, dejándole con una numerosa prole de hijos ya mayores y un buen número de nietos que procuraban incordiarle lo menos posible. Tenía puestas todas sus esperanzas en el hijo menor, cuya característica principal, a primera vista, eran unos ojos azulísimos. A decir verdad, eran los ojos más azules que he visto nunca a una persona adulta.

Recuerdo la asombrada tristeza del anciano cuando perdió en la guerra a uno de sus hijos mayores. Entró en casa con los gastados ojos llenos de lágrimas que le caían por la cara, mojándole las ralas patillas grisáceas que acababan en una curiosa barba partida en dos mitades. Estos dos mechones de pelo se le desplegaban sobre el pecho como dos abanicos, volándole tras las orejas con el viento. Tras quitarse los dos chaquetones y el lustroso gorro de fieltro, se sentó en un sillón.

—Tengo una pena muy grande —dijo mientras se cambiaba el sombrero por el viejo gorro de lana, pasándose los dedos rugosos por los ojos—. Es por mi hijo el mayor, al que puse de aprendiz con un comerciante de telas cuando era pequeño, pero el chico era tan tímido que se metía bajo el mostrador cuando entraba una mujer en la tienda. Tan tímido que no podía atender a una señora. Y lo mandan a luchar contra los alemanes, con lo tímido que era.

Tuvimos muchas conversaciones, algunas bien largas. Una de las cosas que más gracia me hacía era el interés del anciano por mi hijo menor, que tenía una especie de poder sobrenatural para comunicarse con los pájaros y los animales mudos. Junto al secadero había un gran roble que se alzaba sobre un foso seco y su padre le hizo feliz al comprar en Rye una vieja escalera de cuerda que mandó colgar de una de las ramas. La parte inferior colgaba sobre el suelo sin llegar a tocarlo, como una tentación. Mi hijo trepaba por ella con la agilidad de un marinero y pasaba horas subido al árbol.

Tengo grabada la imagen del «Duendecillo», como le llamaba su padre, vestido con un jersey azul y sus zapatos de caucho favoritos. Un par de años antes llevaba pantalones de peto de algodón, pero cuando le regalaron la escalera de cuerda había empezado a ponerse ropa de punto más ceñida. Su padre le consideraba un pequeño pagano y se negaba a que estudiara religión hasta que tuviera seis años. Cuando al fin se lo permitió le produjo un enorme placer que las primeras palabras del niño al saber de la crucifixión fueran: «Me parece repugnante. Es algo que habría que olvidar, porque no se puede estar orgulloso de una cosa así». La opinión era original, desde luego, pero el niño no la habría tenido en caso de haberle dejado estudiar algo de religión. El asunto ocupó la atención de mi hijo durante varios meses y emitió otra serie de opiniones originales hasta que al fin lo metimos en un colegio.

Un día me lo encontré mordisqueando un lápiz con gesto perplejo. Tenía los deberes desplegados encima de la mesa. A cada lado de su pila de libros había un gato y en una esquina se oía croar una rana.

—Mamá querida, qué difícil es saber la verdad. Si sólo hubiera un tipo de religión sería mucho más fácil, ¿no?

Instantes después de aquella pregunta, mi hijo echó a correr tras el gato, con su irresponsabilidad habitual. Mientras lo miraba, preguntándome cuál sería su siguiente cometario original, se me acercó con aire zalamero y me declaró su intención de montar una «fábrica de gatos».

—¿Sabes que el señor Hogbin ha vendido un montón de gatos a un chelín cada uno? —me dijo.

Ésa era la idea que tenía mi hijo de un buen negocio. Joseph Conrad explica en *Una sonrisa de la fortuna* el único negocio que hizo en su vida.

En aquel entonces Borys era un cadete del buque escuela *Worcester*, atracado en Greenhithe, una ciudad junto al río Támesis. La elección de esa academia había alegrado tanto a su padre, que yo no pude plantear ninguna objeción. La sólida formación que se impartía a bordo era importante, pero también era indudable que la perspectiva náutica de la vida podía unir más al padre y al hijo que la que pudieran impartir en cualquier otro colegio. En efecto, así fue. El chico salió a los dieciséis con un excelente certificado y con mucha pena de tener que marcharse.

Mientras nuestro hijo mayor fue cadete a bordo del buque, su padre y yo íbamos con frecuencia a ver al capitán, sir David Wilson-Barker, acompañados de nuestro hijo menor. Lo que me resultaba extraño, sin embargo, era que mi marido no tuviera intención alguna de enviar a su segundo hijo al buque escuela. Uno de los motivos pudo ser su incapacidad para digerir el paso del tiempo, pero también hay que tener en cuenta que llegó la guerra y lo alteró todo.

Durante las primeras semanas que pasamos en Capel House a mi marido le costaba mucho concentrarse en su nuevo libro. Fue por aquel entonces cuando estaba escribiendo algún artículo que otro en el *Daily Mail*, encargo que le azoraba un poco, como demuestra este extracto de una carta que escribió a John Galsworthy cuando acabábamos de mudarnos a Capel House. Está fechada el 26 de junio de 1910.

> …Al marcharme de Ashford tan solo, por primera vez desde mi enfermedad, me sentí tembloroso y completamente perdido sin Jessie. [Joseph Conrad había estado en la casa que tenían Perceval Gibbon y su esposa en Trosley, a pocos kilómetros de Maidstone.] Pese a nuestras buenas intenciones, es evidente que ni Gibbon ni yo escribimos una sola línea mientras estuve en Trosley. Él se dedicaba a llevarme en su moto con sidecar, rugiendo monte arriba y monte abajo como si huyera del diablo. No sé si aquello sería particularmente bueno para los nervios, pero al volver de aquellas excusiones me sentía liviano como una bolsa de muselina recién ventilada. Tenía un hambre

tremenda, pero estaba tan cansado que casi no podía comer. Aparte de eso, no acusé ningún otro efecto dañino.

El martes pasado, precisamente cuando me estaba marchando de la casa Aldington, recibí una carta de Bashford que incluyo aquí. [En la carta, el director del *Daily Mail* le sugería empezar a colaborar en el periódico con regularidad.] No necesito decirte que fue algo totalmente inesperado. Pero ahí estaba el asunto, ineludible como una piedra que te da de pronto en la cabeza. ¡Maravilloso! Tras reflexionar apresuradamente sobre el asunto, le respondí lo que te adjunto y ahora me hallo en posesión de otra carta donde me ofrece cinco guineas por columna y me anima a volver a intentarlo. No existe nada parecido a un contrato formal y ambas partes son libres de romper el acuerdo en cualquier momento.

Estoy muy tentado de aceptar la oferta. Mi opinión es que si lo hago, no cometo injusticia alguna con Pinker. Para escribir el artículo me tomaré un día a la semana, o el equivalente a un día en ratos sueltos. Si veo que no consigo hacerlo en ese tiempo, lo abandonaré. *¡Voilà!* Por otra parte, debo tener en cuenta que Pinker tiene derecho a llevarse una comisión por todo lo que yo escribo, pues es «lo acostumbrado en la profesión», según tengo entendido. ¿A ti qué te parece?

Estoy escribiendo una carta a Bashford para remitirle mi aceptación provisional y pedirle que me envíe un par de libros a lo largo de esta semana. En caso de que P. ponga alguna objeción, escribiré un artículo o dos y lo dejaré…

La divertida secuela de este asunto llegó poco después, cuando Joseph Conrad ya había escrito cinco artículos y cobrado cuatro de ellos. El quinto artículo se convirtió en la manzana de la discordia. Nunca llegamos a saber por qué no se lo publicaron, pero cuando le pidieron el sexto mi marido se enfureció. En el papel de envolver de los libros que le habían enviado, y que ni siquiera llegó a abrir, escribió: «El precio que me ofrecen no sirve ni para cortar la cuerda del paquete». Y se lo devolvió sin abrir.

Otro de los amigos que venían mucho a Capel House era Arthur Symons, que se hizo muy amigo de nuestro pequeño John. En una ocasión el poeta llegó con un aire más místico que nunca y ese día lo vi pasear con el niño por el jardín. Al salir me los encontré a los dos junto al foso, que en la parte que daba a nuestra casa estaba bastante lleno de agua turbia. En ese momento oí a Arthur Symons hablando con mi hijo en tono ponderado.

—¡Podemos andar sobre el agua, John! —le dijo a mi hijo.

—Muy bien, señor Symons. Usted primero —dijo el chico, apartándose para contemplar la hazaña.

Incluyo aquí un breve extracto de una carta que mi marido escribió en 1911 a al poeta Arthur Symons, que demuestra el verdadero cariño y aprecio que tenía por él y por su trabajo. Joseph Conrad se refiere aquí a una traducción que su amigo acababa de terminar.

> …Si la desesperación te lleva a hacer cosas como traducir *Crimen Amoris*, entonces te aseguro que no tienes por qué desesperarte. Uno sobrevive a todo, al desastre, e incluso a la destrucción, por absurdo que pueda parecer. Tu *désir de vivre* es la mejor prueba de que mereces estar vivo. Y no debes olvidar que existes *pour les esprits d'élite*, que constituyen la mejor clase de existencia.
>
> Recomendar el olvido a un hombre capaz de superar pruebas como las que has superado tú sería una idiotez. Sin embargo, como escribió el poeta, la vida es sueño, o, mejor dicho, una sucesión de *songes doux ou terribles*. Pues bien, de ser así, incluso en el terror podemos hallar la inspiración, una vez que recobremos el valor como para apartar los ojos. No mires atrás, pues el único modo de superar la injusticia, humana o divina, es ignorarla.

Cuando Arthur Symons le envió estos versos suyos como lema para el libro *Entre la tierra y el mar*, recuerdo bien lo contento que se puso mi marido

> Una trágica locura es la vida,
> que debemos tomar a risa,
> para espantar la desdicha.
> Tráeme acebo, una ramita.
> Qué trágica locura es la vida.

La enorme disimilitud que había entre ambos como artistas pudo ser la base de su sólida amistad. Creo que la de Symons era la única poesía que leía mi marido, es decir, que leía con sincero respeto y placer. Todo manuscrito que recibía me tocaba leerlo a mí, incluidos los de Symons, y mi marido tenía la costumbre de ofrecer mi opinión como la suya, sin el menor sonrojo, al emitir un acuse de recibo.

La mesa de escribir de Arthur Symons era un dechado de perfección, con los fragmentos de manuscrito etiquetados y todo anotado de modo metódico. Una costumbre sorprendente en un poeta, pensaba yo. Mi marido, por su parte, tenía verdadera aversión al orden en su mesa de trabajo, que era una masa de materia inconexa en un constante estado de caos. Las cuentas atrasadas se mezclaban con los impresos de Hacienda y las invitaciones pasadas de fecha. Cuando Joseph Conrad se fue a Estados Unidos y me puse a ordenar sus papeles descubrí sellos, pegados en sobres sin enviar, como para poder tirar cartas varios meses, suponiendo que hubieran estado al día. La mayoría de los sellos eran del año de la tana.

Joseph Conrad tenía la costumbre de adjudicarse cualquier regalo que recibiera yo, dándole el uso que le pareciera más apropiado, siempre que fuera posible. Por ejemplo, una pequeña bandeja de plata que me regalaron por mi cumpleaños era para poner agujas y alfileres, pero acabó convertida en un cenicero.

También se apropió de mi agenda y de un cuaderno de pergamino que tenía yo. En cuanto a su empeño en impedir que yo tuviera una mesa de escribir, era tan disparatado que daba la risa. En su despacho, que, como he dicho, él llamaba la «cámara de tortura», llegó a tener cuatro mesas a la vez. Al fin logré dar con una mesa que le horrorizó tanto como para negarse a tenerla en casa y mucho menos en su despacho.

Cada vez que veía «el horror», como él la llamaba, amenazaba con prenderle fuego.

—Espera a que llegue el 5 de noviembre, John —dijo un año al acercarse la fiesta de la noche de las hogueras—. Este año vas a ver lo que es una buena hoguera de verdad.

Tuve la suerte de que olvidara su amenaza antes de cumplirla. Pero cuando la mesa estaba recién comprada, mi marido la señalaba con el dedo y se quejaba de mi mal gusto para elegir un mueble.

Joseph Conrad también tenía la costumbre de volver sobre los agravios una y otra vez, pese a ser un defecto que le molestaba tremendamente en otras personas, a las que criticaba profusamente por «rumiar las ideas». Si a los niños o a mí se nos ocurría quejarnos de algo más de una vez, nos lo reprochaba en un tono hiriente.

De Capel House nos quejábamos todos repetidamente, por lo aislada que estaba de todo. Tenía razón Richard Curle al describirla como «la típica granja de Kent», aunque no era del todo cierto. La casa de Pent tenía vistas desde todos los lados menos uno, que daba a la falda de la colina que daba nombre a la finca. En su texto Richard Curle decía que «Esta casa baja, perdida en mitad de unos campos llanos y rodeada de bosquecillos de robles chaparros, tiene en su aislamiento algo hogareño, algo simbólico, para mí, de la genialidad distante pero amable de Conrad». Tal vez tuviera razón, pero el adjetivo «distante» tenía un alcance que sólo conocíamos su esposa y sus hijos. En ocasiones, su pasión por buscar la soledad como compañía constituía un verdadero obstáculo para llevar una vida medianamente normal. Cuando él no quería ver a nadie, por grande que fuera la casa, nadie podía traspasar nuestras puertas.

En una ocasión sucedió que una de mis queridas amigas, la señorita Capes, llegó en uno de los momentos en que mi marido quería tener la casa cerrada. Como ella llegó a última hora de la tarde, Joseph Conrad sólo la vio durante la cena en que la trató sin la menor cordialidad, guardando un resuelto silencio hasta que terminamos de comer, cuando se levantó para encerrarse en su despacho. Pero antes de irse se tomó la molestia de desear a la buena señora un irritado «Buenas noches».

Decidida a hacer cuanto estuviera en mi poder para suavizar la situación, había sugerido a mi amiga que se retirase pronto esa noche, aduciendo que tenía algo sobre lo que le quería pedir consejo. A decir verdad, me costó dar con algo que pareciese requerir toda su atención y me alegré al recordar un vestido que me estaba haciendo y que no me acababa de quedar bien.

Mi querida Harriet se dio cuenta de mi estrategia, evidentemente, pero era tan lista que hubiera sido ridículo negarle la descortesía de mi marido, así que la convencí de que se quedara pese a todo. Saqué el vestido y nos lo llevamos a su habitación, que estaba alejada de los oídos indiscretos. Llevaríamos hablando algo menos de media hora cuando caímos en la cuenta de que había alguien paseando ante la puerta del dormitorio.

—¿No es mejor que vayas a ver si quiere algo, querida? —me preguntó Harriet en mitad de nuestra charla.

Ante su sensata sugerencia, abrí la puerta y asomé la cabeza. Desde la otra punta del pasillo Joseph Conrad me hizo seña para que saliese del cuarto de nuestra invitada y me acercase al nuestro.

—¿Es que no piensas irte a la cama? —me preguntó con aire imperioso.— Quiero ponerme a trabajar —añadió en tono indignado—. Tengo que mandar el manuscrito mañana, como ya sabes perfectamente. Quiero tener la casa para mí solo.

—Pero... —murmuré, verdaderamente atónita—. Si no te estoy molestando. Estando en esa habitación no se nos oye hablar y sabes que a mi querida Harriet le gusta acostarse tarde.

Mi protesta sólo le hizo reiterar con más insistencia que debería desvestirme y meterme en la cama cuanto antes. No pude evitar que me hiciera gracia su obstinación, que despaché con una sacudida de hombros. Tras desvestirme apresuradamente, me cepillé el pelo. Entre tanto mi marido no decía nada, pero cuando me metí en la cama, se acercó a darme un beso. Cuando salió de la habitación me quedé escuchando, atenta a sus pasos al bajar las escaleras. Pero aún estaba arriba, pues poco después le oí reírse a carcajadas en el cuarto de enfrente. Me debí quedar adormilada hasta que me despertó al abrir y cerrar su puerta para bajar por fin a terminar el trabajo que tenía pendiente. Al pasar ante mi puerta se detuvo durante unos segundos, pero no llegó a entrar.

Dejé pasar unos minutos más, me puse la bata y entré de puntillas en la habitación de enfrente. Sentí un gran alivio al ver el rostro sereno de nuestra buena amiga, que se deshizo en elogios sobre el encanto de su anfitrión.

—Querida, es una bendición que tú le entiendas tan bien —dijo al final—. Es cierto que a veces tiene un carácter algo difícil. Pero, anda, vete a la cama, que ya son las doce pasadas.

En ese momento lo que me pareció una bendición fue su paciente transigencia. Pero el siguiente arrebato de mi marido fue una noche en que estábamos cenando con Harriet en su club y en esa ocasión ella fue incapaz de perdonarle la descortesía. Lo que me produce una pena enorme es que aquel malentendido nunca llegara a aclararse, pues llevaban varios años sin verse cuando mi marido murió.

Muchos años después sucedió otro incidente entre cómico y desesperante, pero en aquella ocasión resultó más ridículo, pues el afectado fue un hombre, nuestro querido Edward Garnett, a quien no le había invitado a casa yo, sino Joseph Conrad. Mi marido dejó muy sorprendido a nuestro buen amigo, que no quiso aceptar la conducta extraña de su anfitrión como una mera excentricidad. Recién sucedido el episodio el señor Garnett salió del salón conmigo y me acompañó al piso de arriba donde entró en el dormitorio del pequeño John, se sentó en su cama y pasó más de tres horas hablando con nosotros dos. Pero de camino a su dormitorio interceptó a Joseph

Conrad y les oí levantar la voz a los dos, en una acalorada discusión que se prolongó hasta altas horas de la noche. No aludí al tema hasta que nuestro amigo se marchó, pero días después nos vimos con otra invitación entre manos.

—¿Seguro que estás dispuesto a tener una persona en casa durante un fin de semana largo? —le pregunté con voz sosegada.

Tras lanzarme una mirada, mi marido se puso a pasear por la habitación con un evidente nerviosismo. Esperé con su invitación en la mano, hasta que finalmente me dio una palmadita en el brazo y se dejó caer en un sillón, exclamando «Maldita sea» como tenía por costumbre. Tras encender un cigarrillo, soltó un par de bocanadas de humo y dijo en tono tranquilo:

—No va a haber el menor problema en que venga, Jess. Puedes echar la carta al correo.

El susodicho amigo era Richard Curle, nada menos, por lo que era bastante improbable que repitiera la escena con él. Era posible que tuviera que imponerme de un modo discreto, sin embargo, aunque tampoco estaba dispuesta a emplear ese método por costumbre.

Al referirse a esta visita Richard Curle hablaba de los ratos que pasaron en el prado que había sobre el viejo foso de la finca, echados en unas sillas de jardín, disfrutando de la soledad y del buen tiempo. Sobre Joseph Conrad decía: «Me parece estarle viendo, alzando las manos hacia el robledal mientras exclamaba que odiaba los bosques porque le hacían sentirse recluido entre los árboles». A continuación decía que los mejores recuerdos que tenía de mi marido eran los de Capel House, por la vida tan informal que llevábamos allí, una acogedora sencillez que no volvimos a conseguir en el grandioso entorno de Oswalds, donde Joseph Conrad pasó sus últimos años.

Su preferencia es perdonable, creo yo, porque mis atenciones y mi talento culinario, reconocidas por los implicados, lograron que las necesidades básicas de nuestro invitado estuvieran considerablemente mejor atendidas que cuando ya no me ocupaba de ellas directamente.

Mientras vivíamos en Capel hubo una mañana de domingo que jamás olvidaré. No se trataba de un día de descanso, sino de faena, pues «trabajo» es un término demasiado leve para emplearlo en este caso. Aquella mañana Joseph Conrad apareció sin su camisa de cuello almidonado y no llevaba corbata, una señal inequívoca de que se había despertado con un arrebato de energía. Nada más ver la ausencia del «trapejo tieso», como llamaba al cuello postizo, supe que nos esperaban varias horas de ardua labor. Muirhead Bone le hizo dos aguafuertes a punta seca, ambos maravillosos, pero que a los niños y a mí nos producían una cierta extrañeza, sin que supiéramos bien por qué, hasta que Borys al fin descubrió el motivo.

—No lleva el cuello almidonado, mamá. Por eso nos parecía un poco falso.

Tenía toda la razón. Lo único que notábamos era la ausencia del «trapejo tieso».

Otra de sus particularidades era que, en los momentos más inesperados, usaba alguna de las expresiones de sus tiempos de marinero. En los primeros tiempos me desconcertaba al decir: «Para la ocasión habrá que ponerse una chaqueta de vela cuadra y un sombrero de gavia». Tardé mucho en descubrir que se refería a una levita y una chistera.

Pero aquel domingo bajó las escaleras tras haber desayunado en la soledad de su habitación una copiosa comida que hubo que cortarle en trocitos para que pudiera practicar una de sus costumbres favoritas: leer mientras comía. Mis planes para aquella mañana eran totalmente distintos, antes de que apareciera mi marido reclamando toda mi atención.

Aquello me pareció tan extraño como inesperado, pero me mostré dispuesta a colaborar, por lo que preparamos una comida fría a los niños para que se la llevaran al bosque mientras nosotros nos disponíamos a trabajar seriamente. Fui a la cocina a dar instrucciones a la criada sobre nuestro almuerzo, que debía ser lo más sencillo posible. Pero al final tuve que fiarme de ella, pues mi marido empezó a llamarme desde su habitación:

—Ven aquí y olvídate de todo lo demás —me dijo—. Esto tiene que estar terminado antes del domingo por la mañana. Yo no voy a comer nada, porque estoy tan nervioso que se me ha quitado el hambre.

¡No tenía hambre porque acababa de tomarse un buen desayuno!

Obedientemente, me senté ante la máquina de escribir de la habitación contigua a la suya, dispuesta a ir mecanografiando cada página que me fuera pasando por la puerta que comunicaba ambas estancias. Los niños, tras tomarse la comida en el bosque, habían desaparecido por completo, pues habían recibido órdenes estrictas de mantenerse alejados de la casa. Algo después de las once vi a mis hijos andando tras un coche algo antiguo que avanzaba por el camino de casa, hasta que se detuvo en la puerta con un quejido parecido a una tos. Al oírlo, mi marido se plantó en la puerta de mi cuarto con un bufido de desesperación. ¿Quién se había atrevido a perturbar su paz? Había que quitárselo de encima como fuera. Joseph Conrad no había terminado la frase cuando sonó el timbre y la criada atravesó apresuradamente la habitación para abrir la puerta a la persona que llamaba con tanta insistencia. Oímos un breve intercambio de palabras, tímido por parte de la chica, pero tenaz por parte del visitante. Entre tanto, mi marido estaba ante la puerta del comedor, mordiéndose las uñas y mirándome con gesto furibundo. La criada pareció perder la batalla, pues la oímos acercarse seguida de cerca por el desconocido, que se encaminó hacia la puerta que mi marido acababa de cerrar de un portazo. Mi protesta fue tan poco eficaz como la de la criada, pues el hombre cruzó la habitación, sombrero en mano, dispuesto a cumplir con su misión.

—Me envían para llevar al señor Conrad a Ashford, donde debe tener una conversación telefónica —dijo.

—¡Y a mí qué demonios me importa! —chilló Joseph Conrad, que había reaparecido como un resorte.

Desconcertado, el hombre dio un paso atrás, pero logró recuperarse y, alzando la voz, dijo:

—Déjeme que se lo explique, se lo ruego, señor. Estaba dándome un baño cuando mi criada me ha dicho que tenía una llamada de Londres. Soy el único que habla por teléfono en esa parte de Ashford —añadió en tono engreído.

—Ya, ya —le interrumpió mi marido en tono irónico—. Usted se estaba dando un baño, pero no veo qué tiene eso que ver conmigo ni por qué ha venido aquí a interrumpir mi trabajo, maldita sea, que es mucho más importante que su baño, se lo aseguro. Pero ya que está aquí, ¿se puede saber qué quiere?

Tras escuchar a mi marido, el desconocido se puso tan nervioso que parecía incapaz de explicarse con coherencia.

—Me estaba dando un baño —repitió.

Entre tanto, mi marido alzó los brazos con un gesto de desesperación mientras los dos chicos y yo nos miramos sin poder evitar sonreír.

—Vengo de parte del *Daily Mail*, señor —dijo el hombre—. Tengo el encargo de alquilar un coche para llevarle a un teléfono desde el que puedan hablar con usted.

—¿Y no sabe el motivo? —le preguntó Joseph Conrad con un tono sorprendentemente benévolo.

El hombre admitió que no tenía la menor noción de lo que quería el director, pero sería sin duda algo importante, en su opinión, dado que le habían mandado alquilar un coche.

—Bien, iré —murmuró mi marido al fin, en voz tan baja que asustaba—. Pero si voy tienen que traerme de vuelta. Bastante tiempo me ha hecho usted perder ya. Venid conmigo, chicos.

Vi alejarse el enorme coche y sonreí al imaginar la opinión crítica que darían mis hijos sobre la máquina. Al cabo de un tiempo increíblemente corto el grupo regresó y, al contrario que en el caso precedente, el conductor esperó a recibir una propina, pero tras constatar que no la iba a obtener, dio la vuelta al vehículo y se fue por donde había venido. Joseph Conrad entró en casa seguido de los chicos, que venían asombrados, pues no habían logrado saber el motivo por el que habían sacado a su padre de casa de aquella manera.

La cena la tomamos en silencio y los niños, que habían detectado señales de un posible estallido de ira, se levantaron al acabar y salieron al jardín a buscar nidos de pájaros. Al mirar a la otra punta de la mesa, mi furibundo marido me respondió con una carcajada irritada que no presagiaba nada bueno. A continuación se levantó de la mesa y encendió un cigarrillo.

—Qué caradura tiene esta gente, maldita sea —dijo.

Furioso, giró en redondo y dio un puñetazo en la mesa haciendo saltar las tazas sobre los platos.

—No he podido decir ni la mitad de lo que quería, porque me han dejado completamente atónito. Imagínate, Jess, cuando he llegado allí resulta que sólo querían un artículo sobre los libros que leyó Crippen en su travesía a casa, cuando ya estaba detenido.

Mientras hablaba se puso a pasear por la habitación a zancadas, levantando los brazos por los aires.

—Como si yo supiera o tuviera algún interés en lo que leyó ese asesino. Lo más probable es que no leyera nada. En cualquier caso, ¿a mí qué me importa? Querían el artículo esta noche, enviado por telégrafo. Al pedirles veinte libras por hacerlo, el zoquete que estaba al otro la línea ha empezado a carraspear y al final me ha preguntado si no me parecía un poco excesivo. Entonces le he dicho un par de verdades y... ha acabado colgando poco después.

El ya fallecido Archibald Marshall cuenta este episodio en su libro *Out and About*.

A partir de ese día, en casa procuramos no empeorar las cosas cuando salía el tema de aquel paseo en coche en una mañana de domingo. Pero el propio día, horas después de su regreso, los chicos me hicieron su descripción del viejo vehículo que había sufrido, en el viaje de vuelta, las secuelas de la furia del escritor.

Otro suceso ocurrido antes de nuestra visita a Polonia en 1914 fue un viaje que hice yo sola a la capital del país. No consigo recordar la razón de mi visita, pero tuvo que tratarse de algo importante y preparado con antelación, pues de lo contrario no habría ido por mi cuenta. En aquel entonces Borys ya estaba de cadete en el buque escuela *Worcester* y me da la impresión de que el viaje fue con ese motivo. Poco me faltó para perder el tren de vuelta con destino a la estación de Ashford donde me esperaba Joseph Conrad con el coche. Al menos tenía la tranquilidad de saber que, debido a un ataque de gota bastante grave, no iba a ser él quien condujera el coche.

A menudo me he preguntado cuál será la satisfacción que obtiene la gente del empleo de la ficción, es decir, de mentiras tales como, por ejemplo, atribuirse una amistad íntima con alguien que sea objeto de interés público, en mayor o menor grado. Imagino que muchos escritores conocidos habrán sido víctimas de este fenómeno, pero en esa ocasión experimenté el curioso fenómeno de oír, de pura casualidad, una versión verdaderamente romántica de la vida y las costumbres de mi marido, narradas con toda convicción y verosimilitud.

Sucedió, como ya he dicho, que yo volvía de Londres sola, sin el amparo de mi marido ni mis hijos. Como llegué tarde a la estación de Charing Cross, estaba nerviosa cuando al fin logré sentarme en una esquina de un vagón de primera clase. El mozo, que con un exceso de celo me había apresurado innecesariamente, me abrió la puerta del vagón con aire triunfal.

—Aquí lo tiene, señora. El vagón de las damas. La primera parada es Ashford.

Casi sin aliento le di las gracias, acompañadas de una propina. Mientras aguardaba varios minutos a que saliera el tren lamenté no haber tenido la suerte de dar con uno de los funcionarios de esa línea a quienes conocía y que no me habrían metido tanta prisa. En cualquier caso, lo importante era haber llegado a tiempo. Mientras el tren salía de la estación miré a mis acompañantes, dos señoras que ya no estaban precisamente en su primera juventud. Cuando yo había subido al vagón estaban en mitad de una animada discusión y tras dedicarme una de esas miradas destinadas a valorar la ropa de una

Dos viejos amigos polacos en 1914. Joséf Spiridion Kliszczewski. Konstantin Buszczynski, cónsul general de Polonia en Estados Unidos

Józef Teodor Konrad Korzeniowski en 1914

persona desconocida para adjudicarle una determinada importancia social, ambas apartaron los ojos de mí, retomando la conversación interrumpida. En cuanto a mí, una vez instalada en mi esquina me dediqué a contemplar con reposado interés el paisaje campestre que se deslizaba tras la ventana. Tenía un libro, pero nunca he sido capaz de leer en un tren. Nada más salir de las afueras de Londres me sorprendí al oír mi nombre o, mejor dicho, el nombre de mi marido en boca de una de mis compañeras de vagón, que aseguraba conocerle perfectamente. Ya me había medio incorporado en mi asiento, pero al momento siguiente aquella voz más bien aguda aseguró que el hombre con quien yo llevaba veinte años casada estaba soltero. Atónita, contuve la respiración.

—Sí, querida —continuó la voz—. Lo extraño es que tú no hayas oído comentar nada a la gente de nuestro alrededor. Recordarás que pasé una temporada en casa de lady M------, ¿verdad? Pues fue allí donde le conocí. Resulta que él vive cerca de ella. Incluso se llegó a decir que...

En este punto la mujer bajó la voz y el ruido del tren ahogó me impidió entender el secreto susurrado.

—Pero, Agnes, querida —le interrumpió la otra señora—. ¿No te parece un poco indiscreto ese comentario? Al fin y al cabo, es extranjero, así que podría tener una esposa en su propio país, ¿no?

—Ah, en cuanto a eso, te aseguro que no hay ni la menor posibilidad. Hace unos días leí en el periódico que se marchó de su país a los diecisiete años y no ha vuelto jamás. Es un hombre encantador y muy bien educado. A mí me tiene verdaderamente entusiasmada.

Al producirse una pausa en la conversación estuve tentada de comunicarles el hecho de que yo era la esposa del hombre sobre el que hablaban. Pero luego pensé que las dos mujeres —o al menos una de ellas— podrían pensar que yo estaba mintiendo, cosa que me hizo detenerme. Entre tanto la charla volvió a empezar y pude escuchar una colección asombrosa de mentiras. La buena señora emprendió la animada historia de la conquista de mi marido, generosamente adornada, y cuando aportó una serie de fechas para intentar convencer a su amiga, yo permanecí impertérrita. De vez en cuando la narradora me dedicaba una mirada algo hostil mientras su amiga me escudriñaba con aires de superioridad. Caí en la cuenta de que el interés que me producía la conversación se me debía notar en la cara, así que procuré darles la espalda, fingiendo contemplar el paisaje. Mientras miraba por la ventana me planteaba el modo en que poder presentarme de un modo creíble, pues las dos desconocidas habían conseguido avivarme el espíritu de lucha. Tenía una necesidad imperiosa de darme a conocer antes de abandonar el vagón. En el momento en que el tren empezó a disminuir su velocidad, se me ocurrió una idea: conseguir que el mozo de la estación me llamara por mi nombre al venir a buscarme. Sabía que mi marido me estaría esperando en la estación, pero que, debido a su gota, no iba a bajarse del coche. De modo que enviaría, sin duda alguna, a un mozo para ayudarme a bajar del tren. Todo sucedió tal como lo había previsto, pero el hombre me saludó con un alegre «Buenos días, señora», sin mencionar mi apellido. Por unos instantes me quedé desconcertada, hasta que se me ocurrió la solución.

—¿Sabe usted si ya ha llegado mi coche? —le pregunté.

—Sí, señora Conrad y el señor Conrad la está esperando.

Nuestro breve intercambio de palabras me bastó. Con la dignidad apropiada al caso, me acerqué a la señora que aseguraba tener una relación íntima con el hombre con quien llevaba veinte años casada. Entre tanto, el mozo me esperaba junto a la puerta abierta del vagón.

—Soy la esposa de Joseph Conrad, señora —le dije, con rostro grave—. Llevo casi veinte años casada con él y soy la madre de sus dos hijos.

Jamás olvidaré la cara de asombro de aquellas dos mujeres. De camino al coche, reí para mis adentros al recordarlo. Fue por aquel entonces cuando una de nuestras vecinas volvió de un corto viaje a Suiza y una mañana que vino a casa me informó con enorme satisfacción de que en un hotel suizo había conocido a la hermana de mi marido.

—Una mujer encantadora y tremendamente orgullosa de su hermano —me dijo—. Hemos visto mucho a la señorita Conrad. Llevaba todos los libros de él y se emocionó al saber que somos vecinos.

Al escucharla me quedé muda de asombro, pero al cabo de unos instantes recuperé el aplomo.

—Efectivamente, es asombroso —le dije, indignada—. Porque mi marido es hijo único, mire usted por donde, y no tiene ninguna hermana.

Por un momento el rostro de la mujer se descompuso, pero luego me dedicó una sonrisa indulgente con la que claramente me pretendía decir: «Eso será lo que él va contando». Me entraron ganas de agarrarla por los hombros y zarandearla, pero logré contenerme.

—De ser su hermana, no se habría llamado Conrad, pues no es el apellido de la familia, sino el segundo nombre con el que bautizaron a mi marido —le expliqué con voz serena—. En realidad se llama Korzeniowski, como debería usted saber.

La vecina en cuestión se despidió de mí con un tono que sólo puedo definir como gélido. La señorita a la que habían conocido en Suiza se había divertido mucho, obviamente, con su mascarada.

Otro incidente similar le sucedió a nuestro hijo Borys en Francia durante la guerra. Cuando estaba cenando en París con unos soldados de su compañía cayó en la cuenta de que había tres soldados estadounidenses que les miraban con un enorme interés. Salió de dudas al oír al mayor de los tres dirigirse a sus compañeros.

—Es increíble que Joseph Conrad, el autor de *Victory*, sea ese hombre tan joven —masculló con el acento lánguido de su país—. Si lo contamos, seguro que no se lo creen.

CAPÍTULO DECIMOTERCERO

A Joseph Conrad le apasionaba ir a ver casas, aun cuando estaba cómodamente instalado y tenía un contrato de arrendamiento que le comprometía a seguir donde estaba durante los siguientes dos o tres años.

—Vamos a hacer como si fuera verdad —decía.

Representar situaciones era uno de sus pasatiempos preferidos, que en una ocasión nos proporcionó una de las aventuras más extrañas y divertidas que he vivido nunca.

Mi marido se había hecho con un periódico local donde había visto anunciada una casa en la parte baja del pantano de Romney. El hecho de que el periódico tuviera dos semanas de antigüedad no pareció importarle y una tarde después de comer anunció su intención de ir a inspeccionar el lugar. Pidió el coche, que en aquel entonces era un Cadillac descapotable, y le acompañamos en la excursión su secretaria, nuestro hijo John y yo. Con el chófer, éramos cinco en total. Cuando llegamos a la casa, me pareció que tenía poco o ningún encanto. No había visto el anuncio del periódico, pero pensé que sería reciente, porque había cortinas en la mayoría de las ventanas, lo que también parecía indicar que el último inquilino no se había marchado todavía. Una de las particularidades del gran escritor era que antes de haber visto una casa por dentro, si el exterior le parecía atractivo empezaba a refunfuñar sobre el abominable color y calidad de las cortinas. Nunca me hacía caso cuando le intentaba explicar que las cortinas no solían ser un elemento fijo y que, si le gustaba lo demás, se tardaba poco tiempo en cambiarlas.

Aquella tarde Joseph Conrad estaba caprichoso y pese a que yo aún usaba muletas, insistió en que yo también tenía que ver la finca.

La casa estaba en un recodo a un nivel inferior que la carretera. El jardín era una pequeña hondonada con un sendero de baldosas que llevaba hacia la puerta principal. El tamaño y la forma ofrecían ciertas ventajas, pero uno de los grandes inconvenientes, en mi opinión, era el tramo corto de escalones sin barandilla que comunicaban la carretera con el jardín. El sitio estaba casi dos metros bajo el nivel de la calle.

En el interior se veían señales inequívocas de actividad, incluso de una actividad frenética, mientras mi marido bajaba los escalones con el vuelo de su abrigo *haverlock* ahuecado en torno a su cuerpo. La prenda era característica de Joseph Conrad, a quien nadie habría tomado por un inglés al verlo así vestido. La puerta la abrió una doncella algo sobresaltada, aún vestida con su bata de la mañana y empuñando una escoba que agarraba con fuerza. A sus espaldas, ante la puerta de lo debía ser la sala, estaba la señora de la casa, que parecía agobiada y poco favorable a nuestra visita. Cuando la dama dio unos pasos hacia delante, Joseph Conrad, sombrero en mano, le dedicó una de sus aparatosas reverencias, acompañada de un sonoro chasquido de talones al estilo militar. Era su saludo más ceremonioso. En cuanto a ella, parecía tener la intención de recibirlo en la sala, probablemente la habitación más amueblada de la casa. Tras hacer otra reverencia, mi marido alzó la mano y explicó que como su esposa tenía un impedimento temporal que le impedía andar, sería él quien examinara los dormitorios en primer lugar.

La señora se quedó demudada y la doncella, consternada, estuvo a punto de dejar caer la escoba, pero mi marido ya avanzaba hacia la escalera. Nosotros, desde el coche, contemplábamos divertidos la comedieta. En ese momento, un hombre joven apareció en las escaleras, a medio camino, y por un momento dudó, pero al comprender la situación soltó una risilla desde el escalón donde se había detenido.

—Me... me parece, señor, que ha pensado usted que... que la casa todavía se... alquila —farfulló, con una carcajada apenas contenida—. Nos hemos mudado aquí antes de ayer. Su inesperada visita nos ha desconcertado.

El joven terminó de bajar las escaleras e insistió en que no era necesario pedir disculpas. Mi marido, por su parte, hizo otra reverencia y retrocedió, apabullado y poco dispuesto a verle la gracia a la situación. El viaje de vuelta fue algo incómodo y, pese a que lo intenté, no se me ocurría ningún comentario ingenioso que sirviera para aliviar la tensión, cosa que sucedería algo después, cuando se nos pinchó una rueda.

Aquellos fracasados intentos de cambiarnos de casa solían acabar con el regreso a nuestra vida cotidiana, en la que podían pasar meses sin escucharse ninguna queja. Solía ser algún pequeño defecto, como una corriente de aire o una escasez de luz, lo que volvía a plantear la posibilidad de un cambio deseable.

Jean Aubry representaba un elemento de enorme interés en la existencia algo ermitaña del escritor, debida tanto a su enfermedad como a su indolencia natural. Rechazaba por timidez ir a casas de gentes desconocidas, pero siempre estaba dispuesto a hacer amigos. Por otra parte, nada le gustaba más que hacer el papel del anfitrión. Sus amigos le servían de exploradores a los que dirigía, por así decirlo. En ocasiones era una mera actitud, pero a menudo me daba un disgusto cuando se negaba a acompañarme a una visita preparada con antelación. Y no le gustaba demasiado que yo saliera por mi cuenta. «Tráetelo a la guarida del león», le decía a Aubry. Pero no era partidario de recibir a más de una persona o dos a la vez, pues se cansaba con facilidad, lo que le hacía ponerse algo irracional. En los primeros tiempos conseguía mantener fascinada a una habitación llena de personas atentas a las historias que contaba y a menudo le he oído contar la misma historia de varios modos totalmente distintos. Al principio yo cometía la temeridad de interrumpirle para corregir alguna fecha, o cualquier otra discrepancia, pero luego decidí que era más discreto callarme.

El manuscrito de *Karain*, en cuyo margen su creador había esbozado su concepto del personaje, era uno de mis relatos preferidos. Un día me encontré con mi marido inclinado sobre un montón de papeles que tenía sobre la mesa, completamente absorto en sus reflexiones. Era evidente que estaba en otro mundo, ajeno a mí y al motivo de mi inesperada aparición. Llevaba apenas un año casada cuando empecé a familiarizarme con esos momentos de aislamiento absoluto. En aquella ocasión hice un amago de marcharme, pero mi marido se volvió hacia mí y con esa extremada cortesía tan característica en él, me tomó la mano y se la llevó a los labios.

—No te vayas todavía. ¿Qué te parece esto? —me preguntó.

Con la cabeza inclinada sobre la primera página de mi adorado *Karain*, Joseph Conrad hizo un par de trazos rápidos con la pluma, ocultando el papel de mi vista con la otra mano.

—¿Qué opinas de él, Jess? —dijo—. ¿Reconoces a Karain?

Tras contemplar durante unos segundos aquel rostro sensible, tomé la decisión silenciosa de recortarlo, a ser posible sin estropear la página manuscrita. En ese momento no sospechaba ni remotamente la aventura en que se iba a ver envuelto ese manuscrito. Fue años después cuando supimos de los posibles compradores y los precios fabulosos que la gente estaba dispuesta a pagar por una simple firma. Al terminar de pasar a máquina el relato, guardé con todo cuidado aquel sagrado montón de papeles y apenas había pasado un año cuando mi marido negó rotundamente haber dibujado, en el estrecho margen de una hoja, un rostro humano cargado de fuerza y pasión. Karain debió quedarse grabado en el subconsciente de su creador, pues con un par de líneas logró hacer un retrato tan acertado que parecía estar vivo.

Durante nuestro matrimonio tuvimos una amistad tan extraña como rentable —sin considerarnos merecedores del dinero que señor Quinn pagaba por los manuscritos— con la señorita Agnes Tobin, que vino a casa a través de Arthur Symons y que logró convencer al señor Quinn de que nos comprara todos los manuscritos por 2.000 libras. Fue en un momento duro de nuestra vida, pues el banco donde teníamos el dinero quebró, haciéndonos perder el pequeño patrimonio que tanto nos había costado ahorrar. Por si esto fuera poco, el gran escritor, enfermo y deprimido, no conseguía escribir nada.

La señorita Tobin venía mucho a casa, casi siempre sin avisar, unas veces sola y otras con algún desconocido a quien consideraba digno de nuestro cariño y hospitalidad. Fue ella quien nos trajo a André Gide y Valery Larbaud, dos «chicos» franceses, según ella. Mi marido acogió a los dos artistas con entusiasmo, pero como en casa no teníamos sitio, tuvimos que procurarles acomodo en la vieja posada del pueblo. Recuerdo bien el agobio que nos entró ante la posibilidad de que se quedaran sin habitaciones. A los dos «chicos» franceses les maravillaron las vigas de roble de la posada y a la hija del posadero le dieron el susto de su vida cuando entraron en su cuarto a primera hora de la mañana, empeñados en hacer una inspección del edificio. La chica acabó confesando que la escena le había parecido emocionante, pues al parecer levantó de la almohada su bonita cabeza rizada y obligó a los intrusos a marcharse tras haberle pedido profusas disculpas.

En una ocasión Jean Aubry me contó con la mayor sencillez una anécdota que me pareció de lo más entretenida. Cuando estaba en Londres tenía la costumbre de ir a un hotel pequeño y poco conocido donde podía llevar una vida discreta, porque le conocían bien y respetaban sus costumbres. Pero un día en que el lugar estaba desbordado de gente, el camarero sentó a una señora mayor en la pequeña mesa del restaurante donde solían tratarle como a un rey sentado en su trono.

Como tenía por costumbre, Jean Aubry estaba comiendo mientras leía un libro que tenía apuntalado encima de la mesa, sin prestar la menor atención a su entorno. La señora le observó durante un rato y cuando él levantó la mirada durante unos segundos, ella se inclinó hacia él mientras se llevaba la mano a la oreja, formando una especie de trompetilla.

—Lo siento mucho, señor —dijo ella—. Como estoy sorda, no voy a poder entretenerle con mi conversación.

La respuesta de Jean Aubry debió sorprenderla considerablemente, pues levantó la cabeza bruscamente y dijo en tono cortante:

—Señora, todos saben aquí que yo estoy medio mudo.

A la mañana siguiente se despertó malhumorado porque el llanto de un niño en la habitación contigua apenas le había dejado dormir y cuando bajaba las escaleras se encontró a la madre con el culpable en brazos. Al verle la mujer se detuvo un escalón o dos por encima de él y le dedicó una sonrisa forzada.

—Le ruego que me disculpe, señor —dijo—. Mi hijo le habrá molestado mucho esta noche.

Tras hacerle una sobria reverencia, Jean Aubry le dijo en tono seco:

—Le ruego que no mencione el tema, señora. Odio a los niños.

La mujer, claramente desconcertada, miró con resentimiento al francés, que siguió bajando las escaleras como si nada hubiera sucedido.

En cuanto *Victoria* estuvo terminada nos pusimos inmediatamente a preparar nuestro viaje a Polonia, que podía haber tenido un desenlace trágico de no ser por la intervención del embajador estadounidense (el ya fallecido señor Penfield). A Joseph Conrad le impresionaba el hecho de regresar a su país, por lo que se puso muy nervioso ante la idea. En cuanto a mí, no sabía nada de la guerra, salvo lo que había leído. Entonces me parecía todo muy lejano. Años después, las cosas habían cambiado mucho. Nuestra llegada a aquel lugar, lo extraño que era todo, parecía parte del nerviosismo generalizado. Yo asistía, con una desesperación considerable, a las largas charlas entre mi marido y el joven que había sido nuestro compañero de viaje, en casa de cuya esposa estábamos invitados a pasar ese mes de vacaciones. ¿Guerra? Parecía imposible. Reinaba la tranquilidad, hasta que varios días después todo se convirtió, de golpe, en bullicio y confusión. ¿Dónde fue a parar el dinero? Unas horas bastaron para hacer desaparecer toda la calderilla.

La gente se transformó. En vez portarse como antes, con cortesía y amabilidad, todos parecían desconfiar unos de otros. Cada uno miraba por lo suyo, como se suele decir. Para lo demás ya estaba Dios.

La movilización austríaca fue maravillosa por la capacidad de reacción. Entraba tal cantidad de soldados en Cracovia que a muchos los tenían que enviar de vuelta, al menos por un tiempo. La tarde en que se desencadenó todo habíamos ido a ver a un compañero de colegio de mi marido. Horas antes estábamos comiendo en un restaurante donde un hombre de pelo blanco empezó a mirarnos con insistencia. Cuando mi marido al fin cruzó la mirada con él, ambos se levantaron y se dieron un fuerte abrazo. He de decir que la escena me dio cierta vergüenza. Tras presentarnos unos a otros con cierta torpeza, el hombre insistió en que fuésemos esa misma tarde a su casa, que estaba a pocos kilómetros de Cracovia. Era el amigo más antiguo de Joseph Conrad, pues se conocían del colegio. El hombre se apresuró a llamar por teléfono para pedir el coche y un par de caballos, pues en su vehículo no cabía nuestro grupo entero. Fue durante ese viaje cuando entendí de dónde podía proceder la renuencia de mi marido —hasta entonces incomprensible— a tener las cosas en buen estado. El coche de su amigo tenía un agujero en el techo por el que entraba el agua la lluvia a chorros. Por mucho que moviera la cabeza para esquivar la catarata, todo resultaba inútil. La lluvia, en general, no me molesta. No hay agua más limpia, como se suele decir. Pero aquella tromba me estaba dejando empapada. Al final uno de los hijos de mi anfitrión se dio cuenta y abrió un paraguas para protegerme.

—Vamos a tener que llevar el coche a arreglar, aunque no sé si va a merecer la pena, porque no es para tanto —dijo.

Entonces fue cuando pensé que aquél podía ser el origen de la aversión que tenía mi marido por las reparaciones. En Polonia siempre existía la posibilidad de que al ciudadano le pudieran confiscar la propiedad, cosa que Joseph Conrad parecía tener presente, incluso tras haber vivido tantos años en

Inglaterra. El viaje no fue largo, pese a que el mal estado de las carreteras, de arcenes profundos, nos impedía ir a mucha velocidad.

Al llegar a la casa me emocionó la acogida que nos dieron, tan obsequiosa que resultaba algo anticuada. Después de instalarme en una cómoda silla en el gran porche de piedra, me trajeron algo fresco de beber. Aquélla parecía ser otra característica nacional que reconocía en mi marido, la de ofrecer siempre algún refrigerio, aunque el invitado llegara, como sucedía a veces, en mitad de la noche. Durante esa velada todos los miembros de la familia competían entre sí para que me sintiera a gusto, cosa que espero haberles agradecido adecuadamente, aunque no supiera hablar su idioma.

Desde mi sitio veía los campos de remolacha, que llenaban todo el paisaje, hasta donde me alcanzaba la vista. Bajo el sol tórrido, los caballos enganchados a los carros movían rítmicamente la cola para apartar las moscas. A nuestro alrededor todo era paz, salvo el runrún de los dos viejos amigos del colegio, que hablaban juntos en un rincón, puntuando sus palabras con algún un gesto elocuente. Cuando ya estábamos pensando en nuestro viaje de regreso, vimos a nuestra anfitriona acercarse apresuradamente.

—Ha estallado la guerra —dijo con voz entrecortada—. Ninguno de nosotros lo quería creer, pero ha llegado. Los soldados están requisando los caballos, quitándolos de los arados —añadió con desesperación.

En su gesto había un profundo desamparo, una muda rendición de todo lo que podía haber considerado suyo. Instantes después las varas de los carros repletos yacían en el suelo y los caballos, ajenos a su destino, siguieron tranquilamente al soldado que se los llevó del campo hacia a la carretera.

CAPÍTULO DECIMOCUARTO

Mientras viva llevaré en la memoria la imagen de aquella mujer orgullosa y fuerte, la polaca que nos recibió en su casa y que nos despidió en la puerta cuando, tras haberle dado un cariñoso abrazo, subimos al coche para emprender el viaje de vuelta. Tras una breve conversación entre el hijo mayor y su madre, seguida de un ominoso «quizá» susurrado, nos marchamos lentamente de aquel hogar tan acogedor. De regreso a la ciudad, por toda la carretera vimos caballos guiados por soldados y, de trecho en trecho, grandes prados tan llenos de caballos que parecían esas ferias típicas de algunas regiones de la Inglaterra rural.

Al fondo de uno de esos campos vimos a un militar de alta graduación, un hombre vestido de azul grisáceo, rodeado de ayudantes y sentado ante una pequeña mesa requisada en alguna de las granjas lejanas, haciendo un recuento de los animales que iban pasando ante sus ojos. Junto a la carretera había una serie de carros vacíos, cuyos ocupantes mostraban en sus rostros la angustia y la desesperación. Su presencia era incongruente debido a que los carros no tenían tiro y sus desocupadas varas apuntaban al cielo o yacían sobre el suelo en silente desesperación.

En nuestro coche teníamos sitio para una persona más, por lo que nuestro anfitrión rescató de un carro a una anciana de pelo blanco, que se vino con nosotros a la ciudad. Al día siguiente su hija vino a nuestro hotel a darnos las gracias. Quería obtener permiso del Gobierno para tener armas de fuego, pues pensaba quedarse en su casa para defenderla, en compañía de su hermana menor y de dos fieles sirvientes. Como hablaba algo de inglés, tuve con ella una conversación que duró una hora o más. A esta familia le esperaba un trágico destino, propiciado precisamente por las armas que habían querido conservar. En otra casa cercana una novia a punto de casarse sufrió la trágica experiencia de ver a unos desalmados lugareños robarle el ajuar, que sacaron por las ventanas de su casa. Los maleantes se dedicaron a destrozar la primorosa ropa interior que tanto tiempo les habría llevado coser a las mujeres de su familia. Poco después supe que el novio había muerto al comienzo de la guerra, en una escaramuza en la frontera.

Recordaré siempre la noche en que se declararon las hostilidades entre Austria y Rusia. Al caer la tarde vi marcharse en el coche del hotel a mi hijo Borys en compañía de nuestro joven amigo casado, a cuya esposa querían pedir que se reuniera con él cuanto antes. Al saberlo el director del hotel ofreció a los chicos y a su chófer unas pistolas de aspecto siniestro que me hicieron plantearme por primera vez en los posibles resultados de nuestra participación en la contienda. Por suerte logré convencer a los chicos de que correrían menos riesgos sin llevar armas encima, ante todo porque no confiaba en su criterio, que los podía llevar a morir innecesariamente o —cosa más probable— inesperadamente. Y el simple hecho de llevar unas condenadas pistolas encima era un peligro. El bélico director del hotel pareció entenderme a la perfección, pues volvió a guardar las pistolas en sus fundas.

Llegaron a la frontera, vigilada tan sólo por el ejército austríaco. La guardia rusa, tras volar todos los puentes, se había retirado de la contienda. Los campesinos habían abandonado las granjas, refugiándose en los bosques. El cuartel del lado ruso tenía la puerta abierta y el puesto fronterizo parecía abandonado. La única persona visible era una vieja campesina, madre de uno de los hombres atrapados, sentada en un escalón con la cabeza inclinada, lamentándose día y noche. La guardia austríaca acogió amablemente a los dos jóvenes, compartiendo sus raciones con ellos. Tras pasar allí una noche de tremendo frío, a primera hora de la mañana volvieron al hotel, exhaustos y destemplados. El chófer no pudo llevarlos al otro lado de la frontera, pues los habrían hecho prisioneros, sin permitirles regresar.

Esa noche la pasé pegada a la ventana, atenta al regreso de los muchachos, acompañada del incesante traqueteo de las botas de los hombres y los estridentes lamentos de las mujeres. Los niños pequeños lloriqueaban sin parar, en parte porque estaban asustados y en parte, sospecho, por pura incomodidad física. Pasamos los dos días siguientes esperando a la mujer joven a quien habían asegurado que iba a poder cruzar la frontera sin peligro. El tiempo de espera se nos hizo largo, mientras esperábamos a que sucediese algo, lo que fuera, que pudiera aliviarnos algo la tensión. En el hotel las cosas cambiaban de un día para otro, los desconocidos iban y venían. Al tercer día de estar allí nos requisaron las habitaciones y tuvimos que decidir apresuradamente entre buscarnos un techo en algún otro sitio o marcharnos a casa en el primer tren civil que saliera. De pronto Joseph Conrad decidió que nos iba a llevar a un sanatorio en la montaña, llamado Zakopane, donde vivían unos conocidos suyos que nos acabaron acogiendo con un buen número de refugiados mucho menos afortunados que nosotros. Por lo menos logramos estar los cuatro juntos, pues en aquella casa había muchas familias desmembradas, que habían perdido a los hijos en su precipitada huida. Conocimos a una madre que estaba con sus dos hijas y cuyos hijos menores habían desaparecido con su fiel niñera. En los dos meses que estuvimos allí no tuvimos noticia de ellos. Después supe que sólo había sobrevivido una niña, que al final se pudo reunir con su familia. Los trenes de refugiados llegaban a las estaciones y se quedaban allí, porque las gentes no tenían donde ir. Las mujeres sufrían todo tipo de dolencias y muchas se desmayaban. Pero no les dejaban bajar al andén, pues no había comida para alimentar a los que habían llegado antes, de modo que el tren se veía forzado a ir al pueblo siguiente. Era desesperante saber que a pocos metros había seres humanos hambrientos, enfermos y desesperados. Tantos eran, sin embargo, que habría sido imposible intentar ayudar siquiera a unos pocos, dada la escasez de alimentos. Nosotros tuvimos una suerte enorme, por muchos motivos, de haber podido hacer buenos amigos en aquel establecimiento. Uno de ellos, un tal doctor Kosh, estaba allí con su esposa y su hija pequeña. ¡Una niña de pocos meses! Huelga decir que yo dedicaba una gran parte de mi tiempo a cuidar de ella. A sus cuatro meses tenía una madre enferma, que llevaba mucho tiempo en la cama. La campesina del pueblo cercano que hacía de niñera sabía de necesidades infantiles lo mismo que pudieran saber las inglesas inexpertas de la misma procedencia. Por esas fechas en las montañas hacía un frío gélido, pero la sagaz muchacha desnudaba a la niña hasta dejarla apenas cubierta con una breve prenda de algodón y entonces, cuando la pobre criatura estaba ya casi en su estado natural, empezaba a prepararle el baño, cuya temperatura comprobaba con un termómetro mientras la niña se quejaba del frío a gritos, esperando a que el agua alcanzara el punto exacto de calor antes de ocuparse de la pobre niña. Muchas fueron las veces que oí llorar a la pequeña sin atreverme a intervenir, pero hubo un día en que el llanto era tan insistente que me atreví a entrar en la habitación. En esa ocasión la pobre criatura ya estaba fuera de la bañera y, azul de frío, yacía sobre una cama, vestida con una camisilla sin mangas y fuera del alcance de su madre. La enfermera, que estaba en la cocina planchando un vestido, la había dejado abandonada. Nuestra amiga la señora Zagorska estaba con la niña, haciendo gorgoritos para intentar animarla, pero el pequeño rostro estaba lleno de angustia. Tomé un gran chal que había por allí, la envolví en él y me la pegué al cuerpo para intentar que entrara en calor.

A partir de entonces estuve siempre presente durante el baño de la niña y el planchado del vestido no volvió a dejarse nunca hasta el momento preciso en que se necesitaba. Los padres nos demostraron su agradecimiento del modo más práctico posible. Al cabo de dos semanas casi habíamos agotado el poco dinero que teníamos y, dada la situación, no podíamos pedir que nos enviaran más desde Inglaterra. Esto no implica, como pueda parecer, una extravagancia en los gastos ni un error en el cálculo de nuestras necesidades, sino que Joseph Conrad había estado pagando todo a nuestros acompañantes, que se lo pensaban haber devuelto cuando llegáramos a la casa de campo en Rusia, donde también recibiríamos una cantidad adicional desde Inglaterra. Pero todos esos planes habían quedado cancelados, pues allí no recibíamos ninguna carta y las nuestras tampoco llegaban a nuestros amigos y parientes. El doctor Kosh se portó como el buen amigo que era, pues nos sufragó los gastos hasta que pudimos llegar a Italia, poniendo como única condición que no se lo contáramos a nadie, para evitar que los demás empezaran a importunarle, pues en la pensión nadie tenía dinero. Fue un gesto de gran bondad, pues sabía que lo que nos había prestado no lo podía recuperar hasta que acabara la guerra. Pasados los años le sigo estando enormemente agradecida, aunque en su momento no estuviera al tanto del acuerdo al que había llegado con mi marido. Lo cierto es que el viaje de Cracovia a Zakopane fue una experiencia inolvidable. La mañana en que nos marchamos sucedió algo que casi parecía una farsa, a decir verdad. Mi marido y los niños habían bajado a desayunar mientras yo terminaba de vestirme y hacer las maletas. Estaba medio desnuda cuando, sin llamar a la puerta ni decir nada, entró un soldado austríaco en mi habitación, seguido de cuatro soldados rasos que le llevaban las maletas. Al parecer, el hombre pensaba que las habitaciones estaban vacías, pero ante mis protestas, mandó a sus hombres dejar el equipaje encima de una cama y marcharse, cosa que hicieron con desgana. Todos ellos acusaban distintos grados de ebriedad y estaban ansiosos de verse relevados de sus funciones. Llevaban la ropa de cualquier manera, con los botones desabrochados y el cinturón colgando. Acabé de vestirme apresuradamente y metí las últimas cosas en el baúl desordenadamente, pues no tenía la menor intención de estar en las habitaciones cuando aquellos hombres volvieran.

En la estación había gente por todas partes y nadie sabía de qué andén iba a salir nuestro tren. Por suerte llevaba encima unos enormes imperdibles que usé para pegar el abrigo de mi hijo pequeño a mi vestido y, con la mano firmemente apoyada en su hombro, me quedé junto a un espacio abierto rodeado de un murete que servía para protegerme del gentío. Al cabo de un rato que se me hizo interminable, mi marido y Borys lograron abrirse paso hacia nosotros y, con ayuda de un amigo polaco, me acompañaron al vagón donde teníamos reservados los asientos. Al avanzar entre la multitud, no estábamos seguros de haber dado con el tren adecuado. Un nutrido grupo de viajeros menos afortunados permanecía en el andén cuando el humeante tren abandonó por fin la estación. Dolorida, mareada de hambre y preocupada por la situación, pregunté a mi marido por nuestros baúles, pero me contestó con un ademán displicente.

—¿Qué quieres que te diga? —replicó.

En su opinión, bastante mérito teníamos de haber logrado subirnos al tren con todo el equipaje de mano, como para empezar a preocuparnos por los otros malditos trastos. Lo mejor que podíamos hacer era darlo todo por perdido.

Fiel a sí mismo, Joseph Conrad veía antes el lado malo de las cosas, como si fuese incapaz de ver el bueno. Yo había visto a unos hombres meter uno de los baúles en un furgón, pero era imposible saber si ese furgón seguía sujeto al tren en el que íbamos.

—Entonces sólo les hemos visto meter un baúl —dijo nuestro hijo menor, con labio tembloroso—. Seguro que no es donde va mi locomotora nueva —añadió.

Pero al ver el gesto furibundo de su padre, el niño se replegó en el rincón que le había sido asignado.

Continuamos nuestro viaje y en cada paso de nivel veíamos grupos de campesinos con un aire entre patético y siniestro. Grandes grupos de mujeres y chicas con niños pequeños en brazos se apiñaban junto a las barras del paso, mirando el tren pasar ante ellas con un rugido. A veces se detenía, pero la mayoría de las veces pasaba de largo. Unos ondeaban un pañuelo y otros se quitaban el sombrero con solemnidad, muchos lloraban y se lamentaban. Nuestro tren a menudo se quedaba parado en una vía secundaria para dejar pasar a un tren militar lleno de soldados. Los rostros de los hombres, empapados en sudor, parecían amontonados unos sobre otros. Del grupo congregado ante el paso a nivel salían varias mujeres que se encaminaban a los furgones abiertos con unos cubos de agua y unos cacillos de hierro. Los hombres bebían con mucha sed, pero el tren a menudo se iba antes de que todos hubieran podido beber. Al cruzarnos con un tren militar los dos hombres de nuestro grupo apagaban el cigarrillo, porque no tenían suficiente tabaco para darles a esos hombres acalorados, exhaustos y polvorientos que se iban a convertir en soldados a la fuerza. Unos eran ancianos y otros patéticamente jóvenes, pero ninguno parecía ansioso de vivir la gran aventura que tenían por delante.

Siempre me ha sorprendido lo pegada a la tragedia que puede ir la comedia. El tren atestado de seres humanos deprimidos acababa de desaparecer de nuestra vista y nuestro tren se había colocado en una vía accesoria cuando de un vagón más próximo a la locomotora que el nuestro descendió un ser que era un espectáculo verdaderamente risible. El hombre más gordo que había visto nunca, vestido con unos bombachos, caminaba lentamente por la vía del tren hacia un quiosco de refrescos. Su cómica estampa se veía realzada por el hecho de que el perro que llevaba atado a una correa se negaba obstinadamente a usar las piernas con el legítimo fin que la naturaleza les había asignado. Cada dos o tres pasos, se sentaba y se negaba a moverse. Desde la ventana del tren, los niños y yo contemplábamos la escena. Nadie nos oía reírnos, pues nos tapábamos la boca con el pañuelo, pero mi marido nos regañó indignado. No era un lugar para reírse de nada, ciertamente, aunque aquello era lo primero que nos había hecho gracia durante todo ese viaje tan largo y tan triste. Al final el hombre gordo se agachó para tomar en brazos al animalillo y estuvo a punto de perder el equilibrio, lo que nos hizo soltar a los tres una sonora carcajada. Al darse cuenta el caballero se indignó tanto que cuando recuperó su posición vertical se volvió hacia nosotros con el puño en alto y nos soltó una retahíla de improperios. Como estaban en un idioma extranjero nos hicieron sonreír, pero el arrebato de cólera nos serenó considerablemente.

Llevaríamos unas catorce horas en el tren cuando al fin llegó a Zakopane, donde descubrimos con enorme desesperación que, efectivamente, sólo teníamos uno de nuestros baúles. No dimos con nadie que nos pudiera ayudar y durante los dos meses que pasamos allí no tuvimos noticia de nuestras cosas. En cuanto vi el baúl superviviente aseguré a mi hijo pequeño que su locomotora estaba dentro, pues aquello parecía ser lo único que le preocupaba. Al llegar al hotel descubrimos que en nuestro equipaje no había ningún traje completo; sólo pantalones de franela blanca y algún esmoquin. Creo que ni Joseph Conrad ni Borys tenían otro traje salvo el que llevaban, pero yo había salido aún peor parada. De los dos trajes de noche que había salvado, uno sería requisado por la joven esposa de nuestro amigo, que venía en el tren siguiente. Esa noche me rebelé, sin embargo, cuando mi marido, en uno de esos excesos de cortesía a los que era tan dado, me regañó por haberme dormido mientras él iba con Borys a la estación a recoger a la señora Retinger. No me pareció mal que me despertara a esa hora, pero su regañina me pareció excesiva, pues estaba agotada, física y mentalmente.

Al día siguiente nuestra joven amiga fue a reunirse con sus dos hermanas, que estaban viviendo en otro lugar de la misma región, y nosotros nos fuimos a buscar la casa de la pariente lejana de mi marido. Una vez allí nos dimos cuenta de que nuestros problemas se habían acabado, es decir, dadas las circunstancias. Aquellas gentes eran la amabilidad personificada y creo sinceramente que ayudé cuanto pude a la buena señora. Todos los que vivían en esa casa tenían tal enorme cariño a Joseph Conrad, que nos hacían sentir como su familia, lo que recuerdo ahora con emoción. Allí supe al fin cómo habían sido los primeros años de mi marido y las calamidades que padecieron sus desgraciados padres. La señora Zagorska era la viuda de un médico a quien mi marido conoció bien, por lo que llevábamos pensando en ir a verla desde que nos casamos. Para mí era una verdadera suerte que tanto ella como sus hijas hablaran y entendieran inglés. En su casa conocimos a muchos polacos influyentes y de no haber sido por la gran ansiedad que le producía a Joseph Conrad su país natal, creo que habría logrado disfrutar del tiempo que pasamos allí. A menudo pasaba el día entero sin verle, salvo a la hora de comer, cuando estábamos separados por la larga mesa del comedor. Sin ser un hombre glotón, mi buen esposo era maniático con la comida, por decirlo de algún modo. Pero en aquella casa a menudo comían el doble de las personas con las que se contaba, por lo que todos nos quedábamos con hambre.

Durante la mayor parte de nuestra estancia tuvimos suerte con el tiempo y estando bajo un cielo azul sin oír ningún tiro nos costaba creer que una guerra espantosa se estuviera cobrando las vidas de nuestros seres queridos a una velocidad tremenda. De vez en cuando nos anunciaban la llegada de un tren militar y veíamos aderezarse a las enfermeras locales, que se esforzaban por estar a la altura de las circunstancias. En Zakopane la profesión de enfermera estaba en su más tierna infancia, de modo que fue una suerte que no llegaran heridos —al menos mientras yo estuve allí— con los que la banda de valientes jovencitas pudiera ensayar sus mañas inexpertas. En todo caso, el lugar debía de estar lejos del hospital militar más cercano.

Muchos de los hombres que estaban en la guerra iban y venían, contando historias que aportaban poco consuelo a los refugiados. Recuerdo a un hombre, un fotógrafo profesional que vino muchas veces y que una noche se puso el abrigo de piel del general Pilsudski para irse al frente.

—A ver si esta vez no paso frío —comentó al salir de casa.

La dama que iba con él, que tenía dos hijas jóvenes, quedó al cuidado de nuestra amable anfitriona. Una de las niñas era una belleza; la otra era anómala de cuerpo y mente. Y ninguna de las dos parecía hacer honor a sus ancestros.

Cuando llegamos, el hostal tenía un criado al que la máquina de la guerra se llevó un buen día y al que no volvimos a ver en Zakopane. Una tarde, poco antes de que se marchara, los niños pequeños, entre los que se contaba nuestro hijo John, estaban jugando en un gran porche de madera cuando, de pronto, se los tragó la tierra, como se suele decir, pues todos desaparecieron en las oquedades de los cimientos de la casa. Al oír el grito del joven criado, todos acudimos corriendo.

—Por los clavos del Redentor —exclamó el hombre—. ¿Qué habrán hecho?

Aquella curiosa expresión se me quedó grabada. En cuanto a los niños, por suerte ninguno se hizo daño, aunque todos se asustaron mucho.

Ya llevábamos un tiempo allí cuando caí en la cuenta de que mi marido y Borys apenas comían nada a la hora de desayunar, una extraña contención por parte de ambos. Había empezado a preocuparme cuando un recado me llevó a la calle principal, donde vi un enorme café al pasar en mi cabriolé. Ante una mesa llena de comida estaban sentados mi marido y mi hijo con otros dos refugiados que vivían en la ciudad. El misterio del ayuno estaba resuelto. No les dije nada a ninguno de los dos, pues supe que ellos tampoco me habían visto a mí. Pero se me pasó por completo la preocupación por la pérdida de apetito de ambos. Y dejó de sorprenderme que tuvieran tanta energía por la mañana como para ir a darse un paseo a primera hora.

Una de mis preocupaciones reales era la imperiosa necesidad de conseguir algo semejante a un traje para nuestro hijo mayor, cuyos brazos y piernas le asomaban por las mangas y las perneras de un modo grotesco. Dimos con una tienda donde compramos un traje que le quedaba bastante bien, pendiente de un par de arreglos que le iba a hacer yo. En el mismo sitio compramos también una gabardina Burberry reversible, una útil prenda que iba a aparecer en muchos de mis recuerdos. Sin embargo, los únicos de la familia que tenían abrigo eran Joseph Conrad y el pequeño John. A mí me hacía falta un chaleco de invierno y muchas otras prendas importantes de las que me tocaba prescindir cuando mi equipo básico estaba en la colada. Tal era mi apuro que empecé a plantearme un traje de invierno de una sola pieza. Al ir avanzando el invierno perdimos la esperanza de volver de aquel exilio, pero cada vez hacía más frío, por lo que resultaba cada vez más difícil mantener una actitud filosófica. La otra compra importante que hicimos fue una larga capa de lana gris para mí. Una de las pocas prendas que tenía era una chaqueta marrón de lana gruesa, una pieza indiscutiblemente femenina que se abrochaba de derecha a izquierda como mandaban los cánones. Desde el comienzo de nuestra estancia en Zakopane, Joseph Conrad se había apropiado de ella y se la ponía constantemente. El día después de comprar la capa, mi marido me había organizado una visita algo ceremoniosa a varios kilómetros de distancia. Tras pedir el necesario cabriolé, vino a mi habitación a darme una serie de recados y recuerdos para las personas a quienes iba a ver. Ya le había dicho que no tenía abrigo, pero cuál no sería mi sorpresa al verle aparecer con mi chaqueta marrón, su propio abrigo y mi capa gris encima. Era evidente que le había entrado frío, olvidando por completo que yo lo iba a necesitar porque tenía que salir. No se lo mencioné, confiando en que la llovizna que estaba cayendo cesara antes de que llegara la hora de mi visita. Dado que el cabriolé era abierto, tenía que taparme si pretendía llegar seca a mi destino. Esta anécdota la cuento como ejemplo de su tremendo despiste. En ocasiones era irresponsable como un niño, porque sé perfectamente que se habría abochornado de haber sabido que llevaba puesta, literalmente, toda nuestra ropa de abrigo.

Nuestra paciencia se estaba agotando y la incertidumbre sobre nuestros amigos y parientes ingleses era casi insoportable cuando, por un golpe de suerte, nos permitieron salir de Zakopane. El permiso consistía en unas palabras escritas en la tarjeta de un oficial del ejército, un amigo que teníamos en Cracovia. Nos aseguraba que al llegar a Viena contaríamos con el apoyo y la buena voluntad del embajador estadounidense, el ya fallecido señor Penfield. Empezamos a hacer planes para marcharnos a los dos días de haber conseguido la tarjeta. Una de las primeras cosas que hice fue montar una cocina en miniatura dentro de una maleta grande, pues nos habían dicho que conseguir comida por el camino era casi imposible y que el viaje a Viena nos llevaría tres o cuatro veces más de lo normal. Dado que yo era la encargada de la alimentación, pretendía llevar una remesa de provisiones lo más completa posible. También me encargué, por primera vez desde que estaba allí, de hacer la colada. Lavé concienzudamente todas las prendas que no llevábamos puestas, lo que me dejó la piel de los dedos en carne viva. Entonces llegó la noticia, totalmente inesperada, de que teníamos que salir al menos veinticuatro horas antes de lo que teníamos pensado. Demudada, contemplé la ropa colgada delante de la cocina, envuelta en unas nubes de vapor que indicaban lo húmeda que estaba. No iba a tener más remedio que meterla mojada en los baúles, pues salíamos en una hora, aproximadamente. Mi marido, sin embargo, se empeñó en que nos dejáramos la ropa allí.

—Estoy seguro de que la perderemos por el camino —farfulló con voz indignada—. Bastantes problemas vamos a tener ya, como para buscarnos más.

Al oírle sonreí, porque en eso tenía razón. Pero también cabía la posibilidad de que se equivocara. En cualquier caso, no dije nada más. Finalmente, el baúl lleno de ropa mojada acabó en la parte de atrás del coche de caballos, que era bastante grande. Y creo que Joseph Conrad se olvidó por completo del asunto.

La última comida que tomamos en aquella casa, llena de amables refugiados que habían ido a despedirnos, fue más bien escasa. Nuestra anfitriona tenía buenas intenciones, pero con la escasez que había era imposible preparar algo semejante a una comida para la enorme cantidad de personas que fueron a cenar esa noche. Todos querían decir adiós al hombre que era su leal compatriota y al escritor cuyo mérito literario también querían honrar, desde el primero hasta el último. El hecho de que Joseph Conrad fuese tan buen ciudadano inglés como polaco era algo sabido y aceptado, pero esa noche los polacos no le querían agasajar como el polaco de fama mundial que era, sino como un hombre de su propia nación y tradición. Como le conocía bien, yo sabía la frustración que le producía no poder mostrar una mayor grandeza en la mesa. Me costó convencerle de que nuestra escasa provisión de viandas y la botella de licor de cerezas que, milagrosamente, había conseguido para nuestro viaje se iban a quedar cortas para satisfacer al gran número de personas que habían ido a despedirnos. Al final logré convencerle. En los días anteriores a la noche de la despedida, cuando en casa escaseaba mucho la comida, yo conseguía, por pura suerte o tal vez por una cuestión de carácter, comprar cosas de comer, en previsión de la costumbre de mi marido de ofrecer refrigerios a la gente que venía a nuestras habitaciones. Mucho antes de que en la mesa de la cena empezaran a aparecer unos tristes carteles, colgados de la jarra del agua o de algún otro cacharro, explicando la ausencia de este o aquel alimento, yo tenía una reserva de la vianda ausente en mi habitación, para los afortunados visitantes. Cuando llevábamos un par de semanas allí, nuestra habitación se llenaba de gente casi todas las noches. Cuando Joseph Conrad y los niños ya estaban en la cama, aparecían allí seis o siete hombres y mujeres, paisanos hambrientos.

Desde su posición estratégica en la cama, incluso aunque fuera víctima de un ataque de gota, mi marido disfrutaba de aquellas reuniones. La habitación se llenaba de humo de tabaco y del tufo de varios seres humanos encerrados en un sitio pequeño sin haberse podido cambiar de ropa, mientras yo me dedicaba a preparar grandes cantidades de té, que les daba con sándwiches y galletas. Mientras avanzaba la noche me sentaba sobre mi cama, que estaba al fondo, junto a una ventana, a veces medio dormida, pero dispuesta a hacer más té en cuanto me lo pidieran o a buscar el papel de turno que se hubiera perdido. Entonces, cuando aquellas gentes se marchaban, me besaban las manos con verdadero respeto. Al quedarse la habitación vacía, ponía todas mis mantas encima de Joseph Conrad, que a menudo estaba dormido, tras alejarle todo lo posible de cualquier corriente que pudiera haber, abría la puerta y me sentaba delante, tiritando durante una hora o más, hasta que el aire estuviera lo bastante despejado para poder meterme en la cama. A menudo me acostaba medio dormida, pues no me atrevía a quitarle ninguna manta a mi marido. Mientras estuvimos en esa pensión de la montaña hubo dos ocasiones en que un alpinista enamorado se citó con una criada en su habitación, que estaba justo debajo de la nuestra, y me despertó bruscamente. Teniendo en cuenta que estábamos, por así decirlo, en un país extranjero, asustaba tremendamente oír unos pasos rápidos subiendo el tramo de escaleras de madera que acababan en la puerta de cristal de nuestro cuarto. En una de las ocasiones me dio tiempo de lanzarme contra la puerta y girar la llave en la cerradura justo cuando se vislumbró la silueta del intruso al otro lado del cristal. Pero Joseph Conrad, que estaba despierto la segunda vez que el amoroso alpinista buscaba a su presa, no estaba dispuesto a encargarse él solo de la defensa de nuestro frágil baluarte, por lo que llamó a su hijo para que le ayudara. Durante unos instantes me planteé ponerme a cacarear para despistar al intruso, hasta que me di cuenta de que, en mi ignorancia, había sido la más intrépida y audaz.

 Cuando nos marchamos de aquella acogedora habitación de madera, con sus ventanas tenuemente iluminadas (ya que allí no había normas en cuanto a las cortinas de las ventanas), el coche donde íbamos a hacer la primera etapa de nuestro agitado viaje llegó con varias horas de retraso. Como eran las doce de la noche pasadas, salieron varios policías en varias direcciones para ver si veían algún rastro del vehículo. Nosotros ya estábamos listos, con las maletas amontonadas en las escaleras, junto a las de un amigo polaco, un hombre influyente en el país, que nos iba a acompañar hasta Viena. Junto al equipaje había un fardo de pieles de oveja y nuestra maleta-cocina coronada por una enorme caja de cartón con una tarta de crema, el regalo de despedida que nos había hecho la cocinera, bajo la atenta vigilancia de nuestra anfitriona. Daba la impresión de que íbamos bien preparados. A mí me habían echado encima un abrigo forrado de piel y tenía el encargo de entregar las pieles de oveja al cochero, que debía devolverlas a sus dueños tras habernos dejado en la pequeña estación, donde teníamos la esperanza de coger un tren a Cracovia. Al fin apareció el coche de caballos avanzando lentamente por la enfangada carretera rodeada de setos sobrecargados por el peso de la nieve medio derretida. Al fondo, las montañas envueltas en el resplandor de la luna, que les daba una sobria grandeza. Uno de los montes, más alto que el resto, tenía una cruz de hierro sobre la cumbre y desde donde estábamos parecía un gigante tumbado y con un puro en la boca. En su postura había algo inefablemente digno y reposado. Cuando nuestro coche rebasó la puerta y los dos caballos sin herrar se detuvieron, la luna salió tras las nubes que me habían oscurecido algo la vista, y en silencio me despedí de aquella figura humana de las alturas, a la que casi me había acostumbrado.

Los siguientes momentos estuvieron llenos de tristes adioses. Quién sabía cuándo volveríamos a encontrarnos con uno de aquellos amigos que se apiñaban en torno a la puerta abierta. Al fin nos instalamos cada uno en su sitio, con el equipaje colocado de un modo que parecía bastante inseguro. Bajo el carruaje, en una especie de saco colgado, iba la comida de los dos caballos. La cantidad de paquetes que llevábamos colgados del vehículo era verdaderamente milagrosa. Tras el último apretón de manos y la última mano levantada con ojos llorosos, el cochero subió a su asiento y dio un latigazo al aire que hizo arrancar a los caballos con un brusco respingo. Los elementos característicos de la carretera aparecían y retrocedían conforme avanzábamos hacia el pueblo siguiente. El cochero parecía hosco y malhumorado. De cuando en cuando soltaba un grito, como cuando al pasar por un puente de madera tuvimos que detenernos porque había un palo de madera atravesado en la mitad. En la base del palo había una caseta diminuta y en respuesta al grito un individuo delgado, casi desnudo, emergió de la oscuridad y, con una manta atada a la cabeza, avanzó impávido por el barro y, dando otro grito de respuesta, alzó el palo para permitirnos seguir nuestro viaje.

Al irnos acercando a la ciudad cada vez nos encontrábamos con más obstáculos de este tipo. En cada puesto había tres o cuatro soldados que se acercaban a nuestro coche para examinar el contenido. Uso la palabra «contenido», porque los hombres parecían totalmente indiferentes al hecho de que fuéramos seres humanos. No prestaban la menor atención a los papeles que les mostramos, mirando por encima el formidable fajo de billetes que producía invariablemente nuestro compañero de viaje, quien nos dijo al llegar a la estación que en esa provisión tenía bastante para asegurarnos un viaje seguro a Cracovia.

CAPÍTULO DECIMOQUINTO

Nuestro trayecto acabaría en la pequeña estación de tren dónde conseguimos subir al tren con destino a Cracovia, pero hay un tramo de aquella carretera que recuerdo con nitidez y cuya imagen eclipsa sucesos ocurridos mucho después. La cadencia amortiguada de las patas sin herrar de los caballos al avanzar por el barro, y el ritmo sordo, aún más extraño, que hacían al caminar sobre los adoquines de las ciudades no tenía nada que ver con el traqueteo acompasado que solemos asociar con el trote de un caballo.

El viaje de cincuenta kilómetros, pueblo tras pueblo, fue tan monótono como desesperante. Aparte de ser tremendamente incómodo, se me hizo interminable. Dado que en el pequeño interior del carruaje íbamos cuatro adultos, el calor de nuestros cuerpos revivía a quienes se tenían que conformar con taparse con las pieles de oveja. Yo llevaba la pierna mala en alto, sobre la partición que había entre los asientos, pero la tenía tan encajada que me parecía tener el pie metido en un torno. Joseph Conrad y Borys iban sentados bajo la capota que a mí no me hubiera importado levantar, mientras nuestro corpulento amigo polaco y yo ocupábamos el asiento trasero. El niño pequeño, John, yacía distribuido sobre nuestras rodillas. El niño pasaba largos ratos durmiendo, pese a estar en una postura verdaderamente incómoda. Ninguno de nosotros hablaba. La leve presión de la mano de Borys en mi tobillo, que llevaba casi incrustado en su cuerpo, me recordaba cada cierto tiempo que no era la única persona despierta en ese coche. Pero incluso ese incómodo viaje llegó a su fin. Justo al romper el alba nos bajamos en la pequeña estación secundaria. Al poco llegó el tren, mal iluminado y tristemente carente de personal adecuado. Nuestro cochero quitó todas las correas al equipaje y, antes de que pudiera impedírselo, me besó en la mejilla. Mi marido y nuestro amigo el eficiente polaco hallaron asientos en un vagón donde iba un oficial del ejército de camino al hospital, ocupando un lado del asiento con su criado, un soldado raso. Este pobre hombre había pasado muchas malherido en un campo de batalla y estaba en muy mal estado. Su ordenanza aceptó agradecido el café caliente que le ofrecimos y que obligó a su superior a tomarse trago a trago, mientras los ojos se le humedecían al contemplar los grandes sándwiches que le ofrecimos de nuestra pequeña reserva. A los dos niños y a mí nos tocó compartir nuestra parte del vagón con el chófer tristón de un gran duque. Preocupado o ensimismado en algún asunto, no nos hacía el menor caso, por lo que permanecimos tranquilamente en nuestro sitio hasta llegar a un cruce donde cambiamos de tren con destino a Cracovia.

En la siguiente etapa de nuestro viaje teníamos todo el vagón para nosotros y las muchas horas que pasamos en ese tren fueron una dura prueba para nuestro hijo menor, que tenía poca paciencia. Borys había descubierto un libro que le interesaba; Joseph Conrad y el caballero polaco pasaron la mayor parte del tiempo enfrascados en una imponente discusión en su propio idioma. Para distraer a John no se me ocurrió nada más entretenido que ponernos a contar postes de telégrafo, tomando la precaución de restarme cinco o seis cada vez que comparábamos nuestras cifras. Mi único objetivo era mantenerle interesado, porque estaba harto de estar metido en un vagón de tren. De vez en cuando me ayudaba a preparar una comida, sacada de nuestra maleta mágica. A los dos nos divertía ver la sonrisa de satisfacción que esbozaban los otros tres al ver aparecer el té y las demás viandas. Sobre el infiernillo ponía a calentar las latas de conservas: espaguetis con tomate, pollo en gelatina, lenguas de cordero y carne asada. Es cierto que el pan se nos acabó quedando seco y que nuestra pequeña reserva de azúcar estaba casi agotada, pero en conjunto logramos satisfacer el hambre de todos, y la colección resultó ser tan variada como interesante hasta el final. Tal fue el éxito que al bajarnos del tren en Cracovia, uno de los guardias que subió al vagón envolvió en un periódico los restos de nuestra comida.

—Con esto tengo para un almuerzo —dijo.

Fue el propio Joseph Conrad quien me tradujo su comentario.

Habíamos salido de Cracovia sólo dos meses antes, pero nos costaba reconocerlo como el mismo lugar. La estación entera estaba rodeada de una gruesa alambrada por la que se veía a los soldados austríacos, con sus uniformes de color gris azulado, entrando o saliendo de los largos trenes que llegaban a la estación. La imagen recordaba a una oruga gigantesca. Aquí tuvimos la suerte de conseguir una comida, pero no se nos permitía salir de la estación. Nuestro amigo, con numerosos asuntos que atender, apenas terminó de tomarse el tan necesario café cuando desapareció discretamente de nuestra vista, despidiéndose con un terso apretón de manos. La naturaleza de su misión me era desconocida, aunque mi marido si estaba al tanto, y el nerviosismo con que aguardaba el regreso de su amigo denotaba la importancia del asunto. Pasamos horas sentados incómodamente en la sala de espera que hacía las veces de comedor, mientras los trenes entraban en la estación para descargar su masa humana de enfermos, heridos y prisioneros estrechamente vigilados. Cerca de la puerta había una mesa larga en torno a la que se sentaba un grupo de enfermeras voluntarias que charlaban animadamente mientras tomaban un mísero almuerzo del que parecían disfrutar. Como por el suelo del comedor pasaban decenas de heridos, estaba cubierto de sangre resbaladiza. Nadie parecía muy dispuesto a limpiar los rastros del horror. De vez en cuando aparecía un anciano con un cubo lleno de un potente desinfectante y, tras fregarlo, echaba varias paletadas de serrín. En ese lugar pasamos once horas esperando el regreso de nuestro amigo y la llegada del tren que nos iba a llevar a Viena, y fue, sin excepción, el momento peor y más angustioso de todo el viaje. Cuando al fin estuvimos los cinco listos para subir al tren, ya era casi medianoche. Joseph Conrad, nuestro acompañante y Borys se fueron al fondo del largo tren, con intención de guardarnos los asientos que habían logrado reservar para nuestro pequeño grupo. John, que se había quedado conmigo, abrió mucho los ojos y lo noté encogerse del miedo al avanzar los dos por el andén. Entre donde estábamos nosotros y donde nos esperaban nerviosos los tres hombres había una larga fila doble de soldados de la infantería austríaca, en posición de firmes. Bajo la luz tenue sus cuerpos parecían borrosos y desdibujados. Yo caminaba con una mano apoyada en el hombro del niño y en la otra llevaba mi fiel bastón. Al salir por las puertas de la estación y encontrarnos el camino bloqueado por la doble fila de soldados, me entró una desesperación imposible de describir. El oficial al mando daba órdenes a sus hombres en un alemán que ya sonaba bastante amenazador a mis bisoños oídos, pero cuando vi el empinado descenso que tendría que rebasar para llegar al final del tren, el corazón se me cayó a los pies. Tras dudar durante unos instantes, empecé a caminar por el centro de la doble columna de hombres. Al verme el oficial se quedó quieto, con el bigote erizado, hasta que dio una patada en el suelo y se me acercó refunfuñando.

Era obvio que me había equivocado, pero señalé hacia la vía del tren y le mostré el bastón que llevaba en la mano. Aquello no le tranquilizó lo más mínimo, sin embargo, pues se acercó y empezó a caminar hacia atrás, soltando un torrente de improperios mientras gesticulaba con los brazos. A mí los soldados nunca me han dado miedo y tal vez fuera mi ignorancia lo que salvó la situación. Sin dejar de sonreír, caminé hasta el final de la columna. Conforme me acercaba a los tres hombres que nos esperaban, dos de los rostros traslucían lo mal que lo habían pasado.

—Dios mío, Jess —dijo mi marido—. Me has dado un susto de muerte. Te podía haber pasado cualquier cosa. ¿No te has dado cuenta de que estamos en un país enemigo?

Al ayudarme a subir al tren, Joseph Conrad hablaba con voz entrecortada. En cuanto a nuestro amigo, se llevó el puño cerrado a la boca a modo de comentario, pero era evidente que estaba muy aliviado de que el incidente hubiera acabado bien. Después mi marido me explicó en detalle el compromiso en el que habríamos metido a nuestro amigo, en caso de que el militar se hubiera enfrentado a mí. Pero podía permitirme el lujo de sonreír, porque el peligro había pasado. A decir verdad, a mí me parecía mucho más peligroso tener que andar por la vía del tren.

Lo primero que hice cuando el tren empezó a moverse fue convencer a John de que se tumbara en el asiento, usando mi rodilla como almohada. Los otros tres iban sentados enfrente, apiñados y en posturas incómodas. El tren aquel carecía hasta de las comodidades más elementales. Todo el vagón y el pasillo olían a sangre y a fenol; los cables de las alarmas estaban cortados y los asientos tenían los cojines destripados. Las tiras de cuero de las ventanas estaban arrancadas y hasta las ventanas estaban, en muchos casos, partidas, rotas o desencajadas. No fue un viaje fácil y tampoco sabíamos qué nos podría suceder al llegar a Viena. La nefasta posibilidad de que nuestro viaje a casa se acabara allí era algo que había que tener en cuenta. Tampoco era halagüeño saber que la policía nos iba a tener vigilados mientras estuviéramos en la ciudad. Alcé la mirada hacia el otro lado del vagón, donde estaba nuestro buen amigo, que me tranquilizó con una sonrisa acompañada de las tres únicas palabras que sabía en inglés: «No pasa nada». A modo de colofón se besó las puntas de los dedos y las levantó, un gesto optimista que parecía remachar sus palabras. Tras ese pequeño intercambio pasé un buen rato pensando en cuánto poder tendría aquel hombre para poder ayudar a un compatriota desesperado y a su familia. Pese a que casi no nos entendíamos, logró hacerme entender que, si fuera posible, pensaba quedarse con nosotros hasta que nos fuéramos de Viena. Nos iba a hacer de anfitrión y, como vi cuando al fin llegamos al hotel, su nombre abría muchas puertas. Pero me llevé un verdadero disgusto al saber cuando el tren llegó a la gran estación que nuestro segundo baúl se había perdido por una cruel fatalidad, por lo que mi marido y su amigo pasaron un buen rato intentando localizarlo. Los dos niños y yo nos fuimos por delante en un taxi, pues mi marido olvidó temporalmente que ni los niños ni yo hablábamos una sola palabra de polaco o alemán.

Por suerte, yo sabía el nombre del hotel y, como ya he dicho, nuestro acompañante tenía un nombre todopoderoso. Pero, quitando eso, estaba totalmente perdida. Estaba segura de que los dos hombres que se habían quedado en la estación lo pasarían mal cuando cayeran en la cuenta de ello. Entre tanto, me contuve de expresar mi preocupación, pues sabía que los dos niños estaban cansados y, además, tampoco habrían podido ayudarme. Cuando llegamos al hotel conseguí, por señas y repitiendo el nombre de nuestro amigo, que me dieran nuestras habitaciones. Los niños ya estaban bañados y a punto de acostarse cuando llegó Joseph Conrad lleno de inquietud. Creo que se quedó tan sorprendido como aliviado al ver que habíamos logrado llegar a nuestro destino. Después de comer algo, nos dispusimos a acostarnos. Digo que nos dispusimos, porque la noche aquella se nos complicó bastante. La venda que yo llevaba en la rodilla mala me había rozado tanto la herida que al quitármela me dio un mareo. Además, en la habitación hacía un calor insufrible. La calefacción estaba empotrada en la pared, de modo que no se veía el fuego ni se podía regular el calor. Las ventanas dobles estaban herméticamente cerradas, por lo que parecía, y tenían refuerzos en las ranuras para evitar las corrientes. Las dos camas individuales estaban a cierta distancia una de la otra y cuál no sería mi disgusto cuando Joseph Conrad anunció, mientras yo intentaba reanimar la circulación de mi pierna, que tenía un principio de gota y que había que prepararle una dosis de su medicamento habitual. No sabía si iba conseguir que mi pierna hiciera la función que le correspondía y por primera vez me sentí débil, literalmente incapaz de moverme. La repetición malhumorada de su petición me hizo ponerme en marcha. Logré prepararle la dosis y vendarme el delicado tobillo. Apenas había acabado cuando él se quedó dormido, pero yo sabía bien que no debía apagar la lámpara.

Alfred Borys Conrad Korzenoiwski recién alistado al ejército, 1916

La granja de Ivy Walls, en Essex, 1898

Conrad y John (a los diez años) en Capel House, 1916

Tener un libro a mano —cualquier libro— era esencial, por si se despertaba. Cuando nuestro hijo John —que entonces tenía poco más de cinco años— estaba estudiando las Sagradas Escrituras en el colegio, desesperaba a su padre al dejarle todas las noches en la mesilla de noche uno de sus cuentos, cada noche uno distinto. A mí me sorprendía la insistencia de John, pues su padre lo devolvía en cada ocasión a su hogar, por así decirlo, en la estantería del niño. Al final mi hijo me explicó que el maestro del colegio local, que le hacía de tutor al salir de clase, le había dicho que todo el mundo debía tener una Biblia junto a la cama, y que él había pensado que cualquiera de sus libros servía para eso. Al mirar por la habitación me di cuenta de que, en lugar de su bata, que ahora estaba perdida en alguna parte de Austria, lo que Joseph Conrad había colgado tras la puerta era su abrigo. Tardé un tiempo en cerrar los ojos, pero al final debí quedarme profundamente dormida. De pronto me desperté y lo primero que hice fue mirar hacia la cama donde al acostarme había visto a mi delgado marido vestido con unos pijamas algo llamativos. (Nos habíamos visto obligados a comprarlos al perder nuestro primer baúl.) Para mi sorpresa, por no decir espanto, en la cama estaba lo que desde lejos parecía un hombre fornido vestido de marrón oscuro. Demudada, me eché a temblar, sin saber qué hacer. En la puerta seguía colgado el abrigo de mi marido, pero entonces ¿quién era el desconocido que ocupaba el lugar de mi marido? Me levanté procurando no hacer ruido y con cada movimiento que hacía me daba la impresión de que se me iba a parar el corazón. Ante todo tenía que procurar no despertar a la persona en cuestión, fuera quien fuera. Mi intención era salir del cuarto lo más deprisa posible, sin hacer ruido, para pedir que me ayudaran a encontrar a Joseph Conrad.

Creo que las aventuras que había vivido en los últimos tiempos me debían haber impresionado más de lo que parecía, pues estaba aterrada. Caminando de puntillas por la habitación, procuré mantenerme lo más alejada posible del desconocido y casi había llegado a la puerta cuando una voz conocida exclamó varias palabras de sorpresa, lo que me hizo virar en redondo, como diría un marinero. En ese momento el hombre de la cama se incorporó con una risilla, preguntando en tono algo irritado que «a qué cuento venía todo este jueguecito». Incapaz de hallar ninguna excusa, me eché a llorar, cosa que irritó a Joseph Conrad aún más. Entre unas cosas y otras tardé bastante en hacerle comprender lo que él llamaba «este jueguecito». Cuando me acerqué a mirarle de cerca descubrí que había estado en el cuarto de los niños y se había puesto la gabardina Burberry, lo que a mí me parecía increíble con el calor atroz que hacía en la habitación, pero él tenía frío. Por unos instantes estuve tentada de recordarle que apenas unas horas antes había declarado estar tan mal que no podía ni poner un pie sobre el suelo. Mi marido me miró con una sonrisa burlona que quería decir, como bien sabía yo: «Prepárame una taza de té, por favor». Dado que en la habitación tenía el infiernillo y todo lo necesario, cumplí con su muda petición tan aprisa como pude. Mientras él fumaba y bebía alegremente, logré con un enorme esfuerzo abrir la ventana y me acerqué a ella todo lo posible, apoyando la cabeza en el alféizar.

Una de las características de Joseph Conrad era la de lograr meterse siempre en líos, tanto que parecía buscarlos. Aquella mañana, por ejemplo, nos contó su convicción de que pronto iríamos a parar a algún pueblo lejano, sin amigos ni conocidos con influencia.

El día siguiente al del susto estaba arreglándome cuando nuestro compañero de viaje se acercó a la puerta y me rogó que le dejara entrar inmediatamente. Tras echarme una bata por encima, le dije que pasara, preocupada ante la posibilidad de que nos trajera malas noticias. Pero su temprana visita era un gesto cariñoso, pues quería preguntarme cómo había dormido. A continuación me propuso que, dado que mi marido pensaba quedarse en la cama hasta que tuviera que presentarse en la comisaría, le acompañara, con los dos niños, dar una vuelta por la ciudad. La sugerencia, sin embargo, se topó con un inmediato rechazo. Tras lanzarme una mirada hosca, mi marido me envió a pedir que nos subieran el desayuno a la habitación y a continuación rechazó, con el mismo tono cortante, la invitación de nuestro amigo, que se marchó apresuradamente. Me vestí a toda prisa y bajé a procurarnos algo de desayunar. Salvo las ocasiones en que tuvo que ir a la comisaría, Joseph Conrad pasó en la cama los ocho o nueve días que estuvimos en Viena. Nuestro buen amigo había entendido a la perfección que mi marido no le iba a permitir acompañarme a ningún lugar y bajo ningún concepto, por lo que no volvió a repetir su invitación. Un día logré dar con un guía, un hombre que hablaba todos los idiomas del mundo lo bastante bien como para sernos útil en cualquier circunstancia, y, tras pedir un taxi, me fui con los dos niños a hacer una ronda de las estaciones de Viena, hasta dar con el baúl perdido hacía dos meses en Cracovia. Nuestro guía, que tenía un aspecto quijotesco —un hombre enjuto con capa y sombrero— trotaba a mi alrededor con aire servil, poniendo en grave peligro el papel de ciudadana americana en apuros, que era el que estaba representando. Me parecía fundamental no hacer nada que pudiera molestar a los funcionarios ni dar pie a enfrentamiento alguno, pero quería recuperar ese baúl como fuera.

Al fin me llevaron a un enorme almacén y en lo más alto de un montón de maletas que llegaba hasta el techo, estaba el baúl. Las piezas que estaban en el suelo, y muchas de las apiladas encima, estaban tan aplastadas que el contenido asomaba por las grietas, logrando componer una patética mole de cosas destruidas. Cuando al fin rescaté el precioso baúl y aboné el precio que pedía el encargado, la tarifa del taxi había ascendido a una cifra alarmante. El viejo Don Quijote, que se adjudicaba todo el mérito en cuanto a la recuperación de nuestra propiedad, resultó difícil de contentar en lo referente a la propina. Por fin logré explicarle que le íbamos a necesitar de nuevo al marcharnos de Viena, cuando sus servicios se recordarían y recompensarían, sin duda alguna, con mayor generosidad. Dos o tres días después sí que empleamos al viejo rufián para que nos consiguiera esquinas, o al menos asientos cómodos, pues a Joseph Conrad le estaba costando hacer los preparativos para cruzar la frontera con Italia. El señor Penfield, el embajador estadounidense, había hecho todo lo que estaba en su poder, pero no podía conseguirnos un permiso escrito. Lo más que se podía obtener era una promesa de asistencia, en caso de que nos impidieran el paso en algún puesto de vigilancia.

—En ese caso, enviadme un telegrama, usando la expresión «escasez de fondos» —nos instruyó el embajador—. Y os haré llegar el permiso.

El señor Penfield tenía algún recurso de urgencia, evidentemente, pero parecía renuente a blandirlo ante las autoridades, a no ser que fuese totalmente necesario. Nos había asegurado que era improbable que surgiera ninguna dificultad, pero ese día mi marido estaba más suspicaz que nunca, dando por hecho que todo iba a salir fatal.

El tren estaba lleno a rebosar de soldados y maletas. Un hombre joven, cuya relevancia resultaba evidente, pasó la mayor parte del trayecto acompañado de su madre. Entre unos y otros, lograron exacerbar enormemente la irritabilidad habitual de Joseph Conrad. Su temor era que me pudieran golpear o lastimar la rodilla, por lo que se afanaba en buscar un modo de poner la pierna en alto, para salvarla del peligro. Al final, cuando nuestros compañeros de viaje parecían dispuestos a mostrarnos los dientes, una curiosa casualidad me dio la oportunidad de hacer un pequeño favor a la madre del influyente joven. Vi que el bolso se le había caído al suelo y con mi mejor sonrisa se lo indiqué, tomando la precaución de no moverme de mi asiento. Al instante cambió todo, pues bastaron unas palabras del poderoso hijo para que sus compañeros militares abandonaran el vagón en un abrir y cerrar de ojos. Al final nos quedamos en posesión de todos los asientos menos el que ocupaba la dama, que se acercó al pasillo y se puso a charlar animadamente con su hijo, que estaba al otro lado de la puerta. Aliviado, Joseph Conrad cerró los ojos y pasó una hora durmiendo tan tranquilo en su rincón del vagón. Un repentino chirrido de frenos, acompañado del runrún de la mayoría de los viajeros al bajar del tren, le hizo despertar con un respingo. Al instante comenzó a soltar un torrente de quejas, en un tono tan sufrido que un joven recién llegado, que parecía haber bebido más de la cuenta, le soltó un insulto desde el otro lado del vagón. Aguardé temerosa la respuesta, pues sin haber entendido la palabra, por el tono resultaba evidente que era un insulto. Joseph Conrad, por su parte, pareció intuir que se trataba de un compatriota, pues al instante se dieron la mano y descubrieron que el joven era hijo de un terrateniente de la provincia donde había nacido mi marido. Al saber que iba a viajar en compañía del gran escritor, el muchacho se quedó muy impresionado, pues en Polonia se reverenciaba el nombre de mi marido; él conocía bien la historia de la familia Korzeniowski.

Al cabo de varias estaciones el hombre, que era casi un niño, se apeó con grandes muestras de respeto y admiración. Casi a continuación subió otro hombre, que tras quitarse la espada se quedó profundamente dormido. Estaba sentado enfrente de mí y una de las veces que abrió los ojos me vio mirándole, esbozando tal mueca de indignación que giré la cabeza hacia la ventana para no tener que ver su cara pálida de piel rosada. Notaba que la boca me temblaba porque estaba a punto de soltar una carcajada, pero no encontraba ninguna excusa tangible. A decir verdad, no me atrevía a reírme de aquel jovenzuelo taciturno. Teniendo en cuenta la experiencia de su predecesor, sólo podía esperar que él también procediera de la misma provincia que mi marido. Varios segundos después llegamos a una estación grande donde mi *vis-à-vis* se levantó precipitadamente para abandonar el vagón. Supe de inmediato que aquélla era mi oportunidad. Alargué el brazo y le di una palmada en el hombro. El joven se volvió hacia mí con la misma mueca furibunda de antes, pero señalé hacia la esquina de su asiento, donde había dejado olvidada su espada. Entonces me di el placer de soltar una carcajada y él tuvo la cortesía de sonreír y hacerme un saludo militar antes de perderse entre el gentío del andén.

En la siguiente estación nos tocaba cambiar de tren y estoy convencida de que, si no llega a ser por la amabilidad de un húngaro que me ayudó, jamás habría logrado subirme al siguiente. De hecho, seguía con la respiración acelerada cuando ya hacía rato que habíamos salido y el hombre que me había ayudado a encontrar el tren me miraba con gesto preocupado. Afortunadamente, el coche contiguo era un pasillo que daba al vagón-comedor, donde mi nuevo amigo me pudo conseguir un vaso de agua. En correspondencia, yo saqué mi bolsa de aseo y aporté una barra de jabón y una toalla que los hombres de por allí usaron para irse al lavabo a darse un lavado bien necesario. Cuando vi el estado en que me devolvían la toalla me quedé fastidiada, pues mi propia higiene se vio reducida a una limpieza de lo más elemental. El joven húngaro resultó ser un hombre muy interesante, que viajó con nosotros hasta Milán. Parecía ser que quería regresar a su destino en una estación china. Ya había logrado llegar a la frontera austríaca, que lo rechazó por no tener en orden un papel o el impreso de turno. Tenía una posibilidad entre cien de lograr hacer el viaje, pero en caso de conseguirlo, había prometido escribirnos para ponernos al día. Jamás volvimos a saber de él.

En Milán fue donde tuve la primera oportunidad de sacar del baúl la ropa mojada y tuve que hacer una colada impresionante. En aquellos tiempos bañarse constituía un verdadero lujo y por supuesto Joseph Conrad, que siempre fue un entusiasta de llevar la contraria, se empeñaba en darse un baño, o incluso dos, al día. Si había algo que le definía era su capacidad de hacer precisamente lo que cualquier persona razonable hubiera preferido que no hiciera, por caro que le saliera y por molesto que pudiera resultar. Bastaba recordarle que se había dejado una lámpara encendida para que bajara corriendo por las escaleras a encender todas las luces de la casa. Al final me di por vencida y dejé de reprocharle ese despiste, aunque esperaba a que se hubiera dormido para bajar de puntillas a apagar yo misma las luces.

Los ocho o nueve días que pasamos en Milán fueron unos días de gran alivio, pues fue en esa etapa de nuestro viaje de regreso cuando al fin supimos de nuestra gente, es decir, tuvimos noticias directas de Inglaterra, sin haber pasado antes por un filtro alemán. Desde Milán fuimos a Génova, donde teníamos que organizar nuestra travesía a Inglaterra. En Italia fue donde recibimos nuestras primeras cartas y pasó más de una semana antes de emprender la última etapa de nuestra vuelta a casa. Durante la semana que duró el viaje en barco Joseph Conrad se encontraba cada vez más débil, como consecuencia del cansancio acumulado. Un día decidió pedir consejo al médico del barco. Pero antes, fiel a sus costumbres, le relató todos sus síntomas al primer hombre con quien se topó que, tras escucharle atentamente, le dijo preocupado: «Si yo estuviera en su lugar, señor, iría a ver a un médico». Su fallo al elegir un consejero dejó al inválido algo desconcertado, pero el siguiente intento fue malogrado, pues el hombre en cuestión parecía tener prisa.

—Disculpe, señor —le dijo—. Yo soy el contable del barco. El médico está abajo.

Joseph Conrad, desanimado, no volvió a preguntar por el médico, sino que se recluyó en su camarote, hecho una furia. A continuación me mandó llamar para exigirme que encontrara a ese «maldito individuo», pero que me cerciorase de que era el médico.

El peor día del viaje, sin embargo, fue el de nuestra llegada al Támesis. Nos metieron a todos como ovejas en uno de los grandes salones del barco, donde nos las tuvimos que ver con una cuadrilla colosal de intérpretes, que hablaban todos los idiomas del mundo y que nos sometieron a un puntilloso examen. En una habitación contigua registraban a algunos de los pasajeros, que seguían con aire ofendido a los hombres y mujeres encargados de la labor. De pronto uno de nuestros inquisidores se volvió hacia mí y me dijo en inglés, pero con tono áspero:

—¿Es usted la señora Conrad?

Asentí con toda tranquilidad, pero al momento siguiente me dio un vuelco el corazón al recordar las cartas y los papeles que llevaba escondidos en el cuello del vestido.

—¿Tiene usted unas cartas para una tal señora Gielgud? —me preguntó.

Al escucharle, respiré aliviada. Precisamente cuando mi marido se me acercaba con aspecto preocupado, saqué de mi bolso una carta de presentación dirigida a la esposa de Terry Gielgud. Aquello pareció satisfacer al buen hombre que, afortunadamente, me permitió salir de la sala. Ni siquiera entonces le confesé a Joseph Conrad que tenía otras cartas e, incluso, un artículo de periódico que se me había confiado para que lo pusiera a buen recaudo. Lo había escrito una joven confinada en una prisión rusa. Me aterraba pensar lo que podría haber sucedido en caso de haberse descubierto aquellos papeles. Pero decidí que en cuanto llegara a Londres tenía que entregarlos a su destinatario. A día de hoy sigo sin saber, por más vueltas que le he dado, cómo supo aquel hombre que yo tenía una carta para la señora aquella, por inofensiva que fuera.

CAPÍTULO DECIMOSEXTO

Nuestra entrada en el Támesis bajo el puente de pontones, satinado bajo la luna, pareció marcar una nueva etapa en el agotador viaje que había durado dos meses menos dos días. El 3 de noviembre de 1914 fue el día en que llegamos. El gigantesco vapor se quedó en mitad del río mientras una lancha auxiliar aguardaba diligente para acercar al muelle de Tilbury a los viajeros con los bultos correspondientes. Nuestro equipaje al completo, es decir, todo lo que nos habíamos traído, fue uno de los primeros en subir a la lancha. Por algún motivo impenetrable lo bajaron, sin embargo, debido al trámite de turno. Los pasajeros éramos una pequeña multitud, todos ansiosos de llegar a tierra. Pero Joseph Conrad estaba absolutamente desesperado. Las puntillosas diligencias de los funcionarios se las había tomado como una afrenta personal y logró rozar la incoherencia al exigirles una explicación. Después estuvo a punto de estropearlo todo al proclamar que estaba dispuesto a abandonar «los malditos trastos» allí, con el esfuerzo casi sobrehumano que había hecho yo para lograr que el equipaje llegara intacto.

Incluso en esas molestas circunstancias me entró la risa cuando una dama, que había viajado en nuestro barco, se volvió hacia mí con aire furibundo.

—Mire a ese viejo cascarrabias, me refiero al caballero extranjero —chilló con una vocecilla de lo más molesta—. Hay que ver la lata que está dando con su equipaje.

—Señora —le dije, procurando contener la risa—. Ese viejo cascarrabias, como le llama usted, es mi marido.

—Pues entonces, por el amor de Dios, procure tranquilizarle, porque nos está haciendo perder el tiempo a todos

—respondió—. Por mucho que se queje, no le van a atender antes. Casi mejor que se vaya sin el dichoso equipaje y punto.

Por fin nos permitieron salir y me temo que el rostro se me llenó de satisfacción al saber que a la señora antipática le faltaban dos maletas.

—Al final no queda más remedio que dar la lata —exclamé en voz bien audible, sin poder evitar sonreír.

Cuando llegamos a la estación de Fenchurch Street mi marido estaba tan nervioso que fue absolutamente incapaz de convencer al mozo de que me permitiera bajar en el ascensor del equipaje. Con la pierna fastidiada, me sentía incapaz de bajar el interminable tramo de escaleras hasta la planta que estaba al nivel de la calle.

—Hazlo tú misma, querida —me dijo—. Una palabra tuya es mucho más eficaz que un largo discurso mío.

Y no logré sacarle de ahí. Joseph Conrad, abrumado por las últimas formalidades del viaje, parecía estar al borde de un colapso. Fue un enorme alivio llegar al hotel —el Norfolk de la calle Surrey, donde nos conocían—, porque logré convencerle de que se metiera en la cama.

Para entonces ya eran las nueve pasadas. Me preocupaba llevar encima las cartas y los papeles ya mencionados, que quería hacer llegar a sus destinatarios. Si quería ahorrarme las explicaciones correspondientes, sin embargo, iba a tener que aguardar a verme en las circunstancias adecuadas, pues no quería hablar del asunto con nadie. Esperé a que nuestros muchos amigos supieran que habíamos llegado a Londres sanos y salvos, para poder dejar a mi extenuado esposo con alguno de ellos. Al día siguiente, en torno a las seis de la tarde, me llegó la oportunidad. Dije que iba a entregar en persona la carta de presentación a la esposa de Terry Gielgud. Joseph Conrad me pidió que le diera muchos recuerdos de su parte, pues en Zakopane habíamos conocido a los padres de su marido y a varios de sus familiares. Antes conseguí quitarme de encima, al fin, las cartas y el artículo. Cuando todo ello dejó de estar en mi poder, solté un suspiro de alivio. Para entonces me había dado cuenta del riesgo que implicaba el asunto.

Al día siguiente por la mañana estaba pidiendo un coche que nos llevara a Capel House cuando James B. Pinker nos mandó recado de que quería ver a mi marido y que estaba en compañía de Edmund Candler. Al saberlo, Joseph Conrad se puso muy nervioso.

—Jess, el mismísimo Edmund, nada menos —me dijo—. Quita todos esos papeles de ahí y estate atenta a su llegada. Cuando lleguen, no importa la hora, ni lo que yo pueda decir, hazlos pasar.

Al salir, sonreí en silencio. Terminé de organizar nuestra vuelta a casa, sin embargo, y cuando volví a hablar con él le dije que ya estaba todo listo para irnos por la mañana. Llamé al viejo encargado que teníamos en casa y pude aprovisionar «la nave» con una lista que mandé por correo desde el hotel. Salimos, en efecto, al día siguiente.

Durante el viaje nuestra fiel criada, que había acudido a nuestro encuentro en Londres, nos habló de la extraordinaria simpatía y generosidad de sir David y lady Wilson-Barker, que habían demostrado tener un espíritu de lo más cristiano. En aquel entonces él era capitán del buque escuela *Worcester*, donde Borys estuvo interno de pequeño. Siempre habíamos tenido una amistad entrañable con ellos. Pero mientras estuvimos fuera se pusieron en contacto con nuestra criada y le pagaron el sueldo correspondiente a los meses de nuestra ausencia. Por si esto fuera poco, también se habían ocupado de pagar el alquiler de la casa durante nuestro viaje, cosa que hubieran seguido haciendo incluso si nos hubiéramos visto retenidos, como nos temíamos, hasta el final de la guerra. Pronto sabríamos lo cerca que estuvimos de que eso sucediera, cuando el señor Penfield nos explicó con sonrojo que al pasar de Austria a Italia tuvimos una suerte enorme de que no nos pararan en la frontera.

Cuando llegamos a Capel House a última hora de la tarde, la tranquilidad hogareña de nuestra casa nos hizo olvidar al instante la guerra, que desde allí parecía un sueño fantasmagórico. Poco después, al escuchar el incesante paso de los soldados por delante de casa, tuvimos que aceptar de nuevo la cruda realidad.

En todas las familias de nuestro alrededor, sin apenas excepción, había algún recluta. Los hijos de los amigos aparecían en casa luciendo el uniforme con aire presumido y optimista. En otros casos era todo lo contrario. Sea como fuere, todos nos llenaban de tristeza y angustia.

Al poco de nuestro regreso vimos aparecer un enorme zepelín en el cielo, volando tan pegado a nuestra casa que se veían claramente las cabezas de los hombres asomándose desde la góndola. El dirigible pasó un buen rato suspendido en lo alto, como si estuviera buscando la cercana estación de Ashford. Debido a su proximidad con ella, desde Capel House se veían todas las batidas aéreas, de ida y de vuelta. Tener la muerte sobrevolando nuestra casa nos impresionaba tan poco que Borys sugirió, con la mayor tranquilidad, sacar el coche para ir a la oficina de correos a pedirles que llamaran a la ciudad de Ashford para ponerles sobre aviso de que corrían peligro. Nuestra serenidad pronto se convertiría en terror, sin embargo, al comprender de golpe que estábamos inmersos en una guerra, una guerra tremenda y atroz, de la que no podíamos escapar.

En aquella época hicimos muchos amigos nuevos y recuperamos varias amistades. El efecto de la guerra sobre las relaciones sociales fue evidente. Hubo casos de personas distanciadas que acabaron teniendo un trato tan inesperado como estrecho, pese a que algunos no se hubieran visto ni escrito durante muchos años.

Entre los amigos que hicimos en los años inmediatamente anteriores y posteriores a la Gran Guerra, creo que los siguientes son sin duda los más importantes, que citaré por orden de aparición en nuestra vida. En 1912 vino por primera vez a casa Richard Curle, cuyo trato iniciamos a raíz de un artículo que escribió en una publicación llamada *Rhythm* (ya desaparecido). Y su pródigo elogio de un libro de mi marido, por el que el propio autor tenía debilidad, cimentó la amistad desde el primer momento. Dicha amistad acabaría siendo tan cercana como sólo pueden serlo, según se dice, las relaciones consanguíneas. Y fue Edward Garnett quien mostró ese artículo a Joseph Conrad. En sus propias palabras se revela mejor la alegría que le produjo, como demuestra esta carta escrita a Richard Curle:

…La reseña tiene su importancia, sin duda alguna. En comparación, todo lo anterior parece pura palabrería». Joseph Conrad aseguró que le gustaría conocer a su crítico. Y este primer encuentro tuvo lugar en el restaurante Mont Blanc, en Gerrard Street, donde se reunían muchos amigos, entre los cuales estaban W. H. Hudson, Edward Thomas, Perceval Gibbon, Stephen Reynolds, Norman Douglas y otros muchos. También eran amigos nuestros durante ese período M. Jean Aubry, el comandante Gordon Gardiner, sir Ralph Wedgwood y lady Wedgwood, sir James Lithgow y en último lugar, pero no por ello menos importante, Hugh Walpole. Esto procede de una carta hallada esta mañana, que me escribieron desde Iowa en 1930. El fragmento tiene su importancia, pues demuestra que la verdadera amistad perdura, incluso aunque se haya visto quebrada por grandes intervalos de espacio y tiempo. El señor Walpole escribe apresuradamente y, tras disculparse por usar el papel del hotel, explica que se pasa la vida de viaje. Menciona también su esperanza de acabar retirado en su castillo de Cumberland, donde no tenía intención de ver nada más apasionante que un pastor con su perro. Acaba con un cariñoso comentario, que subraya: «Como es obvio, los lazos de amistad que tengo nunca cambiarán. En este momento estoy metido en una enorme cantidad de cosas, pero eso acabará…».

Recuerdo los numerosos fines de semana que Richard Curle pasó con nosotros en Capel House y después en Bishopsbourne, y a mí me vino a ver mucho cuando estaba en el hospital. En una ocasión vino a verme y me dijo que a una amiga suya le gustaría tener para su hijo unos patucos como los que hacía yo. De hecho, abrió el cajón de mi mesilla y eligió varios pares, que se metió en el bolsillo de la chaqueta. Según parece, olvidó mencionar el asunto a su criado, que se quedó atónito al encontrarlos.

El señor Walpole, por su parte, escribió una corta biografía de Joseph Conrad, que dedicó a mi marido, un hombre a quien los dos teníamos un enorme cariño: sir Sidney Colvin, en 1918. A mi marido le gustó mucho este libro y en los márgenes del ejemplar que tengo aparecen muchas notas en los márgenes, escritas de su puño y letra, donde queda patente la alegría y satisfacción que le produjo el texto.

Los últimos doce años de Joseph Conrad, por Richard Curle, lleva el nombre de Hugh Walpole en la dedicatoria, hecho que se debe a que ambos se conocieron en nuestra casa. Más adelante incluiré más datos y acontecimientos relacionados con nuestros amigos.

En cuanto Borys cumplió diecisiete años se alistó en el ejército, dando paso a una etapa en la que su padre y yo sufrimos enormemente. Ninguno nos habríamos opuesto a que el chico sirviera a su país, pero yo, como madre, confieso que hubiera preferido que esperara un poco. Y también tenía la callada esperanza de que la contienda se acabara antes de que mi hijo llegara a involucrarse en ella. Me habría abochornado enormemente que Borys no quisiera participar, pero tampoco he podido entender nunca a esas mujeres que lamentan no tener un hijo que poder enviar a la guerra. Tan sólo las esposas, los padres y, en un menor grado, las hermanas, conocen el tremendo espanto y la angustia que produjeron esos cuatro años de guerra.

El señor Cunninghame Graham, amigo nuestro desde hacía años, apadrinó a Borys en su alistamiento. La incorporación de su hijo al ejército produjo una tremenda angustia a su padre, pero sé que también estaba enormemente orgulloso de que arriesgara su vida por su país, en compañía de otros jóvenes de edad y circunstancias parecidas. Esto lo evidencian las palabras que escribió en la dedicatoria de *La línea de sombra*:

«Para Borys y todos aquéllos que, como él, han rebasado en su primera juventud la línea de sombra de su generación. Con todo mi cariño».

Muchos fueron los amigos y conocidos que malinterpretaron esas palabras, dando por hecho que la línea de sombra significaba la línea de la muerte. He de decir que avisé a Joseph Conrad de que esa confusión era posible, pero estaba decidido a emplear esa expresión y se negó a cambiar una sola palabra. Pasado un tiempo me dio la razón. En todo caso, es una hermosa dedicatoria y, si me la hubiera escrito a mí, la tendría en muy alta estima.

El día en que Borys se alistó también recibió su primer talonario de cheques. El regreso desde Londres lo hicieron el padre y el hijo juntos en un viejo Ford, con Borys al volante. El trayecto me lo contó él mismo, que ha heredado de su padre toda su pintoresca capacidad de exageración. En cualquier caso, la escena debió ser verdaderamente dramática. Como había llovido, la carretera estaba muy resbaladiza. Al bajar la cuesta hacia Farningham el coche patinó, dio una vuelta de campana y embistió a un poste con tal fuerza que lo arrancó de cuajo.

Entonces el coche dio tres giros completos, marcha atrás, hasta detenerse en la posición previa al golpe. Antes de que el vehículo llegara a detenerse, Joseph Conrad asombró a su hijo al bajarse en marcha, cruzar la calle y saludar con una de sus exageradas reverencias a dos mujeres jóvenes que vendían banderas, con el habitual ademán de brazos y el golpe de talón al estilo militar. Las dos muchachas estaban lívidas, ya que habían visto el choque del coche contra el poste y los posteriores giros enloquecidos. Por eso les sorprendió enormemente ver a uno de los ocupantes presentarse ante ellas de un modo tan caballeroso, como si nada hubiera sucedido.

El Ford aquel, desvencijado de tanto usarlo, participó varios días después en otra aventura que podía haber tenido un final catastrófico. En aquella ocasión conducía un chófer contratado a quien le impresionaba mucho llevar como pasajero a Joseph Conrad. A casi todos los empleados de aquel garaje les deslumbraba el hecho de tener a mi marido como cliente. En cuanto a él, tenía la costumbre de incordiarles reaccionando con una furia tremebunda cada vez que sucedía alguna nimiedad que pudiera achacarles. En este caso, el conductor ya había recibido una arisca reprimenda por conducir pegado al bordillo, cosa que le produjo el consiguiente nerviosismo. De pronto el joven dio un volantazo y se echó sobre un anciano que cruzaba la calle en ese momento y que dejó caer una serie de paquetes sobre el asfalto. Entonces el vehículo pareció perder la cabeza y, tras embestir el bordillo de la acera con la rueda delantera, hizo salir disparados a sus pasajeros, que cayeron sobre la acera, a pocos centímetros del muro de la iglesia. A continuación él también salió volando del coche, que giró sobre sí mismo varias veces hasta que, tras caer en posición correcta sobre la calzada, se perdió calle abajo, sin nadie al volante. Borys, que fue el primero en levantarse, corrió tras el vehículo y logró alcanzarlo antes de que chocara contra otro coche aparcado al borde de la calle. Unos soldados ayudaron al anciano a levantarse y acompañaron a mi marido hasta su coche. Al señor mayor lo trasladaron a un hospital, pero los soldados, en su celo heroico, metieron todos los paquetes del hombre en el Ford. Mi marido y mi hijo llevaban varios encargos que les había hecho yo y cuando llegaron a casa me sorprendió hallar entre los comestibles un paquete cuyo contenido me dejó estupefacta. Fue al llamar al hospital para interesarme por el estado del anciano cuando descubrí que, aparte de embestirle con el coche, habíamos robado al pobre hombre una camisa estampada, unos calcetines y un aparato de ortodoncia. Los serviciales soldados debieron meter el paquete en nuestro coche, tomándolo por uno de los nuestros.

 Nuestro hijo apenas llevaba un año alistado cuando lo enviaron a Francia, tras lo cual pasaría un año entero antes de que lo volviera a ver. Por aquel entonces recibimos una carta de una joven estadounidense tan atractiva como misteriosa, que quería venir a vernos con una carta de presentación de nuestro amigo lord Northcliffe. Su carta llegó a casa un mal día, sin embargo, pues todo nos hacía presagiar un grave ataque de gota. De no haber sido así, estoy segura de que el simple hecho de que la apadrinara lord Northcliffe habría bastado para que mi marido le abriera las puertas de su casa. Los dos teníamos un gran cariño por ese hombre, que contaba con nuestra sincera admiración. Pero, como he dicho, la llegada de la joven sucedió en un mal momento, por lo que Joseph Conrad escribió a la señorita A--- una nota cortés donde le explicaba que no podía recibirla por motivos de salud.

Pero entonces se produjo una curiosa coincidencia. Un artista estadounidense, el señor Joe Davidson, había hecho un busto de mi marido que se iba a exponer en Londres. En su debido momento recibimos una invitación para acudir a la exposición. Mi marido, aún enfermo, según decía, decidió que yo debía ir la exposición sola. Una de nuestras amigas estadounidenses, la mujer que nos había presentado al artista, la señora Grace Willard, se ofreció a acompañarme y aceptó en mi nombre una invitación a almorzar con el señor Davidson en el Café Royal.

El hecho de ir a Londres sola tenía todos los ingredientes de una gran aventura, pues casi nunca iba a ningún sitio por mi cuenta, dado que la pierna me dificultaba mucho cualquier traslado. Pero como mi amiga me había prometido ir a recogerme a la estación de Charing Cross, me aventuré a ir. En vez del rostro familiar de «Mama Grace», como la llamábamos todos cariñosamente, las únicas personas que parecían estar esperándome en la estación eran una criatura diminuta que resultó ser la secretaria de mi amiga, acompañada del policía más gigantesco que había visto en mi vida. El gigantesco agente de la ley nos escoltó por el andén de la estación a mí y a la secretaria, que a su lado parecía aún más pequeña. Aquel hombre me imponía respeto, entre otras cosas porque no entendía la necesidad de su presencia, y estaba tan aturdida que no le agradecí debidamente aquella impresionante bienvenida. Fue al alejarse el taxi de la estación, dejando nuestro escolta de pie en la acera, cuando vi la desilusión dibujada en su rostro.

En el almuerzo había cinco o seis personas más. Al acabar de comer nos separamos en grupos para ir a la galería de arte. Allí pude ver el busto de mi marido, cuya semejanza más lograda es la nuca, pues la frente es demasiado estrecha, aunque he visto a mi marido esbozar ese gesto en más de una ocasión. Uno de los presentes, a quien me presentaron, fue el señor Voynich, de quien supe después que había inspirado a mi marido el personaje de Vladimir en *El agente secreto*. También conocí a otro estadounidense, un hombre muy amable que me explicó que en unos días iba a tomar un avión a Francia. Al saber que tenía un hijo allí se ofreció a llevarle cualquier mensaje de mi parte.

De vuelta en casa le expliqué a Joseph Conrad la oferta que me había hecho aquel hombre y mi marido le envió un telegrama para invitarle a comer el domingo siguiente. La invitación fue aceptada de inmediato, a condición de que le permitiésemos traer con él a una joven que estaba citada a comer con él ese día.

En cuanto entraron por la puerta, casi antes de que nuestro invitado presentara a su acompañante con el nombre de la señorita A---, adiviné de quién se trataba. El descubrimiento me produjo un sentimiento a medio camino entre la diversión y la inquietud, pues si mi marido se sentía ofendido, era bastante difícil aplacarle y, a juzgar por excelente impresión que la dama había causado a su anfitrión, me pareció mejor guardar silencio, al menos por el momento. Varias horas más tarde, bien avanzada la tarde, sería la propia joven quien descubriera el pastel.

La siguiente ocasión en que la señorita A--- vino a casa fue con el propio lord Northcliffe, que la trajo a almorzar.

Tras aquella visita lord Northcliffe vino muchas veces a comer a casa, pero por su cuenta. Una de las cosas que más nos gustaban de él era el enorme cariño que tenía a su madre. En ocasiones pasaba horas hablando de ella, pues siempre tenía alguna anécdota nueva con la que ilustrar la bondad de la buena señora con los demás, cosa que su hijo apreciaba enormemente.

Además, lord Northcliffe era muy amable con nuestro hijo John. En una ocasión dio una considerable cantidad de dinero a un fabricante de maquetas, para que John pudiese gastarse allí cuanto quisiera.

Un domingo en que la señorita A--- estaba en casa, vinieron también a comer un alto cargo de la Cruz Roja francesa y su esposa. El pequeño drama que se desarrolló me resultó entretenido, pues lo contemplaba en silencio, lo que me permitía reflexionar con tranquilidad. Nuestra amiga estadounidense supo al instante que el francés se sentía atraído por ella, cosa que también, por cierto, detectó la esposa de él. Muy en su papel, la señorita A--- se sentó ante el fuego como si fuese un ídolo. De inmediato, el señor Paul Vance agarró unos jarrones llenos de flores y los colocó con gran solemnidad ante la figura sentada sobre la alfombra, tras lo cual hizo una profunda reverencia. La esposa del francés soltó un bufido de protesta y Joseph Conrad emitió una de sus risillas impacientes. A continuación mi marido ofreció la mano a su joven invitada para ayudarla a levantarse, logrando tirar al suelo los dos jarrones de flores a la vez.

En aquel entonces lord Northcliffe iba a vernos con mucha frecuencia. Llegaba a la hora del almuerzo con unas maravillosas cestas de frutas, cuyas uvas decía haber cogido con sus propias manos, y luego pasaba la tarde sentado conmigo en el jardín. Solía hablarme de su madre, cómo no, un tema del que no se cansaba y que a mí me entretenía. Entre tanto, ponía su Rolls-Royce y su amable chófer a disposición de los niños —el hijo menor de Norman Douglas y nuestro hijo John—, que pasaban una hora de agradable paseo por el campo.

Lord Northcliffe siempre fue de lo más amable conmigo. En cierta ocasión me ofreció su casa de Saint Peter, para que pasara allí mi convalecencia tras una operación. Fue allí donde conocimos al entonces director de *The Times*, el señor Wickham Steed y a su corresponsal en Nueva York, el señor Bullock. Por último, también tuvimos la suerte de conocer nada menos que al señor Scott Moncrieff, cuya maravillosa traducción de

El camino de Swann entusiasmó a Joseph Conrad. La última noticia que habíamos tenido de lord Northcliffe fue un telegrama enviado desde Newfoundland, donde tenía un gran hospital para sus trabajadores de la industria papelera. En su mensaje, dirigido a mí, se interesaba cordialmente por mi salud y añoraba las charlas en el jardín con Joseph Conrad y conmigo, que esperaba repetir pronto. También mandaba cariñosos recuerdos a su joven amigo John.

Al mes de cumplir los dieciocho años Borys seguía en Francia. Como pasaron varios meses antes de que le dieran ningún permiso, su padre y yo pasamos momentos de mucha angustia. Las cartas que nos llegaban eran muy escasas; las noticias, pocas e inconexas. Las tarjetas postales militares que recibíamos apenas decían nada, pero suponían un cierto consuelo. Entre tanto, la gente iba y venía. Unos no volvían jamás, otros regresaban heridos, ciegos o, peor aún, con la mente trastornada y los sentimientos anulados por los horrores que habían visto.

Sería en el año 1918 cuando recibimos por primera vez bajo nuestro techo a Hugh Walpole. En aquellos tiempos venía a menudo, porque con su alegría y cordialidad era una delicia tenerlo en casa. En aras de la amistad estaba dispuesto a darlo todo y creyó en la bondad de la naturaleza humana toda su vida, aunque al final tuvo motivos sobrados para ponerla en duda. Como verdadero filántropo que era, su generosidad le proporcionaría una cierta satisfacción. Ese tipo de recompensa es mayor que la simple gratitud.

Alguien me contó que durante la guerra, en un hospital del voluntariado británico en Francia había un héroe herido que se entretenía repartiendo ejemplares de los libros de Hugh Walpole, firmados por él. Tenía a todos convencidos de ser el autor. Andando el tiempo le descubrieron, por supuesto. Cuando el autor verdadero se enteró de aquello, hizo un comentario típicamente suyo: «Tal vez esté más orgulloso de mis libros que yo».

Cuando nuestro hijo Borys regresó a casa con su primer permiso, a Joseph Conrad le impresionó tanto verle que se sintió obligado a tomar parte en la guerra. Fue una reacción natural por su parte, pues le costaba sentarse a escribir en medio de tanta angustia y sufrimiento. El único tema posible era el de la guerra y el constante espanto ante la posibilidad de que la siguiente víctima pudiera ser el marido, el hermano o el hijo.

Durante los primeros meses de 1916 hizo varios intentos de participar en la guerra de un modo más activo y le produjo una enorme satisfacción que el Almirantazgo le enviara a Dover y a varias ciudades de la costa oriental del país, en una visita de carácter oficial. Cuando nuestro viejo Ford, el coche que teníamos entonces, salía por la puerta de casa, me quedaba preocupada, viendo pasar las horas hasta oír sonar la bocina con la que mi marido me avisaba de su regreso. En aquella casa había un eco de lo más curioso, que nos hacía oír perfectamente a una persona hablando en la carretera, a más de dos kilómetros de distancia. Por eso siempre oía la bocina del viejo coche mucho antes de que el trasto entrara por la puerta, lo que me daba un lapso de tiempo suficiente para hacer café y sacar algo de comer. Joseph Conrad volvía de esos viajes cansado y nervioso, por lo que pasaba dos días descansando antes de volver a marcharse. Intenté convencerlo de que se llevara un acompañante de menos edad, como nuestro joven chófer, que le podía ayudar en caso de que se le pinchara una rueda, pero no hubo manera.

Entre excursión y excursión mi marido lograba escribir una gran cantidad de cartas. Incluyo aquí una enviada a F. M. H., que le había pedido prestado un par de gemelos de sus tiempos de navegante. Como le señalaba el propio Joseph Conrad, en la guerra le iban a servir de poco.

>...Te respondo de inmediato a tu petición de mis prismáticos. Los que recordarás haber visto en nuestra casa de Pent han sucumbido al paso del tiempo (y con la inestimable ayuda de mi hijo John), ya se han desintegrado. En el supuesto de que siguieran existiendo, no te habrían servido para lo que quieres.

A bordo yo los usaba para hacer de vigía y me bastaba con poder avistar las luces de otro barco por la noche. Estoy seguro de que buscarás un instrumento mucho más eficaz.

No te sorprenderá saber que estos días he pensado mucho en ti. Supongo que habrás tenido que transformar tus hábitos mentales por completo, pero sé que tu agudo intelecto te permitirá adaptarte perfectamente. Tu carta, que te agradezco mucho, demuestra lo que digo.

¡Sí, *mon cher*! Nuestro mundo de hace quince años se ha venido abajo. ¿Qué nos llegará en su lugar? Dios sabrá, aunque tampoco creo que le importe demasiado.

Pero te recordaré la que siempre consideré la única frase inmortal de *Romance*: «Excelencia, tengo unas cabras». La excelencia, aunque sea en forma de rebaño de cabras, sobrevive. La excelencia es esotérica, simbólica, profunda y cómica, pero sobrevive.

Este extracto demuestra que mi marido tenía en alto concepto la inteligencia de su colaborador de antaño y también que tenía mucho cariño a la criatura —una novela llamada *Romance*— creada entre ambos.

También incluyo un extracto de la carta escrita en 1916 al director del *Sydney Bulletin*, que comienza así:

...¿Por qué pedir disculpas? Siempre es un placer recibir noticias de Sydney, ciudad a la que tengo cariño desde joven, por no hablar del *Bulletin*, que ha mantenido encendida la antorcha de las letras en las antípodas durante todos estos años.

A mi francés manco lo conocí en diciembre de 1878. Tenía un pequeño estanco en George Street, cerca del muelle de Circular Quay. Le faltaban las dos manos. Entonces tenía 75 años, como poco, y su aspecto no le auguraba una larga vida. Contaba unas largas historias sobre las gentes de la Melanesia, pero no eran demasiado interesantes. Lo que tenía interés era la cantidad de energía que exudaba ese cuerpo tullido. Vaya usted a saber, tal vez el hombre fuera un dechado de virtudes, pero tal vez su desgracia fuese más reciente de lo que parecía. En todo caso, siempre llevaba los dos muñones cuidadosamente vendados. No había ni rastro de ningún gancho o artilugio mecánico. Estoy seguro de que no era el monsieur Pierre del que hablan sus corresponsales.

Pero aparte del aspecto físico, todo cuanto aparece en el libro es una «mentirijilla»...

Este extracto es interesante, pues muestra lo nimio que puede ser el hecho en el que un escritor basa sus historias. Joseph Conrad siempre construía las suyas en torno a una experiencia personal con un mínimo de veracidad, pero en ellas había mucho que apenas guardaba relación con la realidad, ni con alguna vivencia propia.

Sería por aquel entonces cuando Edward Thomas nos vino a ver por última vez, de camino al frente. Apenas había visto al poeta galés sin estar acompañado de su paisano Perceval Gibbon, cuyo carácter dominante, en vez de anular la parsimoniosa quietud del otro, más bien la resaltaba. En aquella ocasión Edward Thomas, de todos los presentes en nuestra casa aquella noche, ya parecía señalado por la cruel fatalidad del destino. Su sosiego era ominoso y desesperanzado, pero nunca siniestro ni aburrido. Aquella noche se quedó a dormir y estuvo hablando hasta altas horas de la noche sobre todos los temas menos uno, el motivo de su cambio de indumentaria. Había pasado del traje ancho de *tweed* con corbata de tipo pañuelo en color rojo rosado a un traje caqui que llevaba sin ostentación, pero correcto en todos los detalles.

Varios días después mi marido regresaba de Londres en tren, acompañado de un amigo. Desde sus asientos de una esquina del fondo vieron subir a dos conocidos y apenas habían acabado de saludarlos cuando se abrió la puerta del vagón y entró un quinto personaje. Edward Thomas, pues de él se trataba, se sentó tranquilamente en su asiento y volvió la cabeza para saludar a mi marido.

—Al menos nos vemos una vez más, mi querido Conrad —le dijo.

De nuevo, sus palabras parecían tener un funesto tono de despedida. Nadie dijo nada y la animada conversación que mantenían se convirtió en un incómodo silencio. Al despedirse de Edward Thomas, con un apretón de manos mudo, todos se quedaron mirando la sombría figura que se abría paso entre la gente del andén, hasta que desapareció de su vista. Tres días después supimos que había muerto. Su cuerpo no mostraba ni rastro de herida alguna. Efectivamente, se habían visto al menos una vez más, tal como él le dijo a Joseph Conrad.

Poco después de esto mi marido, tras poner unos papeles al día, se disponía a dejarme sola para cumplir con su obligación. El mes de octubre de 1916 se convirtió en un período memorable dentro de aquellos cuatro años de horror. Tantos años después, leer la carta que Joseph Conrad escribió a su amigo J. B. Pinker me produce una honda impresión. En aquel entonces no llegué a saber de su existencia. Mi cometido era quedarme en casa y aguardar a su regreso. Dado que ignoraba el alcance de la aventura que se proponía emprender, su viaje sólo me producía la preocupación habitual. En todo caso, sus palabras lo explican mejor que las mías.

> Mi querido Pinker:
>
> Los gastos de los hoteles ascienden a más de 15 libras. Te adjunto una hoja con la cifra exacta y las facturas correspondientes.
>
> También incluyo, para que disfrutes de ella, la carta de sir Douglas Brownrigg. Es un buen hombre. ¡Hurra! De modo que eso lo dejamos arreglado. Yo me marcho, ya sabes a qué. Si el barco no diera señales de vida (por radio) a los diez días de la fecha prevista, esa noche se podrá dar por perdido el asunto. Entonces pediré al almirante Startin que se ponga en contacto contigo.
>
> No tengo ningún amigo cercano a quien poder confiar este delicado asunto. Espero contar con tu aprobación; no creo

que Borys se enfade tampoco; Jessie lo comprenderá y John no sabe nada, por supuesto. En cuanto a ambos, te rogaría que hagas todo lo posible para hacerles la vida lo más tolerable posible.

Dichas estas cosas ineludibles, no imagines que pueda tener malos presagios respecto a esto, pues no es así. Sin embargo, conviene recordar que la nave ya ha hecho tres viajes y que tal vez la tengan vigilada. Además, hay espías por todas partes. Semejante proyecto parece dar una peculiar credibilidad a la idea del espionaje. Refuerza la convicción de que realmente existen los espías. Por cierto, nuestro servicio secreto es bastante bueno. El cuartel general de Granton estaba al tanto del penúltimo ataque diez horas antes de que los zepelines salieran de Alemania. Es bastante admirable. Nos vemos la semana que viene, a principios, pues es posible que reciba «la llamada» a finales.

La primera noticia que tuve yo de la susodicha expedición consistió en una carta enviada desde Granton el día antes de que mi marido tuviera que emprender su peligrosa misión. Tuve que apresurarme al responder para que el telegrama saliera en el siguiente correo. Estuve muy tentada de rogarle que lo cancelara, pero logré contenerme y le envié un largo mensaje en que sólo le pedía que tuviera cuidado de no enfriarse.

Mi ruego, según supe después, produjo grandes risas en la mesa del desayuno donde se leyó en voz alta ante todos los presentes. Al menos conseguí, eso sí, que Joseph Conrad fuese al pueblo más cercano a comprarse un buen jersey de lana.

CAPÍTULO DECIMOSÉPTIMO

Los doce días siguientes parecieron durar cuarenta y ocho horas cada uno, pues no sólo estaba aterrorizada, sino enferma también. Me habían dejado sola con mi hijo John y la vieja criada, que parecía estar más atontada que nunca. El único amigo con quien podía hablar era el doctor Atkinson, que venía siempre que su ocupada agenda se lo permitía, procurando animarme por todos los medios.

En aquel momento Joseph Conrad sólo me había escrito un par de frases inconexas, que le había sido muy difícil enviarme, todo ello en absoluto secreto. Entre tanto, Borys seguía en Francia y tampoco sabía nada de él. Por si todo esto no bastara para ponerme nerviosa, John logró desquiciarme cuando una tarde se fue a montar en bicicleta y desapareció durante varias horas, algo inusitado, pues lo normal era que se quedara conmigo tranquilamente. Por suerte, un comerciante dio con él, a varios kilómetros de casa, y me lo trajo sano y salvo. Mi alivio fue tan enorme que ni siquiera le regañé, aunque le hice prometerme solemnemente que no se iba a volver a escapar.

Durante aquella temporada que pasé sola con mi hijo menor, el chico hizo lo posible por asumir, con todo su cariño, el lugar de su padre, y también el de su hermano. Siempre estaba a mi lado y cuando salía a hacer algún recado no tardaba más de media hora en volver. Su ocupación principal consistía en llenar unos enormes cestos de manzanas que llevaba en bicicleta hasta el final de la calle, donde se juntaban los soldados a mediodía para comer. A los hombres, que estaban agotados, les animaba verlo aparecer con su cargamento de fruta y se lo agradecían mucho.

Un buen día llegó un telegrama anunciando el regreso de Joseph Conrad. Tras muchas horas de espera en la estación de Ashford regresamos a casa, nerviosos y desesperanzados. Cuatro horas después llegó otro telegrama —desde «el pueblo», como decíamos nosotros— con instrucciones de esperarlo en casa, pues llegaba en un tren a última hora de la noche. Cuando al fin llegó, justo antes de la medianoche, vi que estaba casi agotado y en un estado de nervios impresionante.

Sin dar ninguna explicación sobre su retraso e incapaz de sentarse a comer algo, mi marido paseaba de un lado a otro del salón, agitando los brazos dramáticamente. Parecía tan alterado que empecé a preocuparme. Tuve que calentarle la sopa dos veces antes de que, por fin, se sentara a comer con un hambre voraz. Apenas terminó el primer plato, sin embargo, se levantó y siguió dando vueltas por la habitación.

Al cabo de un rato acabó con todo lo que le había puesto en la bandeja y entonces, envalentonada, le comenté que debía estar cansadísimo. Sin apaciguarse lo más mínimo, Joseph Conrad se dejó caer en su butaca y, con manos temblorosas, encendió un pitillo.

Como los nervios me habían quitado el sueño, esperé pacientemente a que se tranquilizara, pero al final me fui a dormir.

—Tú vete a la cama, Jess —fue lo único que me dijo Joseph Conrad—. Yo subo en media hora o así.

A los tres o cuatro días de su regreso, por fin supe el motivo de su agitación, aunque no fue él quien me lo explicó. De pronto se presentó un policía en casa, pidiendo ver a Joseph Conrad de inmediato.

El hombre me dio un susto tremendo, pero le pedí que esperase un momento, ya que mi marido no se había levantado de la cama desde la noche de su regreso. Sabía que aquello iba a traernos complicaciones, pero no imaginaba ni de lejos lo que iba a suceder.

Cuando entramos los dos en el salón, el policía sacó un papel de aspecto imponente.

—¿Es usted el señor Joseph Conrad? —dijo.

Mi marido le respondió con un breve movimiento de cabeza. El hombre se aclaró la garganta y prosiguió su labor.

—Se le ha pedido que entregue unos documentos personales en la comisaría de policía de Ashford —dijo—. Cuando he salido de allí esta mañana, aún no habíamos recibido los papeles. Le ruego que me los dé.

Atónita, miré a mi marido y volví a mirar al policía. Aquélla era la primera vez que oía mencionar el asunto de la documentación. Pero he de reconocer que me sentí orgullosa al recordar los viejos papeles que pegué y recompuse pacientemente durante nuestro viaje de novios, cuando los encontré literalmente hechos trizas, manchados de agua marina y tan arrugados que estaban casi irreconocibles.

—Ah —dije al instante—. Esos papeles están en el Banco de Londres, pero les escribiré de inmediato para pedirles que nos los envíen. Entre tanto, le puedo mostrar el pasaporte que nos facilitó sir Edward, me refiero a lord Grey, cuando fuimos a Polonia en 1914.

El hombre aceptó la explicación de buena gana. Tras reflexionar durante unos instantes, replicó:

—Doy por bueno lo que me dice, pero han de entregarme la documentación original, es decir, los papeles de obtención de la nacionalidad británica —nos aclaró—. Tienen dos días. Les ruego que cumplan el plazo.

Dicho esto, tomó su casco, salió por la puerta del salón y se marchó de casa.

Cuando nos quedamos solos miré a mi marido, que se puso a darme explicaciones en voz baja, pero con tono sereno.

—Verás, Jess —me dijo—. Cuando el comandante Sutherland indicó a los patrones del pesquero que era necesario desembarcar a un enfermo, arribaron al puerto de Bridlington, donde me dejaron. No había llegado a andar ni diez metros cuando me detuvo la policía y me llevaron a la comisaría local. El maldito lío duró poco, pero perdí el contacto que tenía pendiente en esa ciudad —añadió—. El caso es que me olvidé del asunto de los puñeteros papeles. La verdad es que pensaba que los tenía aquí, en casa —murmuró.

Sonreí, sin poder evitarlo.

—Los enviaste al banco tú mismo, querido, hace tres semanas, cuando supiste que tenías que marcharte —le recordé—. Pero no habrá ningún problema si los entregas dentro de los dos días que nos han dado. Más vale mandar la carta al banco cuanto antes. ¿Quieres que la escriba a máquina y tú la firmas?

El valioso paquete de papeles llegó dentro del plazo estipulado. Como ya había comprobado la importancia de los documentos que reconstruí hacía años, decidí llevar yo misma los documentos a Ashford, sometida a continuos bombardeos. Anuncié mi plan cuando ya tenía el coche esperándome a la puerta de casa, para evitarme así toda posible intervención, a favor o en contra.

El asunto se convirtió en una pequeña aventura. Cuando llegué a la comisaría, el jefe había salido y su adjunto estaba ocupado, según me dijeron. Al saber que mi asunto era urgente salió con media cara llena de espuma, pues se estaba afeitando allí mismo. Tras escuchar mis explicaciones, me mandó dejar los papeles encima de la mesa.

Tal vez me excediera, pero me negué rotundamente a obedecer su petición. Fue una osadía por mi parte, pues mi conducta podría ser ilegal, pero tuve la suerte de que el hombre aquel tuviera buen carácter. Tras disculparse por hacerme esperar, dijo que iba a terminar de afeitarse. Su ausencia se me hizo eterna y mientras esperaba junto al fuego me puse tan nerviosa que empecé a tiritar. Al poco tiempo, sin embargo, apareció mi amigo el de la espuma de afeitar y se puso a estudiar trabajosamente los documentos. Como la mayoría de ellos estaban en polaco, los despachaba tras un breve vistazo, dispuesto a aceptar las explicaciones que yo le iba dando. A decir verdad, parecía contento de que me hubiera empeñado en quedarme, en vez de obedecer su orden de dejar los papeles encima de la mesa.

De vuelta en casa me encontré con Joseph Conrad en el jardín, esperándome con una impaciencia tan desmedida como característica. Como de costumbre, me valí de mi sensatez para tranquilizarle y al final acabó riendo a carcajadas ante mi descripción de la escena de la comisaría.

—Las mujeres sois capaces de todo —proclamó antes de encerrarse en su despacho.

Poco después de este episodio algo tenso, nuestra amiga estadounidense vino a hacernos una larga visita. Parecía ser que había pasado un tiempo enferma en Londres, probablemente debido a su compromiso con la guerra, cuyos horrores había vivido en carne propia, en unas circunstancias ajenas al resto de las mujeres, salvo las enfermeras, por supuesto. Tras cruzar el canal de la Mancha en un buque hospital, estaba en una zona donde cayó un avión alemán, que se desplomó hecho una bola de fuego.

Ella misma contaba su reacción ante aquel suceso: dar una considerable cantidad de dinero a un taxista para que la llevara a Cuffly, donde podía estar el avión abatido. Al parecer, la joven había hecho una gran cantidad de vuelos, yendo y volviendo de París en numerosas ocasiones. En un restaurante parisino le sucedió una cosa graciosa, cuando al mirar el menú preguntó cuál era la diferencia entre una langosta y un *homard*, que es bogavante en francés. El camarero que tenía detrás le respondió al instante: «Exactamente treinta francos, madame».

Tras haber pasado una intensa etapa dedicada a este tipo de actividades, vino a hacernos una visita y pasó un mes casi entero metida en la cama. Tenía los nervios destrozados, pero hay que reconocer que era una inválida interesante. No existía la menor posibilidad de organizar una colaboración literaria con ella, pero a los dos nos entretenía, por lo que estábamos dispuestos a tenerla en casa durante una larga temporada.

En primer lugar, era una mujer francamente inteligente y amena, incluso en su versión más indolente. Durante el mes que pasó en casa nos dio muchos ánimos, pues la incertidumbre en torno a nuestro hijo Borys nos tenía angustiados. Fue precisamente entonces cuando sus cartas y postales militares nos llegaban tan espaciadas. Recuerdo que una noche entré en la habitación justo en el momento en que nuestra invitada le estaba diciendo a mi marido que pensaba intentar localizar a nuestro hijo la próxima vez que fuera a París. Recuerdo que me quedé asombrada al escuchar el tono cortante con que Joseph Conrad le respondió.

—Ni hablar —dijo tajantemente—. Deja al chico en paz.

Poco después nuestra amiga se marchó y mi animoso marido se comprometió a comer con ella en un par de días, para lo que emprendió los preparativos necesarios. Durante su ausencia a mí se me encomendó acompañar a John a Folkestone para que se recuperase de un catarro con fiebre alta, que lo había dejado flojo y alicaído. Quedamos en que nuestra amiga estadounidense se reuniera con nosotros allí, donde pasaríamos todos juntos una semana o diez días. La joven tenía mucho cariño a nuestro hijo, y él a ella. En cuanto a mí, ya he dicho que se trataba de una persona que me interesaba lo suficiente como para agradecer su compañía. A decir verdad, cualquier cosa me parecía mejor que no tener a nadie con quien poder hablar.

CAPÍTULO DECIMOCTAVO

De camino a la estación me forjé un estado de ánimo excepcionalmente indiferente y había hecho acopio de todo mi aplomo cuando el tren llegó, con algo de retraso, a su destino. Vi a mi marido asomado, con cierta ansiedad en el rostro, a una ventana de la parte delantera y eché de menos que me saludara con la mano al pasar por delante de mí, aunque estaba segura de que me había visto perfectamente. Parecieron pasar años antes de ver su conocida silueta andando por el andén hacia mí, precedido de un obsequioso mozo cargado con una pila de libros, una maqueta para el niño y una caja de bombones. Nos separaban varios metros todavía cuando Joseph Conrad me preguntó:

—¿Dónde está la yegua joven?

La pregunta me dejó demudada, por lo que mi marido la repitió en tono claramente furibundo antes de que lograra recuperarme del susto. Afortunadamente, John recibió en ese momento su regalo, que agradeció a su padre con un cariñoso abrazo.

—No ha venido conmigo —logré decir por fin.

Entonces, por fin recibí el saludo que me correspondía. Al caminar hacia la salida con Joseph Conrad a mi lado, me pareció detectar un gesto de desilusión en su rostro. Sin embargo, aún no me sentía capaz de articular una sola palabra. Mi hosco marido alzó el bastón para parar un taxi mientras me hablaba en tono de severa reprobación.

—¿No tienes nada que decir? —me preguntó.

—Sí, mucho —respondí—. Pero no me parece el lugar adecuado. De hecho, no voy a decir nada, porque creo que no merece la pena.

—¿Qué demonios significa eso? —replicó.

Mi marido me agarró el brazo bruscamente, cosa que me enfureció, pues ya era el colmo de los males. Pero él siguió insistiendo como si nada.

—No te entiendo en absoluto —dijo—. Recibiste el mensaje que te mandé al ir a Lowestoft y habrás visto y leído mis telegramas. Te he mantenido bien informada.

La reacción ante mi magnanimidad era curiosa cuando menos, pues era evidente que estaba haciendo todo lo posible por ser generosa e indulgente ante su torpe reincidencia. Procurando no perder la serenidad, me mordí el labio para no hablar. Ante esto Joseph Conrad soltó un torrente de palabras atropelladas sobre lo mucho que se arrepentía de haber viajado a Folkestone e, incluso, de haber sobrevivido a sus recientes peripecias relacionadas con la guerra.

—El vuelo ha sido tan peligroso como el de cualquier otro observador —dijo—. Y sin embargo, me recibes así. Me decepcionas, no sabes cuánto.

—No sé a qué vuelo te refieres. Tal vez al vuelo de tu fantasía —respondí—. De eso sí he oído hablar mucho, aunque ella me dijo que había roto la carta correspondiente. Pero no quiero hablar más del asunto y tampoco quiero volver a invitarla a casa, al menos de momento.

Joseph Conrad, con el mismo gesto de perplejidad, se instaló en una esquina del taxi y tiró por la ventana un cigarrillo encendido que no había ni empezado a fumar. Tras varios minutos de silencio, volvió a hablar, esta vez en tono más sosegado.

—Hasta ahora has sido una persona tan razonable que nunca hubiera pensado que te fuera a enfadar tanto por un vuelo en avión.

—¿En avión? —le interrumpí—. ¿A qué te refieres? Es la primera noticia que tengo sobre ese asunto.

—Todo esto me parece un verdadero disparate —respondió—. Me dijiste que habías recibido el telegrama que te mandé en cuanto nos bajamos del avión.

De pronto se me hizo la luz y comprendí que la bella americana se había estado divirtiendo a nuestra costa. La gravedad de su plan premeditado, es decir, el efecto que pudiera tener sobre nuestra larga y afectuosa relación, era algo que no se habría planteado siquiera y que, probablemente, le habría importado poco en cualquier caso. Antes de llegar al hotel conseguí hacérselo entender a Joseph Conrad, al menos en parte. No presencié el subsiguiente encuentro, pero tengo entendido que fue airado. Pese a todo, permanecimos en Folkestone durante dos días más. Cuando nos marchamos, nuestra amiga decidió regresar a Londres.

En cuanto a lo que pudo sugerirle la idea a la dama, aportaré un dato curioso que tal vez sirva como excusa, algo que descubrí casualmente tras la guerra. Una tarde estaba metiendo libros en unas cajas, pues habíamos emprendido otra de nuestras mudanzas y era lo único que podía hacer, dada mi incapacidad física, para colaborar en los preparativos. Me habían dejado las pilas de libros y las cajas junto a la cama, bien a mano, para facilitarme las cosas. Nos habíamos visto obligados a guardar aquellos libros mientras vivíamos en casa del capitán Halsey, en Spring Grove, en el pueblo de Wye, y mientras los separaba dejé caer uno, del que salió volando una carta, que cayó al suelo, fuera de mi alcance.

Tras meter el último libro en la caja correspondiente, descansé durante unos minutos mientras miraba la carta, que no podía alcanzar ni siquiera con el bastón. La letra era de Joseph Conrad, eso era indudable, pensé al llamar a la campanilla para pedir que viniera alguien a acercármela.

La bella dama americana había contado una mentira piadosa cuando aseguró haber quemado la carta que recibió de mi marido, la carta que demostraría la veracidad de cuanto ella había dicho. Era una epístola altisonante, sin firma ni nombre de destinatario, pero no había duda alguna en cuanto a la identidad del autor. Pese a los años que habían pasado entre el momento en que supe de su existencia y aquel instante en que la tenía en la mano, había demostrado su valía en más de una ocasión. Pero el sentimiento expresado me resultaba novedoso, como si se refiriese a otra persona. De haber sido yo la destinataria de la misiva, creo que habría atesorado aquella hoja de papel, por la pura belleza del lenguaje y el estilo. Aún la tenía en la mano cuando mi marido entró en la habitación.

—¿Qué es eso que tienes ahí? —me preguntó.

Le mostré la carta en silencio, pero antes de poder decir nada, me la arrebató y la tiró al fuego. A continuación se volvió hacia mí y me sugirió un buen modo de conseguir una cosa por la que había manifestado mi interés. Un una modalidad habitual de penitencia, sin acusación ni disculpa previa. Nos conocíamos uno al otro lo bastante, sin embargo, como para prescindir de cualquier formalidad.

Este último episodio se anticipa algo a los acontecimientos o, por así decirlo, se salta varios años. Al volver de Folkestone pasamos las primeras semanas del modo habitual: enfrentados a un ataque de gota y tremendamente angustiados por nuestro hijo. Fue en aquella época cuando vimos mucho a Richard Curle, que estaba de baja del ejército antiaéreo, porque se había puesto enfermo. Aquellos días son un revoltijo confuso de sufrimiento, físico y mental, por el que iban pasando amigos, recientes y antiguos, casi como figuras proyectadas sobre una pantalla. A algunos los podíamos ayudar, aunque sólo fuera mostrando simpatía por su situación; otros sobrellevaban una desesperación demasiado profunda, un sufrimiento verdaderamente abrumador.

En un momento determinado nos pareció necesario consultar a algún otro especialista sobre la dolencia de mi rodilla, para lo cual decidimos alquilar un piso en Londres. Dimos con uno bastante espacioso en Hyde Park Mansions, donde tardamos poco en instalarnos. Al final acabamos pasando tres meses en Londres y el trabajo de Joseph Conrad se benefició de nuestra estancia en la ciudad. De hecho, mi marido reanudó su labor gracias a nuestro cambio de aires y al frecuente contacto con sus amigos londinenses. Durante aquellos meses yo llevaba la pierna sujeta con una férula de Thomas, pues nuestro querido

Joseph Conrad y sir David Wilson-Barker en el campo de la petanca de Oswalds, 1922

James B. Pinker, Joseph Conrad y el capitán corso en Córcega, 1921

Joseph Conrad con su pariente polaca más próxima en el jardín de Oswalds, 1924

Carola Zagorska y Joseph Conrad en el despacho de Oswalds, 1922

amigo sir Robert Jones esperaba con ello evitar tener que operarme. Muchas eran las tardes en que Edward Garnett cenaba en casa y las alarmas antiaéreas empezaban a sonar justo a esa hora, como si nos avisaran de su llegada. Después de cenar los dos hombres se quedaban hablando hasta bien entrada la noche, como si no oyeran los disparos de los cazas. A menudo teníamos el piso lleno de amigos y parientes que se veían obligados a quedarse debido al bombardeo. Cuando el estruendo sonaba cercano nos metíamos todos en mi habitación, que daba a un pequeño patio de piedra, y bebíamos incontables tazas de té para darnos ánimos. Una noche acogimos allí a Cecil Roberts, Allan Wade, Catherine Willard, la joven Harriet Capes y dos o tres personas más. Teníamos los dormitorios llenos de gente. Es extraordinario lo mucho que une el peligro a las personas. Nos daba la impresión de conocernos de toda la vida, cuando sólo uno de los presentes era amigo nuestro desde hacía varios meses, que tampoco era mucho.

Durante uno de los permisos de Borys, fuimos los cuatro, sir James Lithgow, Joseph Conrad, Borys y yo, a cenar una noche en Verrey's. En el vestíbulo del restaurante nos encontramos con un almirante estadounidense que lucía su uniforme con todo esplendor. Cuando el hombre ofreció la mano a Joseph Conrad, mi marido le dio su sombrero, dejándole caer el abrigo sobre el brazo con una falta de respeto chocante. Evidentemente, lo había tomado por el encargado del guardarropa.

—Tome, aquí tiene —le dijo.

El gesto furibundo del militar estadounidense eliminó toda posibilidad de tomarse el asunto a risa. Fue mi hijo Borys quien nos sacó del apuro, al apoderarse de las prendas de la discordia y rogar educadamente al ofendido que nos disculpara.

Después de cenar fuimos al teatro, donde tuve la experiencia única de estar en una función durante un bombardeo. Era bien pasada la medianoche cuando al fin pudimos salir del local y meternos los cuatro, bastante apretados, en un anticuado coche de punto con cuatro ruedas. Tanto el caballo como el cochero parecían ajenos al estrépito de las salvas de tiros y las bombas. El caballo trotaba impertérrito, sin alterar el paso ni por un instante en el camino de vuelta a nuestro piso. Las calles eran largos tramos urbanos sorprendentemente desiertos, salvo alguna sombra corriendo por el centro de la calzada y el eco fantasmagórico de unas pisadas perdidas en la oscuridad.

Aquel primer permiso pasó demasiado deprisa, tanto que al final casi nos parecía haberlo soñado. En cuanto a mi rodilla, no mejoró, de modo que en julio de 1918 se decidió que había que operarme. Una vez hechos los preparativos, Borys obtuvo otro permiso para poder acompañarme durante aquel momento crítico. Ingresé en el hospital antes de que él pudiera viajar a Londres, pero vino a verme la noche previa a la operación y también se quedó al día siguiente, para consolar y animar a su padre. Una semana después, sin embargo, supe que algún alto mando había estado a punto de denegar el permiso de Borys. Cuando se recibió un telegrama firmado por sir Robert Jones, le concedieron un permiso especial, pero mientras el chico salía por una puerta del comedor de oficiales, por otra entraba un ordenanza con un papel que mandaba «cancelar cualquier tipo de permiso».

Durante los días que pasé en el hospital, mi marido y mis dos hijos iban a verme todos los días. Era mi único consuelo, pues la herida me dolía mucho y las siete semanas que pasé tumbada o, mejor dicho, inmovilizada con un hierro en la pierna, fueron una pesadilla que casi prefiero no recordar.

Al pasar los primeros días, cuando al fin permitieron a mis amigos ir a verme, la vida se me hizo más tolerable. Había descubierto que mi querido sir Robert tenía dos nietas en edad de gustarles las muñecas, por lo que pedí a mi leal criada que me comprara una para cada una, con la tela correspondiente para vestirlas. El día en que terminé de hacerles los vestidos, su abuelo vino a hacerme una de sus visitas de carácter no oficial, que tanto acabaría apreciando con el paso del tiempo.

Con esa serena cortesía tan típica en él, hizo marcharse a las enfermeras que se habían comparecido apresuradamente en mi habitación para ayudarle en su inspección de mi pobre pierna.

—No, gracias, enfermera —dijo en tono sosegado—. No quiero ver la herida en este momento. He venido a ver a la señora Conrad como amigo. No se trata de una visita profesional.

Este amable discurso logró que se marcharan todas y al fin pudo sentarse a mi lado para contarme cómo le iban las cosas. Las muñecas le gustaron muchísimo y lo que dijo al respecto fue tan curioso como característico.

—¿Se las puede desvestir? —me preguntó.

Sonreí al responderle que sí, cosa que le produjo una alegría evidente, pues empezó a desvestirlas con mucho empeño. Al observarle me enterneció ver a aquel hombre uniformado desabrochar con sus ágiles dedos las prendas diminutas de las muñecas y colocarlas ordenadamente en un montoncito sobre mi cama, que le quedaba a la altura del codo. Una vez despojadas de toda su vestimenta, puso sobre la cama, una junto a la otra, las dos muñecas —de una desnudez bastante realista— y las miró con cierta perplejidad. Seguía abismado en su cómica extrañeza cuando Joseph Conrad entró en la habitación y tras saludar efusivamente a sir Robert se inclinó para besarme, murmurando entre dientes algo que el médico pudo oír a la perfección.

—Una escena de lo más indecorosa, querida —dijo—. Verdaderamente indecorosa, como lo oyes.

Con una mueca de asco, mi marido se apartó de mí y echó a andar por la habitación, que recorrió un par de veces. La desesperación se le notaba en los hombros agarrotados y en la velocidad con que movía las manos.

—Maldita sea, ya va siendo hora de que te comportes como una persona mayor —me dijo.

A continuación se sentó junto a la silla de sir Robert y, con un irritado ademán, tiró al suelo el montoncillo de ropa.

Con esa paciente amabilidad que ya he mencionado, el inminente doctor recogió las prendas del suelo y las puso de nuevo junto a las muñecas. Entonces, tras darme una palmadita en la mano, me sugirió que vistiera a las damiselas mientras él hablaba con mi marido. Casi había terminado de vestir a una de ellas cuando se inclinó hacia mí, interrumpiendo la sesuda conversación que tenía con mi marido.

—Has puesto a Blanche las braguitas de Rosa —me dijo escuetamente.

Ese tipo de observación, un comentario minucioso sobre algo insustancial, era tan clásico en él que apenas me sorprendió, pero Joseph Conrad me lanzó una mirada furibunda. Como era incapaz de entender que a sir Robert le pudiera interesar algo tan nimio como una muñeca, poco le faltó para regañarme con aire autoritario. Pero de nuevo se escuchó la voz serena del médico.

—Tu amable esposa y yo nos llevamos bien, mi querido amigo —le dijo a Joseph Conrad—. Te ruego que no te enfades por nuestras pequeñas bromas.

Esto sucedió, por desgracia, una semana antes de la muerte de lady Jones, por lo que no volví a verlo hasta el momento en que estaba a punto de marcharme del hospital. Durante mi estancia allí hubo varios ataques aéreos. Primero sonaba la alarma, seguida de una serie de ruidos correspondientes a las reacciones de los empleados en distintas partes del edificio. A continuación aparecía la monja enfermera que estaba de guardia esa noche. Tras darme un vaso de agua, colocarme las almohadas y atenuar las luces de la habitación, se sentaba junto a la ventana, oscurecida por las cortinas. Tras asistir varias veces a esta operación, acabé relacionando su aparición con un bombardeo inminente. En cualquier caso, era un placer tener con quien hablar de noche. Además, cuando llegaba a esa hora solía quedarse más de una hora. En ocasiones me sentía algo culpable al pensar en los otros pacientes con dolencias tan graves como la mía, unos quince o dieciséis, que podrían necesitarla tanto como yo.

Tras su segunda visita me aseguré de tener cerca unos bombones y una cesta de frutas que poder convidarla cuando volviera a verla. Sin embargo, la monja me dio el disgusto de rechazar todo cuanto me animé a ofrecerle. La buena mujer era habladora, en cambio, y aquella noche se superó a sí misma. Su tema habitual o, mejor dicho, su único tema, era el de la infidelidad del hombre. Igual que en las ocasiones anteriores, le llevé la contraria, procurando defender a los señores del mundo, en parte por animar la conversación, pero también porque, en general, tengo cariño a los representantes del sexo opuesto. El caso es que aquella noche mantuvo su postura con tal tesón que me fue literalmente imposible meter baza, como se suele decir. Como había dejado todas las luces encendidas, observé con asombro que tenía la frente cubierta de relucientes gotas de sudor. En ciertas ocasiones soy capaz de conciliar el sueño por mucho ruido que haya a mi alrededor, pero aquella noche el estrépito era constante y sonaba, como pude comprobar, muy cerca del hospital. Pese al tiempo que ha pasado, me parece estar viendo la habitación. Sin ser un espacio grande, la cama parecía estar aislada en el centro. La figura inmóvil de la enfermera, recortada sobre la cortina oscura, parecía estar tallada en piedra. Sólo las manos evidenciaban el nerviosismo de su propietaria. Tras echar una cabezada abrí los ojos al oírla susurrar algo a otra enfermera que acababa de entrar.

—Me parece que ya queda poco —dijo.

La frase se me quedó metida en la cabeza, pero por muchas vueltas que le di, tal vez por estar medio dormida, me era imposible entenderla.

—No me voy a morir, ¿verdad? —susurré.

Estaba tan asustada que casi no se me oía la voz, pero las dos enfermeras me miraron sonrientes.

—Más vale que se lo expliquemos —dijo mi fiel acompañante.

Dado que era la última noche que pasaba allí, porque regresaba a casa esa semana, pudieron pensar que no lo iba a entender en ningún caso. Me enteré de que yo era la única paciente que no podían trasladar a una de las habitaciones inferiores cuando había un bombardeo. La enfermera de guardia era una mujer tan maravillosa que, optando por compartir conmigo el posible riesgo que pudiera correr, había pasado conmigo todos los bombardeos. Si me hablaba de los defectos masculinos era sencillamente porque notaba que el asunto me interesaba lo suficiente como para enzarzarme en una discusión.

El permiso de Borys se prolongó porque una gripe le obligó a pasar en Inglaterra unas tres semanas adicionales. Al final el episodio tuvo su gracia, aunque no sucediera exactamente del modo que mi marido vaticinó.

Una mañana Joseph Conrad fue al hospital a hacerme una visita y al encontrarse en el pasillo con la enfermera jefe se explayó sobre el tema de la salud, proclamando que su hijo Borys tenía gripe, afección que él también padecía. A continuación se puso hecho una furia cuando la buena señora, atenta a la salud de sus dieciséis pacientes, se negó en redondo a dejarle subir a verme.

—Es imposible, señor Conrad —le dijo—. Lo mejor que puede hacer usted, si tiene gripe, es volver a su casa y meterse en la cama. Y le recomiendo que no se mueva de allí hasta que esté mejor.

Pese a que mi marido hizo cuanto pudo para convencerla, ella se mantuvo firme. Al salir por la puerta Joseph Conrad volvió la cabeza, mostrando de nuevo su rostro furibundo.

—Le ruego que comunique a mi esposa que no vendrá nadie de casa a verla —dijo—. Si a mí no me dejan entrar, a los demás tampoco.

La enfermera jefe se enfadó tanto al oírlo que me repitió la frase entera, palabra por palabra.

Dos días después de aquello Borys seguía débil, pero se incorporó al ejército para cumplir con su deber. Como John regresó al colegio, el único miembro de mi pequeña familia que vino a visitarme fue mi marido. Pero también hubo muchos amigos que hicieron un peregrinaje al santuario de la amistad y entre ellos el más leal fue Hugh Walpole, que una tarde me hizo un comentario gracioso.

—¿Sabes que te conozco hace casi dos años y nunca te he visto vestida de calle ni con el sombrero puesto? —dijo—. Siempre te veo metida en la cama.

En su debido momento regresé a Capel House, donde me instalé en una pequeña habitación de la planta baja, el cuarto de juegos del niño. Allí pasé muchos meses, esperando con mi mejor voluntad a que llegara el día en que pudiera moverme sin depender de nadie. Tenía una silla de ruedas en la que hacía el trayecto desde mi habitación hasta el comedor, donde me quedaba delante de la ventana hasta que llegaba la hora de volver a acostarme. Me puse morena por el lado que daba a la ventana, pero la mitad del cuerpo que daba al interior de casa se me quedó de un color pálido. La única vez que salía de casa era para hacer alguna excursión a Londres, donde iba a ver a sir Robert Jones en un enorme coche alquilado.

Cuando se firmó el armisticio Borys estaba en el hospital, aunque al cabo de un tiempo pudimos trasladarlo a casa. El cambio que sufrió mi hijo fue angustioso, pues siempre había tenido cambios de humor, pero en aquella época tenía el carácter alterado. Podía pasarse un buen rato sentado en silencio, completamente apático, hasta que algún ruido le hacía saltar de la silla y mirar a su alrededor con la mirada perdida. Muchas noches aparecía en pijama y bata, diciendo que se había despertado en mitad de la noche al soñar con alguno de los horrores que tenía grabados en la memoria. Incapaz de volver a su cama, se iba a mi cuarto, donde pasaba el resto de la noche acurrucado en un sillón. Creo que en aquella época volvimos a estar tan unidos como cuando Borys era pequeño. Tal vez fuera debido a su necesidad de cariño y comprensión sin mediar palabras, porque parecía costarle expresar los motivos de su angustia. En algunas ocasiones lograba dormirse sin la menor dificultad y entonces me quedaba mirándole, agradecida de que la guerra me lo hubiera devuelto entero, al menos físicamente. Intenté convencer a Joseph Conrad de que lo mandara de viaje, para sacarlo de aquel estado de triste indolencia, pero mi querido avestruz no conseguía o no quería entender lo que yo le estaba diciendo.

—¡Con la cantidad de tiempo que ha pasado fuera de casa! —exclamaba—. No querrás que vuelva a marcharse, ¿verdad?

En cuanto a mi propia situación, la vida me resultó algo difícil durante aquellos meses de inactividad obligatoria, porque sentía un enorme desamparo. La herida no acababa de cicatrizar, ni siquiera superficialmente. Cuando mi querido amigo sir Robert regresó a Inglaterra, decidió que había que tomar medidas más contundentes. Entre tanto, yo me conformaba con esperar, sin anticipar nada peor que lo medianamente razonable.

Mis dos hijos se llevaban igual de bien que siempre y Borys parecía confiar en que su hermano menor lograra sacarle de su apatía. Como ya he dicho, parecía relajarse más por la noche, cuando venía a mi cuarto a instalarse en un sillón. A menudo bajaba a hacerse un té y yo procuraba convencerle de que comiera algo. Al cabo de un tiempo, cuando se iban despertando todos los demás, se iba a darse un baño antes de desayunar. Pero entonces solía entrarle la melancolía, si no se daba la afortunada circunstancia de que yo le propusiera un plan interesante.

El padre y el hijo se parecían mucho. A Joseph Conrad le perturbaba mucho cualquier cambio en el servicio doméstico, por nimio que fuera. La criada llevaba enferma mucho tiempo, pero cuando al fin ingresó en el hospital, mi marido se empeñó en visitarla por mí. Su llegada a la clínica local produjo una cierta confusión. Tras negarse a dar su nombre ni el de la persona a quien iba a ver, volvió a casa hecho una furia.

Cuando la pobre chica murió, mi marido se encerró en uno de los dormitorios de arriba, donde pasó varias semanas recluido. Tanto él como su hijo eran magníficos actores. A ambos les gustaba vivir en un mundo de fantasía y su cuento preferido era el de «Pedro y el lobo». Las semejanzas entre ambos son interminables. Cuando Joseph Conrad se enteraba de que algún conocido estaba enfermo, fingía tener la misma enfermedad. La carta que incluyo a continuación la escribió poco después de morir nuestra criada, cosa que le impresionó profundamente. El día después de escribirla confesó que no le sucedía nada, pero llevaba casi tres semanas encerrado en un cuarto del piso de arriba.

> Querida mía:
> Estoy deseando volver a verte. Espero que pases una buena noche. Qué gran consuelo es tener, en estos tiempos tan difíciles, a nuestros dos hijos en casa. Ante todo agradezco tener conmigo al mayor, por quien siento ahora casi más cariño que cuando era pequeño.
> Lo cierto es que me preocupo por todos vosotros y no sabes cuánto siento estar enfermo el día de su veintiún cumpleaños. Sin embargo, las cosas son como son y, a decir verdad, tengo toda mi confianza puesta en el futuro. Buenas noches, queridísima mía, y espero que me dediques un momento de ternura antes de dormirte.
> Tu niño

Esta carta podría dar la impresión de que mi marido estaba enfermo a muchos kilómetros de casa, cuando sólo estaba en una habitación del piso de arriba. Pero como yo le conocía muy bien, le dejé quedarse allí hasta que quiso volver a reunirse con la familia una vez más. Su actitud resultaba verdaderamente extraña, sin embargo, porque quien estaba realmente impedida era yo. Un día me había acercado en la silla de ruedas al pie de la escalera para saludarle a gritos, pero no había vuelto a oír su voz desde entonces. Fue la única ocasión en que se dejó llevar de tal modo por sus fantasías, pero tuve que dedicar un buen rato a reflexionar sobre ello para perdonarle aquel capricho que le mantuvo alejado de mí durante tanto tiempo.

A estas alturas resultará evidente que en mi casa reinaba un cierto desorden. En aquella ocasión opté por no hablar con mis hijos sobre la «enfermedad» que tenía a su padre recluido en el piso de arriba, pero estoy convencida de que ninguno de los dos llegó a creer que fuera algo tan grave como para suscitar aquel encierro tan extraño y prolongado.

En todo caso, al final volvimos a vernos y varios días después me llevé la enorme alegría de que Jean Aubry viniera a hacernos una de sus visitas, cosa bastante frecuente, por cierto. A mi marido siempre le entusiasmaba reunirse con su amigo y las largas charlas que tenía con él le animaban mucho. En cuanto a mí, tengo un buen número de motivos para estar agradecida a aquel amable francés de cortesía impecable, que sigue siendo un buen amigo mío. Cuando Jean Aubry venía a casa solía pasar horas hablando con mi marido y yo sólo le veía durante las comidas. En aquel entonces teníamos una cocinera algo ineficiente, que me obligaba a improvisar para poder sacar una comida presentable a la mesa. Un día se me ocurrió una idea para colaborar, pese a mi impedimento físico, en darle un toque elegante al menú. Aparte del placer de hacer algo que me gustaba, tenía la satisfacción de saber que Joseph Conrad sabía apreciar mis afanes culinarios.

Para llevarlo a cabo pedía a mi criada que me tapara la colcha de la cama con un grueso papel de estraza sobre el que me ponían un infiernillo para calentar la sartén con los ingredientes del plato que iba a cocinar. Sólo hubo una ocasión en que la bandeja se incendió y mi invento estuvo a punto de ser un verdadero desastre. La torpe criada había vertido el alcohol del hornillo por la bandeja, sin obedecer mi orden de lavarla bien si le caía una sola gota de combustible. Pasé un buen rato con la bandeja incendiada sobre los muslos, sin atreverme a llamar al timbre por miedo a que al moverme se incendiara la cama. La bandeja estaba tan caliente que había empezado a preocuparme, cuando al fin se extinguió la última llama. Tengo que reconocer que fui bastante valiente, dadas las circunstancias, y que pude acabar mi proyecto culinario una vez que me trajeron otro hornillo y los ingredientes necesarios.

Fue en aquella época cuando, tras morir nuestro querido casero, el señor Edmund Oliver, decidimos marcharnos de la casa que nos había acogido durante la guerra. Como habían pasado seis meses desde mi operación, Joseph Conrad tenía la optimista certidumbre de que ya iba a poder levantarme. ¡Ay de mí! Por mucho que quisiera, el espíritu no podía imponerse sobre la carne y seguí sin poder andar de modo más o menos independiente. Teniendo en cuenta mi impedimento, escribí al señor Roland Oliver, que había heredado la propiedad en la que vivíamos, para explicarle la tesitura en que me hallaba. Su respuesta nos hizo gracia, tanto a mí como a mi marido. En su carta me explicaba que tal vez no habíamos tenido en cuenta la posibilidad, pero que tenía intención de instalarse en Capel House, es decir, en la casa donde vivíamos. Tuve la tentación de responderle que si le había escrito era precisamente para rogarle que nos permitiera quedarnos unos meses más, pero me contuve.

Al final conseguimos alquilar la casa del capitán Halsey durante los meses necesarios para encontrar una casa que nos gustara. La mudanza me daba pena, entre otras cosas, por dejar de ver a mi amiga y vecina, lady Millais. Tanto ella como su hijo, sir John, habían sido fieles amigos durante aquellos años. Joseph Conrad tenía un buen número de cosas en común con aquel joven, pues ambos amaban el mar como marinos que habían sido y su sólida amistad estaba basada en el afecto mutuo. La suya fue una de las pocas casas, casi la única, a decir verdad, que el escritor siguió visitando como vecino tras la muerte de su amigo Arthur Marwood. Sin embargo, Wye no estaba a tantos kilómetros de distancia y como ambos teníamos coche, teníamos intención de seguirnos viendo.

La mudanza en sí transcurrió con esa formalidad casi cómica tan propia de mi marido, pues la distancia era corta, pero dada su renuencia a abandonar Capel House, en aquella ocasión complacerle resultó más difícil que nunca. Desde mi silla de ruedas ayudé a preparar un almuerzo frío que se podía calentar sobre la marcha y mandé a una de las criadas que acompañara a Joseph Conrad, que iba a hacer el viaje con su secretaria. Por asombroso que pueda parecer, mi marido estuvo intratable durante todo el día. Como había una huelga de mineros, era muy difícil conseguir la cantidad de carbón necesaria para calentar una casa del tamaño de Spring Grove.

Tuve que emplearme a fondo, aduciendo que tenía un «marido inválido» para conseguir una cantidad adicional de carbón. Al llegar a casa pedí a la criada que encendiera un buen fuego en el despacho, donde podíamos comer. Pero mi querido esposo se empeñó en calentar el comedor también. No pensaba pagar cuatrocientas libras por una casa, según me dijo, para usar una sola habitación.

Ante eso quedaba poco que aducir y, además, sabía que me ahorraría tiempo si guardaba silencio. Tengo un grato recuerdo de la amabilidad del capitán Halsey mientras estuvimos en su casa. Allí nos fue a ver mucha gente, a la que era complicado agasajar, pues había que darles de comer adecuadamente. En aquel entonces fui varias veces a Londres, viajando como un paquete en un enorme coche alquilado, con el propósito de entrevistarme con mi célebre doctor. Pero nos marchamos de Wye antes de quedar fijada la fecha de la operación. De esa mudanza se encargó Borys, que en el ejército había aprendido a organizar grupos de personas, aunque sólo fuera eso.

En ese momento había una huelga general, pero el chico nos procuró un camión de mudanzas que venía del otro lado del canal de la Mancha y que no pudimos devolver, precisamente por la huelga. En algún otro sitio logró alquilar un bastidor para añadirle al camión. El armazón de ambos, algo precario, iba sujeto con unas cuerdas de aspecto poco fiable. El dueño del camión se quedó tan asombrado ante lo bien que salió ese primer viaje que —con vistas a hacer un buen negocio— alquiló el montaje a otras personas que tenían prisa por mudarse, consiguiendo encajar todos los traslados con tal habilidad que no perdió ninguno, aunque los alargó todos. Entre unas cosas y otras, nuestra mudanza tardó el triple de lo previsto y estoy convencida de que habríamos tardado doce veces más si Borys, provisto de su experiencia recién adquirida, no hubiera comprado una gran caja de cerveza con la que lubricar a los transportistas. Finalmente, nuestra mudanza fue la más sonada y, además, logramos acabar antes que los demás.

Cuando entré en la casa nueva para tomar posesión de ella, iba en una silla portátil. Lo primero que pensé fue que quedaba mucho por hacer antes de que Joseph Conrad pudiera ponerse a escribir. De Oswalds tengo una buena colección de recuerdos, que relataré en los siguientes capítulos. Pero antes de pasar allí nuestra primera Navidad, tuvimos que ir a Liverpool, donde me operaron la pierna por tercera vez.

CAPÍTULO DECIMONOVENO

He olvidado la dirección del hospital de Liverpool y también mi viaje hasta allí desde Londres. Sólo la presencia de sir Robert Jones, con su maravillosa amabilidad y paciencia, ilumina lo que, por lo demás, sería tan sólo un recuerdo sombrío y angustioso. Noviembre es un mes por el que tengo antipatía, cosa que también me sucede con el mes de febrero. Sólo recuerdo que por la ventana de la cámara de tortura que era mi habitación, veía el cañón de una chimenea que ondeaba al viento, sujeto a la base con un endeble alambre.

Resulta curioso que en un momento de gran sufrimiento físico, seamos capaces de recordar nimiedades como aquélla, que parecen cobrar más importancia que los acontecimientos principales. Aquella chimenea enclenque, que parecía estar haciendo una improbable reverencia, me parecía, al mirarla desde la cama, la atracción principal del programa del día.

¿Se caería mientras la miraba? En mis delirios semiconscientes la veía desmoronarse y en mis sueños se convirtió en la fantasía central. Recuerdo a la perfección que un día conté a sir Robert, convencida de que era cierto, que había salido despedida por los aires y había caído sobre la chimenea, a cuyas paredes tuve que abrazarme durante horas para no caer al vacío. El buen doctor me explicó el motivo de mi fantasía, pero seguí creyendo que aquello realmente me había sucedido. Según decía mi buen amigo, fue una quimera debida a la contracción de los músculos que me habían cortado a la altura de la rodilla.

Mi marido y mis dos hijos estaban en un hotel cerca del hospital. Por pura casualidad, monsieur Jean Aubry estaba en Liverpool precisamente en ese momento, aunque no recuerdo haberle visto en aquella ocasión. Joseph Conrad pasaba una buena parte de las largas horas del día en casa de sir Robert, que también iba a verme todos los días, siempre que estaba en Liverpool. Según supe después, las visitas rutinarias del doctor se consideraban algo poco corriente, tanto que la enfermera jefe me tomó antipatía. Descubrí entonces que en las clínicas gustan poco los favoritismos, ¿o será que aborrecen todo lo que suponga un cambio en su rígido código de conducta? Mientras estuve allí me vi envuelta situaciones en las que, siendo ajena a los hechos, se me culpaba de determinadas cosas.

Sin embargo, cuando faltaban dos días para cumplirse tres semanas bajo los atentos cuidados de sir Robert, me tocó hacer otro viaje por carretera, con destino a Londres. El mismísimo doctor fue a la estación a despedirnos. Una vez allí fuimos a un hotel donde nos esperaba Richard Curle. Íbamos a pasar dos noches en la ciudad, pero yo aún no podía andar, así que me metí en la cama, donde pasé las siguientes cuarenta y ocho horas. El posterior viaje a Canterbury también lo hice por carretera, acompañada de una criada, pero al llegar me eché literalmente en brazos del doctor. Acusaba mucho la pérdida de sangre, que me había dejado débil. Según dijo mi marido, había estado terca como una mula al empeñarme en hacer el viaje antes de estar en condiciones. Intenté convencerle de que lo mío no era terquedad, sino voluntad, pero no supo entenderlo.

En cualquier caso, la primera parte de nuestra estancia en Oswalds la pasé en un dormitorio grande que había en la parte noble de la planta baja. Allí recibía a todos los que iban a casa a tomar café. Mi marido al fin se puso a trabajar y los meses se nos pasaban velozmente.

Pese a que procuraba distraerme, el dolor de la pierna era angustioso. A los tres meses largos de haber ido a Liverpool, iba a someterme al bisturí una vez más. En esta ocasión fui a una clínica en Canterbury, donde conocí al doctor Whitehead Reid, que acabaría siendo uno de mis más cariñosos amigos. En aquella ocasión sir Robert decidió hacer el viaje desde

Edimburgo por la noche, con la intención de ponerse «manos a la obra» en cuanto llegara a Canterbury.

En cuanto a nosotros, el corto trayecto que hicimos de Bishopsbourne a Canterbury tuvo todos los elementos de una buena farsa. En mitad del viaje, más o menos, Joseph Conrad paró el coche y dijo que lo mejor sería dar media vuelta. La operación iba a ser dolorosa, evidentemente, pero no podía amilanarme, porque sabía el largo viaje que había hecho mi amigo a fin de aliviarme el dolor. Tras encoger los hombros con un ademán característico, mi marido me dio su opinión.

—De acuerdo —dijo con un tono de dramática desesperación—. Si quieres volver a operarte, adelante.

Recuerdo mi primer encuentro con el doctor Reid, a quien llegué recomendada por nuestro viejo amigo, el doctor Tilbery Fox. El médico me recibió con una actitud de lo más ceremoniosa, que me hizo mucha gracia. Al terminar de hacerme un examen médico preliminar, su voz denotaba cierta desesperación.

—¿Qué edad tiene usted, señora Conrad? —me preguntó sin mirarme.

—Setenta y cuatro —respondí en tono sereno, pensando que sin duda caería en la cuenta de que debía invertir la cifra para ponerme cuarenta y siete.

El siguiente comentario me dejó perpleja, sin embargo, tanto que creí haber encontrado la horma de mi zapato, por así decirlo. Tras dedicarme un breve vistazo, comentó con cierta indolencia:

—Supongo que después de esa respuesta, puedo saltarme la pregunta sobre la religión que profesa, ¿verdad?

Creo que nunca he disfrutado tanto compitiendo en ingenio como con él, aunque he de decir que siempre me vencía, pues no bajaba la guardia. Pero fue un amigo leal durante el resto de su vida y siempre tuvo todo mi afecto y mi admiración. Siempre conseguía infundir ánimos a los demás, pero su capacidad de comprensión y entrega era tal que debía producirle un enorme agotamiento. El respeto con que se trataban sir Robert y el doctor Reid entre sí indicaba el talento y la sensibilidad que tenían ambos hombres y ser testigo de su relación me producía una gran satisfacción.

En los meses siguientes fui tomando cariño a la casa de Oswalds, que con el tiempo acabé amando, aunque ahora, tras aquella trágica mañana de domingo del mes de agosto de 1924, sería absolutamente incapaz de volver a vivir allí. Cada curva del sendero del jardín, cada esquina de la casa... me traen recuerdos a los que me siento incapaz de enfrentarme. Las otras casas donde hemos vivido no me evocan vivencias tan dolorosas. La explicación, evidentemente, reside en el hecho de que fue allí donde murió.

Al cabo de muchos meses al fin logré caminar con muletas de nuevo. Al fin pudimos retomar el plan de irnos a Córcega, que teníamos postergado desde hacía tiempo. Joseph Conrad llevaba años queriendo ir al lugar donde nació Napoleón, con quien tenía una fijación desde que era pequeño. Pese a negar que fuera un admirador de Napoleón, lo cierto es que su trágica personalidad le fascinaba, cosa que, como explicaré más adelante, tenía su explicación.

En su *Crónica personal*, Joseph Conrad cuenta la historia de un pariente suyo que era oficial de Napoleón en el momento de la retirada de Moscú. Este soldado, a quien alude con el nombre de Nicholas B., era tío de mi marido. Su desagradable experiencia se narra en el extracto siguiente.

> «Han pasado más de cuarenta años desde que me contaron la historia, pero todavía me impresiona. Creo que es el primer relato realista, por así decirlo, que oí en mi vida, pero no sabría explicar, sinceramente, por qué me produjo una impresión tan tremenda. Como es obvio, sé el aspecto que tienen los perros de nuestro pueblo, pero... No, en este instante, al recordar el horror y la tristeza de mi infancia, me pregunto si hago bien en divulgar a un mundo frío y melindroso aquel episodio siniestro de la historia de mi familia. Me pregunto a mí mismo: ¿hago bien? Sobre todo porque la familia B. siempre

fue célebre, en la campiña, por su delicado gusto en cuestiones de comida y bebida. Sin embargo, teniendo en cuenta que la degradación gastronómica que afecta a este galante oficial se le puede achacar nada menos que al gran Napoleón, creo que dejarla pederse en el silencio sería caer en un exceso de contención literaria. Dejemos que se sepa aquí la verdad. Al fin y al cabo, el responsable del asunto es el hombre de Santa Helena, dada su deplorable ligereza en el manejo de la campaña rusa. Fue durante esa deplorable retirada de Moscú cuando el señor Nicholas B. atrapó un perro a las afueras de un pueblo, en compañía de otros dos oficiales, compañeros suyos —de cuya lealtad y modales no sé nada— y entre todos se comieron al animal. Por lo que recuerdo, el arma empleada fue un sable de caballería y el episodio una cuestión de vida o muerte, casi como si se hubieran topado con un tigre. En el pueblo cercano al lugar del suceso, un villorrio perdido en la espesura de la selva lituana, dormía un piquete de cosacos. Los tres soldados, que los habían observado a escondidas, sabían que los cosacos estaban a sus anchas en las casuchas del pueblo, donde habían acampado antes de las cuatro de la tarde, cuando anochecía por aquellas latitudes. Al contemplar la escena, los oficiales sintieron un asco que rozaba la desesperación. Reptando sobre la nieve se acercaron a la empalizada de ramas que suele rodear los pueblos lituanos de esa región del país. Dios sabe qué esperaban conseguir aquellos tres soldados, qué medios pensaban emplear y hasta qué punto todo aquello les merecía la pena. Sin embargo, aquellas tropas de cosacos que andaban deambulando por el país, a menudo sin un jefe, tenían fama de defenderse mal o ni siquiera ofrecer resistencia alguna. Además, había que tener en cuenta que el pueblo estaba a gran distancia de la línea de retirada del ejército francés, por lo que no esperaban ver aparecer ningún soldado rezagado de la *Grande Armée*. Los tres soldados, tras separarse de la columna central del ejército durante una ventisca, se habían perdido en un bosque, lo que explicaba el lamentable apuro en que se encontraban. Pretendían llamar la atención de los campesinos de la choza más cercana a la empalizada, pero cuando estaban a punto de meterse en las fauces del león, por así decirlo, un perro (es verdaderamente extraño que sólo hubiera uno), una criatura que en aquellas circunstancias parecía tan formidable como un león, empezó a ladrar al otro lado de la cerca...»

A esta altura del relato, que oí contar muchas veces (por petición propia) a la cuñada del capitán Nicholas B., mi abuela, solía echarme a temblar de la emoción.

«El perro seguía ladrando, pero de haberse limitado a ladrar, los tres soldados del Gran Ejército de Napoleón habrían muerto honorablemente, ensartados por las lanzas de los cosacos o tal vez al intentar escapar hubieran fallecido de inanición. Pero antes de poder tan siquiera plantearse la huida, aquel perro aciago y repugnante, llevado de un exceso de entusiasmo, salió por un agujero de la empalizada. Salió corriendo y murió. La cabeza, según tengo entendido, se la arrancaron de un golpe. Después, según me contaron también, los tres soldados se refugiaron en la lúgubre soledad de un bosque nevado y a la luz del fuego que encendieron en una hondonada descubrieron que la condición de la presa era decididamente insatisfactoria. El animal no estaba delgado, sino todo lo contrario, adolecía una obesidad malsana. Además, tenía unas manchas desagradables en la piel, en los lugares donde se le había caído el pelo. Los tres hombres, sin embargo, no habían matado al perro para desollarlo. Era un animal grande y se lo comieron... El resto es silencio... Un silencio en el que un niño pequeño se estremece y, al cabo de unos segundos, dice:

—Yo no habría sido capaz de comerme ese perro.»

He empleado esta larga cita para mostrar la profunda huella que dejó aquella historia en la mente del niño. Esa profunda huella se mantuvo en la mente del hombre adulto. De hecho, el episodio le inspiró uno de sus últimos relatos, *El alma del guerrero*, situado en la misma época. Y no tengo duda de que también fue lo que propició el interés de mi marido por Napoleón, un interés que ha suscitado comentarios de toda índole.

Es ciertamente extraño que su interés durase tantos años sin tener como base ninguna simpatía ni admiración hacia el personaje. Hasta el último momento, la actitud de mi marido fue sólo crítica y, a decir verdad, bastante resentida.

Nuestra visita a Córcega, con la que llevábamos años soñando, al fin se hizo realidad en 1921. El viaje propiamente dicho, sin embargo, tuvo sus escenas de pesadilla, parecidas a las de nuestro periplo a Nápoles. A decir verdad, fue una extravagancia y una verdadera aventura que, dadas las condiciones en las que se hizo parece, al echar la vista atrás, una locura. Tiemblo al pensar en la cantidad de dinero que debió suponer aquello.

Si Joseph Conrad hubiera vivido para poder acabar su libro *Suspense*, donde retrataba el peculiar ambiente que tiene Córcega —o, mejor dicho, el que tenía entonces—, al menos habría servido para justificar el enorme gasto que supuso el viaje. Pero *Suspense* hace justicia a su título, porque sigue siendo un misterio sin resolver. Nadie ha sido capaz de terminarlo como pretendía hacerlo el autor, y mucho menos F. M. H., que se atrevió a proclamar que su libro *Little Less Than Gods* era ese libro terminado. Si había alguien en el mundo literario que no conocía el final que mi marido hubiera querido dar a ese libro, era él, pues llevaban desde 1909 sin apenas verse, por lo que tampoco intercambiaban ideas.

Joseph Conrad siempre tuvo intención de ir a la isla de Elba, pero quería ir solo. Mientras estuvimos en Córcega hizo un par de intentos de ir a Sicilia, pero en ese momento no andaba sobrado de fuerzas. El viaje habría contado con mi beneplácito si Borys hubiera podido acompañarle, pero hice todo lo posible por desanimarle de ir solo, pues no estaba lo suficientemente bien de salud como para desdeñar mi opinión. Al final se convenció a sí mismo de que su viaje a Sicilia había quedado pospuesto para un momento más propicio.

Sobre *Suspense* tengo mucho que decir, pero no es éste el lugar. El viaje a Córcega lo iniciamos un domingo a última hora de la mañana y en la carretera nos topamos con todos los obstáculos posibles para retrasarnos aún más. Las numerosas dificultades derivadas de mi impedimento físico y mi torpeza en el manejo de las muletas eran asuntos que incomodaban y fastidiaban tremendamente al escritor. Mi enfermera no resultaba demasiado útil y el chófer era un aldeano tosco y poco acostumbrado a viajar. De no haber sido por Borys, que nos iba a acompañar hasta Rouen para mostrarnos la parte del campo de batalla donde había transcurrido casi toda su participación en la guerra, creo que al final habríamos desistido de emprender aquella aventura.

Subir el coche al barco nos supuso un trajín considerable. Primero lo izaron con una grúa para subirlo a una barcaza, pero cargado de maletas, tal como habíamos salido de Oswalds. Tal vez por el peso, la gabarra se rompió y vimos alejarse nuestro pobre Cadillac por las aguas del muelle de Dover. Cuando al fin lo subieron a bordo estaba bastante desmejorado, a decir verdad. Entonces Joseph Conrad predijo que sus acompañantes le íbamos a avergonzar con el típico mareo de las gentes poco acostumbradas al mar. Pero la única que cumplió sus predicciones fue la enfermera.

En Calais todos los demás dimos buena cuenta de una copiosa comida y a continuación, con muletas y todo, nos pusimos en camino, precedidos de un motorista que nos hacía de guía por las carreteras francesas. Sentada junto a mi hijo Borys, yo iba con la pierna vendada en alto, sobre unos cojines, con las muletas tumbadas a un lado del coche. Como era de esperar, a mi marido le irritaba todo aquel despliegue. Incontables fueron los «maldita sea» farfullados y los aparatosos gestos de desesperación que casi me hicieron llorar en aquella primera parte del viaje. De poco consuelo me sirvió recordar que se trataba de algo inevitable o que había estado dispuesta, hasta el último momento, a esperar a recuperar la movilidad de la pierna. Pero ese argumento había sido rebatido con firmeza: «Vamos ahora o no vamos nunca». A semejante frase, nada se podía responder. Procuré guardar silencio y hacer todo lo posible para que sus objeciones no me afectaran, pues pretendía ver todo lo que pudiera y disfrutar al máximo del viaje. Tal vez la palabra «disfrutar» no sea la adecuada. Pero tenía a mi hijo conmigo e iba viendo los lugares con mis propios ojos mientras le oía contar lo que había sucedido en cada vuelta y revuelta de la carretera. Sentada en silencio, abrumada por la experiencia, usé la imaginación para rellenar los huecos de la historia.

Me asombró comprobar lo bien que recordaba mi hijo el camino, pues no se equivocó ni una sola vez. En cada pueblo por el que pasábamos nos conmovía con una anécdota sobre la incoherencia del sufrimiento humano. Aquí había una oficina de correos que había volado por los aires, allí trabajaba una joven muy amable, allá había un pequeño café cuyo dueño se había portado bien con él y con los suyos durante los años de la guerra. Como hijo de su padre que es, Borys adornaba sus historias con detalles pintorescos. Estoy convencida de que un buen día sacará a la luz su capacidad de retratar la realidad.

A menudo describía las situaciones con tanto detalle que su padre, abrumado, le decía siempre lo mismo:

—Basta ya, chico. Lo pasado, pasado está. Procuremos olvidarlo. Anda, toma un pitillo.

Resultaba curioso que hubiera sido él, Joseph Conrad, quien le había rogado que le diera todos los detalles. Pese a todo, ambos tenían mucho en común y, conociendo a mi marido como lo conocía, sé lo orgulloso que estaba de la capacidad de observación de nuestro hijo.

—Hay personas que tienen mucho que decir, pero son incapaces de expresarlo. Eso es una tragedia, sabes —decía a menudo—. Y otros llenan páginas enteras con simples palabrerías.

En Armentières pasamos dos noches en un hotel que seguía teniendo las marcas de las balas en las enormes puertas batientes del salón. Además, los cristales de los armarios estaban rajados de un lado a otro y al abrir los grifos del lavabo salían unos riachuelos de agua por los lados. Las huellas de la guerra eran evidentes por todas partes.

Teníamos la intención de viajar desde allí a Rouen, pero la mañana en que nos íbamos descubrimos que algún gamberro nos había robado el distintivo del Royal Automobile Club y la tapa del radiador. En el hotel no podían ayudarnos, o no estaban dispuestos a intentarlo, de modo que tuvimos que improvisar algo semejante a una tapa para poder arrancar el coche.

Borys, que acompañó a su padre la oficina de correos a mandar un telegrama al R. A. C. para pedirles que nos enviaran otra chapa del Club, me hizo reír al contarme los comentarios hirientes que había hecho Joseph Conrad sobre la gente que llevaba el hotel. Al parecer, dio tal publicidad al asunto del robo que cuando ya estábamos en Rouen llegó un mensajero a primera hora de la mañana con el distintivo desaparecido. Pero mi marido estaba tan furioso que se negó a darle una propina ni pagarle el viaje de Armentières a Rouen, así que el pobre hombre se marchó alicaído.

Allí fue donde Borys se separó de nosotros para regresar a casa, pasando antes por París, donde iba a estar tres días. Intenté convencer a mi marido de que nuestro hijo debía acompañarnos en el resto del viaje e, incluso, conducir él, sustituyendo al chófer. Para mí habría supuesto una mejoría tremenda, por no hablar del efecto beneficioso que tendría sobre la condición nerviosa de Borys, que se animaría mucho. Tampoco pude convencerle de que me hiciera caso cuando quise embarcar al chico en un buque nada más salir del hospital militar, pues un viaje por mar le habría sentado bien.

—No —decía mi marido—. Déjale que antes se acomode a su trabajo —era lo que repetía una y otra vez.

Pese a todo, le insistí encarecidamente, pues sabía que al chico le entusiasmaría hacer una travesía por mar, con lo mucho que había aprendido a bordo del *Worcester*. Fue una verdadera lástima que mi querido «avestruz» se pusiera tan cerril en aquel asunto. Fiel a la decisión que tomé en un momento determinado, sin embargo, jamás volví a sacarle el tema.

En Rouen se nos unió Jean Aubry, que se nos acompañó hasta Lyon. A mí se me había asignado el asiento contiguo al del chófer, un mal sustituto de mi hijo Borys, y los otros tres iban detrás, en el *tonneau*, como dicen los franceses. Para mi marido, el viaje tenía mucho más interés con Jean Aubry al lado, en vez de mi enfermera como única acompañante. Creo que nuestro amigo francés no acababa de confiar en el chófer inglés, pues cada vez que nos aproximábamos a un paso a nivel, incluso antes de ver el correspondiente cartel colgado en lo alto de un poste junto a la carretera, es decir, la señal oficial, Jean Aubry se incorporaba sobre el asiento.

—¡Vía de tren, vía de tren! —decía con voz nerviosa.

En conjunto, quitando el mal tiempo y la nostalgia de mi hijo Borys, disfruté del viaje. Me aterraba la mueca furibunda que esbozaba mi marido cada vez que veía mis muletas, que siempre intentaba esconder en algún recoveco del coche. En más de una ocasión llegó incluso a sugerir que podía arreglármelas con un par de bastones.

Íbamos camino de Orleáns cuando tuvimos el primer problema con el coche, debido a un error o, mejor dicho, a una afirmación imprudente de nuestro joven chófer. Mi marido, en uno de sus clásicos arrebatos, se empeñó en que le dijera exactamente cuántos kilómetros estaba haciendo por cada litro, ya que eran muchas las veces en que habíamos tenido que dar la vuelta para «no perder el rumbo», como decían los marinos. De nada le valió al hombre discutir. La cuestión era que si estábamos a un número de kilómetros de la ciudad anterior, eso equivalía a un número de litros de gasolina.

El chófer acabó enfadándose y farfulló que, evidentemente, él no se había bebido «el maldito potingue», a partir de lo cual el ambiente se puso tenso y desagradable. Jean Aubry, en pos de una paz honorable, hizo a pie los tres kilómetros que nos separaban del último pueblo, para intentar conseguir el preciado líquido. Los demás nos quedamos plantados en el coche, esperando a que volviera. Entre tanto, mi marido hacía parar a todas las carretas que pasaban por la carretera y se dirigía al cochero de turno con un «Monsieur...» del que no lograba pasar en la mayoría de los casos. Como parecía que Joseph Conrad estaba saludando a los lugareños que pasaban por allí, tras un educado *bon soir* desaparecían carretera abajo.

¿Cómo iban a imaginar que el extranjero aquel quería que le acercaran al pueblo para ayudarle a conseguir unos litros de *essence* para el coche? Al final hubo que dar la vuelta al vehículo y empujarlo hasta el pueblecito más cercano, donde pasamos la noche.

Mi marido, hecho una furia, encabezaba la expedición a pie, blandiendo el bastón cada vez que se paraba el coche, cosa que hacía cada pocos metros. Fue un extraño trayecto aquel, entre las dos filas de altos árboles que flanqueaban la carretera. A nuestro alrededor no se veía ni una sola ventana iluminada que indicara la presencia de una granja hogareña y los faros del coche envolvían en un haz de luz blanca los pálidos troncos de los árboles, las cercas de piedra y las hondas zanjas del camino. Entonces, en un repentino acelerón, el coche hizo los últimos metros del trayecto y se detuvo ante el único hotel del pueblo, tras lo cual no volvió a dar ninguna otra señal de vida.

Tan furioso que era incapaz de hablar con normalidad, mi marido nos precedió por un patio adoquinado, mascullando veladas amenazas y venganzas imposibles dirigidas contra la crasa estupidez de nuestro joven chófer, pobrecillo. Una vez más, volví a echar de menos a Borys, que habría sabido afrontar la situación. Por la mañana descubrimos que el coche tenía arenilla en el carburador.

En aquel lugar nos dieron una de las cenas más deliciosas que recuerdo. Los comensales eran: media docena de ferroviarios, una señora pechugona, nuestro chófer y nosotros cuatro. La mesa era larga, de asiento corrido y para alimentarnos teníamos unos cubiertos de lo más elementales. Con su tacto habitual, Jean Aubry había logrado que mi marido recuperase el buen humor, cosa de agradecer. Todos estábamos cansados y cuando acabé de cenar, tardé poco en iniciar mi dificultoso ascenso por la angosta escalera del hotel, que era exterior y por la que era complicado manejarse con las muletas. Nuestra habitación dejaba bastante que desear y olía a humedad. Joseph Conrad se negó a dormir en una de las camas individuales, de las que había dos, una a cada lado de un cuarto enorme, vacío por lo demás. En el espacio intermedio sólo había dos alfombras alargadas, las típicas, una junto a cada cama. La puerta, que no encajaba en el quicio, dejaba pasar una recia corriente de aire que circulaba con refrescante brío en torno la cabecera de las camas. Las tres ventanas paralelas, en cambio, estaban firmemente cerradas y tenían un rulo de tela roja en la base, para impedir que entrara el frío.

Mi marido proclamó que las camas olían a humedad y salió para traer todas las mantas que llevábamos en el coche. Luego abrió la cama del fondo, la olisqueó y al final decidió compartir la mía. Por suerte, los muelles del colchón parecían estar perfectamente, pero Joseph Conrad quiso comprobarlo. Mi cama, como la otra, estaba pegada al muro de la habitación. La cómica escena era la siguiente: yo estaba acostada y entre mi cuerpo y la pared estaba mi marido de pie, enjuto como era, envuelto en dos mantas de colorines. Cuando al fin se dejó caer en el hueco que le correspondía fue tan repentinamente que me hizo dar varios botes. A continuación, tras lograr equilibrar la vela sobre el travesaño del cabecero, para poder leer, Joseph Conrad se durmió como un tronco, sin leer una sola línea. Entonces puse la vela en un lugar más seguro y yo también me quedé dormida.

En otro de los hoteles donde dormimos durante el viaje, mi marido se adjudicó un camastro que había en el vestidor contiguo a la habitación, donde yo estaba descansando desde que llegamos a primera hora de la tarde. En el cuarto pequeño también había una bañera, uno de esos inventos abominables que se llenan y se vacían por la parte inferior. Era un trasto hondo, colocado sobre una enorme tarima de plomo que ocupaba la mitad del suelo.

—Es perfecto —me aseguró Joseph Conrad—. Así puedo bañarme y dejar la luz encendida todo lo que quiera sin molestarte, querida. Ya verás lo bien que duermes.

Debió pasarse más de una hora metido en la bañera, cantando a ratos sus tres acordes preferidos de la ópera *Carmen*, hasta que un portazo insistente y cercano le hizo plantearse que era tarde y que los demás huéspedes quizá no supieran apreciar sus afanes vocales.

Habrían pasado dos horas cuando un ruido insistente me despertó. Incorporándome sobre la cama, miré con preocupación hacia la puerta entreabierta que había entre las dos habitaciones. La luz seguía encendida, brillando con todo su esplendor, pero aún se oía el extraño ruido. Lo malo era no poder levantarme a investigar el asunto, pues tenía las muletas en la otra punta de la habitación, fuera de mi alcance. Apoyada sobre un codo, intenté averiguar qué podría ser aquel ruido tan raro.

Al cabo de unos minutos, oí a mi marido soltar una sonora queja.

—Maldita sea —exclamó—. Vaya, si está lloviendo a cántaros —añadió tras un breve silencio.

Entonces oí un golpe sordo, el de sus pies sobre el suelo al levantarse de la cama. A continuación, tras una serie de lamentaciones, abrió la puerta, pidió ayuda a voces y volvió a meterse en la cama.

—Es la maldita bañera, que se ha desbordado —respondió cuando, preocupada, le pregunté que pasaba.

En ese momento entraron apresuradamente varias mujeres en camisón que vaciaron la bañera y se pusieron a fregar el suelo con un sorprendente buen humor y sin parar de cotorrear, pese a lo cual Joseph Conrad, que seguía metido en su cama, les dio la espalda y se quedó dormido antes de que ellas acabaran su labor. Pese a todo, a mí me fue imposible volver a conciliar el sueño. A la mañana siguiente, la tropa de criadas que aseguraban haber formado parte del equipo de salvamento parecía haberse multiplicado por dos. Todas recibieron una propina, pero recuerdo que mi marido me dijo al respecto: «Esta mañana me da la impresión de ver doble». Le dije que estaba de acuerdo con él. Pero, ¿cómo saber quiénes eran las auténticas y quiénes eran las impostoras?

En Lyon nos dejó nuestro amigo Jean Aubry y nuestro grupo de cuatro, contando al chófer, seguimos nuestro camino hacia Marsella, donde pasamos casi tres días. Mi marido me hizo de guía de aquella maravillosa ciudad, llevándome a los lugares que frecuentaba allí de joven. Entre otros sitios, me enseñó el restaurante donde, siendo un muchacho de diecisiete años, cenó con ocho hombres de distintas nacionalidades, que se vaciaron los bolsillos de dinero, se lo entregaron y le mandaron a un tugurio a jugárselo a las cartas. Toda una aventura para aquel jovenzuelo que era Joseph Conrad entonces.

—Y Jess, gané —me dijo—. Esa noche no podía perder. Pero si hubiera perdido, tenía guardado lo suficiente para poder dormir todos en una pensión barata.

La tercera noche nos embarcamos en un barco tremendamente incómodo con destino a Córcega. El camarote era pequeño y olía mal; teníamos pocas almohadas; y mi enfermera, que estaba enferma y se daba pena a sí misma, no dejaba de quejarse. Joseph Conrad intentó conseguir algo de champán para animarnos, pero a bordo sólo había media botella y ya se la habían bebido.

En ese viaje se me acercó una joven muy simpática que se presentó como la señorita Dulcie Jones, una paciente de mi querido amigo sir Robert Jones. Con ella estaba una sobrina de otro amigo, que llegó algo después. Durante la travesía tratamos mucho a ambas jóvenes.

Desembarcar por fin en el muelle de Córcega fue una enorme alegría. Tuvimos que pasar una serie de trámites antes de que se nos permitiera emprender el camino hacia el Grand Hotel de Ajaccio donde mi marido, cuyo humor ya había sufrido una dura prueba, estalló al fin en cólera. La trifulca surgió en torno a nuestras habitaciones que habíamos reservado por carta desde Inglaterra, descubriendo al llegar que nos habían contado una pequeña mentira en lo referente al ascensor.

Es probable que muchas de las personas que busquen un hotel con ascensor puedan, de hecho, prescindir de él. En ese caso, pasarán por alto cualquier embuste sobre el asunto, pero el ascensor, en mi caso, era una verdadera necesidad. Los propietarios suizos del hotel se disculparon profusamente e hicieron todo lo posible para compensarnos por su «error», como insistían en llamar a su evidente mentira. En todo caso, tardaron un buen rato en lograr aplacar a Joseph Conrad, que al final consintió en ocupar la única suite que había en la planta baja del establecimiento. Nuestras habitaciones, sin embargo, estaban reservadas para algún personaje importante, cosa que dedujimos de las conversaciones fragmentadas que nos llegaban desde la recepción cuando la puerta se abría de vez en cuando. Pese a todos los inconvenientes por fin logramos instalarnos y deshacer las maletas. La suite era muy completa: dos dormitorios con un salón en el centro y un cuarto de baño al final de un pasillo con el que se comunicaban ambas habitaciones.

Fue allí donde mi marido recuperó su amistad con una persona a quien había conocido hacía años, en un almuerzo que dio sir Hugh Clifford en Londres. El mismo día de nuestra llegada nos topamos con el sir Maurice y su esposa que, en compañía de una artista irlandesa, habían llegado al hotel unas semanas antes que nosotros. A todos nos produjo una gran satisfacción el reencuentro y catorce largos años después de aquello, ambos siguen siendo buenos amigos míos. La que nos falta de aquel grupo es la artista irlandesa, la señorita Alice Kinkead, cuya muerte fue una enorme pérdida para todos nosotros. Pero antes de dejarnos pasó muchas semanas bajo nuestro techo y yo le tenía un enorme cariño.

Varios días después llegó la señorita Lillian Hallowes, cuyo cometido era ayudar a Joseph Conrad con su trabajo, aunque finalmente mi marido ni siquiera intentó trabajar durante ese viaje. Su secretaria solía decir que al morir hallarían varios manuscritos grabados en su corazón. Tal vez sea cierto, pues tenía fama de ser una excelente lectora de textos. Casi a continuación recibimos como invitados a J. B. Pinker, su esposa y su hija. En compañía de ese grupo de personas pasaríamos los primeros quince días.

Pese a mi invalidez y al incordio de las muletas, realmente disfruté de aquellos dos meses en Córcega. J. B. Pinker era muy buena compañía y su esposa estaba siempre dispuesta a apuntarse a cualquier plan que supusiera salir del hotel. La joven hija tardó poco en hacerse amigos, de modo que todos parecían estar contentos. El señor Pinker sabía tranquilizar a mi marido cuando se ponía difícil, alternando su amable indulgencia con un condescendiente desdén. Por si esto fuera poco, tenía buena voz y, acompañado de su hija, que había heredado su talento, nos amenizaba los ratos perdidos.

Un buen día se fue la luz en todo el hotel, cosa que resultó tan divertida como desesperante. Divertida porque al no tener candelabros propiamente dichos, tuvimos que encajar las largas velas en el cuello de las botellas de vino vacías. Desesperante porque sabíamos que cortar el suministro eléctrico era una de las costumbre que tenían los corsos para demostrar lo desagradables que podían ser cuando se les antojaba.

Una noche mi marido se fue a dormir pronto, porque le había encontrado algún fallo al menú, pero los cinco restantes nos pasamos el resto de la cena hablando y riendo a carcajadas. Aquella noche, precisamente, estábamos sin luz y con velas, lo que explicaba, al menos en parte, el enfado del escritor. Al cabo de un buen rato nos habíamos quedado sin excusas razonables para quedarnos en el comedor del hotel, así que decidimos reunirnos en el salón que había al final del largo pasillo de nuestra suite. Creo que la joven hija de nuestro amigo y mi enfermera hubieran preferido reunirse con los demás huéspedes del hotel en el salón. Sin embargo, nos encaminamos hacia nuestras habitaciones, cada uno con una vela en la mano, excepto yo, que al no poder llevar nada salvo las muletas, me vi forzada a cerrar la retaguardia. J. B. Pinker encabezaba la comitiva, con la pálida cabeza iluminada por la temblorosa luz de su vela. Al echar a andar entonó con su maravillosa voz un cántico religioso y los camareros —todos suizos— se unieron a nuestro grupo, juntando las manos como si estuvieran rezando o haciendo la señal de la cruz. Todo muy profano, sin duda alguna, pero indeciblemente gracioso por lo espontáneo que era. Los suizos, por supuesto, tampoco eran católicos, o jamás se habrían unido al jolgorio.

El señor Pinker, muy serio e inundando el lugar con su potente voz, se encaminó de frente hacia nuestro saloncito. De pronto la puerta se abrió y apareció mi marido.

—Pero yo sí que soy católico, ¿o no? —dijo con tono gélido.

Ése fue el brusco final de nuestro pequeño divertimento. Sin dignarme a mirar a mi amo y señor pasé por delante de él para ir hacia mi habitación, dejando a J. B. Pinker que se encargara de aplacar el enfado de turno. Durante varios minutos en la habitación contigua no hubo más que silencio, hasta que oí la voz del cantante murmurar algo en tono de burla. No lo entendí, pero la respuesta del «católico» fue una espontánea carcajada. Entonces supe que la tempestad había amainado.

CAPÍTULO VIGÉSIMO

Poco después de este episodio los Pinker nos dejaron para regresar a Inglaterra. Los echamos mucho de menos, pues el éxito de nuestra estancia en Córcega se debió, en gran parte, a la amable presencia de J. B. Pinker. En cuanto a mí, había dejado de usar las muletas, una vez más, sustituyéndolas por dos bastones. Pero mi supuesta mejoría se limitaba a eso. Y Joseph Conrad había vuelto a convertirse en una especie de inválido que insistía en someterse a un tratamiento que, lejos de ser una cura, era lo más parecido a una enfermedad. A mi enfermera, encargada de aplicarle el tratamiento, le resultaba más fácil seguirle la corriente que acudir a un médico para pedir una opinión cualificada.

Las noticias que teníamos de nuestros hijos no eran alentadoras. Borys había empezado a trabajar, cosa que le había levantado los ánimos, pero sus cartas tenían un tono más bien desconcertante. John, que había empezado a estudiar en Tonbridge, no se estaba adaptando nada bien. Nuestro hijo menor había llevado una vida asilvestrada más propia de un animalillo que de un chico joven. Pasaba la mayor parte del tiempo subido a un árbol y como «buen salvaje» que era, las normas y restricciones del colegio le parecían una verdadera lata. Además, tenía cierta tendencia a discutir, cosa que no le hacía demasiado popular entre sus profesores. En una ocasión le regañaron por descuidar la gramática y parece ser que farfulló entre dientes que no entendía por qué tenía que estudiar gramática. El maestro, con la mayor naturalidad, le respondió: «No vas a poder hablar ni escribir correctamente si no sabes gramática». Entonces el chico alzó la vista y le preguntó con todo respeto: «¿Ha leído a mi padre?», y cuando el maestro le contestó que sí, John terminó su argumentación diciendo: «Pues mi padre no estudió gramática en su vida». Cosa que, en efecto, era rigurosamente cierta.

Nuestro hijo menor también había oído a Joseph Conrad criticar el sistema de educación de los colegios británicos, alegando que era arbitrario, pero sin sugerir ningún modo de perfeccionarlo.

En Córcega celebramos nuestro vigésimo quinto aniversario y a los dos nos divirtió mucho la carta que John, claramente intranquilo, me envió justo antes de la fecha, rogándome que me casara con el mismo hombre el día de mi boda de plata, «porque es un mal trago, la verdad, tener que contar a tus amigos que tienes un padre nuevo».

A los dos nos enterneció la sincera preocupación que se traslucía en aquella ingenua carta y nos apresuramos a sacar al chico de su error. Tanto su padre como yo éramos incapaces de imaginarnos viviendo con otra persona distinta. De hecho, parecíamos una sola persona. Tengo la absoluta seguridad de ser quien tuvo una conexión más íntima con esa mente tan compleja y él siempre decía que me conocía como si fuera transparente, salvo por un pequeño detalle, que siempre se negaba a confesarme.

Córcega era un sitio tan romántico como para satisfacer a la persona más exigente en ese aspecto. A mi marido y a mí nos hacían mucha gracia unas solteronas —de edad incierta— que soñaban con que las raptaran unos bandoleros. Envalentonadas, se acercaban todo lo posible a las faldas de las tupidas montañas donde estaban sus cuevas. Mientras estuvimos nosotros allí, sin embargo, los rufianes no picaron el anzuelo de las señoronas. El jefe de los bandoleros, que entonces era un tal Romanetti, se acababa de casar con una joven y no parecía interesarse por otras damas.

Pero incluso en aquellos maravillosos tiempos, una tarde estuvimos a punto de sufrir la salvaje y trágica consecuencia de una *vendetta*, en forma de lucha a muerte entre un bando de tres hombres y otro de cinco. Todos tenían hijos que, en caso de su muerte, debían continuar con el feudo. En ese caso la causa de la pelea era un terco desacuerdo sobre un terreno.

Esa noche había un baile en el hotel y mi enfermera pasó un buen rato esperando a su pareja, que era el médico. Cuando al fin apareció el doctor, las parejas dejaron de bailar al verlo entrar en el salón. Era un hombre que solía estar pálido, pero esa noche tenía los ojos llenos de espanto y era evidente que la escena que acababa de presenciar le había impresionado profundamente.

La lucha había sido a muerte, con cuchillos, y el médico, un hombre joven, se estremeció al contar los macabros detalles a la gente que le rodeaba. La pelea en sí había terminado cuando él llegó, como también acabó el baile para la mayoría de la concurrencia que oyó su relato sobre mujeres chillando desesperadas y niños llorando aterrorizados. Aparte del médico testigo de aquella tragedia, sólo había otras dos personas corsas presentes esa noche, una de las cuales era la madre del doctor.

Los corsos nos asombraron al explicarnos que sus compatriotas prolongarían el feudo y que el Gobierno francés jamás podría hacer nada para impedirlo. Nada importaba el dolor de las viudas que pasarían dos años de luto. Lo más probable era que, entre tanto, perdieran a algún otro pariente, con lo cual tendrían que sumar otros dos años de ropa fúnebre, y así sucesivamente.

A todos nos sorprendió también que el doctor, un genuino corso, se hubiera quedado tan espantado al contemplar la escena, pero ninguno de nosotros lo dijo en voz alta.

Dicho esto, creo que aquella isla tan maravillosa es uno de los lugares más exclusivos del mundo. No se animaba a los desconocidos a conocerla, ni se animaba a los visitantes a quedarse. Los lugareños lo hacían todo extremadamente difícil. Los turistas eran bienvenidos, como bienvenido era su dinero, pero ahí se acababa el asunto.

Joseph Conrad pasó varias horas en la casa donde nació Napoleón, que aún está intacta, tal como el dramático personaje la dejó al marcharse de aquí hace ya muchos años. En la orilla del mar también hay un grupo de estatuas que lo representan a él junto a sus hermanos. Resultan imponentes, por la importancia histórica de los personajes.

Córcega, como sucede en toda Italia, tiene unos callejones encantadores, pero yo no he podido ver lo que ven la mayoría de los turistas, al no poder pasear y curiosear como me habría encantado hacer. Pero al pasar en coche he podido atisbar lugares maravillosos, un recoveco entre dos altos muros de piedra o un estrecho pasadizo entre dos caserones.

Mi marido se hizo amigo del capitán de un pequeño velero amarrado junto al muelle y tengo una foto de aquellos dos apasionados del mar, a bordo del barquito, en compañía de J. B. Pinker. Como trasfondo de las tres siluetas, la botavara del balandro. En otra fotografía salen los dos marinos sentados solos en la terraza de un café, como si fueran los únicos clientes del lugar. Aquel día disfrutaron contándose historias del mar, alguna de las cuales habría resultado útil en el futuro, como argumento de un libro. La foto está tomada fuera, pero había caído un aguacero que hizo a mi marido y a su amigo el capitán refugiarse en el interior del café.

Hasta aquel momento me había mostrado escéptica cuando me contaban sucesos como el que les sucedió a continuación, tal vez porque mi perspectiva era la de una persona nacida en un tranquilo puerto de mar británico. Los dos amigos estaban a punto de llevarse el vaso a los labios cuando el runrún de la conversación se apagó y el capitán corso chistó en voz baja, poniendo una mano sobre el hombro de mi marido.

—¡No te muevas! —susurró.

Lo que sucedió a continuación impresionó tanto a mi marido que le impidió soltar el inevitable «maldita sea» cuando su amigo le mandó callar. En el café se hizo el silencio mientras todos los clientes de las mesas y la barra miraban entrar a un hombre que cerró la puerta con toda tranquilidad y avanzó hacia el enorme mostrador. Tras dejar un revólver sobre la mesa, pidió amablemente lo que quería beber. El dueño del café sabía bien de quién se trataba, como sabía lo que sucedería si alguno de los clientes cometía la ingenuidad de marcharse nada

El capitán David Bone, Joseph Conrad y el señor Muirhead Bone a bordo del *Tuscania*, 1923

Jessie Conrad Korzenoiwski en Oswalds, 1923

más irse el guapo desconocido, pues había que dejar pasar al menos un cuarto de hora tras su marcha. A mí también me impresionó la historia, cuando me la contaron, pues antes de eso tendía a burlarme de lo que consideraba una leyenda popular.

Pocos días después de aquello habíamos parado ante una taberna perdida en mitad de una carretera rústica y poco transitada, donde no había señal de vida humana. El coche estaba parado casi ante la puerta abierta de un edificio que creíamos abandonado y nuestro chófer había quitado una de las ruedas, que se había pinchado, para cambiarla. Todos los de nuestro grupo habían salido a pasear por la carretera menos Joseph Conrad, que estaba hablando conmigo, apoyado sobre el capó. Mi marido se había quedado para hacerme compañía, ya que yo no me podía mover, aunque no era de los aficionados a caminar, a decir verdad. Todos los demás habían desaparecido de nuestra vista, pero teníamos intención de recogerlos por el camino, una vez solucionado el problema.

Ese día hacía un calor tremendo y por allí no se veía un alma, salvo unas cabras que pastaban, atadas unas a otras, entre la espesa maleza del otro lado de la carretera. De pronto vi una nube de polvo que parecía aproximarse, como le hice ver a mi marido. Oímos el traqueteo de unos cascos de caballo y al segundo vislumbramos, en medio de la polvareda, un jinete que galopaba hacia nosotros.

Conforme se iba acercando nos dimos cuenta, por los destellos, de que llevaba un rifle colgado a un lado de la silla de montar. Ante nuestro asombro vimos la carretera llena de gendarmes que apuntaban sus carabinas hacia el jinete solitario. Habían salido silenciosamente por las puertas de lo que creíamos una taberna abandonada y con el mismo sigilo desaparecieron al saltar a una zanja, ocultos por los tupidos arbustos de maquis, típicos de la isla de Córcega. El hombre a caballo estaba ya muy cerca y, entonces, al fin averiguamos el misterio.

—Dios mío, Jess, es Romanetti —dijo mi marido con una voz ronca casi irreconocible—. Maldita sea, cuando los hombres se pongan a disparar, vamos a correr un serio peligro.

Mientras el chófer se agazapaba junto al coche, di la mano a Joseph Conrad, que estaba tenso y pálido. En otra fracción de segundo la carretera se llenó de corsos, tantos que parecían doblar la cantidad de policías. Sigilosamente, los gendarmes desaparecieron, pues tenían todas las de perder. Mi marido y yo no nos habíamos movido y seguíamos cogidos de la mano cuando el jinete pasó por delante de nuestro coche y desapareció, envuelto en una nube de polvo, galopando hacia su escondrijo de las montañas. Nadie abrió la boca mientras el chófer terminaba de cambiar la rueda y nos anunciaba con voz ronca que estaba listo para reanudar la marcha. Pero antes de salir tuve que pedir un vaso de agua en la fonda, porque tenía la boca tan seca que casi no podía hablar.

Recientemente me he enterado por la prensa de la muerte de aquel temible bandolero, traicionado y asesinado en una emboscada. Me estremecí al pensar lo poco que nos faltó aquel día soleado para vernos envueltos en un tiroteo.

Las carreteras de Córcega son excelentes, pues las construyeron los prisioneros alemanes durante la guerra. El clima es bueno, con una brisa deliciosa, y las gentes, aparte de amables, son interesantes. Sin embargo, al poco de estar allí se descubre que el apego ha de limitarse a mirar el paisaje, pues cualquier intento de comprar un terreno en Córcega resulta extremadamente difícil, por no decir imposible.

Después de la casa donde nació Napoleón, el siguiente lugar preferido por los turistas es, por supuesto, el palacio de los Pozzo di Borgo. Construido sobre una enorme roca de granito de color rosado, tiene en un muro la siguiente inscripción: «Gieronimo, el duque de Pozzo di Borgo, y Carlo, su hijo, han construido este edificio con piedras procedentes de la demolición del palacio de las Tullerías, reproduciendo uno de sus pabellones, incendiado en París en 1871, para poder así conservar en el país de Córcega un precioso recuerdo del país de Francia. 1891, año de Nuestro Señor».

El siguiente extracto procede del libro de la señorita Hildegarde Hawthorne, *Córcega, la isla sorprendente*, donde se lee lo siguiente: «En la avenida del Bois de Boulogne el palacio sería un edificio magnífico y apropiado al entorno. Sobre este solitario risco de Córcega parece un anacronismo, una broma y, no obstante, es una belleza. Sólo podemos dar las gracias al hombre que salvó de la destrucción algo tan exquisito. Según se dice, sin embargo, no fue este generoso motivo el que llevó al duque a gastar una fortuna en trasladar una parte del palacio de las Tullerías a su colina corsa, sino el tremendo odio que tenía a la familia Bonaparte».

La rencilla familiar era antigua e hizo derramar mucha sangre a ambas partes. Resulta difícil entender, salvo si se es un ciudadano corso, la satisfacción que pudo obtener el duque de Pozzo di Borgo con la construcción de su palacio a partir de los restos de un palacio francés. Durante los cuatro meses que pasamos en la isla fuimos cuatro veces a verlo. Desde lo alto hay una vista maravillosa y el viaje desde Ajaccio tiene el suficiente peligro como para resultar una experiencia interesante. En una ocasión estuvimos a punto de sufrir un grave percance. Al bajar del promontorio por un camino lleno de curvas, uno de los caballos tropezó en un recodo y se quedó colgando en el aire, sujeto por el arnés. Fue un momento tenso, pues todos corrimos un peligro considerable. Por suerte, el cochero corso estuvo a la altura de las circunstancias. Al caballo que no corría riesgo alguno —afortunadamente era el más grande, por lo que el arnés pudo soportar el peso— lo apartó del precipicio mientras daba un latigazo al otro caballo, que pataleaba asustado. Cuando quisimos darnos cuenta, logró recuperar al animal, que se puso junto al otro para iniciar el siguiente trecho de nuestro empinado descenso. Pero los caballos, asustados, relinchaban y tiraban con fuerza de las riendas. Mientras el cochero procuraba calmarlos, nosotros íbamos en silencio.

Al mirar a mi marido, esbozó una sonrisa que le salió algo torcida.

—No te preocupes, Jess, que ya ha pasado el peligro —me dijo—. Pero nos hemos librado por los pelos.

Entonces Joseph Conrad se volvió hacia el cochero y le congratuló por su destreza en el manejo de los caballos. El corso, satisfecho con la alabanza, le dedicó una sonrisa llena de dientes. En cuanto llegamos a un tramo recto, paró el carro y bajó de un salto, con las riendas en la mano. A continuación pasó un rato acariciando a los dos animales, que jadeaban y tenían los flancos cubiertos de sudor. Pasado el susto, sin embargo, los caballos se quedaron muy quietos, con la cabeza gacha, pues estaban exhaustos.

El corso era un personaje pintoresco. Tras acabar su repertorio de sonrisas y muecas para tranquilizar a los animales, recogió un enorme ramo de mimosas que me dio con una sucesión de reverencias.

—Será un placer llevar a madame al palacio otro día —me dijo en tono entusiasta.

Creo recordar, sin embargo, que aquélla fue nuestra última visita, pues nos marchamos de Córcega antes de lo que teníamos pensado, debido a la huelga de ferrocarriles que había en ese momento en Inglaterra. Al fin pude dejar de usar las muletas o los balancines, como llamaban mis hijos a esos latosos artilugios.

CAPÍTULO VIGÉSIMO PRIMERO

El viaje de vuelta desde Córcega transcurrió, en su mayoría, sin sobresaltos. El clima, en cambio, fue poco amable con nosotros y, además, estábamos inquietos al no saber si la huelga de tren nos iba a impedir llegar a Canterbury. Desde entonces he ido tanto a Caen como a Marsella y me alegro de haber tomado esa ruta en 1921, pues aprendí una serie de datos que me han resultado útiles. Al volver a pasar en 1929, ya sola, por las mismas ciudades que recorrí con Joseph Conrad, recordé con cariño mi primera visita.

Al regresar a Canterbury nos resultó difícil, por algún motivo, retomar nuestra vida habitual. Teníamos gente saliendo y entrando de casa constantemente, muchos de ellos desconocidos. Uno de los que más venía era Perceval Gibbons, a quien siempre recibíamos con simpatía. También teníamos varios admiradores estadounidenses y algún que otro polaco.

Cuando el escultor Jacob Epstein pasó tres semanas con nosotros en Oswalds, para hacer un busto de mi marido, me alegré de lograr convencer a Joseph Conrad para hacerlo a mi manera. El artista, su esposa y su hija iban a dormir en un hotel de Bridge, que era más práctico que tenerlos en casa a los tres. Epstein comía en casa todos los días, en cambio, pues me pareció que los dos hombres, ambos grandes artistas, preferirían eso a tener que verse forzosamente a todas horas.

Los Epstein eran unos verdaderos bohemios. Tanto que mi marido y yo parecíamos de lo más convencional a su lado y nos costaba, en ocasiones, entender algunas de las cosas que hacían y decían. Él tenía una voz de lo más agradable y resultaba, cuando se lo proponía, una persona muy amena. Contaba las historias con gracia y era capaz de reírse de sí mismo, pues no siempre salía bien parado. Recuerdo que en una ocasión me hizo reír con una cosa que nos contó.

Un día estaba dando una vuelta por la ciudad y al pasar andando por delante del Museo Británico salió corriendo un perro que se puso a ladrarle y un desconocido que pasaba por allí le dijo en voz bien alta:

—Ese perro debe ser un crítico de arte.

Otra anécdota era sobre una señora que le pidió una obra para ponerla en la tumba de Oscar Wilde en París. Tenía que ser algo original, que representara la idea de un «ángel caído». Varios años después tuve una criada que me hizo un comentario muy gracioso sobre Jacob Epstein, cuya obra no le gustaba.

—¿De dónde es ese escultor, señora? —me preguntó.

—Es polaco, estadounidense y judío —le respondí.

—Una Sociedad de Naciones en pequeño —dijo.

En todo caso, aquellas tres semanas fueron algo caóticas, semejantes a llevar un tanque por un campo sembrado de minas. Ambos artistas tenían, cada uno a su manera, un carácter complicado. Si la sesión de posado de mi esposo se prolongaba sin motivos, o ambos se enzarzaban en una sesuda discusión sobre un tema cualquiera, convenía estar a mano para interrumpir la conversación. Tal vez el escultor me considerase una mujer cargante, cosa que también le sucedía al escritor, que en esas ocasiones intervenía con algún comentario hiriente. He de reconocer, sin embargo, que el trabajo avanzaba a una velocidad que jamás hubiera podido imaginar.

La señora Epstein solía traerse la costura a casa. Durante su estancia se estaba haciendo un traje de noche en una tela negra estampada y me explicó que el negro tenía la ventaja de mantenerse limpio durante todo el verano. Aquel día glorioso fue el último.

En cuanto al artista, el señor Epstein estaba preocupado por la condición —laboral— en que los yeseros italianos podían llegar a Londres. Al parecer, habían hecho muchas paradas por el camino y el trabajo que tenían que hacer era extremadamente delicado.

Ese sábado por la noche tal vez apresuré las cosas, sin tener en cuenta la ardua labor que nos traíamos entre manos, al sugerir que el taxi londinense que solía usar el propio Epstein llevara a los artesanos directamente a Oswalds, donde les podíamos dar de comer y beber a todos. La idea fue bien recibida por ambos artistas, así que enviamos un telegrama con las instrucciones y a última hora de la tarde recibimos una respuesta afirmativa. A la mañana siguiente apareció el señor Epstein muy nervioso, pese a que era imposible que el taxi llegara tan temprano. Incapaz de dominarse, el escultor se puso a pasear por toda la casa. Por si no tuviéramos bastante con la manía de mi marido de dar vueltas por la casa cuando le preocupaba algo, parecía haberle salido un imitador. Curiosamente, al propio Joseph Conrad le molestaba ver al artista abrir y cerrar puertas, subir y bajar escaleras. En cuanto oía el motor de un coche, el gran escultor subía por la escalera principal, que estaba forrada de fieltro rojo y bajaba por la escalera de atrás, que daba al jardín. Entre una y otra escalera sólo había una puerta.

Había empezado a plantearme la conveniencia de mi plan cuando mi marido se plantó a mi lado y, en un tono de furia reconcentrada, criticó con dureza mi apresurada intervención de la noche anterior. Lo que predijo que iba a suceder —en ocasiones acertaba con asombrosa precisión— fue exactamente lo que sucedió.

El taxi llegó de Londres a la hora esperada, con toda parafernalia del escultor, es decir, el yeso de mate y demás, los tres italianos, el compañero de juergas de Epstein y un conductor bastante gordo. El busto de arcilla estaba en una habitación grande que había encima de la cocina y la diversión comenzó cuando los italianos le empezaron a lanzar puñados de yeso mojado para hacer el molde. El agua que chorreaba del busto empezó a colarse entre los tablones del suelo, cosa que divirtió a las criadas en un primer momento, aunque acabaron tan empapadas que se les saltaban las lágrimas. Preparar el almuerzo resultaba casi imposible, pues por muchos periódicos que pusiéramos en torno a la estatua, no había forma de tener seco el suelo de la habitación. La labor del moldeado no se podía detener, porque el condenado yeso se seca muy deprisa. Aquello, afortunadamente, terminó por fin y pudimos comer el improvisado almuerzo, desperdigados por distintos lugares de la casa. Todo tenía un aspecto devastador. La alfombra roja de la escalera principal estaba cubierta de pisadas blancas. Una criada la había barrido ya tres veces esa mañana, así que Joseph Conrad, en el colmo de la desesperación, cerró la puerta que comunicaba la escalera principal con la de servicio. Al instante, sin dar tiempo a mi marido de meterse en su despacho, el señor Epstein empezó a sacudir la puerta, gritando enfurecido que no pensaba usar la escalera de atrás.

Aquel domingo inolvidable el busto recibió, pese a todo, los últimos retoques y fue convenientemente envuelto para su traslado. En cuanto a mí, recibí un buen regaño por mi apresurado plan. Epstein y sus ayudantes ocuparon la habitación del busto, mi marido y su secretaria se encerraron en el despacho, madame Epstein se pasó toda la tarde durmiendo en la sala y a mí me tocó hacer la visita a la joven hija, Peggy-Jean. ¡Menudo domingo!

Acababan de dar las seis cuando al fin vimos el taxi avanzar lentamente por la rampa de casa, cargado con las escaleras de madera, los cubos manchados de arcilla y, por supuesto, el valioso molde que era el origen de todo aquel barullo. A continuación se subió lo que podríamos llamar la familia Epstein, formada por cinco hombres, una mujer y una niña, con el correspondiente equipaje, todo lo cual hizo que la carrocería del coche casi rozara el suelo por el peso. Lo último que vi del vehículo, antes de doblar la esquina y desaparecer de mi vista, fue un cómico muestrario de ropa interior adornada con encaje, calcetines y demás, asomando por las rendijas de las maletas atadas al techo. Completamente agotada, me apoyé en el marco de la puerta y pensé que el control de la natalidad era una idea bastante razonable, al menos para aplicársela a los demás. En ese momento entendí lo que le tocaba aguantar a una niñera durante toda su sufrida existencia.

Poco después de aquel episodio, J. B. Pinker hizo el que sería su último viaje a Estados Unidos. El pobre hombre pasó unos días en Oswalds antes de embarcarse y tanto a Joseph Conrad como a mí nos asombró verle tan deprimido por tener que hacer un viaje al que, en otras circunstancias, no habría dado la menor importancia. Recuerdo que lo acompañé a la estación cuando se marchó, pero en el coche apenas habló y sólo dijo que su hija iba a tener que darse prisa con las maletas, pues le iba a acompañar en la travesía. Para animarle le comenté que iba a disfrutar mucho enseñando aquel país a su hija, como el orgulloso padre que era.

En una actitud que luego me pareció profética al salir del coche se volvió hacia mí.

—Pues te confieso que este viaje lo hago con los ánimos por los suelos —me dijo y tras una pausa añadió—: Estoy convencido de que jamás volveré.

Al poco de su llegada a Nueva York, su familia recibió la primera mala noticia. El médico estadounidense empezó a intercambiar telegramas diarios con su casa de Londres. Una noche, cuando poco antes nos habían dicho que aún había esperanzas, el hijo menor vino a Oswalds y nos dijo que su padre había muerto.

Quisiera saber si sus dos hijos, aún jóvenes entonces, llegaron a saber lo mucho que apreciamos la delicadeza que tuvieron al darle la triste noticia a mi marido. Al principio Joseph Conrad era incapaz de creer que la muerte, imparcial como él la consideraba, se hubiera llevado a su amigo antes que a él. Tantos años después aún me parece estar oyendo su voz, hablándome de ello en tono de incrédula protesta.

—Y me había prometido que estaría conmigo en mis últimas horas, y también que se ocuparía de ti —dijo.

Al oírle recordé que J. B. Pinker le había hecho, en efecto, una solemne promesa cuando mi marido decidió involucrarse en la guerra. «¿Me prometes ayudar en todo a mi esposa y mis hijos en caso de que yo no regrese, mi querido Pinker?», le había dicho Joseph Conrad.

Pasamos los meses siguientes sumidos en la tristeza. Mi marido trabajaba despacio y estaba poco satisfecho con la mayor parte de lo que escribía. Hicimos un viaje a Liverpool con John, a casa de sir Robert Jones, con quien fuimos a una región del norte de Gales, una excursión que fue una verdadera delicia.

El disfrute habría sido mayor, sin embargo, si el afán de nuestro anfitrión hubiera tenido su justa recompensa. Sir Robert, su hija y su yerno fueron extraordinariamente amables con nosotros, pero Joseph Conrad era tan incapaz de sobreponerse a la depresión que estuvo, me temo, insoportable durante casi toda su estancia.

En los primeros tiempos solía ponerse de mal humor cuando le costaba escribir, pero a aquellas alturas de su carrera ya no tenía la urgente necesidad de encerrarse en su «cámara de tortura». Por eso me daba pena que no fuese capaz de superar su desánimo.

El humor le mejoró algo al regresar a casa, pero siguió abrumado por una permanente insatisfacción con un trasfondo de melancolía. Al cabo de un tiempo alguien le sugirió hacer un viaje a Estados Unidos. Al otro lado del charco, como se suele decir, tenía tantos lectores y buenos amigos que la idea de una visita parecía razonable. Los Doubleday, a quienes habíamos visto en varias ocasiones, habían invitado a Joseph Conrad a su casa de Oyster Bay con especial insistencia.

Mi marido pasó varios meses dando vueltas a la idea, hablando de ella con sus amigos Richard Curle y Jean Aubry, entre otros. En cuanto a mí, opinaba poco sobre el asunto, pues no podía acompañarle por mi cojera, motivo por el que muchos de sus amigos me desaconsejaban viajar. Al final se decidió que yo me quedara en Oswalds, con mi enfermera que ya casi era una amiga, con Borys lo bastante cerca para acudir si fuera necesario y con John interno en el colegio de Tonbridge. Richard Curle vendría a verme de vez en cuando y contaba con la presencia constante de dos de mis mejores amigos, el doctor Whitehead y su esposa. Él no sólo era un buen médico, sino un hombre fuerte, con quien podía contar para sacarme de cualquier apuro.

Una vez que Joseph Conrad aceptó la idea del viaje, ya no había quien le apeara de ella. Diríase que ir a Estados Unidos le parecía una predestinación. En todo caso, le serviría para cimentar la relación con sus editores y ponerle en contacto con los muchos admiradores que tenía en ese país. Con esta idea presente, se entregó por completo a los preparativos, yendo por su cuenta a comprar un completo *trousseau*, como insistía en llamarlo. Entre otras cosas se compró un traje completo, que le estaba haciendo falta desde hacía años. En 1923 seguía teniendo un solo traje de vestir, que era de cuando nos casamos y se había quedado ya de color verde botella. Tan gastado estaba que brillaba y tenía, además, un roto y algún descosido, por decirlo de algún modo. El roto era un recuerdo de un día aciago en Londres, al comienzo de nuestro matrimonio. Una tarde fuimos a un concierto improvisado en casa de un amigo de John Galsworthy, cuyos tres hijos de entre siete y trece años eran tres perfectos diablillos. Aquella tarde decidieron divertirse poniendo clavos en las sillas del salón. Tal vez buscaran un resultado más dramático que el obtenido, pero a Joseph Conrad le causaron una molestia considerable. Al sentarse en la silla contigua a la mía le oí farfullar un «maldita sea» mientras se levantaba apresuradamente. El siguiente sonido fue el inconfundible crujido de una tela al romperse. Una vez descubierto el objeto culpable de su desgracia, mi marido esbozó una mueca de espanto y se arrimó a mí, conformándose con sentarse lo más lejos posible del clavo. Pasó todo el concierto sin moverse y al acabar me pidió en voz baja que caminara pegada a él mientras salíamos del salón abarrotado. Ya en nuestra habitación de hotel vimos que al dorso de su único pantalón de vestir había un roto en forma de siete.

A la mañana siguiente tuve que ir a una costurera de ésas que hacen «zurcidos invisibles», pues Joseph Conrad tenía un festejo en casa del señor Rodin, pero el zurcido resultó ser visible y así permaneció hasta 1923, cuando al fin decidió comprarse otro. Logré convencerle de que regalara el frac, el chaleco y el clac —sombrero de copa plegable— al jardinero, para usarlo a modo de disfraz cuando quisiera divertirse; en cuanto a los pantalones y demás, me los pidió la cocinera para su marido, al que le vendría bien tener algo elegante para ponerse en los entierros. Así fue como el traje continuó su largo ciclo vital.

El *trousseau* que se compró Joseph Conrad para su viaje a Estados Unidos era de lo más completo, incluso excesivo, pues consistía en una docena de todo, salvo los trajes, de los que sólo compró seis, incluyendo el de vestir. A las corbatas de vestir tuve que ponerles unos botones a presión —una idea suya— y poner ojales de gemelos a sus incontables camisas. En realidad, se trataba de que pudiera vestirse con el menor esfuerzo posible. También le hice una funda individual para cada zapato.

El viaje empezó a tener un empeño práctico que me tenía algo preocupada. Cuanto más serias y útiles eran las citas profesionales que concertaba, mayor era mi preocupación. John quedó en venir de Tonbridge para despedirse y Joseph Conrad miraba el correo todos los días con la esperanza recibir una carta de Borys, anunciando su llegada con el mismo motivo. Una visita que mi marido quería hacer antes de irse era a su viejo amigo G. F. W. Hope, que vivía en Essex.

Dos días antes de irse a Glasgow nos fuimos los dos a Londres, donde teníamos reservada una habitación en el hotel Curzon. Al mirar los baúles de mi marido, atados con cuerdas y preparados para el largo viaje, cada vez les veía un significado nuevo, algo fijo e inamovible, una especie de destino insoslayable. Joseph Conrad pasó esos días ocupado en constantes reuniones y cuando al fin nos quedamos solos estaba tan cansado que tenía pocas ganas de hablar. John llegó el día antes de que su padre saliera hacia Glasgow, desde donde zarpaba su barco con destino a Estados Unidos. Me tranquilizaba saber que iba a viajar en compañía del capitán David Bone, que entonces estaba al mando del buque *Tuscania*, y cuyo hermano, Muirhead Bone, también iba a bordo. Entre las fotografías incluyo una de los tres hombres juntos.

Otro motivo de enorme alivio fue la carta que me escribió Richard Curle para decirme que iba a ir a Glasgow para despedirse de mi marido durante las horas previas a su largo viaje.

En la carta o, mejor dicho, el extracto que incluyo a continuación se comprueba que la alimentación no era un asunto menor para Joseph Conrad. Pese al cariño con que me menciona, la carta está dirigida a Richard Curle.

> ...en la carta que le escribes a Jessie me ha parecido entender que tienes intención de ir a Glasgow, si puedes, para despedirme. Te escribo para preguntarte si te parece bien salir el viernes de la estación de Saint Pancras en el tren las 9.50 de la mañana, que llega a Glasgow a las 7.05 de la tarde. Propongo ir en la compañía Midland, porque la comida que dan es decente, mientras que en la otra compañía no se puede comer. Obviamente, si te parece demasiado pronto podemos salir en el de las 12.15, que llega a G. a las 9.25.
>
> Eres muy amable de portarte tan noblemente conmigo. Te diré que podríamos ir en tercera en Midland y pasarnos la mayor parte del viaje en el vagón del restaurante. ¿Qué te parece?
>
> Con cariño,
> J. Conrad
>
> P. D. – B. (Borys) vino el domingo a pasar unas horas conmigo. Todo va muy bien con él. ¿Quieres venir al Curzon el 16 a las 7.30 a cenar con nosotros?

Los dos días del Curzon llegaron a su fin. La noche del jueves, la última de mi marido en Londres antes de marcharse a Glasgow, nos encontramos con la agenda llena de actividades. De pronto aparecieron dos periodistas que querían entrevistar a mi marido y sentí un enorme alivio cuando por fin se marchó el último y vi llegar a Richard Curle, porque significaba que podía relajarme y dormir media hora antes de cenar. Ya me marchaba del salón donde estábamos reunidos cuando entró un botones con una carta certificada y urgente que entregó a mi marido. Nada más verla Joseph Conrad despidió al chico con una breve orden.

—Dásela a mi mujer, que yo no pienso abrirla —le dijo—. Ya les he pedido que no me manden más cartas, maldita sea. Dásela a la señora Conrad.

Como mi marido le volvió la espalda bruscamente, el chico me entregó la carta a mí, con un lápiz para que firmara un recibo, dado que era certificada.

Una vez que la tuve en la mano no supe qué hacer, pues estaba algo perpleja, así que me encaminé hacia el sofá donde estaba sentado mi marido, charlando alegremente con un par de amigos. Como si intuyera que me estaba acercando, Joseph Conrad alargó la mano y sin volverse para mirarme, se dirigió a mí en tono irritado.

—No quiero ver esa carta ni saber lo que pone —dijo—. La han reenviado desde casa, aunque les he dicho que no me manden nada más. Ya les he dicho que...

Pese a que me pedía que la abriera, había algo en la carta que me hacía renuente a romper el lacre. El matasellos era de Londres, así que era comprensible que mi fiel cocinera nos la hubiera reenviado, pese a la prohibición expresa de mi marido. Al ver una carta registrada y urgente, la mujer habría dado por hecho que se trataba de algo importante. Tras romper el sello, saqué del sobre la breve misiva. Una mirada me bastó para arrugarla y dirigirme hacia la puerta con paso tambaleante. Pensé que no lograría salir de la habitación sin que uno de los tres hombres se extrañara ante mi actitud y le hiciera algún comentario a mi marido.

En el vestíbulo procuré sosegarme mientras me encaminaba hacia mi habitación, donde podría reflexionar con más tranquilidad. En el ascensor hice un gesto al botones, ya que era incapaz de hablar, para indicarle que quería subir a mi cuarto. Al llegar arriba estaba temblando del susto, pero logré pedir al chico que me subiera una copa de coñac. Entré como pude en la habitación y cerré la puerta con llave.

La aciaga cuartilla de papel decía llanamente que nuestro hijo Borys llevaba ocho meses casado, aportando la fecha y el lugar de la boda. Estaba firmado por su suegra. ¿Por qué lo habría mantenido en secreto durante tanto tiempo?

He oído decir con frecuencia que un hombre debe buscar su propia felicidad, por lo que no debe permitir que nadie le elija esposa, cosa que apoyo de todo corazón. Pero su padre era un hombre francamente desmesurado, que no comprendería ni aceptaría semejante ocultación como un inglés corriente. En ese momento caí en la cuenta de que ése podía ser, precisamente, el motivo de que el chico no hubiera acudido a despedir a su padre. Llevaría meses pensando cómo decírselo, pero no se había atrevido. ¿Qué podía hacer yo? ¿Sería posible que nuestro hijo viniera en el último momento? Al oír acercarse unos pasos a la puerta, recé para que fuera el botones con el coñac que había pedido.

No se me ocurría ningún modo adecuado de dar la noticia a mi marido, que no la recibiría bien por el hecho de que se le hubiera ocultado. Desde que mis hijos empezaron a crecer, supe que a su padre le iba a costar aceptar sus preferencias individuales. La idea de que su hijo llevara ocho meses casado —en secreto— era algo que a Joseph Conrad le iba a resultar muy difícil de soportar. Lo sabía porque a mí me había producido una impresión tremenda, casi como un golpe en el pecho. Sin embargo, yo tardaría poco en recuperarme, cosa que no le iba a suceder a mi marido. Necesitaría muchas horas para intentar explicarle aquello y no quería ni pensar el efecto que podía tener una cosa así en la víspera de una aventura tan importante como aquel viaje.

Pasé tres cuartos de hora cavilando, pero no logré ni aproximarme a una solución del problema. Como era de esperar, llamó a la puerta un botones para avisarme de que me estaban esperando para empezar a cenar.

Al recordar esa noche me pregunto cómo fui capaz de disimular mi preocupación para que mi marido no notara nada extraño. Cada vez que entraba alguien en el comedor levantaba la cabeza para ver si, por casualidad, era Borys. El hecho de que no apareciera pareció desilusionarle y optó por descargar su mal humor con John y conmigo. A mí, por mi parte, me era imposible comer nada y mis platos volvían a la cocina sin apenas haberlos tocado. Uno de los amigos que cenaban con nosotros reparó en mi falta de apetito y, dándome unas palmaditas en la mano, hizo un comentario mordaz sobre el hecho de que me quedaban un par de meses de ser una «falsa viuda». Su observación me hizo salir de mi ensimismamiento, al darme una pista útil para resolver la situación. Sería sencillo convencer a mi marido de que me había puesto triste porque él se iba. La idea, con toda seguridad, le complacería. Decidí, por tanto, que si no me preguntaba por la carta, guardaría silencio sobre su contenido, al menos de momento, incluso aunque no hallara un buen momento para hablarle de ello antes de su partida. Estaba segura de que, si se lo decía, todos nuestros planes se echarían a perder, porque Joseph Conrad sería incapaz de marcharse. Si se marchaba enterado de la noticia, en cambio, dedicaría horas a pensar en la desconfianza de su hijo, hasta el punto de que enfermaría y moriría lejos de casa. Esto puede parecer una extravagancia por mi parte, pero conocía tan bien a mi marido que me permití la reflexión algo cínica de que sumar dos meses a los ocho no le supondría una enorme diferencia a Borys.

Aquella noche fue terrible. Mientras Joseph Conrad dormía me dedicaba a mirarle y cuando sabía que estaba despierto, fingía estar dormida. Parecía que no iba a amanecer jamás, aunque me espantaba pensar en el día siguiente. De todas las confesiones del mundo, ninguna me habría dado tanta angustia como aquélla. Me encontraba tan mal como si estuviera enferma. Cuando al fin se hizo de día y la criada me trajo el té a primera hora de la mañana, el corazón me dio un vuelco al ver que en la bandeja había un sobre amarillo. Al ver mi gesto de contrariedad, Joseph Conrad dijo en tono irritado:

—Parece como si no hubieras visto un telegrama en tu vida.

A continuación tomó el sobre de la bandeja, lo abrió y se puso a leerlo en voz alta. Cuál no sería mi alivio al comprobar que, dado mi silencio sobre el asunto, nuestro hijo ponía el exceso de trabajo como excusa para no haber podido venir de Manchester y se despedía de su padre con palabras de afecto. Joseph Conrad, satisfecho con los términos en que se expresaba Borys, me pasó el telegrama al tiempo que me regañaba por haberme quejado de que nuestro hijo no se tomara la molestia de venir a despedirle.

—Ya ves lo que pone, querida, que tiene mucho trabajo —me dijo mi marido—. Me parece muy bien que no haya postergado su trabajo sólo para venir a Londres. ¿Te das ya por satisfecha con su explicación? —me preguntó, aunque a continuación farfulló entre dientes—: Pero me habría gustado verle, porque es cierto que me tiene un poco preocupado. A veces me da la impresión de que no le conozco. Desde la guerra ha cambiado y hay cosas que... hay cosas... No pongas esa cara, porque sabes perfectamente a lo que me refiero.

En efecto, la expresión de mi rostro podría parecerle, con toda la razón, algo extraña. El motivo era mi sorpresa ante el hecho de que Borys no hiciera la menor alusión a su nuevo estado civil. Tal vez debido a mi nerviosismo, estuve a punto de soltar una carcajada, pero logré contenerme, pues en ese momento entró por la puerta nuestro hijo menor, John. Al cabo de unos segundos mi marido me dio instrucciones de escribir al «joven pecador» para decirle que su padre le enviaba cariñosos recuerdos y que le escribiría una carta desde el barco.

La inquietud no se me pasó, sin embargo, y las horas anteriores a que Joseph Conrad saliera con John hacia la estación de tren se me hicieron largas. La decisión que había tomado conllevaba una tremenda responsabilidad. Ya era tarde, no obstante, para echarme atrás. Me quedé mirando el taxi hasta que desapareció de mi vista. Pero sabía que no conseguiría tranquilizarme del todo hasta que John regresara a su colegio por la tarde.

Al releer la carta me puse tan nerviosa que me costó disimularlo ante mi hijo menor. Por encima de todo, quería guardar para mí aquella inquietante noticia, aunque no quiero dar a entender que mi marido y yo tuviéramos nada en contra de que mi hijo se quisiera casar. El único escollo era la lentitud de Joseph Conrad en acostumbrarse a la idea, pues le llevaría bastante tiempo. Ambos habíamos conocido a la chica que se había convertido en su esposa. La única objeción que se le podía poner era haber mantenido el matrimonio en secreto, cosa imposible de ignorar.

Mientras pensaba todas estas cosas imaginé al escritor en el tren que recorría la primera etapa de su viaje. En un momento determinado estuve a punto de subirme al siguiente tren a Glasgow, para descargar la conciencia de aquel secreto que me impedía pensar en otra cosa. Incluso llegué a calcular el tiempo con que contaba para tomar la decisión y me planteé si John se habría marchado ya cuando tuviera que salir hacia la estación. En esa tesitura estaba cuando recibí una larga carta de Borys anunciándome el propósito de interceptar a su padre en Glasgow para darle la noticia en persona.

Tras descartar la idea de seguirle, resolví ir a ver a un amigo, un abogado. Tras contarle todo el asunto, le pedí que me consiguiera una copia del certificado de matrimonio de mi hijo. La noticia me estaba afectando con efecto retardado y quería evitar, por encima de todo, venirme abajo mientras estaba en Londres. Mantuve las citas que tenía con mis dos buenos amigos, cuya opinión —médica y sentimental— me fue de gran ayuda. Ambos, tanto sir Robert como el doctor Reid, entendían que hubiera decidido esperar al regreso de Joseph Conrad para ponerle al día. A mi hijo Borys le envié un largo telegrama para advertirle de lo que podría suceder si llegaba a Glasgow a tiempo de informar a su padre. Hecho esto, regresé a Canterbury, donde procuré reanudar mi rutina diaria sin dejarme abrumar por el peso de aquel secreto que había decidido no contar a mi marido, el primero desde que nos casamos.

En primer lugar escribí a Borys para explicarle los motivos de mi silencio y rogarle que él hiciera lo mismo que yo hasta que su padre volviera de Estados Unidos. También le hice saber que como su padre no estaba al tanto de su boda, yo no podía recibir formalmente a su esposa, cosa que habría que posponer. La aclaración me parecía necesaria para disipar toda sospecha de deslealtad hacia Joseph Conrad por mi parte. En los dos meses siguientes no vi a Borys ni una sola vez. En sus cartas, sin embargo, se traslucía su noción de que la culpa de todo la tenía yo.

Los dos meses siguientes los dediqué a escribir cartas y a responder al montón de correspondencia que se nos había acumulado. Durante ese tiempo el doctor Whitehead Reid se portó como el verdadero amigo que era y su apoyo tuvo una importancia que él, probablemente, no llegó a sospechar nunca. En las cartas de mi marido vislumbré que no había sabido disimular mis preocupaciones del todo, pues parecía sospechar que estaba enfadada con él por algún motivo. Para consolarme proclamaba que en su vida no había otra mujer que yo y que estaba impaciente por volver a mi lado.

La primera carta que me escribió desde el otro lado del océano revela su estado de ánimo, pero la incluyo porque describe bien la calurosa acogida que le dieron sus admiradores americanos. También refleja el gran respeto y cariño que le tenían el señor y la señora Doubleday, que acogieron al gran escritor durante toda su estancia y estuvieron tan atentos que mi sensible marido, pese a que echaría de menos mis atenciones maternales, tuvo la vida bastante fácil. Siempre les estaré profundamente agradecida por lo amables que fueron. Incluso le acompañaron en su viaje de vuelta, trayéndomelo hasta la puerta de casa, literalmente. Parece ser que la travesía fue agitada. «Menudo viajecito», fue como lo expresaron ellos. Y el señor Doubleday estuvo muy gracioso cuando me pidió un recibo firmado por haberme entregado a Joseph Conrad en perfecto estado.

En un sello grande de dos peniques escribí lo siguiente: «Recibido con agradecimiento, de parte del señor y la señora Doubleday, un marido rejuvenecido y mejorado. Jessie Conrad». (Con la fecha correspondiente.)

CAPÍTULO VIGÉSIMO SEGUNDO

Tras considerarlo, he decidido incluir esta carta intacta.

> Effendi Hill. Oyster Bay.
> Long Island, Nueva York
> 5/4/1923

Mi queridísima Chica:

Ya sabrás por el telegrama de Doubleday que he llegado bien a Nueva York y también que estoy en la dirección arriba indicada.

No voy a intentar describir mi llegada al puerto, porque es indescriptible. Tener delante cuarenta cámaras sujetas por cuarenta hombres es una experiencia angustiosa. Hasta el propio Doubleday parecía agotado cuando al fin logramos huir del gentío, tanto del público como de los periodistas.

Entonces una delegación polaca —hombres y mujeres (algunas de ellas bastante guapas)— me acompañó hasta el muelle, donde me entregaron unos enormes ramos de flores. El bueno de Eric se hizo cargo de dos de ellos, la señora Doubleday llevaba un tercero y yo, que iba andando como un sonámbulo, me apresuré a refugiarme en el coche de los D.

Te diré, querida, que Powell [John Powell, compositor estadounidense] también fue a recibirme. La señora Doubleday le invitó a su casa y ayer vino a cenar y al acabar tocó piezas de Beethoven y Chopin. En los ratos libres hablábamos de ti. A decir verdad, has salido mucho en todas nuestras conversaciones.

Mañana, el viernes, iré a Garden City por la mañana. Por la noche mis anfitriones dan una cena para que J. W. Davis (que fue embajador en Inglaterra) y el coronel House [Edward M. House, diplomático estadounidense] me conozcan. Dentro de una hora o así vendrá Eric Pinker a tener una agradable charla conmigo. A juzgar por su aspecto, está en buena forma. De igual modo, nuestras perspectivas parecen excelentes. La prensa me ha recibido con una amabilidad sorprendente. Pese a todo, estoy manifiestamente nostálgico. Ahora, mientras te escribo, lo acuso con fuerza.

Doubleday insiste en que te adjunte un mensaje en el telegrama que ellos envían a Europa cada fin de semana. Esta amabilidad suya te permitirá tener noticias mías con bastante frecuencia, cosa que me alegra. En cuanto a que te informe sobre los acontecimientos diarios, es algo impensable. Tendrás que esperar a mi regreso, cuando te contaré toda esta maravillosa historia.

Te diré, en cambio, que estoy deseando recibir una carta de tu puño y letra. La señora Doubleday acaba de llamar a la puerta de mi dormitorio (junto a la sala de billar) para darme las buenas noches (acaba de llegar a casa) y me ruega que te mande recuerdos de su parte. Es una mujer muy amable que hace todo lo posible para que me encuentre a gusto. Tiene una casa agradable (grande, lujosa) y el jardín es bonito, al estilo americano.

Me despido de ti con muchos besos en ese rostro que tanto quiero.

A los niños les mando todo mi amor y te ruego que les des abrazos cariñosos de mi parte, como si aún fuesen pequeños. Saluda en mi nombre a todos los fieles miembros de nuestro servicio doméstico.

Asimismo incluyo este extracto, en que narra el enorme éxito que tuvo la lectura de *Victoria* en una velada organizada por la esposa de Curtis James, un adinerado empresario que vivía en Park Avenue. Al leerla imaginé el suplicio que debió ser aquello. Me parecía estar viendo a mi marido en pie ante un grupo de desconocidos. El hecho de que llevara el reloj que yo le había regalado me animaba, pues le serviría de estímulo para superar el trance. La idea me producía una intensa mezcla de placer y dolor. Los fragmentos que he elegido proceden de dos cartas distintas.

Joseph Conrad dice que habló durante una hora y cuarto, exactamente. No se trató, por tanto, de la extensión de la charla, pues en ocasiones anteriores había hablado en público durante mucho más tiempo, con un público de amigos y conocidos, algunos de los cuales tampoco mostraban demasiado interés. Pero aquella noche el público lo constituían más de cincuenta desconocidos, cosa que debió ponerle bastante nervioso, por amables y educados que fueran todos ellos. Conviene recordar, por supuesto, que el idioma del texto leído no era el suyo propio. Joseph Conrad fue consciente, hasta el último día de su vida, de que no pronunciaba bien el inglés. En ocasiones me burlaba de él por ese motivo, llamándole «necio súbdito británico» cuando, alzando los brazos con desesperación, se quejaba de que los ingleses pronunciábamos todas las letras como si fueran iguales, porque no teníamos oído.

El siguiente texto, un breve fragmento de una carta escrita tras la lectura, me enterneció mucho en su momento: «Te diré sin ambages que fue una velada magnífica y me habría entusiasmado que hubieras estado para ver aquella casa tan espléndida llena de gente, la flor y nata de la sociedad literaria. Durante toda la semana pasada, lo mejor de Nueva York recurrió a toda clase de tretas y estratagemas para hacerse invitar al acto, que fue todo un éxito, querida. Di una charla y leí en alto varias partes de *Victoria*. Al cesar el aplauso del público, que se puso en pie al verme aparecer, pasé unos instantes de verdadera angustia. Entonces saqué el reloj que tú me regalaste, lo puse encima de la mesa y haciendo un enorme esfuerzo, empecé a hablar. No sabes el ánimo que me dio tener ese reloj, por ser algo tuyo. Lo usé durante toda mi intervención para medir los tiempos...».

El día en que no llegaba ninguna carta o telegrama se me hacía interminable. En cuanto supe que el tremendo secreto que guardaba seguía siendo un secreto, sentí un gran alivio. La inquietud me estaba haciendo mella, pero no creía haberme equivocado al decidir esperar a que Joseph Conrad volviera para informarle del matrimonio de Borys. A menudo tenía la tentación de confiarme a mi hijo John y hubiera dado cualquier cosa por ver a Borys para que me dijera alguna palabra de consuelo. Al negarme a recibir a su esposa sin que lo supiera su padre había avivado, evidentemente, un resentimiento que tal vez ni mi propio hijo fuese capaz de entender, pero tenía que mantenerme fiel a mi palabra. Cada vez que le escribía, Borys me respondía a todo lo referente al viaje de su padre, pero nada más.

Durante aquellos dos meses vi a muchos de nuestros buenos amigos, pero no me atreví a compartir mi preocupación con ninguno de ellos, pese a tenerla presente en todo momento. El hombre que nos acompañó en el viaje por Polonia vino a pasar un fin de semana en casa y John, que tenía amistad con Joseph Retinger, se vino del colegio para verle. Mi pobre hijo me miró sorprendido cuando el doctor Retinger me pidió que dejara al chico acompañarle en un viaje corto que iba a hacer a México. Aquello me dejó atónita pues unas horas antes el hombre me había contado que los médicos le daban menos de seis meses de vida. Me enfurecía que un moribundo se planteara la posibilidad de llevarse a un chico joven a un hervidero de penuria como México. La idea era un verdadero disparate, pero logré contener la furia y me limité a decirle que no podía aceptar su propuesta.

Tras aquel episodio me sentí más sola que nunca. La historia de amor que estaba sucediendo ante mis propios ojos entre mi enfermera y el joven chófer, la madurez otoñal y el vigor primaveral, sólo me inspiró una fugaz reflexión sobre la extravagancia de la falacia humana. El inminente matrimonio conllevaba toda una serie de complicaciones y sólo el sentido del humor me impidió enfadarme ante todo aquel embrollo. Como Joseph Conrad tampoco estaba al tanto del amorío doméstico, había ocasiones en que me sentía abrumada por los secretos de mayor o menor importancia. A decir verdad, no sabía cómo se iba a tomar mi marido aquella situación tan extraña. La permanencia de la pareja entre nuestro servicio dependía, por supuesto, de su estado de ánimo el día en que supiera la noticia. No quedaba otro remedio que esperar.

La enfermera llevaba en casa exactamente los mismos años que el chófer, pero yo no lograba ver el atractivo que podían tener el uno para el otro, aunque por separado les tuviera afecto a los dos. Caí en la cuenta de que me estaba haciendo mayor, porque me daba la impresión de que la frivolidad del asunto le quitaba todo —o casi todo— el romanticismo. Ella tenía mucho carácter y podía ser de una grosería inconcebible cuando le venía en gana. Un buen día me soltó una larga perorata sobre Joseph Conrad, nada menos, y a continuación hizo lo mismo con mis dos hijos. En un primer momento no le di la menos importancia, pero al final no me quedó más remedio que responderle.

—A juzgar por la virulencia de su queja le debo una disculpa por ser la esposa de uno y la madre de los otros dos, cosa que tiene difícil remedio.

Las semanas pasaban volando mientras yo ensayaba todas las formas posibles de comunicar a mi marido que Borys se había casado. Mi intuición me indicaba que el joven no daba la talla para semejante cometido y he de confesar, pese a mi reticencia, que me consideraba la persona adecuada para soltar la «noticia bomba». Tenía pensado ir a recibir a mi marido a Londres, pues me aterraba pensar que alguien pudiera adelantarse en contarle el suceso. Pero mi marido me escribió una carta en la que pedía que le fuera a buscar Borys mientras le esperaba tranquilamente en Oswalds, cosa que me hizo replantearme la situación con no poca ansiedad. Al casarme no juré «amar, honrar y obedecer», cosa que me gustaba recordar de vez en cuando, pero no creía haber desobedecido nunca ninguno de sus deseos. Si lo hacía entonces por vez primera le iba a dar un enorme disgusto, cosa que afectaría al modo en que recibiera la noticia. Pero ¿qué otra cosa podía hacer?

Tras la interesante velada en casa de la esposa de Curtis James, las cartas de Joseph Conrad llegaban con mucha frecuencia, pero también me llegaban noticias a través de otras muchas personas a las que él escribía desde Estados Unidos. Por suerte, conocía a mi marido muy bien. De lo contrario, su costumbre de exagerar me habría hecho sufrir considerablemente, sobre todo en lo relativo a su salud. Este extracto de una carta que envió a Richard Curle sirve de ejemplo.

> ...En este país voy de un lado a otro con unas prisas tremendas, o me quedo en la cama para procurar recuperarme del esfuerzo, pero tanto en un caso como en el otro, no estoy de humor para ponerme a escribir.

A continuación se refiere a la gran noche de su viaje a Estados Unidos.

> Pero tengo que decirte que la velada en casa de la esposa de Curtis James fue un evento elegante y, además, un gran éxito. Di una charla y leí fragmentos de *Victoria*. Una hora y cuarto, sin aplauso final. El público, de lo más atento. Risas en los momentos adecuados y alguna lágrima cuando leí el capítulo entero sobre la muerte de Lena. En conjunto, fue un gran acontecimiento social... El propio F. N. D. [Frank Nelson Doubleday] está impresionado.

A Joseph Conrad le habían dado un cálido y afectuoso recibimiento, cosa que me producía tal orgullo y satisfacción que aliviaba, al menos en parte, mi profunda inquietud y soledad. Cuanto más se acercaba el regreso de mi marido, más nerviosa me ponía. Al reflexionar luego sobre ello he pensado que mi reducida movilidad —que me obligaba a recocerme en mi propia salsa, por así decirlo— pudo acrecentar considerablemente esa impresión de aislamiento. En una ocasión un amigo me contó que había ayunado durante una semana en la que sólo había pensado en comer. A mí me sucedía lo mismo, que me despertaba por la noche con una necesidad casi dolorosa de moverme. Una noche, cuando Joseph Conrad ya había emprendido su viaje de regreso, me desperté tan asustada que tardé más de una hora en serenarme lo suficiente para volver a reposar algo.

El sueño había sido tan nítido que al despertar me costaba quitarme de la cabeza el espantoso recuerdo. Aparecía mi marido empapado y temblando de frío, con aspecto de náufrago, y se tumbaba a mi lado en la cama. Desperté cuando le estaba pasando la mano por la espalda para ver si estaba mojado.

Me consumía la impaciencia por leer su siguiente telegrama, que no recibí hasta que mi marido llegó a Francia dos o tres días después. Huelga decir que guardé silencio sobre aquella estremecedora experiencia nocturna, pero jamás había tenido un sueño tan realista.

Joseph Conrad aún no había llegado a casa cuando recibí un paquete de cartas escritas por un buen número de admiradores americanos, cuya lectura me emocionó profundamente. Todos se deshacían en halagos a la admirable obra de un autor que escribía en un idioma ajeno al propio. Días después le dije a Joseph Conrad, en broma, que había tenido dudas en cuanto al valor de mi «propiedad» —mi mote preferido para referirme a él—, pero aquellas cartas me hicieron darme cuenta de su mérito.

Una de las personas que le admiraba era nada menos que el señor Putnam, un célebre editor. Un día iba en coche por las calles de Cracovia, acompañado del cónsul general de Polonia en Estados Unidos, poco después de que la nación polaca recuperase su independencia. El cónsul era el señor Konstantin Buszczynski, el amigo del colegio de mi marido, que indicó a su acompañante el lugar donde el gran escritor vivió de pequeño.

La casa en sí era un edificio soso y poco interesante, cercado por una estrecha acera, en el número 9 de Ulica Szpitalna (calle del Hospital). «En esa esquina del patio aquel chico tan extraño nos contaba unas historias maravillosa», le explicó el cónsul al editor. «Siempre eran sobre el mar y la vida de los marineros, y siempre sucedían en países lejanos. Es curioso, a mi modo de ver, que llevara el mar en las venas desde pequeño.»

Ahora esa casa tiene una placa con una inscripción de lo más halagüeña. Si hay un lugar donde quiero volver antes de morir es a Cracovia y también me gustaría ver a los descendientes de Konstantin Buszczynski. Todavía recuerdo bien el día de mi única visita a Cracovia. Y nunca olvidaré la tarde en que los dos amigos del colegio se encontraron por casualidad en un comedor público. Ni el gesto asombrado de mis dos hijos al ver a los hombres echarse uno en brazos del otro. El arrebato de emoción les extrañó tanto que los dos se pusieron rojos, casi como si les hubieran descubierto mirando algo prohibido. En cuanto a mí, aparté la mirada hasta que el efusivo saludo llegó a su fin y Joseph Conrad nos presentó a su amigo.

Esta mañana he encontrado un recorte de prensa que me gustaría incluir, porque creo que estas páginas quedarían incompletas sin el homenaje escrito de mi marido a un país que siempre ha venerado, y espero que siga venerando, el nombre de Joseph Conrad.

Al final de su visita le solicitaron, mientras aún disfrutaba de la placidez de los últimos días, como dice el periódico, que diera su opinión sobre Estados Unidos. Imagino la preocupación que le entraría y al leer lo que respondió no puedo por menos de admirar la discreción de sus palabras. Normalmente habría dejado caer alguna diatriba concerniente a sí mismo y poco relacionada con la pregunta. Sin embargo, su respuesta fue tan prudente como sincera y dejó satisfecho al periodista.

En todo caso, lo que quedó claro fue que mi marido había disfrutado de su estancia en Estados Unidos. «Cuando estaba organizando el viaje, la gente me decía que este país me iba a parecer distinto de cualquier otro. Y así ha sido. Absolutamente. Podría pensarse que todas las ciudades iban a ser iguales, pero Nueva York tiene una personalidad propia que la hace única. Todo lo que me habían dicho es cierto, pero es incluso mejor de lo que esperaba. Si la realidad suele traicionar nuestras expectativas, en este caso sucede precisamente lo contrario.»

El artículo explica que a mi marido le había interesado Estados Unidos desde los diecisiete o dieciocho años, cuando empezó a explorar el país en las páginas de sus autores más importantes. «Los conoce, me parece a mí, mucho mejor de lo que ha dado a entender», escribía el reportero. «Los comentarios esporádicos que hace sobre sus primeras lecturas de Washington Irving, su conocimiento evidente de Mark Twain, Edgar Allan Poe, Whitman y demás, proceden de un hombre que lleva años observándonos a través de las páginas de nuestra literatura. Estaba bien informado en cuanto al aspecto general del país, su arquitectura y sus enormes dimensiones, pero dice que los edificios son más bellos y la gente más amable de lo que pensaba. En cuanto a los americanos a quienes ha tratado, alaba profusamente su generosidad. De hecho, puede que el cariño que nos tiene el señor Conrad se nos suba a la cabeza...»

Después de esto la conversación giraba sobre los últimos días de Joseph Conrad en el mar, a bordo del fiel buque *Torrens*. En el viaje de despedida iban como pasajeros John Galsworthy y el señor Sanderson, director del colegio Elstree. John Galsworthy, que era abogado, aprovechó el viaje para aprender los pormenores de la navegación (motivo que llevó a un reportero a proclamar que el gran novelista Galsworthy iba de sobrecargo, lo cual era un craso error). «Entre tanto, el director del colegio estaba dedicado a aprender el baile típico de los marineros, que le enseñaba el contramaestre», seguía el artículo, que a continuación abordaba la novela *Tifón*. «Ah», comentaba Joseph Conrad, según decían. «Pero ese relato era sobre una tempestad. El que trata sobre un velero azotado por una tormenta es *El negro del* Narcissus. Al acabarlo pensé que debía escribir algo sobre un vapor y de ahí mi relato *Tifón* sobre el buque *Nan-Shan*.»

Joseph Conrad también hablaba, entre risas, de su costumbre de comprar ediciones baratas de los libros de Mark

Twain, rememorando con nostalgia aquellas lecturas juveniles de los tiempos en que estaba en el Congo.

«Recuerdo una cosa que me sucedió una tarde en que fui a casa de Arthur Symons», decía mi marido. «En el salón había un amigo suyo que iba vestido como Mark Twain: el traje de franela blanca, el pelo blanco... De hecho, todo su aspecto estaba copiado directamente del gran escritor estadounidense. Cuando le comenté al hombre el asunto del parecido, el "impostor" aceptó que se trataba de una semejanza intencionada. "Sin embargo, hay algo que me permite tomarme esa libertad", me explicó. "Y es que me llamo Mark Twain."»

La anécdota quedaba sin responder por parte del reportero, pero demuestra que el escritor americano tenía, sin duda, ese sentido del humor que yo tanto aprecio. Además, la imitación es la forma más sincera de adulación, o eso dicen. En todo caso, el viaje de Joseph Conrad también me influyó a mí, que jamás había tenido el menor deseo de ir a Estados Unidos. Sin embargo, su experiencia americana me hizo cambiar de opinión y, si me fuera posible, me iría mañana mismo. Estoy convencida de que, si mi visita causara una buena impresión, serviría para reforzar sus lazos con las gentes de aquel país. Sin embargo, en aquel momento me pareció mejor que fuese él por su cuenta, pues dependía tanto de mí que llegaba a resultar incluso ridículo. «¿Esta salsa de menta tiene azúcar? ¿Este arroz tiene sal?», me preguntaba antes de probar la comida, por ejemplo, en un almuerzo fuera de casa. Como no bajaba la voz ni me hablaba en privado, la anfitriona de turno se solía quedar bastante desconcertada. En cuanto a mí, como tampoco había empezado a comer, me resultaba imposible responder a sus preguntas.

El día de su llegada a Southampton, mi enfermera y yo nos instalamos en el hotel Curzon a primera hora de la tarde. Cenamos poco y tarde, pues esperamos hasta las nueve pasadas y luego decidimos que el barco debía haber llegado con retraso y que mi marido se habría quedado a dormir en Southampton.

Quise distraerme ojeando *The Times*, cosa que no conseguí en absoluto. Los exagerados bostezos de mi enfermera me irritaban considerablemente, pero seguí intentando leer el periódico. Una repentina exclamación de mi acompañante me hizo volver a la realidad, por así decirlo. Miré hacia la puerta y allí, quieto bajo el umbral, estaba Joseph Conrad, con aspecto de regresar de otro mundo, un alma perdida, pensé sobrecogida, al verle envuelto en un halo de infortunio o adversidad.

Al instante, sin embargo, se me pasó el susto mientras hacía un último intento por buscar una justificación para el silencio de Borys, diciéndome que su padre tal vez hubiera obrado igual que yo, dadas las circunstancias. Pero mi marido ya se me acercaba, con aspecto agotado y hablándome con cierto tono de reproche.

—¿Por qué no ha ido Borys a buscarme? —me preguntó—. Le he buscado por toda la estación. ¿No está aquí tampoco?

—Creo que sigue muy ocupado —farfullé—. Pero he venido yo. Y John viene mañana temprano, porque le han dado permiso. No sabes lo mayor que está, desde que te fuiste ha madurado mucho...

—Sí, sí, es un chico maravilloso —me interrumpió mi marido—. Tengo muchas ganas de verle, pero sigo sin entender por qué no ha venido Borys.

—Puede que venga... mañana —le dije—. Llevo unos días sin saber nada de él. Puede que mi última carta no le haya llegado... Puede que esté de viaje, ya sabes... ¿Quieres cenar algo?

Mi marido sacudió la cabeza con aire irritado, mirando al botones que se le había acercado amablemente, para hacerse cargo del paquete que tenía en la mano.

—Ten cuidado, que es una cosa de cristal, maldita sea —dijo Joseph Conrad—. ¿Cuál es el número de nuestra habitación? No, no quiero cenar nada. Quiero acostarme cuanto antes.

Hizo un gesto malhumorado al camarero y le pidió unos sándwiches con té. Cuando el hombre se marchaba a cumplir con su cometido, mi marido se quedó quieto, mordiéndose los labios con aspecto de estar al borde del llanto. Entonces le puse una mano encima del brazo y pareció recordar que apenas me había saludado.

—Estoy muerto de sueño, Jess —dijo—. Esta noche no quiero saber nada ni ver cartas de nadie. Vente arriba a hablar conmigo. Al no lograr encontrar a Borys en la estación, pensé que iba a estar aquí. Seguro que no está, ¿verdad?

Salí de la habitación tras él, sonriendo en silencio al ver reaparecer a mi enfermera con el sombrero puesto. Sabía que iba a buscar a su joven novio, pero asentí cuando me dijo que sólo tardaría unos minutos en volver.

Cuando llegamos a nuestra habitación intenté distraer a mi marido del asunto que, evidentemente, le preocupaba hasta el punto de hacerle olvidar todo lo demás. Jamás me había saludado con tanta frialdad tras una prolongada ausencia. Parecía sospechar mi falta de sinceridad, cosa que aumentaba el desconcierto que siempre me había producido mi marido. Le ayudé a desvestirse y ponerse la bata, sin hacer ningún comentario cuando se apartó del fuego y vi por detrás la bata —de veinte libras— que le regalé antes de irse, adornada con una quemadura en forma de arco negro. Los bordes de tela chamuscada convertían la prenda en un atuendo grotesco, cosa que comprobé cuando mi marido me dio la espalda de nuevo. Guardé silencio hasta que Joseph Conrad, como si tuviera ojos en la nuca, se volvió bruscamente hacia mí.

—Tampoco es para poner esa cara de tragedia —exclamó—. La bata está quemada, cosa evidente, ¿no? En el camarote del barco me he acercado demasiado a la chimenea. Cuando volvamos a casa puedes usar el envés de los bolsillos para zurcirla. En cualquier caso, poniendo esa cara no lo vas a remediar.

No, en eso tenía razón. Y nada podía remediar, tampoco, la noticia que le daría por la mañana, pues era evidente que había que posponerlo hasta entonces. En cuanto a su sugerencia de remediar el daño, intenté figurarme la bata con el remiendo incorporado, pero el esfuerzo era superior a mis fuerzas. Para cambiar de tema le pregunté dónde se había despedido de los

Doubleday y cómo había sido el viaje de vuelta. De hecho, le hice una docena de preguntas, hablando sin parar, casi sin dejarle responder. Al final acabó por impacientarse y, tal como yo esperaba, guardó un enfurruñado silencio.

Para entonces ya había regresado mi enfermera, que entró a darnos las buenas noches. Cuando la vio aparecer, Joseph Conrad hizo un esfuerzo de contención y se disculpó por no haberla saludado abajo.

—Por la mañana estaré mejor, querida amiga —le dijo—. Me alegro de estar en casa y de poder volver a la normalidad. Tardaré mucho en volver a hacer un viaje así de largo. Buenas noches.

Dicho esto, volvió al libro que estaba leyendo, con tal gesto de despedida irrevocable que la buena mujer se retiró con aspecto poco complacido, mientras yo me reía por dentro al aventurar que probablemente volviera a pedirme explicaciones por estar casada con él y ser madre de sus dos hijos.

Igual que hice la noche anterior a su partida, me quedé muy quieta en la cama, mirando el rostro cansado que había añorado durante dos meses. La luz del quinqué le daba de lleno en el rostro, pero cada vez que me movía para intentar apagarla Joseph Conrad se agitaba inquieto, lo que me llevaba a pensar que no estaba dormido, sino fingiéndolo. Tal vez no quisiera seguir respondiendo a mis «preguntas tontas», como las había llamado poco antes.

Debían ser las tres de la madrugada cuando al fin logré dormirme y apenas un par de horas después empecé a oír el runrún de los empleados del hotel, ocupados en las tareas matutinas. Mi terco marido se obstinó en su indiferencia hacia mí, hasta que llegó la criada con la primera taza de té. Fue entonces cuando me armé de valor para darle la aciaga noticia, cosa que procuré hacer con la mayor naturalidad, para impresionarle lo menos posible. Me dirigí a él empleando el cariñoso mote que usaba cuando quería ser particularmente amable.

—Mi querido niño —le dije—. Borys se ha casado.

Al oírlo Joseph Conrad se incorporó en la cama, agarrándome el brazo con fuerza.

—¿Por qué me lo cuentas? —exclamó—. ¿Por qué no te guardas esas cosas para ti sola?

No estaba dispuesto a atender a razones. Pasó la siguiente hora sin hacer ninguna pregunta ni comentario, salvo su característico «maldita sea». Abrió de nuevo el libro que estaba leyendo, pero me fijé en que no pasaba de página mientras el pitillo, abandonado, se le apagó a medio fumar. La pena que me daba era enorme, pero no se me ocurría nada que decir. Tal vez fuera mejor que Borys no estuviera presente en aquel momento. No creo que hubiera supuesto demasiada diferencia que hubiera sido él, en persona, quien le diera la noticia.

Al cabo de unos minutos mi marido se desperezó y saltó de la cama con sorprendente agilidad, yendo hacia el lavabo donde agarró, con las dos manos, uno de sus cepillos. Tenía por costumbre peinarse cuando estaba preocupado, así que la escena no me inquietó, sino que incluso me tranquilizó. Envalentonada, hice un comentario sobre uno de nuestros vecinos, pero sin dignarse a responder, soltó el cepillo bruscamente y me habló con voz tensa.

—Estarás segura de que eso que me has dicho es cierto, ¿verdad? —dijo.

Logró sorprenderme una vez más, pero reaccioné de inmediato.

—Por supuesto —respondí.

Comencé a explicarle los pasos que había empleado para verificar la noticia, apenas él se hubo marchado a Glasgow, pero me interrumpió con pocos miramientos.

—No quiero saber nada más sobre este asunto —proclamó—. Ya está; no tiene remedio, pese a que a mí se me ha tratado como a un verdadero imbécil, maldita sea.

Con el cepillo entre las manos de nuevo, empezó a peinarse tan enérgicamente como antes mientras se dirigía a mí con una voz cargada de dramática serenidad.

—Te habrá dado la dirección de su casa, supongo.

Oswalds, Bishopsbourne, donde murió Conrad en agosto de 1924

Imagen de Joseph Conrad como mascarón de proa.
Obra de Dora Clarke actualmente en la biblioteca del
Seamen's Institute de Nueva York

Pero al momento siguiente proclamó que no quería saber cuál era.

—He aceptado la invitación de los Doubleday para almorzar hoy —dijo a continuación—. Nos esperan en el hotel Brown's sobre la una.

Sin añadir nada más, Joseph Conrad acabó de vestirse y se marchó. No volví a verle hasta después de haberme arreglado, cuando vino a buscarme para ir al almuerzo. En el vestíbulo me dijo que no quería usar nuestro coche, por lo que paró un taxi en la calle.

Hicimos el breve recorrido en silencio, pero nada más llegar, casi sin dejarme saludar a nuestros amables anfitriones, anunció en tono seco:

—Mi hijo Borys se ha casado. La que lo sabe todo es mi mujer.

En aquel instante me alegré de haber escrito aquella carta donde le decía a Borys que no podía recibir a su esposa hasta que su padre estuviera al tanto de su matrimonio. La reacción de mi marido me produjo una mezcla de inquietud y desconcierto, pues me resultaba difícil de comprender. De pronto oí lo que acababa de decir Joseph Conrad, que estaba en el otro extremo de la habitación.

—Le he dicho a mi mujer que una noticia así se la debería haber callado.

—Pero eso sería imposible —respondió el señor Doubleday con tono incrédulo—. Esperemos que sean felices...

—Eso no va a suceder —le interrumpió mi marido—. ¿Con qué dinero la piensa mantener? Además, no me gusta nada que se haya casado a escondidas. Si no querían que lo supiera, ¿para qué me lo cuentan ahora?

Entre tanto, la señora Doubleday hablaba conmigo, haciendo un generoso esfuerzo por impedir que oyera la conversación de enfrente, labor ardua, dado el tono acalorado de mi marido. Al cabo de unos minutos, los hombres dejaron de hablar de la felicidad de mi hijo, pasando al lejano asunto de la posible publicación de un volumen de poesía.

A partir de ese momento el almuerzo se desarrolló sin ninguna alusión a nuestros problemas. Apenas hubimos acabado de comer, regresamos al hotel. En la puerta nos encontramos con nuestro querido hijo John, que nos esperaba con aire ansioso. En cuanto su padre le vio me agarró el brazo con su nerviosismo habitual, mirándome con una furia que me dejó aterrada.

—¿John lo sabe? —me preguntó.

Con un mudo movimiento de cabeza, le respondí que no.

—¿Y cuándo tuvo lugar el maldito asunto? —quiso saber a continuación.

Procurando soltarme de la mano que me atenazaba el brazo, le respondí con voz serena.

—La noticia nos la dio en una carta que llegó el día anterior a tu viaje, querido —le dije—. Pero ya llevaba casado ocho meses.

Ante esto mi marido rechinó los dientes, una señal evidente de su desesperada furia.

—¿Y por qué no me lo ha dicho nadie? —preguntó—. ¿Por qué se me dice ahora? Me habéis tratado como si fuera imbécil.

—La culpa de eso la tengo yo, querido —dije, poniéndole la mano en la rodilla—. No me atreví a decírtelo, por temor a que cancelaras el viaje, con lo que habías tardado en organizarlo —dije, bajando la voz para susurrar—: Lo que más temía era que te enfadaras tanto que no volvieras nunca. Procura comprender la situación tan espantosa en que me vi. Tuve que tomar una decisión a toda velocidad. Sabía que te ibas a quedar atónito, igual que yo, pero procura hacerte a la idea, querido. Puede que sean muy felices y, en cualquier caso, el asunto ya no tiene remedio.

Mi marido me lanzó una mirada de furia antes de bajarse del coche.

—Sí, puede que sean felices —masculló—. Pero no lo serán.

Ninguno de los dos volvió a sacar el tema. El encuentro entre el padre y el hijo menor estuvo lleno de ternura y afecto, lo que debió aliviar, en parte, el disgusto que le había producido la aciaga noticia. Cuando John me saludó, mi marido se volvió para ayudarme a bajar del coche, pero a continuación me dio la espalda, tomó del brazo a su hijo y ambos entraron juntos en el vestíbulo del hotel. Temblando, caminé lentamente hasta el ascensor y subí a mi habitación. No podía imaginar que la reacción de mi marido me iba a dejar tan anonadada. Casi como si estuviera castigada, permanecí en mi habitación hasta que John vino a buscarme para tomar el té.

Dos días después salimos hacia nuestra casa de Oswalds. Tras pasar una noche fuera, John regresó al internado de Tonbridge, pero el tiempo que había pasado con Joseph Conrad había sido un respiro para mí. Padre e hijo eran inseparables, por lo que yo procuraba mantenerme en un segundo plano. Pero la tranquilidad duró poco. Cuando el tren salió de la estación y perdimos de vista la mano con que el niño se despedía, mi marido retomó el asunto de Borys como si hubiéramos interrumpido la conversación apenas unos minutos antes.

—¿Se puede saber si estás realmente segura de lo que me has contado? —repitió una vez más—. ¿Tienes alguna prueba concreta?

—Por supuesto —le respondí sin dudarlo—. En cuanto tú te fuiste y John regresó al colegio, fui a ver a John Garnett y le pedí que sus abogados me consiguieran una copia del certificado de matrimonio. Es absolutamente cierto. Pero quería tener el documento, porque si te llegaba la noticia por cualquier otro medio, pensaba mandarte el certificado de inmediato. En cuanto al motivo por el que lo han mantenido en secreto, no tengo la menor idea, pues no he visto a Borys ni a su esposa desde que te fuiste. Le escribí una carta para contarle cómo había sido tu marcha y la pena que te había dado que él no fuera a despedirte, pero le pedí que no te diera la noticia hasta que volvieras. Añadí que no podía recibir a su esposa hasta que tú estuvieras al tanto del asunto. Pensé que Borys tal vez quisiera...

Al llegar a este punto mi marido me interrumpió con una seca carcajada.

—No sé cómo se te pasó por la cabeza —dijo—. Es normal que sea leal a su esposa, cosa de la que me alegro, por cierto.

En eso, al menos, se ha portado bien. Y tú, mi pobre chica, lo habrás pasado bastante mal, supongo. ¿Qué es lo último que has sabido de ellos?

Antes de que le pudiera responder, sin embargo, alzó las manos sobre la cabeza, su gesto característico cuando estaba nervioso.

—No me lo digas —murmuró—. No quiero saberlo. ¿Sabes si esperan un hijo?

—Eso no lo sé —respondí, sacudiendo la cabeza—. Pero yo diría que no.

CAPÍTULO VIGÉSIMO TERCERO

Creo que nunca me había alegrado tanto de marcharme de la ciudad como en aquella ocasión. Sabía que el estado de ansiedad que sufría mi marido iba a tener una consecuencia inevitable: un ataque de gota. Dudaba mucho que fuera capaz de resistir la corta visita del señor y la señora Doubleday, que iban a pasar unos días en Oswalds. En aquel momento mi objetivo principal era que llegaran a casa, pues a partir de entonces pensaba encomendarme a la suerte.

A todas las personas que fueron a vernos al hotel, tras la marcha de John, les recibió con la misma brusca proclama:

—Mi hijo Borys se ha casado. La que lo sabe todo es mi mujer.

Cuando el amigo de turno pedía alguna explicación del asunto, le interrumpía con uno de sus «maldita sea» y luego añadía la machacona pregunta que tantas veces le había escuchado ya:

—¿Y por qué no me lo ha dicho nadie?

Parecía importar poco quién estuviera delante, pero yo empecé a temer las miradas inquisitivas que la gente me lanzaba a mí. Al fin y al cabo, era bastante injusto y en más de una ocasión se me saltaron las lágrimas. En cualquier caso, no tenía ninguna explicación que ofrecer, ni siquiera a los amigos más amables, pues desconocía los motivos del mi hijo tanto como mi marido.

Al poco de llegar a casa, pues no llevábamos ni una semana, llegaron nuestros amigos. Fue entonces cuando les firmé el recibo que me pidió, en broma, el señor Doubleday. Mientras estuvieron en casa Joseph Conrad logró estar a la altura de las circunstancias, pero el día en que se marcharon se vino abajo, como me venía temiendo. No pude por menos de sonreír al recordar el texto del recibo, que cuyas palabras resultaban casi irónicas: «Recibido con agradecimiento, un marido rejuvenecido y mejorado».

Las siguientes semanas fueron agotadoras, pues Joseph Conrad se mantenía encerrado en su cuarto, negándose a que le viera un médico. Aparte de tener las manos hinchadas, le dolían, lo que le proporcionaba una excusa perfecta para no escribir. Lo preocupante, sin embargo, era que cada vez estuviera más deprimido, por lo que acabé llamando al doctor Fox, que pasó más de una hora con él. Como el paciente no estaba dispuesto a recibir ningún consejo profesional, el pobre hombre vino a mí para buscar consuelo. Curiosamente, mi marido no le había dicho al médico ni una palabra del asunto que tanto le angustiaba.

Cuando le rogué que regresara al cuarto de mi marido, el doctor Fox se ofreció, sin preámbulo alguno, para ir a Manchester y averiguar si era cierto que Borys estaba enfermo, tal como mi hijo aseguraba, y que ese era el motivo por el que no acudía a ver a su padre.

El inesperado ofrecimiento de un hombre tan ocupado emocionó profundamente a Joseph Conrad, que se lo agradeció profundamente, aduciendo que no quería causarle semejante molestia. Dicho esto, añadió una acotación final.

—Mi buen amigo, yo me siento incapaz de ir —dijo al médico—. Y no quiero que vaya mi mujer sola...

—No, por Dios —le interrumpió el doctor con tono desesperado—. Si ella va, yo la acompaño, aunque creo que sería mejor ir por mi cuenta. En fin, piénsatelo y hazme llegar tu decisión antes del fin de semana.

Por el momento, así quedó el asunto. Pasó el fin de semana en que debía haber escrito al doctor Fox y varios días después, Joseph Conrad me hizo acudir a su habitación. Tras obligarme a estar un cuarto de hora de pie, sin decirme ni una palabra, de pronto anunció que ya había resuelto el asunto, que en última instancia ponía enteramente en mis manos. En su opinión, el problema tenía dos salidas posibles: recibir al joven matrimonio sin hacer ningún reproche a nuestro hijo, o negarse a verle nunca más. Dicho esto, no hubo manera de sacarle de ahí, aunque añadió una frase más.

—Puedes decirle que le voy a dar una asignación de doscientas libras anuales —dijo con una carcajada que no podía describirse como alegre.

Ante esto le aconsejé que esperase antes de hacerle esa oferta.

—Escucha, querido —le dije—. Borys dice que se ha casado en secreto para demostrarte que es capaz de mantener a su esposa. Por tanto, déjale que lo intente. Siempre puedes volver a ofrecerle dinero cuando veamos cómo se las arregla.

Podía haberme evitado el esfuerzo, pues fue como si hablara con las paredes.

—No quiero hacerlo de ese modo, maldita sea —respondió—. Hazle saber mis condiciones cuanto antes. Doscientas libras al año, pagadas en cuatro partes. Ni un penique más, ni un penique menos. Diles que vengan a comer el domingo. Ellos verán cómo vienen, pero que no lleguen tarde. Me niego a que nadie me trastoque la hora de la comida, sea quien sea. Y me da igual lo que tú digas.

Tras esta parrafada, me despidió agitando con displicencia la mano menos afectada por la gota. En efecto, me correspondía a mí tomar la gran decisión.

Al llegar a la puerta me volví para mirarle. Estaba tumbado con la mano sobre la cara, con aspecto exhausto y avejentado, pero juro que en aquel momento me sentí varios años mayor que él. Salí sin hacer ruido y a la media hora le mandé subir una bandeja de té con una serie de viandas exquisitas, que devoró sin dejar ni una miga. A cambio me hizo saber que esperaba que ya hubiera escrito la carta, aunque no tenía intención de leerla.

La semana previa al domingo en cuestión fue como una pesadilla interminable. Joseph Conrad no hacía ninguna alusión al acontecimiento venidero, pero a juzgar por los puntillosos preparativos, todos supervisados por él, cualquier persona ajena habría dado por hecho que iba a venir un personaje importante. Asombrada por mi marido una vez más, le observaba con curiosidad mientras organizaba la primera visita de su nuera, pues su actitud teatral era exactamente la misma que adoptó al tomar posesión de su primera casa inglesa. Al fin había podido quitarse las vendas de las manos, lo que le había permitido hacer varios viajes a Canterbury, de los que había vuelto con varias exquisiteces que tenían todo el aspecto de ser para el festín del domingo.

Por fin llegó la esperada mañana. Borys había enviado un telegrama el día anterior, diciendo que su esposa y él llegarían a casa a la una. Nerviosa, vi la aguja del reloj marcar la una y media y las dos, acercándose peligrosamente a las dos y media. Entre tanto Joseph Conrad paseaba por el vestíbulo, salía y entraba del despacho o se ponía ante la ventana, oteando ansioso la carretera. Me di cuenta de que había recuperado una de sus viejas manías: levantarse un párpado con el dedo índice, síntoma de gran inquietud. Cuando el coche al fin subió por la rampa, mi marido dio media vuelta y huyó precipitadamente a su despacho, donde se encerró con un portazo, dejándome recibir a la joven pareja por mi cuenta. Al abrir la puerta les dediqué una sonrisa forzada, pues no me quedaba otra. El motivo del retraso quedó claro cuando John se levantó del sofá del fondo del salón, con un aire más preocupado que ninguno de nosotros. Parecía evidente que habían recurrido al pequeño de la familia para que les ayudara a disimular, al menos en parte, su desazón. Al parecer, habían pasado por Tonbridge para recoger a John, quien hasta entonces no tenía la menor idea de que su hermano se hubiera casado.

Hubo varios momentos incómodos en que mi marido estuvo a punto de perder su endeble serenidad. En uno de los momentos más tensos apareció, sin previo aviso, el comandante Louis del Ricci (conocido por su seudónimo, Bartimeus) y nos sacó del atolladero. El pobre hombre sospechaba que sucedía algo extraño, pues en más de una ocasión le vi mirarnos con extrañeza a mi marido y a mí, pero fue muchos años después cuando le expliqué la situación. Aquella tarde Joseph Conrad alternaba la actitud burlona con el sarcasmo casi cruel, sin ninguna advertencia previa, por lo que mi labor de mantener la paz resultó verdaderamente complicada. La única que no percibía la tensión subyacente era la joven esposa, pero mis dos hijos me hicieron comentarios al respecto; John con una capacidad de comprensión muy superior a su edad, Borys con cierto resentimiento. Sin embargo, no pude evitar regañar a mi hijo mayor con cierta aspereza, pues al final nadie parecía haberle recriminado su actitud. Además, quien peor lo había pasado era yo, pues había sufrido mucho y, además, en silencio.

Finalmente, poco después de las seis, los tres jóvenes se marcharon, pues tenían que dejar a John en Tonbridge, de camino a Londres. Cuando mi hijo menor se despidió de mí, sus palabras tenían la intención de darme consuelo.

—No te preocupes, mamá —me dijo—. Yo no me voy a casar nunca.

El destino, sin embargo, quiso que se casara antes de cumplir los veintiún años, cosa que en su caso, sí presencié. Jamás vi un ejemplo más claro de «El hombre propone y Dios dispone».

Tras aquella primera visita, no puedo decir que se calmaran los ánimos. Vi la mirada perdida de Joseph Conrad en pie ante la ventana del vestíbulo, alzando el brazo en son de despedida, pero sin llegar a esbozar nada semejante a una sonrisa. Al perder el coche de vista me agarró el brazo con su habitual nerviosismo y, sin decir nada, se encaminó apresuradamente a su despacho, donde pasó dos horas sumido en sus lóbregos pensamientos. Cuando al fin salió no me atreví a hacer el menor comentario, aunque no me extrañó que se levantara de la mesa sin haber tocado la cena. Como le conocía bien, sin embargo, preparé un manjar ligero para que se lo tomara algo después, cosa que hizo.

El hecho de que hubiera aceptado el señuelo quería decir que estaba al tanto de mis desvelos. Aliviada por la idea, me retiré a mi cuarto a darme el lujo de una buena llorera, ese consuelo típicamente femenino. He de decir, no obstante, que apenas me consoló. El día ya había pasado, afortunadamente, pero me iba a quedar sin saber el efecto que tuvo sobre Joseph Conrad, pues de su boca no salió palabra alguna sobre el asunto. Hice cuanto pude para consolarle de la tristeza que le había producido la desconfianza de nuestro hijo. Mi marido parecía incapaz de buscar alguna filosofía que le sirviera de apoyo. Algún tiempo después comentó, con una seca carcajada, mientras tiraba al fuego un pitillo recién encendido, que al menos se había librado de tenerle que buscar esposa a su hijo. Bastante tenía, según me dijo, con haberse buscado la suya propia.

Este extracto de una carta escrita el 6 de diciembre de 1932 muestra, creo yo, su extraño humor, ya casi una constante en aquel entonces, que le impedía poner por escrito ninguno de sus pensamientos. Apenas había nada que le interesara, pues ya ni siquiera disfrutaba de un buen plato de comida, cosa que me tenía al borde de la desesperación. La carta que había escrito al señor Doubleday decía lo siguiente:

> …Respondo a tu carta del 22 de noviembre, que me llegó el 3 del presente. En el mismo envío venían *Victoria* (dos ejemplares) y *Lord Jim* (dos ejemplares), en la colección Concord, pero no llegaron a casa hasta el día siguiente. Me ha parecido, sinceramente, una labor extraordinaria y he de decir que me gustan todos los detalles: la tela, el papel, el soldado Minuteman bajo el título, toda la página de portada, la tipografía, la entrelínea (que es la adecuada) y las proporciones de los márgenes. La sobrecubierta también es bonita, con ese sencillo paisaje. También he de mencionar la contracubierta, que evita la monotonía de un modo muy agradable. Me impresiona la atención al detalle, perfectamente visible en el producto acabado. Le diré, Effendi, que no creo haber tenido un mejor regalo de cumpleaños en mi vida…

De haberle ayudado yo con esta carta, seguramente no habría llegado al buzón, porque ni Joseph Conrad siquiera la habría llegado a escribir. Si él la leyera firmada por otra persona, habría dicho que estaban haciendo malabares con las palabras. En todo caso, podría haber expresado su aprobación en una cuarta parte del espacio. Tal vez se trató de un intento de organizar las ideas, que dio por bueno al estar demasiado cansado como para releerlo.

Un mes antes de aquello me burlé de él, porque los manuscritos de sus obras, que rehice y guardé con tanto mimo, y que luego vendimos al señor John Quinn, se habían revendido en Nueva York por 24.000 libras, nada menos. A nosotros nos dieron 2.000 libras, pero Joseph Conrad tuvo la bondad de alegrarse ante la venta, «sucedida en vida del autor», como escribió a su amigo y editor, el señor F. N. Doubleday.

En esa misma carta mi marido hace esta pregunta: «¿El ambiente de la sala de subastas estaría cargado de emoción o, al contrario, estaría paralizada por el asombro? ¿Quinn disfrutaría de su triunfo con la prudencia de un Brer Rabbit o celebraría su éxito en público, ofreciendo la mano, para que se la besaran, a la multitud de coleccionistas menores que nunca jamás habrían soñado con semejante proeza?».

A continuación, Joseph Conrad dice: «La reacción de la prensa aquí fue desmesurada; y el resultado ha sido que muchas personas que no habían ni oído hablar de mí, ahora saben quién soy, y las miles de personas que se negaban a leer una página mía para no contraer alguna enfermedad, ahora me proclaman un escritor magnífico. Pero también hay muchas personas absolutamente convencidas de que todo el asunto fue un montaje y de que yo me he llevado una buena tajada del botín...».

Lo que decía la prensa británica sobre este asunto, sin embargo, me hizo desobedecer a mi marido. Escribí un breve artículo y lo envié al *Daily Mail*, pero Joseph Conrad lo leyó por vez primera cuando ya estaba publicado. Puesto que logré aclarar el error, cosa que nadie discutió, se me perdonó por mi insubordinación e incluso recibí una amable palmadita en la espalda.

Si esa venta le impresionó, mucho más le habría impresionado la venta de las primeras ediciones, en cuyas guardas había escrito alguna frase antes de firmarlas, como gesto de cariño hacia su buen amigo Richard Curle. Eso sí que le habría hecho sentirse orgulloso de sus méritos. Siempre admiró la excepcional capacidad de su amigo para intuir modos de sacar dinero que resto de los mortales sencillamente no vislumbraban. Doy fe de que pasó horas pensando en frases ocurrentes y dichos ingeniosos, pues la petición de firmar esos libros le halagó mucho. Pero saber que habían pagado 8.000 libras por esos «garabatos» suyos, que era como llamaba a sus dedicatorias, le habría dado la risa, sin duda alguna. «Pues sí, querida», me habría dicho. «Si llego a excederme en los garabatos, hasta mi amigo Dick se hubiera equivocado. Pues habría sido un exceso.»

Este amigo nuestro no ha escamoteado esfuerzos para lograr que la herencia que dejó mi marido esté a la altura de sus constantes cuidados. Quisiera expresarle mi gratitud por su esfuerzo. Sin embargo, no está de acuerdo conmigo cuando digo que Joseph Conrad siempre soñó con pasar sus últimos días en Polonia, cosa rigurosamente cierta. Durante sus últimos meses de vida hablamos muchas veces de esa idea suya. En cuanto John emprendiera una carrera profesional de éxito, nosotros, los viejos, teníamos pensado repartir entre nuestros dos hijos todo lo que no pudiéramos llevarnos a su amada tierra. Era su sueño, un sueño que nunca se cumplió. Pero el hecho de que tuviera esa añoranza me ha hecho enviar todos sus documentos polacos a la biblioteca nacional de Cracovia, donde estarán junto a los de su padre. Así cualquiera de sus descendientes puede consultarlos, en caso de necesidad. Entre tanto, estarán a salvo y en buena compañía.

Tengo, todavía, cosas que decir de sus últimos meses, los últimos de nuestra vida en común. Fueron tiempos de un crepúsculo, sombrío, frío y gris, un augurio del suceso venidero. Cada vez me costaba más hacerme entender, a no ser que estuviera completamente de acuerdo con él. A mi marido, por otra parte, cada vez le costaba más ocuparse de sus cosas, mientras iba soltando paulatinamente las riendas que siempre llevó con tanta firmeza.

Eso me permitió estar, hasta cierto punto, preparada para el final o, por así decirlo, dispuesta a aceptar lo peor. Me hallaba predispuesta a asistir a una catástrofe, a un desastre ineludible que no podía hacer nada para evitar. Tal vez fuera ese el motivo que me hizo regresar de la clínica durante un corto período de tiempo —doce días, exactamente— justo antes del final.

Borys llevaba casado casi dos años antes de que surgiera la necesidad de colaborar en su ajuar, pues iba a tener un hijo. Una vez más, mi marido llevó el asunto con un misterio inexplicable. Yo le había contado que iba a ayudarle con la ropa del niño, pues siempre me había gustado coser. Aquello me trajo a la memoria una cosa que me dijo Borys cuando era pequeño. Al ver a Joseph Conrad con un ataque de gota se quedó impresionado, como le solía suceder y, con los ojos muy abiertos del susto, vino a hablar conmigo.

—Mamá, cuando yo sea un señor mayor y tenga un niño pequeño, ¿también me dolerá el hígado y tendré *bota*?

Pues bien, había llegado ese momento, ya que Borys estaba a punto de tener un «niño pequeño», pero confiaba en que la segunda parte de su pregunta no se cumpliera jamás.

En cuanto a mi marido, guardaba un silencio absoluto en cuanto a sus intenciones. Había prometido a Borys pagar los gastos del recién nacido, pero no parecía haberse impuesto ningún límite. En su debido momento, declaró que esos gastos rondaban las 70 libras. Una vez más, la supuesta culpable era yo, que fui reprendida sin piedad mientras se me exigía comparar el dinero invertido en el nacimiento de nuestro primer nieto con el presupuesto dedicado a nuestros dos hijos. Con mi ironía habitual, le recordé la conversación que tuve al respecto con nuestro hijo menor, al que dije: «Ay, John, tu nacimiento me costó mucho más que el de tu hermano», a lo que el joven rufián me respondió de inmediato: «Bueno, mamá, sería porque mi médico era más caro». En aquel momento el niño tenía sólo cinco años.

Los reproches de mi marido parecían injustos, a decir verdad, pero discutir sobre el asunto resultaba inútil, pues si él no estaba dispuesto a admitir que habría sido más práctico poner un límite a su oferta económica, yo tampoco tenía derecho a reprocharle que no me lo hubiera dicho antes. Tan sólo le hice una serena propuesta al respecto.

—¿No crees que deberías sugerir que el siguiente nieto sea más barato?

Ante esto soltó una sonora carcajada, olvidó su enfado y puso fin a la discusión con su clásico «maldita sea».

A partir de ese momento disfrutaba preparando pequeñas sorpresas para el joven matrimonio, aunque casi nunca contara con mi participación. Siempre he pensado que es más fácil ser generoso que justo, cosa que mantengo. La pródiga generosidad de Joseph Conrad se debía tanto a la indolencia que genera la mala salud como un exceso de susceptibilidad. Mi marido no soportaba ver sufrir. Siempre empleó la técnica del avestruz, que esconde la cabeza y se niega a afrontar la realidad. Y tenía una tendencia a posponer las cosas, a retrasarlas como fuera. En una ocasión proclamó que el nacimiento de su segundo hijo se podría haber pospuesto unos días, si yo hubiera querido complacerle.

La alegría que me produjo el nacimiento de mi segundo nieto me habría vuelto codiciosa, pero sabía bien que sólo me correspondía una función secundaria. A decir verdad, el delito que pude haber cometido era el de robar al niño. En los momentos de mayor sufrimiento físico, abrazar a un niño me aliviaba más que cualquier somnífero. En cuanto al dolor físico, creo que estoy plenamente capacitada para hablar sobre ese asunto.

Tras su paternidad, las visitas del joven matrimonio eran tan escasas como antes, cosa que nos tocaba aceptar. El recién nacido dio muestras de una inteligencia precoz y, curiosamente, ha heredado muchas de las peculiaridades de su abuelo, pese a tener sólo seis meses cuando Joseph Conrad murió. Por ejemplo, esto puede parecer absurdo, pero es cierto. Cuando al niño le daba la típica llantina infantil, bastaba con acercarle a una librería para que olvidara sus penas, emitiendo una sucesión de alegres gorgoritos. Era algo verdaderamente extraordinario. Un día le estaba leyendo en voz alta, pero el niño, que entonces tenía seis años, parecía ignorarme, pues estaba dedicado a jugar con el perro. Dispuesta a mantener mi dignidad, le dije en tono de reproche:

—Oye, Phil, escucha a la abuela, que te está leyendo un libro.

Con una sonrisa angelical, el niño me respondió:

—No me molesta, querida abuela, que me leas un libro mientras juego con el perro.

En el tiempo transcurrido entre el regreso de Joseph Conrad de Estados Unidos y su muerte —unos quince meses— nos sucedieron muchas cosas e hicimos muchos amigos. Creo poder asegurar que todo estadounidense relacionado con la literatura que viajaba a Inglaterra, acababa pasando por nuestra casa. Y había muchos extranjeros, franceses y polacos, que acudían a Oswalds a presentar sus respetos a Joseph Conrad o a renovar su amistad con él. Entre ellos tal vez los más asiduos fuesen Don Roberto (seudónimo de Cunninghame Graham), Hugh Walpole, Richard Curle y Jean Aubry. También venían con frecuencia la señora Grace Willard, con su hija Catherine, y Perceval Gibbon. Apenas veíamos a F. M. H. (Ford Madox Hueffer), pero fue inolvidable la ocasión en que apareció, fiel a su costumbre de anunciar la hora de la visita con un telegrama. Al recibir la misiva, mi marido me dijo con voz firme: «Cuando te dirijas a él, llámale "señor Hueffer"». Pero le recordé que hasta entonces me había dirigido a él empleando el apellido «Ford», cosa que prefería seguir haciendo, pues quería evitar meter la pata, cosa muy probable si le llamaba «señor Hueffer».

Uno de aquellos días lo recuerdo con toda claridad. Habíamos invitado a comer a señora Catherine Willard, que entonces estaba haciendo una función en el Old Vic. Fiel a su costumbre, Joseph Conrad tenía intención de ir a recogerla a la estación. En aquel momento ninguno de los dos sufríamos ninguna dolencia, por lo que ambos nos movíamos por la casa sin ayuda de nadie. Tras ver alejarse el coche por el jardín, regresé a la cocina para ayudar a la criada a dar los últimos toques del almuerzo. En ello estábamos cuando oímos subir un coche por la rampa de casa. Ante la imposibilidad de que fuera nuestro propio vehículo, supe al instante de quién se trataba.

En aquel momento John tenía diecisiete años, no estaba demasiado contento en el colegio y no sabía bien lo que quería ser de mayor. Tras una larga charla con nuestro amigo monsieur Aubry, decidimos poner al chico a cargo de un sacerdote de Le Havre, para que aprendiera a hablar francés. Con este objetivo Joseph Conrad tenía pensado ir a ver al señor Bost para organizar la estancia del chico. Logré que me dejara acompañarles, pero no estaba preparada para la monserga que me tocó escuchar. Poco le faltó para quitarme la ilusión del viaje al explicar que objetaba a mi presencia porque no podía valerme sola en caso de una colisión y, además, rescatarme iba a resultar extremadamente difícil, debido a mi corpulencia. No me quedó más remedio que reírme. Su actitud era tan absurda como la que mostró hacía años, cuando estaba impedida y mi marido se empeñó en que pasara, a modo de ensayo, por el estrecho hueco de la estrecha ventana que serviría de salida de emergencia en caso de un incendio. Aquélla era una contingencia que, sencillamente, esperaba que no sucediera.

Tras la primera visita de John, mi marido se quedó satisfecho con el experimento y se puso a solucionar una serie de asuntos pendientes, como el de intentar encontrar una casa pequeña y sin jardín. Esto se debía a que yo me negara firmemente a dar al jardinero el cincuenta por ciento del beneficio de lo que cultivaba en nuestra finca, es decir, la verdura, la fruta y las flores, a lo que había que sumarle la vivienda, el sueldo y las habituales ventajas de un jardinero en cuanto a independencia y demás.

Un día Joseph Conrad anunció que había encontrado el lugar adecuado.

—El jardín tiene el tamaño de un pañuelo, querida —me aseguró—. No hay el menor motivo de preocupación.

Tan entusiasmado estaba con su hallazgo que me llevó a verlo. El lugar era tan poco apropiado que en ningún momento me lo planteé como una posibilidad seria.

Imaginemos a un hombre casi inválido decidido a mudarse con su esposa, necesitada de constantes cuidados médicos, a una casa en la parte más desolada de North Foreland, azotada por todos los vientos del condado de Kent. Un lugar que estaba a una distancia considerable de la estación de tren más cercana y a unos cincuenta kilómetros de su médico y del mío. Por si esto fuera poco, tenía, en efecto, un jardín del tamaño del pañuelo de Joseph Conrad.

—Aquí no se puede plantar ni una cebolla —dijo mi marido con una carcajada.

En eso tenía toda la razón, pero logré mantener la serenidad y el aplomo, repasando la situación con cuidado mientras procuraba verle el lado gracioso al asunto, por difícil que me resultara.

—Veamos —dije al final, mostrándole una hoja de papel con los cálculos correspondientes—. ¿Has pensado que tendremos que enviar a alguien desde esa casa a las tiendas más cercanas, casi de manera constante, para mantenernos abastecidos? En cuanto a ti, tendrás que hacer muchos kilómetros para poner un telegrama, los mismos que para comprar esa cebolla que tanto desprecias.

Pero no logré pasar de ahí, pues con un gesto de asqueada desesperación se dejó caer sobre el asiento del coche mientras casi gritaba al chófer que nos llevara a casa de inmediato.

A partir de ese día su salud pareció empeorar seriamente. Unos días estaba francamente abatido, pero había otros en que apenas se levantaba de la cama ni hablaba con nadie. Quiero expresar mi gratitud a Richard Curle, que venía a menudo a casa y lograba sacar al inválido de su encierro, al menos durante unas horas. Nuestro amigo solía llegar entre las nueve y media y las diez, cenaba lo que yo le tenía preparado en el comedor, y subía a la habitación de mi marido, con quien hablaba hasta las tantas de la noche.

En estas circunstancias, escribir le resultaba difícil. Pero mi marido era «contra-inteligente», como dicen en *Alicia en el país de las maravillas*, y cual si quisiera aumentar la dificultad de la tarea, intentaba escribir con una pluma mientras le dictaba el texto a su secretaria.

El libro *Suspense* avanzaba despacio y el único descanso que se permitía era recorrer el campo en busca de la casa que seguía empeñado en hallar. Un día en que yo había ido a la clínica a hacerme una revisión, Joseph Conrad y su secretaria encontraron una casa que le gustó; tan sólo precisaba mi voto favorable. En caso de decidirnos, nuestra estancia en Oswalds habría llegado a su fin. Ya habíamos dado el aviso oficial de que nos íbamos en septiembre.

La novela *Suspense* avanzaba muy despacio. Como le tenía sometido a una atenta vigilancia, sabía que estaba malgastando la energía en vano. Desde mi dormitorio del piso superior le oía hablar con voz forzada. Lo habíamos intentado, pero no habíamos podido convencerle de hacer una sola cosa: escribir o dictar. En las ocasiones en que había redoblado mi esfuerzo sólo había logrado que él insistiera con más ahínco en su agotador empeño.

En aquel entonces la enfermera y el chófer ya se habían casado, pero mi inquietud sobre su reacción ante aquello, en cambio, resultó ser completamente innecesaria. Cuando le conté aquella historia de amor, pasó un rato largo riéndose. Entonces se secó las lágrimas que le había producido la hilaridad, alzó los brazos con nerviosismo y se puso a pasear por la habitación a toda velocidad. Decidí esperar, pues parecía estar pensando si había que prescindir sólo del hombre o de ambos. Si la situación se prolongaba, era previsible que surgiera un buen número de dificultades. Pero mi marido, una vez más, hizo lo más inesperado. Cuando al fin dejó de dar zancadas por la habitación, apoyó la cabeza y los brazos en la repisa de la chimenea, que era alta, dejando caer la cabeza sobre las manos. Tras pasar varios minutos completamente quieto, se acercó a la esquina donde yo estaba sentada y me habló con voz tranquila.

—Bueno, pues esperemos que sean felices —dijo—. Ambos son buenas personas, cada uno en su estilo, pero su historia de amor ya está demasiado avanzada para impedirla, nos guste o no. ¿Sabes qué te digo, Jess? Podemos regalarles los muebles de la habitación, como regalo de bodas.

Dicho esto, pareció reflexionar, pues soltó una de sus típicas risillas.

—Vaya por Dios, si en su habitación ella tiene una cama individual, maldita sea —añadió a continuación—. Pues, mira, me quedo con la suya y les doy la mía doble, que es enorme. No hagas una montaña de un grano de arena, porque yo en la otra voy a estar perfectamente. Así que Long Charley y su mujercita se pueden quedar con la mía.

La cama a la que se refería era aquélla a la que, cuando estábamos recién casados, se le veían los muelles, porque no teníamos colcha. Aquel trasto de hierro y latón era un objeto al que yo tenía un cariño fuera de lo común. Mi marido parecía haber olvidado que ese mueble hubiera tenido, o pudiera seguir teniendo, algún valor sentimental. Al final no dije nada, no obstante, y salí de la habitación para ir, como él quería, a avisar a la futura novia de que su patrón quería hablar con ella en su despacho.

La cama resultó ser poco adecuada para Joseph Conrad pues, aparte de su función legítima de servir como lugar de descanso, la cama de mi marido debía contener un buen montón de libros, todos abiertos y puestos boca abajo, una serie de mapas, almohadones y una caja de galletas Spratt's para perros, un gran objeto de madera que había mandado poner a los pies de la cama, para tener las piernas en alto. Me parece estarle viendo ahora mismo, con aspecto de estar de lo más incómodo. Con una barba de varios días, afectado por la gota, parecía encajado entre un enorme almohadón y la caja de galletas. A su alrededor tenía varios libros desparramados y estaba arrancando hilos de seda de la vieja colcha italiana, con tres o cuatro mesas a su alrededor, todas a mano, cubiertas de ceniceros de los que ascendían delgadas espirales de humo. Sentado en esa postura parecía un ídolo patéticamente delgado y anguloso. Pero nada había de sereno o divino en los constantes ataques de furia que tenía cada vez que un libro caía al suelo o se deslizaba tras la caja de las galletas, quedando fuera de su alcance. No pude evitar añorar su enorme cama doble y decidí que antes de irme a la clínica tenía que conseguirle otra, pues se había negado a usar mi cuarto mientras yo estaba fuera. Ese rechazo me enterneció profundamente o, mejor dicho, la forma en que lo expresó. Cuando le recordé que mi cama era doble, frunció los labios y pareció estar al borde de las lágrimas durante unos minutos.

—Ah, no —me dijo—. Te echaría demasiado de menos. Además, en tu habitación hace mucho frío. Con las ventanas abiertas día y noche, me cogería una pulmonía de muerte.

Me pareció inútil recordarle que las ventanas podían cerrarse y que en mi cuarto había una chimenea. Joseph Conrad se negaba en redondo a marcharse de su habitación, aportando toda clase de inconvenientes, creíbles e increíbles. Al final aproveché un viaje que hizo a Londres, para comer en la embajada polaca, para comprarle una cama nueva. Pero de ese asunto hablaré más adelante.

Yo seguía pendiente de fijar una fecha para que los cirujanos me sometieran a otra dolorosa operación y estaba muy deprimida ante la imposibilidad de obtener una reacción razonable por parte de Joseph Conrad, cuando supe de dos jóvenes polacas —una pariente cercana de mi marido— que estaban en Inglaterra en aquel momento. Sentí un enorme alivio cuando aceptaron mi invitación de pasar unos días en Oswalds. En cualquier caso, al menos nos tendrían entretenidos. Al conocerlas, cumplieron ampliamente mis esperanzas. A Joseph Conrad, por su parte, le interesaba enormemente la gente joven. Mi hijo John, que estaba pasando las vacaciones en casa, cayó rendido a los encantos de las chicas.

La visita se nos hizo corta y pues cuando quisimos darnos cuenta había llegado el día de su marcha. La noche anterior habíamos decidido que John debía acompañarlas hasta Londres, invitarlas a almorzar y llevarlas a ver algún espectáculo. Al recordar aquella mañana no puedo evitar sonreír. Media hora antes de salir hacia la estación, nuestro hijo fue a la habitación de su padre para hablar con él. Joseph Conrad parecía haber olvidado lo que costaba una excursión como la que teníamos pensada, pues entregó a John un billete de una libra y dio el asunto por solucionado. Con una cordialidad y una entereza muy superiores a las de sus dieciocho años, el chico tomó el billete y vino a hablar conmigo. La sugerencia que me hizo fue obvia, teniendo en cuenta la escasez de sus fondos.

—¿No crees que es mejor poner alguna excusa y conformarme con acompañar a las chicas al tren? —me preguntó—. Con este dinero sólo puedo pagarles los billetes, ¿no te parece?

El rostro del chico mostraba su enorme desilusión, pero, como siempre, mantuvo una actitud perfectamente razonable. Parecía evidente que mi marido había calculado mal, o tal vez hubiera olvidado en qué consistía el plan. Di a John un billete de cinco libras con el que se marchó a pasar su primer día como caballero, en compañía de las dos encantadoras compatriotas de su padre. Algo más de una hora después de que se marcharan, oí un «maldita sea», la expresión favorita de mi marido, procedente de la puerta que separaba su habitación de la mía, seguida de una larga risotada.

—¿John fue a verte antes de marcharse con las chicas? —me preguntó.

Joseph Conrad acababa de caer en la cuenta de su error y, lógicamente, quería saber qué había sucedido. Como le conocía tan bien, respondí con la misma actitud críptica que había empleado él conmigo.

—Sí, querido —dije—. John temía no tener bastante para llevar a cabo toda la programación.

Tras otra sonora carcajada se escuchó un «maldita sea».

—Supongo que habrás dado al pobre muchacho lo que quería —dijo—. Dime cuánto era y te lo devolveré.

CAPÍTULO VIGÉSIMO CUARTO

Este último capítulo contiene las horas más tristes de nuestras vidas, cargadas de sufrimiento y dolor, pues me dejaron convertida en una viuda llorosa, en vez de una esposa feliz de saber que todo lo que sucede a su alrededor, sea grande o pequeño, gira en torno a ella. Toda vida pasada en estrecho contacto con la vida de otra persona contendrá, una vez superada la etapa meramente sentimental, una cantidad considerable de sufrimiento y algún amago de discordia. Me refiero a la pareja en la que cada miembro mantiene su identidad propia, que es el único modo de que dos personas pueden compartir una vida basada en la estima y el respeto mutuo.

No creo, en absoluto, que una esposa deba estar absorta con su marido y menos aún que el marido deba estar absorto con la esposa. El matrimonio sería más sólido y feliz si ambos contrayentes estuvieran dispuestos a dar y tomar. La propia discusión en torno a los medios y los recursos, las esperanzas y los miedos, sería la base de la felicidad mutua. Una esposa egoísta se aprovechará desde el primer momento de un marido indulgente, mientras que una esposa tímida y sosa perderá todo su atractivo para el marido cuando la vea perder su identidad. La adoración doméstica es absurda, pero el cariño, justo y respetuoso, es el mejor fundamento de una vida en común.

Durante el tiempo en que vivimos juntos, aprendí a valorar en Joseph Conrad, por encima de todo, su carácter verdaderamente adorable, mientras admiraba su genialidad y procuraba tener paciencia con su exceso de sensibilidad. Si yo hubiera sido incapaz de entender su naturaleza exótica, tal vez nunca hubiéramos podido vivir juntos con tanta armonía. Creo que esto lo puedo decir sin temor a que se me contradiga o se me considere excesivamente egoísta. El propio Joseph Conrad ha dicho, muchas veces, que jamás podía haber vivido con otra persona y varias personas que le conocen están de acuerdo. Nuestra vida me empezó a preocupar, sin embargo, cuando nuestros hijos alcanzaron una edad en la que querían empezar a mostrar su propia identidad. Una cosa era que yo me entregara por completo a mi marido, supeditando la mayoría de mis deseos a sus gustos, hasta el punto de renunciar a los placeres externos y la mayoría de las amistades, los bienes domésticos y demás. Pero de pronto se hizo patente que en nuestra familia había otra persona con una voluntad propia. El modo en que recibió la noticia de la boda de Borys bastó para dejar clara su reacción ante esa independencia. La sugerencia de que, en cuando John iniciara su vida profesional, nosotros dos debíamos marcharnos de Inglaterra y retirarnos a Polonia, estaba basada en eso, por encima de todo. Joseph Conrad tenía que ser el jefe supremo de su casa y allí, en su país, podía seguirlo siendo. Cuando supe que iba a tener mi primer hijo, cosa que ya conté en las primeras páginas de este libro, me planteé cómo iba a poder seguir adelante con mi vida. ¿Cuál de mis dos cometidos iba a ser el divino y cuál el humano? ¿Mi marido o mi hijo?

En junio de 1924 pasé una temporada en casa antes de irme a la clínica, donde pasé siete u ocho semanas francamente malas. El día antes de irse a comer a Londres con el embajador de Polonia —que antes había sido ministro—, Joseph Conrad se quejó mucho de la cama individual que le había dado mi enfermera a cambio de la suya. Al irse dejó instrucciones claras en cuanto a tensar los muelles para que la cama le resultara más cómoda cuando volviera. Por tanto, había que aprovechar su ausencia, pero mi marido sólo iba a estar en Londres durante ese día.

La tarea era poco menos que imposible. El bastidor tenía los muelles tan viejos que había que comprar otro. Desesperada, escribí a una compañía de Canterbury, pidiendo que nos enviaran un bastidor grande lo antes posible. En efecto, nos mandaron el mejor que tenían, cumpliendo mis requisitos. Convencida de haber superado la dificultad, esa tarde descansé tranquila, pensando que mi marido iba a estar cómodo mientras yo estuviera fuera de casa. De no haber podido quejarse de mi elección, sin embargo, se habría quejado de cualquier otra cosa. Estaba tan nervioso que no podía resistir la tentación de organizar un pequeño drama.

Pese a lo bien que conocía la excentricidad de mi querido marido, sin embargo, no estaba preparada para la tormenta que estalló esa noche sobre mi leal cabeza. Me insultó, literalmente, y al final se tumbó exhausto en su odiado sofá. En vano intenté explicarle que si la cama nueva le gustaba tan poco, se podía cambiar por la mañana. Me dijo que le había comprado un catafalco y se fue a su habitación sin darme un beso de buenas noches, por primera vez en todo nuestro matrimonio. Me pasé la noche llorando —una bobada, indudablemente—, pero me abrumaba la idea de lo que me esperaba por la mañana y me apenaba mi fracaso al intentar procurarle una mayor comodidad.

Pero al día siguiente no me habló del asunto, pues parecía haber olvidado su disgusto y estaba más cariñoso de lo habitual. Decidí olvidar todo mi resentimiento y respondí con entusiasmo ante su cambio de humor. Pasamos una mañana agradable y a primera hora de la tarde llegó el querido sir Robert Jones, que iba a pasar la noche en casa antes de mi operación, para hablar con Joseph Conrad. Intentó convencer a mi marido de que se quedara en casa descansando mientras él me acompañaba a la clínica, pero al final tanto sir Robert como el escritor fueron conmigo a Canterbury. Los dos hombres pasaron casi todo el viaje, que fue corto, hablando sobre alguna trivialidad relacionada con el alcantarillado local, si mal no recuerdo.

La operación del día siguiente fue muy similar a las anteriores. Mi habitación estaba abajo, en la misma planta que el quirófano, pues les había solicitado poder ir andando desde mi cuarto hasta la sala de operaciones. Cuando todo estuvo dispuesto el doctor Reid me vino a buscar, con el atuendo médico correspondiente, que le daba un maravilloso parecido con un jeque árabe, con la mascarilla colgada sobre la espalda.

Tal vez la inyección que me habían puesto aumentara mi sensibilidad ante lo ridículo, pero lo cierto es que me impresionó la alta silueta de mi querido amigo, a cuyo lado mi corta estatura hacía pensar en aquella cita del libro de dichos absurdos de Edward Lear: «El señor Mosquito Zancudo y la señora Mosca Rechoncha». Echamos a andar lentamente, cosa que me resultaba dolorosa, pese al firme apoyo del doctor.

Terminada la operación, cuando los cirujanos se habían ido, cada uno a lo suyo, me quedé tumbada en mi habitación, sin otro entretenimiento que el preocuparme por cómo irían las cosas en casa durante mi ausencia, aunque en todos los casos previos había descubierto que, a la hora de la verdad, no era tan indispensable como podría parecer. Tal vez esa reflexión no fuese la más conveniente para aquel momento algo triste, cosa que siempre me sucedía en los días siguientes a una operación. No me sorprendió que mi marido tardara poco en sufrir un típico ataque de gota —tal como pensé en un principio—, aunque al ir pasando el tiempo resultó evidente que no se trataba de un ataque corriente. Nos escribimos notas uno al otro, como solíamos hacer, pero no le había visto desde el segundo día, por lo que estaba algo más nerviosa que en otras ocasiones. Entonces llegó un paquete de veintiocho cartas con un ruego de responderlas como mejor me pareciera. Como me encontraba algo floja, la tarea me supuso un esfuerzo considerable y con frecuencia me distraía de la carta en cuestión. En un primer momento me preocupaba estar tan atontada, pero mi buen amigo el doctor Reid me recordó que aún estaba bajo el efecto de la anestesia, por lo que usar el cerebro me iba a costar un poco durante un tiempo.

Las dos o tres visitas cortas que me hizo Joseph Conrad no me subieron los ánimos. Llegaba quejándose de lo agotado que le había dejado el viaje y luego hablaba de su estado de ánimo. Estaba indignado por no poder escribir más deprisa y parecía más nervioso de lo habitual. Nunca hacía el menor intento de resultar entretenido y solía quedarse dormido en la butaca al poco de llegar, quedándose quieto y callado hasta que llegaba el coche para llevarle a casa de nuevo.

—Quiero que vuelvas a casa cuanto antes, Jess —repetía con insistencia.

A fin de lograrlo escribió al hospital dando instrucciones de lo más precisas en cuanto a mi traslado. Quería que en la ambulancia fueran no menos de cuatro hombres y el propio Joseph Conrad insistía en estar presente durante el trayecto. Al ver que sólo iban los dos ayudantes habituales le dio un ataque de furia y se puso andar por la carretera, dando zancadas de un lado a otro, estorbando a los hombres, que ya andaban mal de tiempo.

Al fin me sacaron en camilla entre el doctor Reid, otro médico y los dos hombres de la ambulancia. Pese a que las circunstancias no eran alegres, solté una risotada cuando mi buen amigo me susurró:

—¿Te importa salir con los pies por delante?

Mi respuesta les hizo reír a todos.

—Si no tiráis las flores, no.

Ese regreso a casa fue sonado, el segundo que hacía en ambulancia, pero me pareció más formal y ceremonioso que el anterior. Fue apenas doce días antes de aquella trágica mañana de domingo, el 3 de agosto de 1924. El día siguiente al cumpleaños de John.

Tuve que quedarme en el piso de arriba, pero me alegraba de haber vuelto a casa, donde Joseph Conrad y yo pasábamos juntos casi todo nuestro tiempo. Pude ayudarle a pasar a máquina lo último que escribió y que, por desgracia, se quedó sin acabar. *Legens* era el artículo que Richard Curle, siempre tan ocurrente, le sugirió escribir para un periódico. Al ver que era imposible avanzar con la novela *Suspense*, dio a mi marido la idea de hacer algo corto, para tener la mente ocupada.

En los ratos libres, cuando mi marido no escribía y yo no lo copiaba, jugábamos al dominó o al pináculo. El viernes por la noche solía venir Richard Curle, que venía a pasar el fin de semana. Como ya teníamos por costumbre, alguien iba a buscarle a la estación sobre las diez. Al llegar subía a saludar a Joseph Conrad y luego iba a verme a mí, tras lo cual bajaba al comedor donde le servíamos una cena que tomaba solo. A continuación se reunía con mi marido y los dos se quedaban hablando hasta las tantas de la noche, mientras yo escuchaba el runrún de sus voces desde la habitación contigua. A menudo me hacían entrar para escuchar este o aquel argumento o para dar mi opinión sobre algún proyecto del día siguiente. Aquella noche la visita de Richard Curle pareció animar al inválido más que ninguna visita precedente. Tuvimos que recordarle que al día siguiente venían los jóvenes con nuestro nieto, Philip, y que John venía de visita para celebrar su cumpleaños. De vez en cuando se oía una carcajada, pero en el aire no había el menor indicio aciago ni trágico, por lo que yo oía desde el cuarto de al lado.

A la mañana siguiente los dos amigos, tras pasar unas horas repasando el artículo, se fueron juntos a ver otra casa que había descubierto mi marido. Yo tenía la esperanza de que Dick, como llamábamos cariñosamente a Richard Curle, lograra quitarle ese sitio de la cabeza a Joseph Conrad. Me parecía una locura irnos tan lejos de nuestros buenos amigos, el doctor Reid y el doctor Fox, mientras la salud de mi marido seguía decayendo y yo continuaba impedida. Con la herida abierta que tenía en la rodilla me era imposible moverme, de modo que tampoco podía dar un veredicto sobre la casa nueva.

Me había quedado sentada en mi diván con unas páginas manuscritas que pensaba copiar, pero antes de poder acabar con mi tarea volvió el coche y Joseph Conrad se puso a llamar a la enfermera, quejándose de tener un fuerte dolor en el pecho. Logré llegar a su cama, andando con las muletas, pero a él sólo le preocupaba el daño que pudiera sufrir mi herida, por lo que decidí obedecerle y regresar a mi silla. Mandamos recado al doctor Fox, que estaba en Ashford, a veinticuatro kilómetros, para que viniera urgentemente. El médico nos tranquilizó a todos al decir que se trataba de una indigestión y, aunque Joseph Conrad padecía un nerviosismo extremo, no había por qué alarmarse.

Pero las horas pasaban, el dolor se agravaba y el nerviosismo iba en aumento. A las tres de la tarde nos llegó la triste noticia de que nuestra querida lady Colvin había abandonado el reino de los vivos. Nunca llegué a saber si mi marido se enteró de que nuestra amiga había muerto, pues no hizo comentario alguno. Cuando el chico de la oficina de correos se alejaba de casa, mi marido me llamó.

—¿Es un telegrama de sir Sidney? —me preguntó—. ¿Cómo está nuestra querida Francis? ¿Se encuentra algo mejor?

—No, querido —respondí—. No está mejor.

Ante esto no hubo respuesta. La hora siguiente pasó con enorme lentitud. Richard Curle estaba sentado a mi lado y ninguno de los dos nos atrevíamos a dar nuestra opinión sobre el enfermo de la habitación contigua. Pese a lo que nos decía el buen doctor, parecía haber sobrados motivos de preocupación.

A las cinco llegó el coche donde venían los tres jóvenes de la familia con nuestro pequeño nieto. Joseph Conrad, impaciente por ver al niño, pidió que se lo llevaran de inmediato a su habitación. Nuestros dos hijos estaban nerviosos y angustiados, pero fue el prudente consejo de Richard Curle lo que me decidió a llamar a otro médico de Canterbury.

Mi enfermera me aseguraba que Joseph Conrad tenía el pulso firme y que era su estado de tremendo nerviosismo lo que le producía el malestar. Poco después llegó el doctor desconocido que, tras pasar una hora en la habitación del paciente, me dio exactamente la misma opinión que su médico de cabecera me había dado varias horas antes: no había por qué preocuparse. Sugirió que a mi marido convenía extirparle los dientes cuando se le hubiera recuperado de su ataque, pero nada más.

Mal que bien, logramos pasar la noche. Ni Joseph Conrad ni yo dormimos nada. En cuanto a mí, pasé toda la noche atenta a los sonidos de la habitación contigua: la voz grave de nuestro fiel criado Foot, que pasó la noche atendiendo a su patrón, y la voz entrecortada de mi marido, que le pedía esto o aquello, sin dar al hombre tiempo de cumplir una orden antes de emitir la siguiente. Acostumbrada como estaba a distinguir cada matiz y entonación de esa voz, varias horas antes de amanecer decidí que con las primeras luces del alba pediría a uno de los médicos que nos mandara un enfermero masculino. El paciente estaba completamente ingobernable, cosa que no me asustaba, porque le había visto así muchas veces, pero en aquella ocasión mi incapacidad física me impedía atenderle yo misma. Era preciso ponerle en manos de una persona con cierta autoridad, para evitar que se agotara a sí mismo y a la persona que lo cuidaba.

Curiosamente, fue él mismo quien mandó llamar a Borys, poco antes de las seis, para pedirle que consiguiera un enfermero masculino. Una hora después me llamó desde el otro lado de la puerta, como tenía por costumbre.

—Oye, Jess, que esta mañana me encuentro mejor —dijo con voz entrecortada, aunque luego soltó una risilla y añadió en tono alegre—: Saber que estás ahí basta para animarme.

La actitud de Joseph Conrad era tan parecida a la habitual que mi inquietud, o nuestra inquietud, parecía del todo innecesaria. Masculló un ferviente «Gracias a Dios» y, en voz alta, le di los buenos días, procurando sonar alegre. En su habitación se oía un runrún de actividad. Oí con toda claridad a mi marido dirigirse al criado para agradecerle todas sus atenciones. A continuación le mandó poner una silla junto al fuego y marcharse a lavarse la cara y las manos.

Al cabo de unos minutos le escuche tamborilear los dedos sobre el brazo de la silla, un sonido familiar, seguido de una tosecilla, y de nuevo el soniquete de los dedos. Entonces se oyó una voz sofocada, que decía: «aquí... tú», seguida de un confuso sonido de pasos, casi como si un fantasma se hubiese desplomado en el suelo. Por último, el silencio.

Ante el sonido insistente de mi campanilla, un grupo de personas acudió precipitadamente a la habitación de Joseph

Conrad, a quien encontraron en cuclillas, pues al morir se había deslizado al suelo desde su silla. Pude oír sus últimas palabras, pero la ironía del destino me impidió acudir a su lado. Tenía las muletas en el otro extremo de la habitación, fuera de mi alcance. Finalmente, el sombrío augurio que me había atormentado durante meses se había cumplido, el mismo pavor que me llevó a obtener permiso para regresar de la clínica tan sólo doce días antes.

Desde mi habitación contuve la respiración al oír los pasos que cruzaban mi puerta, unos en una dirección, otros en la opuesta. Sabía que no se habían olvidado de mí, como sabía también que todo había acabado incluso antes de ver al doctor Reid entrar en mi habitación, cerrar la puerta y encaminarse a mi cama.

Con voz serena me rogó que aceptara que mi marido estaba muy enfermo en la habitación contigua, pero inclinó solemnemente la cabeza a modo de asentimiento cuando le pregunté o, mejor dicho, cuando dije lo que ya sabía:

—Está muerto.

Jamás olvidaré cómo se portó conmigo ese día, pero mi gratitud es más completa, si cabe, y lo será siempre, porque este querido amigo ya es sólo uno de mis más gratos recuerdos. Mientras estuvo vivo jamás me sentí abandonada. En aquellos momentos tan tremendos le tocó a él darme la noticia, procurando acompañarla del maravilloso raudal de simpatía que era capaz de dar, al tornarla en una cualidad viva que formaba parte de su personalidad. No se limitó, por tanto, a decir una serie de lugares comunes que habrían servido de poco consuelo. Una muerte repentina es, y siempre ha de ser, una tragedia. Pero también supone un final más piadoso para quienes la sufren que una muerte larga y prolongada.

Cuando me vi sola de nuevo, relativamente tranquila, me sentí abrumada por el enorme peso de la terrible verdad, abrumada por la responsabilidad de aceptar la absoluta certeza. Y la repentina quietud se posó levemente sobre mi conciencia, como si lo sucedido en la habitación contigua hubiese sido el breve interludio de un final sospechado, inevitable y ya definitivo.

Los recuerdos que tengo de lo que sucedió inmediatamente después son algo confusos. Oí muchos coches que llegaban y se iban, oí susurros y voces tristes en el interior de la casa y oí sonidos amortiguados al otro lado de la puerta cerrada que me impedía ver aquel cuerpo tan querido. El hombre con quien había vivido durante casi treinta años, en la mayor de las cercanías. Entonces caí en la cuenta de tal vez le hubiera fallado en el último momento, pese a no haber sido por mi culpa.

El día pasó y la noche llegó de nuevo. Tras la puerta cerrada yacían los restos de quien fue, tal vez, la persona más extraña del mundo. La muerte parecía haberlo alejado por completo de sus semejantes. A mí también me daba la impresión de desconocer algún detalle, que ya no llegaría a saber nunca.

Aquel domingo trágico fue el día anterior a la festividad de Bank Holiday de agosto, hecho que dificultaba poder hacer los trámites propios de la situación. De nuevo, el doctor Reid fue un pilar de fortaleza. Acompañado de su esposa, a quien quiero expresar mi más profunda gratitud, fue a la estación a recoger a los amigos que venían ese domingo a comer. Al no haber tiempo para avisarles de lo sucedido, llegaron a la hora prevista y fueron recibidos por nuestros buenos amigos, que almorzaron con ellos. En aquel momento, yo ni siquiera lo sabía.

Ese domingo por la noche no lograba conciliar el sueño, como tampoco soportaba estar con la luz apagada. Tumbada en mi cama me parecía oír a mi marido tamborilear los dedos en el madero de la silla, o juguetear con la cadena del reloj de bolsillo, haciéndola tintinear con nerviosa regularidad sobre la mesilla. Me parecía oír el típico «maldita sea» o el crujir de una página de libro. Aquéllos eran los sonidos con los que había convivido durante toda mi vida. Recordaba las incontables veces en que había cortado los pliegos de un libro para no oírle rasgando las páginas con impaciencia. Nada de aquello volvería a repetirse y el único sonido que quebraba el silencio de la noche era el ulular de un búho o el chillido de alguna otra ave nocturna.

Mi marido se había ido, dejándome con mis dos hijos, algunos amigos que habían demostrado serlo durante años y recuerdos como para tenerme acompañada aunque viviera hasta los cien años. Todas nuestras experiencias, por triviales que fueran, se agolparon en mi cabeza durante aquellas horas solitarias, anteponiéndose, curiosamente, a cuestiones de mucha mayor importancia. Joseph Conrad había sido un marido, pero también un hijo. Reclamaba mi atención y mi indulgencia del mismo modo que lo habría hecho un recién nacido. Al mismo tiempo, no obstante, inspiraba orgullo el enorme éxito que había tenido con su obra, inspiraba admiración el volumen de trabajo que había logrado hacer pese a unas dificultades únicas. Y en un idioma que, hasta el final, le fue absolutamente ajeno.

¿Quién podría hablar de esas dificultades con más ternura y comprensión que su esposa, ahora su viuda? El orgullo que siento es triple. En primer lugar, la atención al artista de las palabras, una labor constante e incansable, literalmente, pues debía impedir que su inspiración pudiera ser cruelmente asediada o distraída por alguna influencia externa. Esto, por sí solo, era todo menos sencillo. En segundo lugar, la atención a su bienestar material, su hogar y sus hijos. Durante la primera mitad de su vida como escritor, también fui su secretaria, con lo que cada uno de sus libros era como otro hijo. Y en último lugar, tengo el privilegio y la enorme satisfacción de ser considerada la guardiana de su memoria, y de la herencia de la fama que heredan sus hijos, y a través de ellos sus propios hijos.

Ya tengo tres nietos, Philip, Richard y Peter. El primero es hijo de Borys y los otros dos son de John. Será un orgullo verlos crecer a todos. Con el ferviente deseo de que, al menos en parte, el manto de la fama de su abuelo descienda sobre estos niños, quiero dedicarles este libro de memorias a ellos, empleando la cita que aparece en la primera página de *Juventud*, el relato que mi marido me dedicó a mí.

No creo que ninguno de mis dos hijos sea consciente de la magnitud de la tarea que emprendí hace ya diez años. Sin considerarme una persona engreída, creo haber estado capacitada para llevar a cabo esta labor. Sigo recibiendo cartas de los lugares más remotos del mundo, pidiéndome un retazo de algo escrito por Joseph Conrad, para que algún admirador suyo lo pueda atesorar, junto con una breve nota mía que les recuerde las cosas que decía el escritor. En este momento me vienen a la cabeza dos de los dichos más típicos de Joseph Conrad, que me parece acertado incluir aquí. El primero es: «Nada tiene tanto éxito como el éxito» y el segundo: «El mundo es de la juventud».

Ambos son indudablemente ciertos y por ello son algo más que simples lugares comunes. El éxito de este libro revivirá, con toda seguridad, las obras del hombre que inspira estas páginas. Y el hecho de que el mundo sea de la juventud puede ser una especie de profecía de un hada buena para mis nietos, que son, hasta cierto punto, los herederos de estas memorias.

¡No! Ésta no ha sido una tarea leve, ni me ha permitido caer en la autocompasión, la pena ni el olvido. En muchas ocasiones he tenido que dejar de escribir, pues la emoción me ha impedido continuar. En todo momento, Joseph Conrad ha sido una presencia tan nítida que con cada palabra que escribía recordaba un gesto, una postura, un tono de voz. Y al final le recuerdo con la misma claridad que hace diez años, o incluso hace veinte y treinta años. Pero las palabras que más me gustan de todas las escritas sobre él están contenidas en el maravilloso tributo que hizo el señor Cunninghame Graham a su amigo Joseph Conrad:

> …El viaje había terminado y el gran espíritu descansaba al fin en la firme campiña inglesa con la que soñaba de niño en la remota Ucrania. Un destello de sol lustraba las casas de ladrillo rojo de la ciudad. Iluminaba las torres de la catedral, convertida en un radiante faro que apuntaba al cielo. Los árboles

se mecían con la brisa y en los campos el maíz en su sazón se ondulaba con un leve siseo, como las olas del mar en un atolón del Pacífico. Todo fue bien elegido para su lugar de reposo, donde le dejamos con las velas bien enrolladas, los cabos bien atados y el ancla bien anclada en la amable tierra de Kent, hasta el día del Juicio Final. Si le entrara añoranza del mar, o del aroma del agua salada, las roncas gaviotas le traerán noticias de allende los océanos, al volar sobre su augusta tumba.

Y estas palabras del monumento erigido en honor al padre de Joseph Conrad, en la lejana Cracovia, son un adecuado final para estas memorias.

...Acudiré, Señor, cuando Vos me lo pidáis, mas os ruego me permitáis descansar, pues me hallo exhausto.

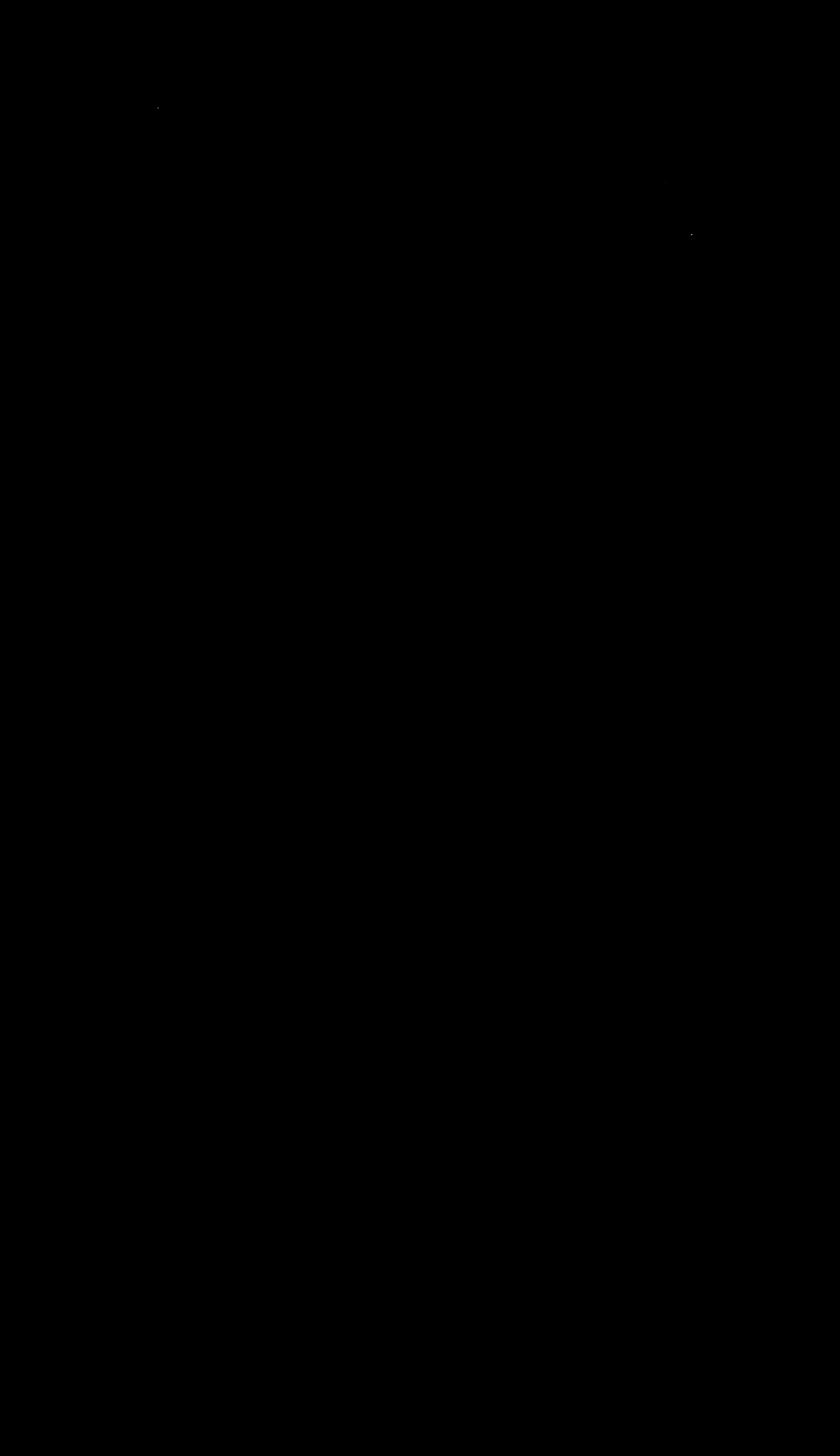

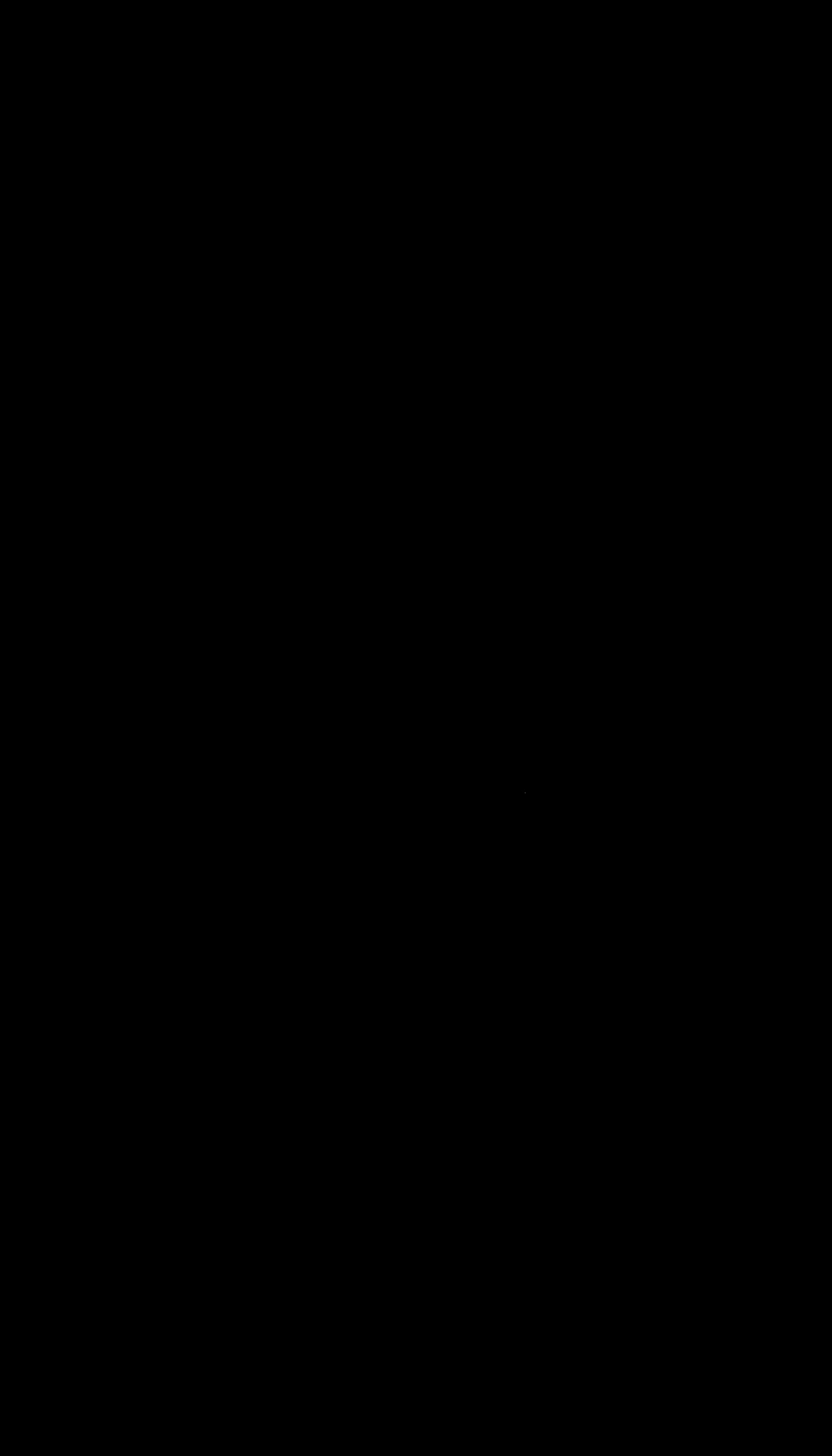

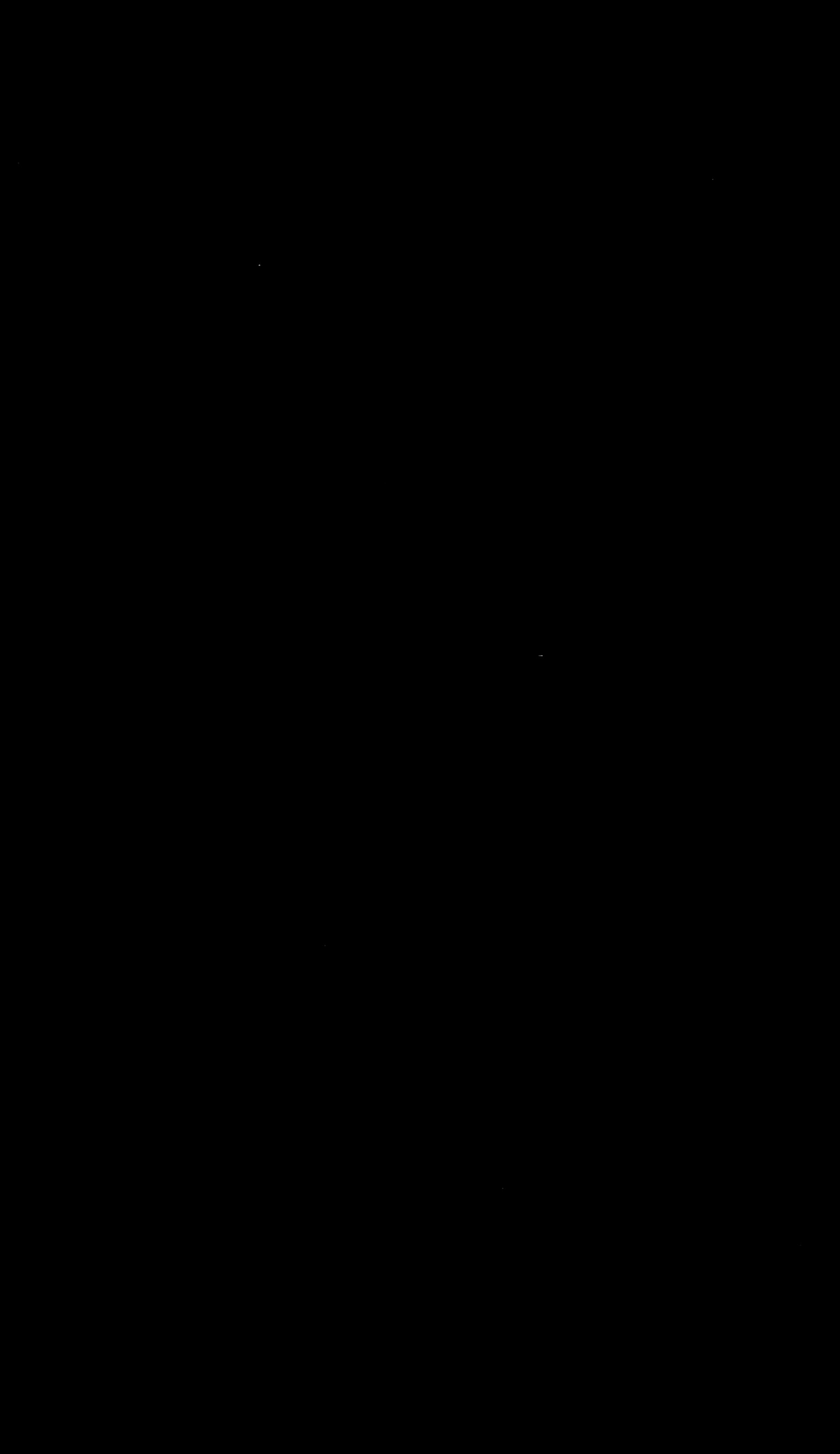